내 안의 긍정을 춤추게 하라

긍정심리학의 권위자
바버라 프레드릭슨의 긍정정서의 힘

내 안의
긍정을
춤추게 하라

바버라 프레드릭슨 지음 | 우문식 · 최소영 옮김

물푸레 **KPPI** 한국긍정심리연구소

왜 긍정정서인가?

하버드 대학의 탈 벤 샤하르(Tal Ben Shahar) 교수에 의하면 1967년부
터 2000년까지 미국에서 발간된 주요 일간지 기사에 나오는 단어를 추
출해보면, '화'(Anger)라는 단어가 정말 많다. 그리고 걱정, 불안(Anxiety)
이 뒤를 이었다. 최근에 와서 더 많이 추가된 단어는 우울(Depression)
이다. 반면, 기쁨, 즐거움(Joy)이란 단어는 단 415개밖에 되지 않았고,
행복(Happiness)은 좀 더 많은 1,710개의 기사에서 발견되었다. 삶의 만
족(Life Satisfaction)은 보다 많은 2,582의 기사에 등장했다. 그래서 전체
적인 비율을 보면 부정적인 3개의 단어가 긍정적인 3개 단어보다 21배
나 많았다. 기사에 대한 단어뿐만 아니고 2차 대전 이후 심리학도 밝고
긍정적인 부분보다 우울증, 알콜 중독, 트라우마, 정신분열 같은 어둡
고 부정적인 부분에 연구와 치료가 집중되었다. 인간의 긍정적인 부분
에 무슨 연구가 필요하냐는 것이었다. 그래서 이러한 불균형을 바로잡
기 위해 탄생한 것이 긍정심리학이고 긍정심리학의 요소 중 성격강점
과 함께 가장 비중이 큰 요소 중 하나가 긍정정서이다.

긍정심리학 창시자인 마틴 셀리그만은 이 책의 저자인 바버라 프레
드릭슨을 긍정심리학에서 없어서는 안 될 보배라고 했다. 그녀가 연구

한 긍정정서는 그 당시 대부분 부정정서의 연구만 진행되어왔기 때문에 아무도 인정해주지 않는 분야였고, 자신마저 자신이 연구하는 일이 맞는지, 제대로 방향을 잡고 가는지조차 확신하지 못했던 분야였다. 그러나 그녀는 지속적인 연구로 이 책의 기반이라 할 수 있는 〈긍정정서의 확장 및 구축 이론〉을 만들어냈다. 이제는 긍정심리학을 넘어 인류의 보배라고 말해도 과언은 아닐 것이다. 그가 이루어낸 업적은 경이로운 일이기 때문이다.

왜 긍정정서인가? 먼저 긍정정서를 이해하기 위해 정서란 무엇인가를 알아보자. 정서는 개인이 어떤 일을 경험하거나 추구하는 목표와 관련된 사건(일)에 대한 의식적, 무의식적 평가에 의해 유발된다. 좋거나 나쁘거나, 잘됐거나 안됐거나, 편하거나 불편하거나를 평가하는 것이다. 대부분 모든 정서는 감정, 감각, 생각, 행동이라는 네 가지 요소로 구성되어 있다. 감정은 기쁨, 쾌락, 만족, 희망, 사랑, 혐오감, 공포, 분노, 불안, 불쾌감, 증오심 등이 있으며, 감각에는 시각, 청각, 후각, 미각, 촉각이 있다. 생각은 사고의 유연성과 확장, 사고의 경직성과 위축이 있으며, 행동에는 불안과 공포를 느낄 때 도피행동, 분노와 혐오를 느낄 때 공격행동, 사랑과 수용을 느낄 때는 애착과 보호 행동을 유발한다.

이처럼 정서는 삶 깊숙한 곳에서 감정이나 감각에 국한되지 않고 생각과 행동에도 큰 영향을 미친다. 이처럼 정서는 개인의 행복과 불행뿐만 아니라 조직의 흥망성쇠까지도 좌우하는 중요한 요소이다. 정서는 다시 긍정정서와 부정정서로 나눌 수 있는데, 긍정정서는 긍정심리학의 목표인 플로리시(flourish 번성) 하는 데 결정적인 역할을 한다. 그만큼 긍정심리학에서는 긍정정서가 차지하는 비중이 크다. 플로리시란 우리의 모든 능력이나 잠재능력까지 발휘하여 번성시켜 활짝 꽃피우는 것이다. 개인의 지속적인 행복 증진, 기업의 지속적인 성장도 플로리시다. 긍정심리학에서는 행복의 만개(滿開)라고도 한다. 이는 인간이 누릴 수 있는 최고의 삶을 말한다. 프레드릭슨은 플로리시를 좋은 감정(feeling good)과 좋은 행동(doing good) 모두를 포함하는 인간 기능의 최상의 범위 안에서 속하는 삶이라고 했으며, 키이스(Keyes)와 동료들은 인간의 플로리시를 쾌락적 행복(hedonic well-being)과 자아실현적 행복(eudaimonic well-being)의 다차원적 결합이라고 개념화 했다. 쾌락적 행복에는 쾌락 자체가 주는 즐거운 감정은 물론 삶에 대한 개인의 전반적인 만족을 포착해내는 반면, 자아실현적 행복은 회복력과 사회적 통합은 물론 목적의식과 삶의 의미를 포함한다는 것이다.

아직도 많은 사람들이 정서와 감정을 동일시하는 경향이 있다. 그래서 '긍정정서'라고 하면 '기쁨', '만족' '즐거움' 등과 같은 감정을 떠올리기 쉽다. 물론 앞에서 이야기했듯이 '감정'은 정서를 구성하는 네 가지 요소 중의 하나이지만 감정이 곧 정서라고 이해하면 곤란하다. 감정(feeling)은 '기쁘다', '화가 난다'와 같은 순간적으로 일어나는 마음의 상태이고, 정서(emotion)는 밝고 활기찬, 어둡고 침울함 같은 시간과 환경이 바뀌어도 지속적으로 일관되게 나타나는 마음의 상태를 말한다. 그래도 감정과 정서를 구분하기가 쉽지 않다면 다음 예를 보자. 동해안 바닷가를 한번 가보자. 쫙 펼쳐진 모래사장, 눈부실 정도의 푸른 바다, 잔잔하게 여울져 밀려오는 파도와 시원한 바람, 양팔을 크게 벌리고 크게 심호흡을 한번 해보자. 느낌이 어떤가? 상쾌하고 기분이 좋지 않은가? 이때 느끼는 것이 감정이다. 이번에는 집에 돌아와 일정한 시간이 지난 뒤 바닷가에 있던 때를 생각해보자. 그때의 기억이 되살아나면서 기분이 좋아질 것이다. 이것이 긍정정서이다. 부정정서가 사고를 경직되고 축소시키는 데 반해 긍정정서는 사고를 유연하게 하고 확장시킨다.

이 책의 핵심 키워드는 다섯 가지다. 독자들은 플로리시를 위해 이 다섯 가지 핵심 키워드가 어떻게 작용하는지 관찰하는 것이 중요하다. 첫째는 긍정정서의 발견이다. 일상에서 긍정정서를 찾으라는 것이다. 두 번째는 긍정정서의 확장 및 구축 이론이다. 긍정경험을 하면 일시적으로 생각과 행동의 목록이 확장되고 지속적으로 육체적, 심리적, 사회적, 지식적 자원이 구축되어 어떻게 생각과 마음의 문을 열어 개인의 행복과 조직의 성과를 높일 수 있는가이다. 세 번째는 긍정정서의 비율이다. 10가지 긍정정서를 통해 어떻게 긍정정서 비율을 높일 수 있나이다. 네 번째는 진심어린(heartfelt) 긍정정서이다. 순간적인 쾌감이나 감정이 아닌 가식적이고 형식적인 사고와 행동이 아닌 마음깊이 우러나는 진심어린 긍정정서 말이다. 예를 들어 행복해서 웃는 것이 아니고 웃으면 행복하니까 웃는다는 말은 거짓 웃음이라는 것이다. 마음속에서 진심으로 행복해서 웃는 웃음이 진짜 웃음이기 때문이다.

마지막 다섯째는 긍정정서를 춤추게 하라는 것이다. 나만의 긍정정서 포트폴리오를 만들고 긍정정서의 진실을 모두를 불러내서 함께 손잡고 춤을 추라는 것이다.

긍정심리학에서 아주 중요하게 여기는 것이 있다. 긍정심리학의 요소(긍정정서, 몰입, 의미, 관계, 성취, 성격강점)들이 개인과 조직에서 어떻게 작용하는가를 관찰하는 것이다. 기쁨, 감사, 평온, 흥미, 희망, 사랑 같은 긍정정서들이, 긍정정서의 확장 및 구축이론이, 진심어린 긍정 정서가 자신과 자신이 속해 있는 조직에 어떻게 작용해서 어떤 결과를 만들어내는가를 관찰 한다는 것이다. 이 책의 독자들도 긍정정서가 나에게 어떻게 작용하는지 어떤 결과를 만들어내는지 주의깊게 관찰해 보길 권한다.

최근 우리나라 교육의 키워드가 인성과 창의성이다. 긍정심리학의 성격강점과 긍정정서는 인성과 창의성을 길러주는 실천적 연습도구들을 가지고 있기 때문에 인성과 창의성 교육에 핵심 도구로 사용되고 있다. 교육 분야 뿐 아니라 사회 많은 부분에서 긍정심리학의 도입으로 긍정심리학이 인기를 얻으면서 국내에서도 긍정심리학을 연구하는 사람이나 관심을 갖는 사람들이 많아졌다. 연구에 도움을 주고자 이 책의 원서 초판이 발행된 이후 긍정정서의 새로운 연구 내용이나 사례, 진화과정에서 겪게 되는 과학적 이론의 논쟁을 추가했고, 지면상 부담은 됐지만 원어로 된 참고문헌도 실었다. 연구에 도움이 됐으면 좋겠다.

많은 독자들은 이 책을 읽으면서 큰 감동을 받고 감탄하기도 하고, 몰입에 깊이 빠져들기도 하고 희열을 느끼기도 할 것이다. 그리고 자신을 돌아보고 무언가 새롭게 다짐을 하고 시도도 할 것이다. 우리나라에 긍정심리학을 처음 도입하고 지난 10년 동안 긍정심리학만을 전문으로 연구하고 가르치는 나도 이 책을 처음 읽으면서 너무 감동스러워서, 너무 아름다워서 여러 번 눈물을 흘렸었다. 그리고 수없이 마음 속에서 진심으로 우러나오는 마음으로 플로리시, 플로리시를 외치기도 했다. 나는 독자들이 이 책을 한 번 읽고 책꽂이에 그냥 꽂아 놓는 실수를 범하지 말길 바란다. 언제나 옆에 두고 음미하면서 삶에 활용하길 바란다. 이 책은 그만한 가치가 있고 그렇게 해야만 빛이 나기 때문이다.

이 책을 읽은 모든 독자들이 이 책에서 제시하는 방법과 도구들을 이용해서 플로리시한 삶을 살아가길 소망한다. 우리 모두 플로리시!

우문식(한국긍정심리연구소 소장)

제1부

긍정정서의 발견

1장
긍정정서에 눈뜨기

나 자신은 나로부터 꽁꽁 숨겨져 있다.
어떤 보석 채굴장에서든 나 자신은 맨 마지막에야 발견되는 보물이다.
- 프리드리히 니체

사례1. 부정적인 아침 풍경

아침 햇살이 침실 창문으로 쏟아져 들어와 당신을 깨운다. 간밤에 잠을 좀 설치긴 했지만, 꽤 여러 날 동안 비가 내려 계속 어두웠었는데 간만에 파란하늘을 보게 된 것에 감사한 마음이 든다. 그러나 곧 자명종이 울리지 않았다는 것을 알게 된다. 아이들이 깨어나 아침마다 치르는 전쟁이 시작되기 전에 조금 더 일찍 일어나서 혼자만의 시간을 가질 수 있기를 바랐던 터라 여간 실망스러운 것이 아니다. 이제 시간이 얼마 없기 때문에 당신은 운동을 빼먹기로 하고, 침대에서 좀 더 시간을 보내며 다음과 같이 일기를 쓴다.

또 자명종 맞춰놓는 걸 깜빡하다니 나 자신에게 너무나 실망스럽다. 이런 간단한 실천도 못하면서 어떻게 하루하루(그리고 인생 전체!)를 잘 관리할 수 있을까? 운동을 못해서 오늘은 온종일 몸이 찌뿌둥하겠군. 에구, 왜 내가 일어나자마자 이 일기를 쓰고 있는지에 집중해야지. 그건 바로 거시적인 목표를 세우고 그걸 내가 매일 하는 일들과 연관 지어 실천하기 위함이다. 그런데 그게 정말 가능하기는 할까? 잠이라도 더 자둘 걸 괜히 허튼짓 하는 건 아닐까? 이 여분의 시간에 정말로 내가 해야 할 일은 급한 이메일을 확인하거나, 터무니없이 긴 일과표 목록을 조금이나마 줄이는 것일지 몰라. 수도요금 내는 날짜가 지나지 않았나? 근데 고지서는 어디로 간 거지?

여기서 당신은 일기 쓰기를 중단하고 침대에서 나와, 컴퓨터 앞에 앉아 이메일을 연다. 첫 메일은 직장 상사 섀런에게서 온 것으로, 제안서 제출을 위해 자료가 필요하며 그것도 오늘 오후까지는 받아야 한다는 내용이다. 꼼짝없이 오전 근무시간의 일부를 섀런의 제안서 작성을 돕는 데 써야 할 판이다. 그런 성가신 일을 시킨 섀런에게 화가 나서 당신은 그 다음 메일을 연다. 이번에는 당신이 맡은 프로젝트에 사전 승인이 떨어졌으니, 48시간 내에 최종 수정안을 작성하라는 내용이다. "48시간이라고? 다른 일들은 다 어쩌라고! 대체 그 일을 어디다 끼워 넣는담?" 좋은 소식을 알게 된 찰나의 기쁨은 이 마지막 난관을 어떻게 헤쳐 나갈까 하는 걱정으로 날아가 버린다.

그 순간 이제 네 살이 다 된 딸아이가 잠에서 깨어나 엄마를 부른다. 시간을 확인하니 아직 6시 42분이다. 7시에 당신이 아침인사를 하러 갈 때까지는 자기 방에서 얌전히 기다리고 있으라고 그렇게 누누이 일렀건만, 또 말을 듣지 않은 것이다. 이제는 급기야 절망감마저 든다. 직장에서나 집에서나 할 일이 너무나 많다. 직장을 옮기고 나서 당신의 삶이 얼마나 팍팍해졌는지 아무도 이해를 못한다. 당신은 딸아이 방으로 가서 엄마를 그렇게 일찍 부르면 어쩌느냐고 쏘아붙인 뒤 아침 식사 준비를 하러 간다.

아침 시간은 내내 지긋지긋한 전쟁터 같고, 그 전쟁에서 이기는 사람은 아무도 없다. 오늘만 해도 일곱 살 난 아들이 자기가 제일 좋아하는 신발을 다른 데 두지만 않았다면, 당신은 제시간에 집을 나설 수 있었을 것이다. 잔소리가 시작된다. "다른 걸 신고 가면 안 되겠니? 꼭 그 신발을 신어야겠으면 제자리에 잘 뒀어야지." 하지만 결국 남편과 당신, 아이들까지 네 식구가 총동원되어 집안 구석구석을 뒤진 끝에 마침내 그 망할 놈의 신발을 찾아낸다.

잠시 후 아이들을 차로 학교에 데려다주고 나서 당신도 직장으로 간다. 역시 지각이다. 처음으로 마주친 사람은 방금 통과된 프로젝트를 같이 맡은 존이다. 존이 환하게 웃는다. 가끔은 그의 밝은 태도에 덩달아 기분이 좋아지지만, 오늘은 왠지 그의 미소가 수상쩍다. '내게 수정안 작업을 다 떠넘기려고 수작 부리는 거 아냐?' 하는 생각이 든다. 존이 다가와서 말한다. "소식 들었어요? 우리가 지원금을 타냈어요! 이제 1년은 문제없다고요!" 당신은 이렇게 대꾸한다. "네, 하지만 수정할 목록 봤어요? 시간은 고작 48시간밖에 없는데 말예요. 게다가 난 오늘 오전에 섀런의 제안서 건도 도와줘야 해요." 얼굴에서 미소가 사라지며 존은 당신의 부정적인 태도에 어떻게 반응해야 할지 난감해 하는 눈치다.

어디서 많이 들어본 이야기 같지 않은가? 대부분의 사람들이 아마 이런 식의 아침 풍경에 너무나도 친숙할 것이다. 불평은 끝도 없이 이어진다. 아무 일도 제대로 할 수가 없어. 나 자신에게 필요한 시간을 낼 수 없어. 일기를 꾸준히 쓰는 목표를 달성할 수 없어. 섀런이 자기 일로 나에게 부담을 주는 걸 참을 수 없어. 48시간 안에 수정안 작업을 어떻게 끝낼지 감이 잡히지 않아. 존이 무슨 생각을 하고 있는지 도통 모르겠어. 심지어 아이들에게 오전 7시까지 침대에 있으라는 교육 하나도 제대로 못해. 고함을 지르거나 수선을 피우지 않고는 출근 준비를 할 수가 없어. 아이들을 제시간에 학교에 보낼 수가 없어. 우선 나부터가 제시간에 출근을 못하는데, 대체 이 모든 일을 어떻게 제대로 처리하겠어?

우리는 부정정서에 익숙하다. 그것이 시도 때도 없이 나타나 우리에게 어두운 그림자를 드리우기 때문이다. 부정정서는 우리가 혼자 하는 말과 판단에 배어 있다가 다른 사람들에게까지 전파되어 인간관계에 해를 끼친다. 설상가상으로 분노나 모멸감, 우울감 따위의 해로운 정서를 낳아 건강에 악영향을 미치기도 한다. 누구나 화가 부글부글 끓을 때 위장에 탈이 나고, 혈압이 오르며, 어깨와 목이 돌덩이처럼 딱딱하게 굳어지는 경험을 한 번쯤 해보았을 것이다. 심지어 얼굴 표정까지 험상궂게 변해, 사람들이 슬슬 피하기까지 한다. 그뿐 아니라, 부정정서에 휩싸인 사람은 마치 곁눈가리개를 한 것처럼 하루를 살아가게 된다. 어디를 가나 잘못을 찾고 비난을 하지만, 정작 해결책은 보지 못하는 것이다. 따라서 모든 일이 힘들게만 느껴진다. 부정정서는 느닷없이 들이닥쳐 우리를 거세게 후려친다. 그 위력에 휘청거리지 않을 사람은 아무도 없다.

그렇다면 긍정정서는 어떨까? 부정정서에 비해 긍정정서는 눈에 잘 띄지 않는다. 긍정정서는 부정정서의 반대 이미지가 아니며, 그 영향이 어찌나 미미한지 간혹 전혀 눈치 채지 못하고 지나칠 때도 있다.

그러나 긍정정서가 우리 인생에 중요한 역할을 한다면 어떻게 해야 할까?

아니 그보다 먼저, 대체 긍정정서(positivity(긍정성), emotion(긍정정서)를 용어상 혼란을 피하기 위해서 일부를 제외하곤 긍정정서로 표기했음 —옮긴이)란 무엇인가?

그를 알아보기 위해, 우선 긍정정서라 볼 수 없는 것부터 살펴보자. 긍정정서는 '억지로 웃으면서 참으라'거나 '걱정 말고 행복하라'는 격언을 따른다고 해서 얻어지는 것이 아니다. 이런 말들은 그저 피상적인 바람일 뿐이다. 긍정정서는 그보다 훨씬 심오한 것이며, 인정과 사랑, 기쁨과 재미, 희망과 감사 등 모든 종류의 긍정성들을 아우른다. 이 용어가 포괄하는 범위는 굉장히 넓어서, 거기에는 그러한 긍정성들을 불러일으키는 긍정적 의미와 낙관적 태도에서부터, 긍정정서에 뒤따르는 열린 생각, 따뜻한 마음, 편안한 몸 상태, 부드러운 표정에 이르기까지가 전부 다 포함된다. 심지어 긍정정서는 우리의 성격 및 대인관계, 의사소통, 주변 환경에 미치는 장기적인 영향까지도 포함된다. 긍정정서를 설명하는 말들 중 일부는 축하카드에나 등장할 법한 어휘처럼 들리지만, 긍정적인 순간들은 실제로 우리 인간에게 없어서는 안될 소중한 순간들이다.

즐거운 상태는 가볍게 스쳐 지나가더라도 우리 생각보다 훨씬 더 강력한 효력을 발휘한다. 그러한 상태는 우리가 최상의 삶을 도모하는 데 유리하도록 몸과 마음을 변화시킨다.

그러므로 시간을 되돌려 이번에는 긍정 마음을 품고서, 그때와 동일한 아침을 다시 지내보자. 아무리 부정적인 사람이라 할지라도 긍정정서를 이끌어내는 것이 불가능하지는 않다. 글을 읽으면서, 부정정서처럼 긍정정서도 자신에게만 그 영향이 한정되는 것이 아님을 유념하자. 아무리 미미한 긍정정서라 할지라도 그것 역시 사고방식과 시야, 심장박동, 인체의 화학 작용, 근육의 긴장도와 얼굴 표정, 개인적 자원과 대인관계에 영향을 미친다.

사례2. 긍정적인 풍경

당신은 침실 창문으로 쏟아져 들어오는 아침 햇살에 잠에서 깬다. 푹 잘 잔 기분이다. 그런데 곧 자명종이 울리지 않은 것을 알고는 실망감이 든다. 아이들이 깨기 전에 좀 더 일찍 일어나 혼자만의 시간을 가지려 했기 때문이다. 그러나 금세 창밖을 내다보며 이런 생각을 한다. '아, 최소한 오늘 날씨는 좋을 것 같네.' 실망감은 어느새 눈 녹듯 사라진다. '잠시나마 나만의 시간을 가져야지' 생각하며 당신은 계획했던 운동을 빼먹고 곧장 일기를 쓰기로 한다.

내 몸이 많이 잔 걸 알았는지 다행히 너무 늦지 않게 나를 깨워 주었다. 아침에 빼먹은 운동을 끼워 넣기 위해 창의성을 발휘해야겠다. 음, 일과 중에 공원에 나가서 파워워킹을 하면 되겠군. 이 새 일기는 내게 너무나도 중요한 역할을 해왔다. 내 인생에서 순조롭게 이루어지고 있는 일들을 돌아보고, 내가 가진 모든 것에 감사한 마음을 가질 공간을 마련해주니까. 일기는 내가 '업무상의 발전 이루기', '가족에게 더 사랑스러운 사람 되기' 같은 보다 거시적인 목표들을 견지해 나가도록 도와주고 있다.

그 다음 10분 동안은 당신이 일을 하는 이유에 대해 쓴다.

어제는 작년에 우리가 지역사회에서 벌인 프로젝트에서 도움을 받은 한 여자 분을 만났다. 그녀의 환해진 얼굴을 보니, 내가 직업을 잘 바꿨구나 하는 생각이 더더욱 들었다. 덕분에 앞으로도 계속 엄청나게 바쁘겠지만, 충분히 수고할 만한 가치가 있는 것 같다.

바로 그때 네 살이 다 된 딸아이가 잠에서 깨어 당신을 부른다. 시계를 보니 아직 6시 42분이다. 원래 7시에 당신이 딸아이 방으로 가서 아침인사를 할 때까지는 얌전히 기다리고 있으라고 일러두었었다. 혹시 딸아이에게 무슨 일이 있는 건 아닌지 걱정이 되어, 당신은 자리에서 일어나 딸아이 방으로 가서 긴 포옹과 입맞춤으로 아침 인사를 한다. "엄마, 보고 싶었어." 아이가 말한다. 당신은 아이 옆에 바싹 누워서 7시까지 이야기를 나눈다.

아침 출근 준비 시간은 언제나 분주하지만, 차분하고 느긋하게만 대처한다면 훨씬 더 수월하게 넘길 수 있음을 알고 있다. 심지어 당신은 일곱 살 난 아들의 신발이 어디 있는지 찾는 일을 가족의 놀이로 만든다. "신발을 찾는 사람은 온가족의 찐한 포옹을 받게 될 거야!" 말이 떨어지기가 무섭게 온 가족이 까르르 웃으며 신발을 찾아 나선다. 얼마 후 당신이 냉장고 위에 있는 신발을 발견한다. 냉장고 위라니! 모두들 신발이 어떻게 거기에 올라가 있는지 신기해하며 웃었다. 당신은 사랑하는 가족들의 포옹을 한꺼번에 받는 행운을 거머쥔다. 아이들이 금세 커서 이런 놀이를 유치해할 날이 곧 오리라는 것을 알기에, 당신은 그 기분 좋은 순간을 한껏 즐긴다.

아이들을 차로 학교에 데려다준 다음 당신도 직장으로 간다. 맨 처음 마주친 사람은 몇 달 전 프로젝트를 위한 제안서를 함께 썼던 동료 존이다. 그가 어찌나 환하게 웃어 보이는지 당신도 미소로 화답하지 않을 수 없다. "좋은 아침이에요, 존." 당신의 인사에 그가 말을 꺼낸다. "소식 들었어요? 우리가 지원금을 타냈어요! 1년은 문제없다고요!"

당신은 한 손을 번쩍 들어 그와 하이파이브를 한다. "우린 참 대단한 팀이에요, 안 그래요?" 작년의 경험으로 미루어 당신은 최종 수정안을 작성해야 하리라 짐작한다. 그래서 존에게 함께 파워워킹을 하며 수정안 작업을 계획하자고 제안한다.

여기서 당신은 이의를 제기할지 모른다. 두 사례에서 나쁜 일들이 모두 똑같이 일어나지 않았기 때문에, 서로를 비교하는 것이 공평하지 않다는 이유에서이다. 아닌 게 아니라, 제2안에서는 잠을 설친 것과 직장 상사의 급한 요청, 학교와 직장에 지각한 내용이 빠져 있다. 그러나 잠시 그 점을 접어두고, 긍정정서가 다른 면에서 어떤 차이를 만들었는지 살펴보도록 하자.

본격적으로 들어가기에 앞서, 우선 두 아침에서 동일하게 나타났던

안 좋은 일들을 되돌아보자. 자명종이 울리지 않은 것, 딸아이가 예정보다 일찍 엄마를 부른 것, 아들이 자기가 좋아하는 신발을 잃어버린 것, 그리고 수정안 작업의 기한이 촉박한 것은 양쪽 모두 동일했다. 긍정적인 마음을 갖는다고 해서 나쁜 일이 전혀 안 생기는 것은 아니다. 하지만 일부는 방지할 수 있다. 사례2의 경우 어떤 일들이 그에 해당하는지 살펴보면서, 두 사례 사이의 핵심적인 차이점을 몇 가지 짚어보자. 이러한 차이점들은 긍정정서에 관한 6가지 중대한 사실을 말해준다.

사실 하나. **긍정정서는 기분을 좋아지게 한다.** 단순히 두 번째 사례를 읽은 것만으로도 첫 번째 사례를 읽었을 때에 비해 아마 당신의 기분은 한결 나아졌을 것이다. 첫 번째 사례가 어둡고 무거운 데 반해, 두 번째 사례는 밝고 가볍다. 긍정정서에 관한 이 첫 번째 사실은 너무나 뻔해서 굳이 언급하기도 좀 뭣하지만, 반드시 짚고 넘어가야 할 중요한 사실이다. 좋은 기분은 우리에게 변화의 동기를 일깨운다. 그런 기분 좋은 나날들이 더 많아지기를 열망하게 되기 때문이다. 이 두드러진 첫 번째 사실은 종종 긍정정서에 관한 나머지 사실들을 간과하게 만드는 원인이 되기도 한다. 그러나 반짝이는 긍정정서의 선물을 풀어서 그 안을 들여다보는 순간(2장), 당신은 더 많은 감탄의 이유를 발견하게 될 것이다. 긍정정서의 모습은 다양하다. 3장에서는 기쁨과 감사, 평온, 흥미에서부터 희망과 자부심, 재미, 영감, 경외, 그리고 마지막으로 가장 중요한 사랑에 이르기까지, 긍정정서가 띨 수 있는 다양한 형태들에 대해 알아볼 것이다. 이 10가지 긍정정서의 형태 각각이 당신의 삶을 — 당신의 미래를 — 바꿔놓을 수 있다.

사실 둘. 긍정정서는 사고방식을 바꾼다. 긍정정서는 단지 나쁜 생각을 좋은 생각으로 대체하여 사고의 내용만을 바꾸는 것이 아니라, 사고의 범위나 경계 또한 변화시킨다. 사례2에서 당신은 긍정정서의 폭넓은 사고 범위로 인해 여러 번 혜택을 입었다. 첫째, 당신은 아침에 빼먹은 운동을 나중에 일과 중에 끼워 넣을 수 있다는 생각을 쉽게 해냈다. 둘째, 일기를 쓰면서 거시적인 목표들에 대한 집중력을 유지했다. 셋째, 딸아이의 이른 기상 시간을 보다 너그럽게 넘겼다. 넷째, 전혀 뜻밖의 장소에서 금세 아들의 신발을 찾았다. 다섯째, 동료인 존과의 유대감을 느끼고 그의 미소를 신뢰했다. 여섯째, 존에게 파워워킹 운동에 동참하도록 제안함으로써 바쁜 일정 속에서 운동과 일에 대한 계획을 적절히 짜 맞출 수 있는 방법을 찾았다. 긍정정서가 당신의 시야를 어떻게 넓혔는지는 파악하기 힘들지만 — 심지어 아예 알지 못할 수도 있지만 — 그것은 분명 아침에 전개된 여러 사건들에서 중추적인 역할을 담당했다. 4장에서는 이러한 사고의 확장이 어떻게 일어나는지 살펴볼 것이다.

사실 셋. 긍정정서는 미래를 변화시킨다. 기분 좋은 순간은 언제나 빨리 지나가고 말지만, 이런 순간이 반복되어 이룩된 긍정정서는 우리로 하여금 최고의 역량을 발휘하게 하는 밑바탕이 된다. 사례2에는 그날의 정서적 분위기가 평소와 크게 다를 바 없다는 전제가 깔려 있다. 다시 말해, 이날은 긍정정서로 충만했던 여러 날들 중 하루일 뿐이라는 것이다. 긍정정서들이 쌓여서 구축된 자원들 덕분에 당신은 이 특정한 날 아침을 보다 수월하게 보낼 수 있었다. 긍정정서의 반복적인 경험은 당신에게 최소한 한 가지의 신체적 자원(숙면)과 최소한 한 가지의 정신적 자원(현 상황에 대한 집중력), 그리고 최소한 두 가지의 심리적 자원(낙관성과 회복력) 및 여러 사회적 자원(가족 및 동료와의 긴밀한 유대감)을 구축해 주었다. 5장에서는 이처럼 긍정정서가 어떻게 우리의 미래를 보다 나은 방향으로 변화시킬 수 있는가에 대해 자세히 설명할 것이다.

사실 넷. **긍정정서는 부정정서를 상쇄시킨다.** 부정정서가 순식간에 혈압을 높일 수 있다면, 긍정정서는 반대로 높아진 혈압을 금세 다시 내릴 수 있다. 긍정정서는 리셋 버튼처럼 기능한다. 사례2에서 당신은 이러한 효과를 적어도 두 차례 경험했다. 처음에 당신은 자명종이 울리지 않은 것과 딸아이가 너무 일찍 깬 것에 실망스러웠지만, 긍정정서로 순식간에 이런 부정정서를 몰아냈다. 그로 인해 당신은 보다 안정된 마음으로 새로운 상황들에 슬기롭게 대처할 수 있었다. 긍정정서가 회복의 비결이었던 셈이다. 6장에서는 이 비결을 뒷받침하는 과학적 증거들을 제시할 것이다.

사실 다섯. **긍정정서는 티핑 포인트**(tipping point)**의 지배를 받는다.** 긍정정서의 과학에서 가장 놀랍고도 엄연한 사실은 긍정정서의 효과가 비선형적으로 나타난다는 점이다. 이는 통상적인 과학의 논리와 다르다. 원인에서 결과로 날아가는 화살이 하나가 아니라 수없이 많다.

그뿐 아니라 화살들의 진행 방향이 구부러지거나 뱅글뱅글 도는가 하면, 화살이 원인과 결과 양측에서 동시에 쏘아지기도 한다. 전통적인 선형과학은 비례의 법칙이 지배하여 시작점이 어디든 입력이 일정량 변화되면 출력도 그에 비례하여 변화하지만, 비선형과학에서는 그렇지가 않다. 시작점이 어디냐가 큰 차이를 불러오기 때문에, 어떤 시작점에서는 거의 존재하지 않다시피 하는 효과가 다른 시작점에서는 매우 크게 나타날 수 있다.

사례1과 사례2는 전혀 딴 세상에서 벌어지는 일 같은 느낌을 준다. 단지 긍정정서의 정도 차이 때문만이 아니라, 보다 정확히 말하자면 두 가지가 서로 티핑 포인트의 맞은편에 자리 잡고 있기 때문이다. 첫 번째 사례를 면밀히 살펴보면, 여기서도 분명 긍정정서가 모습을 드러냈던 것을 알 수 있다. 처음엔 아침 햇살이, 그 다음엔 프로젝트에 관한 좋은 소식이, 마지막엔 동료의 미소가 당신을 잠깐씩 기분 좋아지게 했다. 그러나 그 일들은 대세에 큰 영향을 미치지 못했으며, 그날의 주도권은 내내 부정정서가 쥐고 있었다. 반대로 두 번째 사례에서는 양팔 저울의 팔을 훌륭한 결과를 내는 쪽으로 기울일 만큼 긍정정서가 충분히 자주 모습을 나타냈다. 그리하여 당신의 아침 시간은 약간 더 나아진 것이 아니라 획기적으로 개선되었다. 당신은 활기차고 성장하는 느낌을 받았으며, 가정과 직장에 대한 자신의 기여도를 높이 평가했다. 좋은 순간들이 이어지면서, 당신은 안쪽과 아래쪽으로 움츠러든 것이 아니라 바깥쪽과 위쪽으로 나선형 상승을 나타냈다. 티핑 포인트의 양쪽 측면은 이처럼 근본적으로 다르다. 이 책은 당신 삶의 저울을 티핑 포인트를 넘어서 플로리시의 방향으로 기울여줄 처방 — 정확한 긍정정서의 비율 ― 을 제시할 것이다. 그리고 7장에서는 이 처방을 뒷받침하는 비선형 과학의 새로운 발견들에 대해 설명할 것이다.

사실 여섯. **긍정정서는 키울 수 있다.** 이 두 가지 아침 이야기를 읽고 공감이 되었다면, 그것은 당신 내면에 생명력을 부여하는 긍정정서의 잠재력만큼이나 생명력을 소진시키는 부정정서의 잠재력 또한 존재하기 때문일 것이다. 당신은 언제 어떤 정서를 느낄지에 대해 생각보다 더 많은 결정권을 가지고 있다. 긍정정서란 보물은 캐내어지기를 기다리고 있으며, 당신은 긍정정서의 추를 많이 추가해 인생의 잠재력이 플로리시를 향해 나아가도록 저울을 기울일 수 있다. 그런 이유에서 나는 8~12장까지 이 책의 2부 전체를 할애해, 당신이 그 방법을 배울 수 있도록 했다.

긍정정서는 당신의 삶에 엄청난 변화를 일으킬 수 있다. 나는 그 변화를 밝힘으로써 긍정정서가 그런 효력을 발휘하는 방법과 이유를 제시할 것이다. 긍정정서로 당신은 새로운 가능성을 발견하고, 실패를 딛고 다시 일어서며, 타인과의 유대를 공고히 하고, 자신의 최고 역량을 이끌어낼 수 있다. 아마 잠도 더 잘 자게 될 것이다. 어떻게 그걸 아느냐고? 그 이유는 나도 당신과 마찬가지로 어느 정도는 일상생활에서 비슷한 경험들을 할 뿐 아니라, 평생을 사람들의 정서생활에서 긍정정서가 하는 역할을 연구하는 데 헌신해왔기 때문이다.

시인이 인간의 갖가지 정서들을 표현할 새로운 비유를 찾는다면, 학자로서 나는 그런 정서들을 정량화할 새로운 과학적 방법을 찾는다.

그런데 무미건조하고 관념적인 작업일 거라는 예상과 달리, 나는 과학을 통해 정서에 접근함으로써 인간의 핵심 본성에 숨겨져 있던 보편적인 진리들을 발견할 수 있었다. 당신은 '왜 우리는 정서를 느낄까?'라든가 '긍정적인 시각을 가지면 무엇이 달라질까?'라는 의문을 품어본 적이 있는가? 그런 의문들에 내가 답할 수 있다. 최신 연구 결과, 일상의 정서 경험들이 우리의 인생행로에 어떻게 영향을 미치는지가 입증되었다.

내 전공은 심리학이다. 심리학 분야는 19세기 말에 독립적인 학문으로 정립되었지만, 그 역사의 상당 기간 동안 놀랍게도 '정서'는 심리학에서 금기시되는 주제였다. 합당한 연구 대상으로 삼기에는 너무 모호하다는 이유에서다. 내 멘토는 인간의 정서에 대해 처음으로 현대적인 의미의 과학적 연구를 시작했던 분들이다. 나는 그분의 뒤를 이은 2세대 학자이다. 그런데 정서에 관한 연구 내에서 볼 때, 이전에는 거의 모든 노력이 부정정서 — 우울감, 공격성, 불안감 및 이와 같은 부정 상태가 야기할 수 있는 모든 질병들 — 에 집중되어 있었다. 그러나 나는 다른 길을 택해, 긍정 측면 — 기쁨, 평온, 흥미, 사랑 등의 정서 — 에 대한 연구로 경력을 쌓아 왔다. 이러한 경향은 여전히 드물다. 그간 가장 널리 알려진 내 연구 성과는 〈긍정정서의 확장 및 구축 이론 (Positive Psychology of broaden-and-build theory)〉이다. 이 이론은 긍정정서가 인류의 조상들에게서 어떻게 진화되었으며, 현대를 사는 우리에게는 어떤 가치를 지니는가를 설명해준다. 긍정정서와 관련된 이러한 전문성 덕분에, 나는 1999년 초 대두된 '긍정심리학(positive psychology)' 분야의 선봉 대열에 서게 되었다. 그 이후로 줄곧 나는 긍정정서에 대해 세계에서 가장 선도적인 목소리를 내는 사람 중 하나로 인식되어 왔다.

그러나 어찌 보면 우리는 이미 모두가 정서에 대한 전문가이다. 누구나 매일 슬픔과 기쁨, 분노와 감사 등의 정서를 경험한다. 정서는 호흡처럼 누구든지 경험하는 자연스러운 것이다. 특히나 긍정정서는 우리에게 더욱 친숙하다. 사람들은 대개 부정정서보다는 긍정정서를 더 자주 경험한다. 긍정정서는 주로 우리가 하는 기도와 우리가 읽는 책과 우리가 보는 영화 속에서 발견되지만, 사랑과 기쁨·감사·평온·희망 같은 말들이 꼭 문학적 용어이기만 한 것은 아니다. 이 말들은 또한 정확하게 정의되고 측정될 수 있는 과학적 용어이기도 하다. 나는 인간에게 필수적인 이러한 정서 상태들을 조사하여, 그것이 우리의 삶을 개선하는 데 어떤 역할을 할 수 있는지 알아냈다.

솔직히 이 책을 쓸 결심을 하기는 그리 쉽지 않았다. 긍정정서에 대해 쏟아져 나오는 새로운 사실들만으로도 주체할 수 없을 지경이라, 학술논문을 쓰거나 연구실에서 실험할 시간 외에 따로 책 쓸 시간까지 내기가 만만치 않았기 때문이다. 그러나 그래야 한다는 소명 같은 것을 느꼈다. 일반 대중에게 긍정정서에 대한 중요한 소식을 알릴 필요가 있었기 때문이다.

이 책을 읽고 나면 당신은 '좋은 기분'을 더 이상 예전과 같은 눈으로 바라보지 않게 될 것이다. 긍정정서의 효능이 얼마나 대단한지 이해하게 될 것이기 때문이다. 긍정정서에 대해 당신은 아직 모르는 면이 있다. 과학적으로 검증된 이러한 면에 일단 눈이 뜨이고 나면, 당신은 자기 자신과 자신의 잠재력을 보다 온전히 파악하게 될 것이다. 그리고 이를 통해 자기 능력을 보다 충분히 발휘하고 나날이 유능해질 것이다. 긍정정서는 우리가 한 단계 더 높은 존재의 차원으로 올라설 기회를, 다시 말해 사고력을 확장시키고 최상의 미래를 구축할 기회를 제공한다.

내가 맨 처음 긍정정서에 대한 연구를 시작하게 된 계기는, 이 분야가 거의 미지의 영역이며 내가 언제나 지적인 도전을 즐겨왔기 때문이다. 여전히 어느 정도는 이런 정신이 내 연구를 이끌고 있긴 하지만, 몇 년 전부터는 소기의 성과가 나타나기 시작했다. 수십 년에 걸쳐 수집한 자료들이 형태를 갖추면서, 내가 지금껏 상상하거나 가정했던 것을 훨씬 뛰어넘는 결과가 도출된 것이다. 내가 발견한 것은 다름이 아니라 인생을 위한 처방과 그 처방대로 살 수 있는 방법이다. 참으로 놀라운 일이었고, 지금도 그 놀라움은 여전하다.

요즘에 나는 이 처방의 실행 가능성을 검증하려는 목표로 연구에 매진하고 있다. 단순한 믿음이나 자료에서 엿보이는 약간의 단서에 근거하여 뭔가를 받아들인다는 것은 내 학자적 기질에 맞지 않기 때문이다. 내 사명은 긍정정서의 숨겨진 가치를 발굴하고 검증하여 널리 공유하는 데 있다. 내가 이 책을 쓴 이유는 긍정정서가 어떻게 우리의 삶을 개선할 수 있는지에 관한 최신의 학문적 소식을 당신이 알고 싶어하리라 생각했기 때문이다.

긍정정서는 당신의 세계관과 정신적 에너지, 대인관계와 잠재력에 더없는 활력을 불어넣을 수 있다.

더욱 활기 찬 삶을 갈망한다면, 꼭 이 책을 읽어보기 바란다.

2장
긍정정서는
목적이 아닌 수단

어딘가에 진짜 금이 없다면
가짜 금 따위도 존재하지 않을 것이다.
— 수피파의 격언

먼저 좋은 소식을 전하겠다. 현재 당신이 처한 상황이 어떻든 당신은 자신의 인생과 주변 세상을 보다 나은 모습으로 재구성하는 데 필요한 것을 이미 지니고 있다. 발전과 창의성으로 가득 찬 행복한 삶을 일구고 어려운 시기에도 끄떡없이 버티는 데 필요한 유효성분이 이미 당신 내면에 존재한다는 말이다.

더 좋은 소식은 이 유효성분이 결코 고갈되지 않아, 필요할 때면 언제든 더 얻을 수가 있다는 점이다. 당신 안에는 그 유효성분의 보충을 원할 때마다 길어다 쓸 수 있는 내면의 샘이 있다.

나쁜 소식은 사람들이 대개 이 성분을 별로 활용하지 못하고 있다는 점이다. 공급량을 더 확보하지 않고는 최상의 삶을 위한 처방약을 제조할 수 없다.

더 나쁜 소식은 많은 사람들이 자신에게 그런 유효성분이 있다는 사실조차 모르고 있다는 점이다. 그래서 그들은 내면의 샘물은 건드리지도 않은 채, 비틀거리며 엉뚱한 곳을 찾아 헤맨다. 끊임없이 자신의 외부 — 돈이나 돈으로 살 수 있는 모든 것 — 에서 더 나은 삶을 위한 재료를 구하지만, 결국 기대를 충족시키지 못한다.

그 유효성분이 무엇일까?

그것은 바로 긍정정서, '진심 어린(heartfelt)' 긍정정서이다.

인간은 아무리 가볍게 스쳐지나간다 하더라도 긍정정서가 유발하는 즐거운 기분들을 포착할 수 있는 천부적인 능력을 지니고 있다. 긍정정서는 다양한 형태와 풍미로 우리에게 다가온다. 다른 사람과의 유대감이나 누군가에게 사랑받고 있다는 느낌이 들 때를 생각해보라. 신이 나거나 창의력이 샘솟는 기분일 때, 행복하고 주변과 혼연일체가 되는 느낌이 들 때, 단순히 존재의 아름다움에서 영혼의 감동을 느낄 때, 활력이 넘치거나 새로운 아이디어 및 취미생활로 흥분될 때를 떠올려보라. 긍정정서는 긍정정서들 — 사랑, 기쁨, 감사, 평온, 흥미, 영감과 같은 — 이 우리의 심금을 울리고 마음을 열 때면 언제나 지배력을 발휘한다.

그러나 이런 진심 어린 긍정정서의 순간은 그리 오래 지속되지 않는다. 화창하고 좋은 날씨가 영원할 수 없듯이, 좋은 기분도 이내 사라지고 만다. 본래 인간이란 존재가 그렇게 만들어진 것이다. 긍정정서가 사라지지 않는다면 우리는 변화에 대처하는 데 어려움을 겪고, 좋은 소식과 나쁜 소식, 칭찬과 모욕을 제대로 구분하지 못할 것이다.

삶을 보다 나은 모습으로 재구성할 수 있는 비결은 긍정정서의 이런 일시적 특성을 인정하고 놓아줄 줄 아는 데 있다. 긍정정서를 꽉 붙잡고 있으려고 애쓰는 것보다는 긍정정서의 씨앗을 우리의 삶 속에 더 많이 뿌리는 것 — 장기간에 걸쳐 긍정정서의 양을 증가시키는 것 — 이 더 바람직하다. 무엇보다 중요한 것은 긍정정서의 비율이다. 이는 긍정정서의 양을 부정정서의 양과 비교한 것으로, 정확히 말해 일정 기간 동안 긍정정서가 나타나는 빈도를 부정정서가 나타나는 빈도로 나눈 것을 뜻한다. 수학적으로는 간단히 '긍정정서/부정정서'로 표시할 수 있다.

뒤이은 장들에서 확인하게 되겠지만, 긍정정서 비율의 재미난 점은 그것이 티핑 포인트에 좌우된다는 사실이다. 긍정정서 비율이 일정 수준보다 낮을 때 사람들은 부정정서에 떠밀려 하강곡선을 타게 된다. 그들의 행동은 경직되어 뻔히 예측이 가능해지며, 마음의 부담으로 축처져 있는 경우가 많다. 그러나 긍정정서 비율이 일정 수준을 넘어서면 사람들은 긍정정서의 날개를 달고 나선형 상승을 탄다. 그들의 행동은 창의적이라 쉽게 예측이 불가능하며, 생기가 넘치고 사기가 충천하다.

나선형 상승을 할 것이냐 나선형 하강을 할 것이냐는 당신의 선택에 달려 있다. 아무리 인정하고 싶지 않더라도, 인간은 한 자리에 머물러 있을 수 없다. 우리는 긍정적인 궤도나 부정적인 궤도에 속해서 움직인다. 즉, 선량함 속에서 성장하며 보다 창의적이고 탄력적이 되어 가든가, 나쁜 습관을 고착시키며 정체되고 경직되어가든가 둘 중 하나다. 우리가 아무리 지금 그대로의 모습을 유지하길 바란다 해도, 혹은 인생의 목표를 액자에 넣어 걸어둘 수 있는 완벽한 사진처럼 계획하려 해도, 시간은 한 자리에 머물러 주지 않는다. 시간에 따라 어떻게 움직일 것인가는 당신에게 달려 있다. 긍정정서 비율이 여기에서 큰 차이를 만들 수 있다. 그것은 당신의 인생경로가 플로리시로 나아갈지 쇠퇴로 나아갈지의 전조가 된다.

플로리시하거나 쇠퇴한다? 그렇다. 국가나 기업처럼 우리 인간도 간신히 목숨만 부지하며 쇠퇴해가거나, 가능성으로 무르익고 시련에도 꿋꿋이 버티며 플로리시할 수 있다. 플로리시하는 사람들은 심리적으로든 사회적으로든 최고 수준의 능력을 발휘한다. 그들은 단순히 기분만 좋은 것이 아니다. 플로리시하는 사람들이 행복한 것은 사실이지만, 그것이 전부는 아니다. 혼자서 '좋은 기분'을 느끼는 것을 뛰어넘어 그들은 '좋은 행동'으로써 세상에 가치를 더한다. 플로리시하는 사람들은 가정과 직장, 지역사회의 일로 언제나 분주하다. 그들은 목적의식을 가지고 움직이기 때문에, 자신들이 아침에 일어나는 이유를 알고 있다. 플로리시는 단지 한 사람을 행복하게 만드는 데 그치지 않고, 세상에 대한 가치 있는 일로 이어지기 때문에 추구할 만한 고귀한 목표이다. 그렇다고 플로리시를 위해 반드시 거창하고 대단한 행위가 요구되는 것은 아니다. 그저 이기심을 약간 누르고 타인과 자연계의 좋은 점을 공유하고 찬미할 수 있다면 충분하다. 플로리시는 달성 가능한 최상의 미래를 대변하며, 긍정정서는 그 미래를 달성하는 데 도움을 줄 수 있다.

내가 이런 이야기를 할 수 있는 이유는 평생을 긍정정서 연구에 매진해왔기 때문이다. 나는 단지 내 개인적인 일상생활에서가 아니라, 연구실에서 매년 수백 명의 피험자들을 대상으로 각종 실험을 통해 체계적으로 긍정정서를 연구했다. 그 각각의 실험에서 나는 긍정정서가 어떻게 우리 인간의 세계관과 사고방식, 행동방식을 근본적으로 변화시키는지 배울 수 있었다. 나는 또한 연구실 바깥의 현실 세계로도 시선을 돌려, 실제로 사람들이 일상생활에서 겪는 정서의 기복도 관찰했다. 물론 혼자 한 것이 아니라, 세계 최고의 대학원생들과 연구조교들로 이루어진 팀의 도움을 받았으며, 인간의 정서를 탐구하려는 내 뜻에 공감하는 다른 석학들과도 협력했다. 긍정정서에 관한 최신의 과학적 증거들을 수용하는 것도 빼놓을 수 없는 일이었다.

인간이라는 존재에 대해서는 아직 발견되지 않은 사실이 너무나 많다. 인간에 대해 더 많이 알면 알수록 우리는 원하는 삶을 이룰 준비를 잘 할 수 있게 될 것이다. 그런 의미에서 나는, 진심 어린 긍정정서가 우리에게 무엇을 해줄 수 있으며 그것이 어떤 식으로 작용하는지 당신이 알고 싶어 하리라 확신한다. 또한 그런 지식을 바탕으로 당신이 자신과 사랑하는 이들을 위해, 긍정정서로 사고를 확장하고 최상의 미래를 이룩하는 실험을 해볼 마음을 먹게 되기를 희망한다.

좋은 기분의 가치

바보 같은 질문인지 모르지만, 좋은 기분은 어디에 필요할까? 그 답은 명약관화하다. 좋은 기분은 우리가 그런 기분을 느끼기를 좋아하기 때문에 가치가 있다. 더 나아가 그것이 모든 일이 잘 되고 있음 — 인생이 순조롭고 성공적이며 안전하고 만족스러움 — 을 알려주는 신호이기 때문에 유익하다고도 말할 수 있다.

만약 당신이 의사에게 기분이 좋다고 말한다면, 의사는 그것을 고통이나 고민, 우울감, 적대감 등이 현재 당신의 건강과 행복에 큰 해를 끼치고 있지 않다는 신호로 받아들일 것이다. 많은 의학 전문가들에게 '좋은 기분'이란 '나쁜 기분이 아니다'라는 의미에 다름 아니다. 그들에게 관찰이 필요한 대상은 오로지 '나쁜 기분'뿐이다. 그것이 심장마비나 뇌졸중, 섭식장애, 비만, 자살, 폭력 등을 예고하기 때문이다. 그들에게 좋은 기분은 그저 당신이 그런 위험과 문제에서 벗어나 있을 확률이 높다는 의미에서만 가치를 지닐 뿐이다.

그러나 실제로 긍정정서는 단순히 부정정서나 건강상의 위험이 없음을 표시하거나, 안전성이나 만족감, 성공이나 양호한 건강 상태의 존재를 나타내는 것 이상의 일을 한다.

최신의 과학적 증거는 긍정정서가 단지 성공과 건강을 '반영'하는 것을 넘어서, 성공과 건강을 '창출'할 수도 있음을 말해준다. 이는 긍정정서가 사라지고 난 뒤에도 그것이 미친 영향의 흔적을 발견할 수 있다는 뜻이다. 긍정정서는 현재의 즐거운 순간으로 끝나지 않고, 우리의 인생 경로가 나아갈 길을 닦는 역할 또한 한다. 앞날의 플로리시와 쇠퇴를 긍정정서가 판가름 지을 수 있는 것이다.

지금껏 내가 학계에 가장 크게 기여한 부분은 과거 학자들을 당혹케 했던 난제에 대한 해답을 제시한 것이다. 그 난제를 내 식으로 표현하자면 '긍정정서는 어디에 소용이 있는가?' 정도가 되겠다. 이밖에도 '사람들은 왜 즐거운 정서들을 경험하는가?', '기쁨과 감사, 평온과 사랑 같은 정서들은 어떤 목적에 기여하는가?', '인간의 진화 과정에서 긍정정서는 어떤 의미를 지니는가?'와 같이 표현할 수도 있다. 난해한 질문일수록, 올바른 해답을 얻기 위해서는 상당한 시각의 전환이 요구된다.

기존의 관점: 긍정정서와 부정정서는 발생 유래가 같다

여기서 정서의 유래를 조금 살펴보는 것이 도움이 되겠다. 과거의 학자들은 인류가 정서(긍정정서든 부정정서든 관계없이)를 갖게 된 것은 정서가 우리 조상들에게 특정 방식으로 행동하려는 충동을 일으켰기 때문이라고 가정했으며, 이 가정에 기대어 긍정정서에 관련된 난제에 답하려고 했다. 예컨대 두려움은 달아나고픈 충동을, 분노는 공격하고픈 충동을, 혐오감은 쫓아내고픈 충동을 일으키는 식으로, 각각의 정서는 특정한 행동을 유발한다는 것이다.

이 개념에 담긴 한 가지 중심 아이디어는, 우리 조상들이 특정 정서를 느꼈을 때 이런 특정한 행동들을 할 생각이 떠오른 것이 인류에게 정서를 필연적으로 만들었다는 것이다. 이 같은 행동들은 우리 조상들이 무수한 생사의 기로에서 목숨을 부지하도록 하는 데 크게 기여했음에 틀림없다. 가령, 호랑이를 보고 달아난 사람들은 살아남았지만 그러지 않은 이들은 잡아먹혔을 것이다. 초기 조상이 자녀를 낳을 만큼 오래 생존하지 못했다면 인류 가계도의 일부가 될 리 만무했으니, 정서 발생의 핵심은 생존에 있었던 셈이다.

이 개념에 담긴 또 다른 중심 아이디어는 특정 행동경향성이 정서를 '구현'한다는 것이다. 어떤 충동들이 의식적 사고를 따라잡으면, 그것은 동시에 그 충동에 따라 행동하도록 급속한 신체상의 변화를 초래한다. 갑자기 명백한 위험이 닥치는 경우를 상상해보자. 이를 테면, 자동차가 통제력을 잃고 당신을 향해 돌진하고 있다거나, 은행에서 볼일을 보고 있는데 무장괴한들이 침입해 문을 잠가버렸다고 해보자. 어느 쪽이 됐든 당신은 위험이 닥친 것을 인식하고 안전한 곳으로 피하려는 강렬한 충동을 느낄 것이다. 그리고 그 수천 분의 1초 안에 당신의 심장혈관계는 기어를 변경해 산소를 품은 혈액을 대근육들로 보내서 당신이 달아날 준비가 되도록 할 것이고, 부신 역시 혈류 속에 글루코스를 증가시킴으로써 코티졸을 다량 분비해 당신이 더 많은 에너지를 내도록 할 것이다. 공포심에 수반되는 달아나려는 충동은 이처럼 머릿속에서만 뱅뱅 도는 것이 아니라, 달아나는 데 적합하도록 온몸을 대비시킨다.

특정 행동경향성이라는 개념은 두 가지 중요한 과학적 기여를 했다. 첫째, 이러한 충동들이 우리 조상들로 하여금 목숨이 위협받는 상황에서 빠르고 단호하게 행동하도록 도운 측면에 한해서, 어떻게 자연선택의 힘이 정서를 보편적인 인간 본성의 일부로 형성하고 보존했는지를 설명해주었다. 둘째, 정서가 어떤 연유로 무수한 생리적 변화를 초래하여 정신과 신체 모두를 조정할 수 있는지도 설명해주었다.

정서 과학에서 특정 행동경향성이라는 개념이 가져다준 가치는 엄청났다. 때문에 학자들이 거기에 집착한 것도 이해 못할 바는 아니다. 그런데 그것을 긍정정서들에까지 대입하려고 한 것은 문제였다. 예컨대, 일부 학자들은 기쁨을 '무엇이든 하려는 충동'과 연결 지었고, 다른 학자들은 평온을 '아무것도 하지 않으려는 충동'과 연결 지었다. 그러나 이런 충동들은 싸움이나 도망, 침 뱉기 따위의 충동들처럼 명확하지가 않다. 더욱이 긍정정서들에 수반되는 생리적 변화들은 부정정서들에 연계된 생리적 변화들과 비견할 만한 것이 없는 듯하다. 긍정정서의 행동경향성은 모호하기 때문이다. 그래서 긍정정서들은 부정정서들의 의의를 설명하는 데에는 손색이 없는 이론적 틀에 그대로 맞아떨어지지가 않는다. 이런 문제점들 때문에, '긍정정서는 어디에 소용이 있는가?'라는 의문은 그동안 상당한 학문적 호기심을 불러일으켜왔다.

새로운 관점 : 긍정정서는 확장하고 구축한다

이 난제와 더불어 호기심을 자극하는 긍정정서의 여러 다른 특징들을 연구한 끝에, 1990년대 후반 나는 〈긍정정서의 확장 및 구축 이론 (Positive Psychology of The Broaden and Build of Positive Emotion Theory)〉을 수립하기에 이르렀다.

이 새로운 이론을 수립하는 과정에서 나는 기존의 심리학 분야에 뿌리 깊이 박혀 있던 가정에 도전하고 멘토들의 가르침을 뛰어넘었다. 특정 행동경향성 개념이 유용하다는 데에는 동의했지만, 그것이 긍정정서에까지 적용될 수는 없다고 생각했기 때문이다. 긍정정서의 가치를 제대로 이해하기 위해서는 새로운 길을 개척해야만 했다. 내 제안은, 부정정서가 사고를 경직시키고 좁혀서 실행 가능한 행위에 대한 사람들의 아이디어를 축소시키는 반면, 긍정정서는 사고를 유연하고 확장시켜 평소보다 넓은 사고와 행동 범위로 인식을 개방하여 실행 가능한 행위에 대한 사람들의 아이디어를 확장시킨다는 것이었다. 이를테면, 기쁨은 놀이와 창작의 욕구를, 흥미는 탐구와 학습의 욕구를, 평온은 현재의 상황을 음미하고 그것을 우리 자신과 주변 세계에 대한 새로운 관점에 통합하고픈 욕구를 불러일으킨다는 것이다.

✳
긍정정서의 핵심원리1

긍정정서는 일시적으로 우리의 사고와 행동 목록을 확장시켜 우리의 마음과 생각의 문을 열어준다. 긍정정서의 첫 번째 핵심 진리는 그것이 우리의 마음과 생각을 열어주어 우리가 보다 수용적이고 창의적이 되도록 한다는 것이다.

나는 또한 정서가(정서 발생 시점에서) 생존이나 생식의 확률을 높이는 방향으로 인류 조상들의 행동을 변화시켰기 때문에 유용성을 지녔다는 또 다른 가정에도 이의를 제기했다. 두려움 속에서 달아나는 행위가 그들의 목숨을 구하는 데 어떻게 기여했을지는 쉽게 상상이 되지만, 즐겁게 노는 행위가 어떤 식으로 그들의 생존에 도움이 되었을지는 잘 납득이 안 가기 때문이다. 이를 이해하기 위해서 나는 사건 발생 시점에서 벗어나 그 순간에 존재하지 않는 혜택들을 확인할 필요가 있었다.

그리하여 마침내 내가 얻게 된 결론은, 긍정정서와 부정정서가 의미를 지니는 시간 범위가 서로 다르다는 것이다. 부정정서로 촉발된 한정된 사고방식이 해당 순간에 우리 조상들의 생존을 도왔다면, 긍정정서로 유발된 확장된 사고방식은 보다 장기간에 걸쳐 우리 조상들에게 유익을 끼쳤다. 확장된 사고방식이 중요했던 이유는, 그것이 장기적으로 인류 조상들의 강점과 능력, 유용한 특성들의 개발을 자극함으로써 질병에 대처하는 신체적 자원, 스트레스에 대처하는 심리적 자원, 거의 모든 삶의 도전들을 다루는 데 중요한 사회적 자원을 구축하는 것에 도움을 주었기 때문이다. 이렇게 새로 생긴 자원들은 언젠가는 반드시 닥치게 마련인 생존의 위협에서 우리 조상들이 보다 능숙하게 대처할 수 있는 토대가 되었다.

긍정정서가 어떻게 인생의 자원을 구축할 수 있는지 알아보기 위해, 잠시 당신이 기쁘고 즐겁고 생기가 넘쳤던 순간 — 웃고, 환호하고, 폴짝폴짝 뛰고, 춤추고 싶었던 때 — 을 떠올려보라. 자녀가 첫 걸음마를 떼면서 좋아하는 모습을 보았을 때나 애완견과 들판을 뛰어놀았을 때, 오랜만에 만난 친구와 웃고 떠들며 식사했을 때, 가족이 다함께 공원에서 축구를 했던 때, 좋아하는 밴드의 음악을 들으면서 친구들과 함께 어울려 춤을 추었던 때가 바로 그런 순간일 것이다. 어떤 장면이 떠오르든, 잠시 그때의 경험을 돌이켜 다시금 기쁨을 되살려보라. 그때의 느낌이 어땠는지, 어떤 일을 하고픈 생각이 들었는지 되짚어보라. 내가 이와 같은 즐거운 긍정경험들에 대해 발견한 사실은, 그런 경험들이 불러일으키는 욕구들이 우리에게 갖가지 자원들을 구축해주며, 그 자원들은 나중에 위험이 닥쳤을 때 우리의 생사를 판가름 짓는 역할을 할 수 있다는 것이다.

너무 억지 주장 같은가? 그렇다면 잠시 파타스원숭이의 예를 살펴보기로 하자. 대부분의 포유동물들이 그렇듯, 파타스원숭이들도 어릴 때 잡기 놀이를 한다. 그런데 그들의 잡기 놀이에는 희한한 습성이 엿보인다. 낭창낭창한 어린 나무나 관목으로 뛰어내려 예상치 못한 방향으로 몸을 튕기곤 하는 것이다. 가만히 생각해보면, 곧 그것이 붙잡히지 않기 위한 술수임을 알 수 있다. 그러나 다 자란 파타스원숭이는 포식자로부터 달아나야 할 때가 아니면 절대로 이런 곡예를 하지 않는다. 이로 미루어 볼 때, 그들은 놀이를 통해 언젠가 자신들의 목숨을 구해줄 특정한 신체적 기술을 개발하는 것이다.

마찬가지 맥락에서, '함께 노는 가족이 결속력이 강하다'는 말이 있다. 이 구절에는 사회적 놀이가 사람들 사이에 끈끈하고 지속적인 유대감을 형성한다는 지혜가 담겨 있다. 이 지혜는 가족의 범위 바깥에서도 적용된다. 얼룩다람쥐의 한 품종에서 그 좋은 예를 찾아볼 수 있다. 얼룩다람쥐들은 한 마리가 먼저 멀리 있는 포식자를 발견하면, 울음소리로 신호를 보내 다른 다람쥐들이 달아나 숨을 수 있도록 한다. 소리를 내는 녀석은 자칫 포식자의 주의를 끌 수 있기 때문에, 이러한 행동은 위험하기 짝이 없다. 과거에 학자들은 동물들이 이처럼 목숨을 잃을 위험을 무릅쓰는 경우는 공통된 유전자를 나눈 친족에 한정된다고 생각했다. 그러나 유전적으로 관련이 없는 어릴 적 놀이 친구를 위해서도 다람쥐들이 소리로 위험을 알린다는 새로운 증거가 나왔다. 이들은 놀이를 통해 사회적 자원을 개발한 것이다.

또 다른 형태의 긍정정서로 이루어지는 자원 구축에 대해 알아보기 위해, 이번에는 새로운 사람이나 장소, 혹은 물건에 지대한 관심이 생길 때 느껴지는 강렬한 이끌림을 상상해보자. 당신의 사고는 열려 있고 호기심에 가득 차 있다. 그것은 당신으로 하여금 밖으로 나가서 탐구하도록 부추긴다. 학자들은 이와 같은 긍정적이고 개방된 마음가짐이 탐구와 경험적 배움을 가능하게 함으로써 우리로 하여금 세상에 대해 보다 정확한 정신적 지도를 그리게 한다는 사실을 입증했다. 이는 우리가 부정적인 느낌이나 거부감을 느낄 때 ─ 또는 중립적인 느낌을 받을 때 — 에 비해서 재미와 흥미를 느끼고 호기심에 차서 행동할 때 더 많은 것을 배울 수 있음을 뜻한다. 그 이유는 부정정서가 — 심지어 중립성까지도 — 우리를 억제시키기 때문이다. 부정정서와 중립성은 세상에 대한 경험을 제한하여, 결과적으로 세상에 대한 지식 역시 제한시킨다. 반면에 긍정정서는 우리로 하여금 밖으로 나가서 탐구하고 세상과 예기치 않은 방식으로 어울리도록 유도한다. 그럴 때마다 우리는 뭔가 배우게 되며, 이렇게 수확된 지식은 당장은 쓸모가 없을지라도 먼 훗날 요긴하게 쓰일 수 있다. 그리고 경우에 따라서는 목숨을 구하는 수단이 될 수도 있다.

✳
긍정정서의 핵심원리2

긍정정서는 지속적으로 개인의 자원을 구축해서 우리를 보다 나은 모습으로 변화시킨다. 이것이 긍정정서의 두 번째 핵심 진리다. 긍정정서는 우리의 마음과 생각을 열어줌으로써 우리가 새로운 기술과 인맥, 지식 및 존재방식을 발견하고 구축할 수 있도록 허락한다.

■ 그림: 〈긍정정서의 확장 및 구축 이론〉

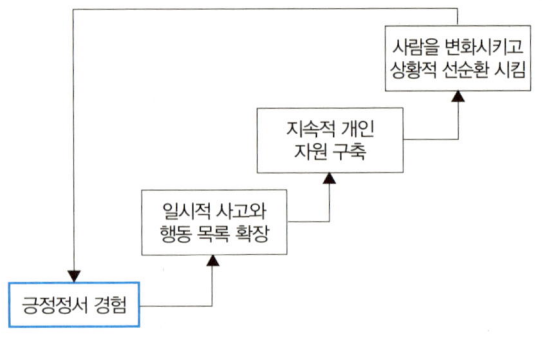

긍정정서의 이 두 가지 핵심 진리가 바로 내 〈긍정정서의 확장 및 구축 이론〉의 정의이며, 이는 오랜 세월에 걸쳐 그런 좋은 정서들이 인류 조상들의 사고를 확장시키고 미래를 위한 자원을 구축해주는 역할을 했기 때문에 그들에게 긍정정서가 존속하게 되었음을 뒷받침한다. 긍정정서는 초기 인류에게 신체적·사회적·지적·심리적 자원을 더해 줌으로써 그들을 보다 나은 모습으로 변화시켰다. 좋은 정서가 주는 생기는 그들이 안전하고 만족스러운 느낌을 받을 때 확장과 구축의 길로 나아가도록 자극했다. 이 자극에 따른 이들은 목숨을 잃을 수 있는 위협에서 더 많이 살아남을 수 있었으나, 그러지 않았던 이들은 생존이 썩 여의치 않았다. 수백만 년에 걸쳐 자연선택은 우리 조상들에게서 진심 어린 긍정정서를 경험하는 능력을 가다듬어, 오늘날의 현대 인류가 경험하는 긍정정서의 형태와 기능을 창출하기에 이르렀다.

조상들의 유산

우리 조상들에게 유익했던 것이 반드시 우리에게도 유익하다고 볼 수는 없다. 고지방 음식에 대한 우리의 열광을 생각해보라. 우리 조상들에게는 고지방 음식이 귀했다. 초기 사냥꾼들은 매일 혹은 매주마다 짐승의 사냥에 성공하지 못했기 때문에, 육류 같은 고지방 음식을 좋아하고 먹을 수 있을 때 열심히 먹어둔 사람이 생존에 유리했다. 몸속에 지방을 필수 에너지 비축분으로 저장해두어, 먹을 것이 부족한 시기를 넘길 수 있었기 때문이다.

그러나 오늘날에는 고지방 음식이 여기저기 널린 자판기만큼이나 흔하다. 정크 푸드를 먹어대는 것은 우리 몸에 축적되는 지방의 측면에서 볼 때, 여전히 에너지 비축분을 저장하는 행위이다. 그러나 우리는 마음만 먹으면 깨어 있는 시간 내내 이런 음식들을 먹을 수 있기 때문에, 오늘날의 우리가 지방을 갈망하는 것은 과거 조상들처럼 적절치가 않다. 조상들에게서 물려받은 고지방 음식의 선호는 진화의 산물임에는 틀림없으나, 우리의 미뢰(味蕾)가 갈구하는 것들이 주변에 산재해 있는 현대에는 과히 유익한 취향이라 보기 어렵다.

우리는 초기 인류와 다르다. 우리에겐 수많은 식당과 24시간 열려 있는 마트가 있다. 그리고 조상들이 평생 동안 만났을 사람들보다 우리가 15분 동안 복잡한 도심의 거리에서 만날 수 있는 사람이 더 많다.

그러나 전부가 다 다른 것은 아니다. 우리는 조상들과 똑같이 태어나면서부터 음식과 보금자리를 타인에게 의존했으며, 어른이 될 때까지 배우면서 성장해야 했다. 또 조상들처럼 우리 역시 친구를 사귀어 주변 사람들과 공동체를 형성하고, 어른이 되어서는 타인에게 좋은 평판을 들을 만한 뭔가 가치 있는 일로 기여를 하며, 우리가 사는 세상을 이해하고 올바른 판단을 내릴 필요가 있다. 따라서 진정한 긍정정서의 순간들 — 우리를 보살펴주는 사람에게 감사한 마음을 갖고, 배움에 진심으로 흥미를 가지며, 다른 사람과의 놀이에서 즐거움을 느끼고, 모든 일이 순조롭게 풀릴 때 자신의 성취나 가치에 자부심을 느끼는 때처럼 — 이 우리 조상들에게 그랬던 것처럼 우리에게도 유익하다고 믿을 만한 이유는 충분하다.

생명 연장의 힘

위에서 설명한 것처럼 긍정정서에는 확장 및 구축의 효과가 있다. 긍정정서는 사람들을 변화시키고, 그들이 도달 가능한 최상의 모습에 도달하도록 돕는다. 그리고 그 효과가 최고조에 달할 때는 생명 연장에도 도움을 줄 수 있다.

샌프란시스코에 사는 36세 동성애자 남성, 애덤의 이야기가 그 한 예이다. 그는 1980년대 후반에 6년 동안 파트너로 지내 온 글렌과 함께 HIV 보균자가 되었다. 글렌은 일찍부터 에이즈로 진전이 되었지만, 애덤은 오래도록 증상 없이 지냈다. 애덤은 아직 건강한 덕분에 글렌의 건강이 악화되기 시작했을 때 간호를 해줄 수 있었다. 그러던 1990년 4월 어느 주말에 애덤은 신문을 읽다가 작은 광고를 보게 되었다. 캘리포니아 대학교 샌프란시스코 캠퍼스에서 에이즈 환자인 파트너를 보살피고 있는 HIV 양성 판정자 남성을 연구 대상으로 모집한다는 광고였다. 학자들이 자신의 입장과 정확히 일치하는 사람을 연구하고 싶어 한다는 것을 알고 놀랍고도 기쁜 마음에, 애덤은 당장 전화를 걸어 참가 신청을 했다.

연구는 신체검사와 수차례의 면담으로 이루어졌다. 면담자가 애덤과 글렌의 집으로 몇 년간 두 달마다 찾아왔다. 초반에는 면담 분위기가 우울하기 짝이 없었다. 면담의 초점이 간호의 스트레스가 어느 정도인지, 그로 인해 어떤 기분인지를 파악하는 데 집중되어 있었기 때문이다. 물론 스트레스가 없는 건 아니었지만, 애덤은 왜 연구진이 하나같이 거기에만 관심을 두는지 이해할 수가 없었다. 결국 두 번째 면담 후 답답해진 애덤은, 왜 연구진이 그의 인생에서 좋은 점은 무엇인지, 친구와 자신이 더 행복한 나날을 보낼 수 있도록 자신이 어떤 노력을 하는지에 대해서는 한 번도 궁금해하지 않는지 물었다. 말은 그렇게 했어도, 다음 번 면담에서 곧바로 분위기가 확 바뀐 것을 알고 애덤은 놀라지 않을 수 없었다. 연구진이 그의 말에 귀를 기울였던 것이다. 알고 보니, 면담 내용이 지나치게 부정적이라는 데 불만을 토로한 사람은 비단 애덤뿐이 아니었다. 연구진이 이런 참가자들의 뜻을 받아들여, 긍정적인 면에 초점을 두어 면담 내용을 재구성한 것이다.

연구에 참가한 지 1년이 못 되어 글렌은 사망했다. 애덤은 그 후에도 계속해서 면담을 통해 자신의 경험을 이야기했다. 다시 1년 뒤, 애덤의 HIV도 에이즈로 발전했다. 당시 의사들은 그가 6개월밖에 살 수 없으며, 길어봤자 1년을 못 넘길 거라고 예측했다. 그러나 애덤은 그 사망 선고의 어두운 그늘 속에 머물러 있기를 거부하고, 글렌의 건강이 악화되었을 때와 똑같이 즐겁게 생활하기로 했다. 그렇게 마음먹으니 매일 매일이 축복이었다. 모퉁이 가게에서 실려 오는 꽃 향기와 죽마고우들의 배려, 병이 걸렸음에도 불구하고 계속 혼자서 생활할 수 있다는 것 등 매일 기뻐하고 감사할 거리가 있었다. 매일 긍정적인 면에 초점을 두고 살아가면서 애덤의 생존기간은 점차 늘어났다. 3년이 지난 뒤에도 애덤은 여전히 남에게 의지하지 않고 살아가고 있었다. 5년이 지나자 그 자신은 물론이고 가까운 친구들까지도, 삶에 대한 긍정 태도가 그를 강인하게 지켜준다는 것을 믿을 수밖에 없었다. 결국에는 에이즈가 그의 생명을 앗아가긴 했지만, 그것은 의사가 1년도 더 못 살거라고 예측한 날로부터 무려 9년이 지난 뒤였다.

애덤의 이야기는 특별한 사례가 아니다. 긍정정서에는 실제로 생명 연장의 힘이 있다. 이 사실은 내가 처음 〈확장 및 구축 이론〉을 도입한 이래 수 년간 실시된 여러 과학적 연구들에서 입증된 바 있다. 그중 하나가 애덤이 참여했던 캘리포니아 대학의 연구 프로젝트였으며, 다른 연구들은 보다 일반적인 표본 집단을 대상으로 했다. 그러나 결과는 동일했다. 즉, 남들보다 긍정정서를 더 많이 표현하는 사람들이 더 오래 살았다. 길게는 10년까지도. 긍정정서는 이렇게나 우리에게 중요하다. 우리 조상들이 생존을 위해 긍정정서를 필요로 했듯이, 오늘날의 우리도 똑같은 이유에서 긍정정서를 필요로 한다.

충분한 검증

다음 장들에서 나는 긍정정서에 관한 학문적 증거들을 보다 상세히 논의할 것이다. 지금은 한 논문 — 여러 연구들에 대한 통합적인 연구로 거시적 분석을 제시한 매우 가치 있는 학술논문 — 에 대한 이야기만을 간략히 전할까 한다. 이 논문의 저자들은 학술문헌들을 철저하게 탐색하여 찾아낸 긍정정서에 관한 300여 가지의 연구보고서들을 총체적으로 분석했다. 이 보고서들의 총 연구 대상자는 27만 5천 명이 넘었다. 하나의 연구라면 모종의 결함으로 인해 폐기될 수 있을지 몰라도, 여러 연구의 모든 증거들 — 통제된 연구소 실험에서부터 사람들의 일상생활에 대한 장기간의 관찰에 이르기까지 — 을 다 집대성한 경우라면 그 결론을 신뢰해도 좋을 것이다.

이 거시분석의 결론은 무엇이었을까? 바로 긍정정서가 인생의 성공을 반영하는 만큼이나 인생의 성공을 창출하기도 한다는 것이었다. 만족스러운 결혼생활이나 높은 급여, 건강 등 성공의 기준을 어디에 두든지 관계없이, 긍정정서는 어느 경우에나 중요한 역할을 했다. 내 〈긍정정서의 확장 및 구축 이론〉은 이 모든 연구의 모든 수치들에서 종합적으로 지지되었다. 이 거시분석에 대한 소식을 전하는 것이 더더욱 뿌듯한 이유는, 그 연구에 나를 비롯하여 내 학생들이나 연구 협력자들 누구도 참여하지 않았기 때문이다. 그 논문의 저자들 중에서 미리부터 〈긍정정서의 확장 및 구축 이론〉에 관심을 가지고 있었던 사람은 아무도 없었다. 학문은 하나의 주장이 다른 연구자들에 의해 개별적으로 재검증될 때 더욱 발전해 나갈 수 있는 법이다. 그런 의미에서 내 〈긍정정서의 확장 및 구축 이론)이 다른 학자들의 연구 자료에서 충분히 검증되고 확인되었음을 알게 된 것은 나에게 더없이 기쁜 일이었다.

긍정정서는 우리에게 적합하지 않다?

잠깐 한숨을 돌리며 긍정정서에 관한 이 새로운 시각이 요구하는 세계관의 전환에 대해 생각해보자. 미국을 비롯한 많은 자본주의 국가들은 즐거움이나 여가는 죄악이며 오로지 엄격한 직업 활동을 통해서만이 자신의 진정한 가치를 증명할 수 있다는 청교도적 직업윤리의 영향 아래서 발전해왔다. 이러한 세계관은 더 오래 일하고 검소하게 생활하기 위해 스포츠나 춤과 같은 즐거움을 느낄 수 있는 모든 활동과 욕구를 멀리하는 인물들을 양산하며, 경쟁과 근면·성실을 장려하는 문화를 조성한다.

비록 미국 사회가 초창기의 청교도적 뿌리에서는 벗어났을지 몰라도, 청교도적 직업윤리 내에 깊숙이 박혀 있던 문화적 가치의 상당수는 지금까지도 여전히 영향력을 발휘하고 있다. 한 예로 과도한 성취욕을 보자. 이것이 아니라면 도대체 무엇 때문에 미국인들이 다른 나라 사람들에 비해 연중 더 많은 날을 일에 바치겠는가? 또 '열심히 일하면 반드시 돌아오는 게 있다'는 무언의 믿음도 무시할 수 없다. 이 말이 사실이라면 직업상 성공을 이루지 못한 사람이나 뚱뚱한 중개업자는 틀림없이 퇴폐적이고 게으르거나, 그렇지 않으면 어디가 좀 모자란 사람이 되고 만다. 미국에서 자란 사람들은 좀처럼 이런 메시지들의 홍수를 피할 수가 없었다.

긍정정서에 대해 줄곧 연구해온 나도 예외는 아니었다. 초등학교에 들어갔을 때 내가 수업시간에 열심히 집중하면 선생님을 기쁘게 해드릴 수 있다는 것을 아는 데는 그리 오랜 시간이 걸리지 않았다. 대학 때는 A학점을 받기 위해 도서관에서 기나긴 시간을 보냈다. 대학원 때는 그보다 더 긴 시간을 연구실에서 자료 분석을 하며 보냈다. 그렇게 하여 학위 취득 후 연구원 생활을 하던 어느 날, 같은 분야의 연구를 하던 친한 친구 하나가 이런 의미심장한 말을 던졌다. "넌 아마 네게 정서란 게 없기 때문에 정서에 대한 연구를 하나 보구나." 이런 달갑지 않은 진단에도 불구하고, 아직 정교수가 되지 못했던 나는 내가 선택한 분야에서 도태되지 않기 위해 계속해서 경험적 논문들을 쓰는 데 과도한 시간을 쏟아 부었다. 이런 식의 성취에 대한 집착은 간혹 성과를 내기도 하지만, 거기에는 상당한 희생이 따른다. 우리는 너무 일에만 코를 박고 있다가 세상의 좋은 면들을 놓치거나, 언제나 우리의 마음을 열어주고 성장을 도우려 기다리고 있는 경이를 못 보고 지나치는 경우가 많다.

미국인들이 처한 현실에 대해 보다 정확히 말하자면, 그들이 긍정정서와 관련해 갈등을 겪고 있다고 말하는 편이 더 옳을 것이다. 미국의 독립선언문은 자국민의 핵심 권리 중 하나로 '행복추구권'을 보장한다. 하지만 세상에서 사람들을 행복하게 해줄 거라고 떠들어대는 물질적 재화와 서비스를 획득하기 위해 열심히 일하면서, 정작 그들은 이 근본적 권리의 요지를 놓치고 있는지도 모른다. 누구나 행복해지기를 갈망하지만, 그중에 많은 이들이 엉뚱한 곳에서 행복을 추구하도록 유혹을 받아왔다. 때문에 그들은 높은 급여와 많은 재산, 또는 위대한 업적에서 행복을 찾는다. 아니면 '언젠가는' 꿈이 이루어져 행복해질 거라는 믿음으로 미래에 집착한다. 또는 긍정정서의 원천을 오판하여, 자녀들과 보내는 시간보다 상사를 기쁘게 하는(희망사항이지만) 야근 시간에 더 큰 가치를 부여한다. 명상을 하기보다는 술병을 따고, 공원을 산책하기보다는 역기를 들며, 간소하지만 정성스럽고 영양이 고루 갖춰진 음식을 먹기보다 유행하는 다이어트를 한다. 책을 읽는 대신 TV를 보거나 인터넷 서핑을 하고, 시를 쓰는 대신 이메일을 쓴다. 내 연구에서는 이러한 행복 추구의 방향이 틀렸으며, 행복을 추구하는 제대로 된 방법은 우리가 있는 현재 위치에 상관없이 날마다 긍정정서를 추구하는 것임이 입증되었다. 한 순간 한 순간 매일 차곡차곡 쌓여나가는 긍정정서를 통해 우리는 원하는 삶을 이룰 수 있다.

우리는 긍정정서를 우리 자신과 주변 세상에 대한 현명하고 건강한 투자로 바라보는 쪽으로 인식을 전환할 필요가 있다. 긍정정서는 그 자체가 목적이 아닌 더 나은 목적들을 향한 하나의 수단일 뿐이다.

예전에는 기분이 좋아지는 어떤 일을 하는 것이 단지 기분전환 — 사소하고 하찮으며, 따라서 안 해도 그만인 것 — 에 불과하다는 생각이 팽배했다. 그러나 요즘에는 자연스럽고 평범한 방법으로 배양된 좋은 기분은 플로리시로 나아가는 나선형 상승을 일으키는 데 필요한 유효성분이라는 생각이 새롭게 자리 잡고 있다. 예전의 관념이 기분이 좋아지는 일에 시간을 소비할 때 사람들로 하여금 죄책감이 들게 했다면, 새로운 관념은 사람들에게 마음을 움직이고 열어줄 순간들을 계발하고, 보호하고, 소중히 여길 용기를 준다.

나 역시 과거에 비해 엄청나게 변했다. 젊을 적 조교수 시절에 나는 어찌나 지독하게 일에 매달렸던지, 휴가 한 번 가기 위해 남자 친구(현재의 내 남편)가 나를 설득하느라 무진 애를 써야 했다. 결국 내가 양보하긴 했지만, 나는 그 일을 동료들과 학생들에게는 비밀로 할 것을 고집했다. 그리고 휴가지로 채점할 논문 한 아름과 이메일을 확인할 노트북을 들고 갔다. 휴가 기간 동안 한편으론 즐거웠지만 다른 한편으로는 좌절감과 죄의식, 부끄러움과 두려운 마음도 들었다. 그러나 지금은 연구를 통해 얻은 교훈 덕분에, 휴가를 갈 때에는 논문과 이메일 따위는 신경 쓰지 않고 가족과 즐거운 시간을 보내는 데에만 온전히 정신을 집중한다. 또 학생들과 후배들에게도 똑같이 하도록 권장한다. 내 멘토들의 가르침과는 반대되는 셈이다. 더 중요한 변화는 식물원을 산책하거나, 친구와 점심식사를 하거나, 댄스 수업에 나가거나, 읽고 싶은 책을 읽는 일 따위로 매일 작은 휴가를 가지려 한다는 점이다. 나는 확고하게 뿌리박혀 있던 기존의 직업윤리와 새롭게 자리 잡아가는 놀이윤리 사이에서 균형을 이루려고 노력하고 있다. 그리고 이와 같이 강한 성취욕에서 벗어나 짬짬이 휴가를 가짐으로써 더욱 새로운 힘이 솟고 인생의 깊이가 더해질 수 있다는 것을 알았다. 성과에 굶주린 일터에서, 물론 이런 새로운 접근 방식은 간혹 성미에 맞지 않거나 성공 의지를 약하게 만들기도 한다. 그럼에도 나는 이미 그 열매가 너무나 달고 이롭다는 것을 알아버렸기 때문에, 절대 과거로 다시 돌아가는 일은 없을 것이다.

비록 현대 도시생활을 성공에 대한 숭배와 그 어두운 이면, 그리고 긍정정서에 대한 과소평가가 지배하고 있는 것이 사실이지만, 다른 문화적 기준들이 전혀 존재하지 않는 것은 아니다. 분명 다른 사람들에 비해 긍정정서를 더 잘 배양하고 유지하는 집단들이 있으므로, 그들의 생활방식을 연구한다면 뭔가 배움을 얻을 수 있을 것이다. 이를 테면, 불교의 명상 수행을 하는 사람들은 일상생활에서 더 많은 긍정정서를 경험한다. 뒤이은 장들에서 나는 명상이 어떤 작용을 하며 어떤 효과가 있는지 이야기할 것이다. 이밖에도 긍정정서에 특히나 능숙한 또 다른 집단이 있는데, 그들은 바로 노인들이다. 학자들은 70세 이상의 노인들이 70세 미만의 사람들에 비해 긍정정서를 더 잘 알아보고 음미할 줄 안다는 것을 입증했다. 이는 노년기에 불가피한 통증과 기억력의 감퇴에도 불구하고, 긍정정서에 대한 집중이 말년을 더욱 만족스럽게 만들 수 있음을 터득한 노인들의 지혜일 것이다. 이 책을 읽음으로써 당신은 이처럼 나이가 지긋하게 들어서야 얻게 되는 긍정정서의 효과를 좀 더 앞당겨 누리는 부수적인 혜택을 얻게 될 것이다.

어느 정도면 충분한가?

지금까지 나는 긍정정서가 어떻게 우리 마음과 생각을 열고 인생을 보다 나은 모습으로 변화시킬 수 있는가에 대한 대략적인 윤곽만 그렸다. 다음 장들에서는 당신이 몸소 이 긍정정서에 관한 새로운 사실을 가슴에 새기고 실험해볼 이유를 느낄 만한 과학적 증거를 제시할 것이다.

만약 당신이 긍정정서를 실험할 결심을 한다면, 친절한 설명뿐만 아니라 정확한 처방도 필요해질 것이다. 분명히 당신은 이미 내가 당신에게 긍정정서를 배양할 방법을 제시하리라 추측하고 있었을 것이다. 그런데 그 노력을 어떻게 해야 할까? 긍정정서는 얼마나 많아야 충분할까? 목표에 도달했는지는 어떻게 알 수 있을까?

다음에서 한 가지 처방의 예시를 살펴보자.

맑고 화창한 날 아침에 당신은 잠에서 깨어난다. 잠시 심호흡을 하고 긴장을 풀 시간을 갖는다. 잠이 완전히 깨자 당신은 배우자를 슬쩍 찌르고는 가까이 다가가서 껴안는다. 애정과 욕구를 표시하고 싶어서다. 그러나 깊은 잠에서 깨어난 배우자는 돌아누워 당신을 팔꿈치로 쿡 찌르며 소리친다. "당신 미쳤어? 잠 좀 자게 내버려둬!" 배우자의 핀잔에 미소로 답하고, 당신은 침대에서 나와 욕실로 들어간다. 어찌된 일인지 샤워기 물이 얼음 같이 차다. 따뜻한 물이 나올 때까지 꽤 오랜 시간을 기다려야 했지만 당신은 이렇게 생각한다. '물이 나오는 것만도 어디야! 이보다 더 열악한 환경에서 사는 사람들도 있는걸.' 미소를 띤 채 노래하며 몸이 부들부들 떨리는 추운 샤워를 마친 뒤, 당신은 복도로 깡충거리며 나와 아이들이 일어났나 보러 간다. 잠자는 어린 자녀의 얼굴에 거미가 기어가고 있다. 당신은 그 평화를 방해하고 싶지 않아 미소 지으며 발끝으로 살금살금 방에서 나온다. 그리고 이렇게 생각한다. '자연은 참으로 신비로워. 이 흥미로운 거미에 대해 친구들에게 말해 줘야지!' 이제 당신은 아침식사를 하기 위해 주방으로 간다. 시리얼 그릇을 가지고 앉으려는데, 간밤에 늙은 고양이 스파이크가 당신이 아끼는 고풍스런 테이블보에 게워 놓은 토사물이 보인다. 당신은 토사물이 있는 옆자리로 옮겨 앉는다. '불쌍한 녀석. 네가 기분이 좀 나아졌기를 바란다. 이

테이블보야 어차피 죽을 때까지 쓸 것도 아니었으니 상관없어.' 그런 다음 당신은 TV를 켠다. 뉴스 진행자가 최근의 분쟁지역으로 나가 현장에서 생방송으로 보도를 하고 있다. 화면에 폭격으로 다리가 잘려나가 피를 흘리고 있는 민간인 희생자들의 모습이 보인다. '대단한 카메라맨들이야. 저렇게 생생한 장면을 찍다니! 그리고 저 진행자는 잘생긴 데다 목소리도 좋네….'

더 계속할 필요가 있겠는가? 당신은 벌써 한참 전부터 이런 식의 처방이 마음에 들지 않았을 것이다. 많은 사람들이 폴리애나를 경멸하는 것과 똑같은 이유로 위의 이야기에 거부감이 들었을 것이다. 폴리애나는 주야장천 얼굴에 미소를 달고 산다. 만약 직접 본다면 붙잡고 흔들며 "정신 차려!"라고 말하고 싶을 정도로.

그것이 바로 이 처방의 문제점이다. 현실과 연계할 수가 없는 것이다. 백 퍼센트 긍정정서로 이루어진 삶을 살려면 인간다움을 거부할 수밖에 없다. 그것은 모래 속에 머리를 파묻고 사는 것에 다름 아니며, 그런 태도는 결국 주변 사람들을 떠나가게 한다.

내가 당신에게 제시하는 처방은 이보다 훨씬 합리적이다. 바로 긍정정서와 부정정서의 비율이 최소한 3:1을 넘도록 노력하라는 것이다. 이 말은 부정정서 경험을 한 번 할 때마다 최소한 세 번은 긍정정서 경험을 하라는 뜻이다. 이 비율은 플로리시와 쇠퇴를 판가름 짓는 티핑 포인트이다.

권장 식생활 지침처럼 나는 이 처방을 당신에게 정서적 지침으로써 제시한다. 또한 권장 식생활 지침과 마찬가지로, 당신은 매일 매 순간 이 비율을 달성할 필요는 없다. 다만 며칠이나 몇 주에 걸쳐서 이 비율을 충족하거나 초과하도록 노력하라.

이 처방을 탄생시킨 흥미로운 연구에 대해서는 7장에서 설명할 것이다. 또한 그것을 뒷받침하는 과학적 증거에 대해서도 논의할 것이다. 물론 어느 의학적 처방이나 권장 식생활 지침이라도 그렇듯, 이 3:1이라는 긍정정서 비율도 수정될 여지는 있다. 앞으로의 연구들에서 의심할 바 없이 더욱 새로운 사실들이 발견될 것이기 때문이다.

그러나 그 비율이 3:0이 아님을 알았다는 데에는 일단 안도의 한숨을 내쉬어도 좋다. 누구도 부정정서 없이 플로리시할 수는 없다. 아무리 행복한 사람이라도 소중히 여기던 사람이나 물건을 잃으면 슬프게 마련이며, 불의를 보면 화가 나고, 위험이 닥치면 두려움을 느끼는 것이 인지상정이다. 토사물이나 인간의 잔악한 행위를 볼 때 속이 울렁거리는 것도 당연한 일이다. 3:1이라는 긍정정서 비율의 장점은 인간의 다양한 정서들을 모두 아우를 수 있다는 데 있다. 영원히 차단되거나 억압되어야 하는 정서는 없다.

거짓 웃음은 이제 그만

3:1이라는 긍정정서 비율을 지키기는 그리 어려워 보이지 않는다. 낙관적인 말을 몇 마디 하거나 이따금씩 웃어주는 것으로 원하는 삶을 얻을 수 있을 것 같다.

그러나 그것은 너무 성급한 판단이다. 그런 식으로 쉽사리 긍정정서 비율을 바꿀 수 있다고 생각한다면 오산이다. 단지 긍정적인 말을 몇 마디 더 하거나 억지로 웃는 것으로는 득보다 해가 더 많을 수 있다.

인간은 본래 위선을 감지하는 데 탁월한 능력을 지니고 있다. 긍정적인 말이나 당겨진 입꼬리에 진심이 담겨 있지 않다면, 본인은 물론이고 주변 사람들도 그것을 쉬 알아차리게 마련이다. 이 책 전반에 걸쳐 내가 '진심 어린 긍정정서'라는 말을 되풀이해서 언급하는 이유는, 긍정정서의 진정성이 중요하다는 사실이 과학적으로 입증되었기 때문이다.

캘리포니아에 사는 젠의 사례를 한 번 살펴보자. 그녀는 세 자녀를 둔 38세 여성으로, 막내에게는 자폐증이 있다. 젠은 최근 한 연구에 지원한 적이 있었다. 만성질환을 가진 자녀를 보살피는 스트레스에 어머니들이 어떻게 대처하고 있으며, 그 대처 방식이 그들의 건강에 어떤 영향을 미치는가를 알아보는 연구였다. 젠은 설문에서 막내를 키우는 것이 고생스럽긴 하지만 좋은 점도 있다고 답했다. 어려움을 헤쳐 나가면서 전에는 미처 깨닫지 못했던 자신의 강점들을 찾았으며, 신앙심도 깊어졌다는 것이다. 다시 말해, 젠은 학자들이 '이점발견(benefit-finding)'이라고 일컫는 항목에서 다른 대부분의 참가자들보다 높은 점수를 기록했다. 고생 속에서 낙을 찾았다고 볼 만했다. 이 점 때문에 당신은 젠이 다른 엄마들에 비해 특별히 건강한 사람으로 분류되었으리라 추측할지 모르지만, 사실은 그렇지 않았다. 젠은 긍정정서를 표현하는 데는 능숙했지만, 그 긍정정서를 진정으로 느끼지는 못했기 때문이다. 평범한 일상생활을 하는 도중에 행복하거나 흥분되거나 만족스러운지를 묻는 질문들에서, 젠은 '전혀 그렇지 않다'에 가장 많이 응답했다. 젠의 진심 어린 긍정정서 수준은 실제로 다른 사람들에 비해 오히려 낮았던 것이다. 연구진은 힘겨운 경험 속에서 이점을 찾는 동시에 일상생활 속에서도 긍정정서를 느낀다고 보고했던 엄마들만이 스트레스 호르몬인 코티졸 수치가 정상 범위 내에 있다는 것을 발견했다. 그러나 젠의 긍정정서는 진심에서 우러난 것이 아니었기에, 그녀의 코티졸 수치는 하루 종일 높았으며, 건강에 해로운 수준이었다.

또 다른 사례를 살펴보자. 빅터는 노스캐롤라이나에서 세일즈 매니저로 일하는 59세 남성으로, 1년 전에 심장마비를 겪은 적이 있었다. 담당의사는 그에게 듀크 대학 의료센터에서 실시하는 연구에 참여해 보라고 권유했다. 행동과 관상동맥성 심장질환의 상관관계를 알아보는 연구였다. 연구자들은 영상기법을 사용해, 질문자가 빅터에게 몇 가지 질문을 하는 동안 그의 심장이 보이는 변화를 관찰했다. 면담 장면도 녹화되었다. 빅터는 여러 질문 중에서 특히나 한 가지 질문이 바보 같다고 생각했다. "당신이 화가 나거나 언짢으면, 주변 사람들이 그 사실을 압니까?"라는 질문이 그것이었다. 빅터는 지체 없이 대답했다. "당연하죠! 그들이 절 화나게 한 장본인들인 걸요."

빅터는 한심한 질문들에 점점 짜증스러워졌지만, 질문자에게 예의를 지키려고 간간이 웃음을 지어 보이며 애써 정서를 감추었다.

그런데 영상 기록에서 빅터가 분노에 대해서 질문을 받았던 2분 동안 무증상 허혈이 발생했음이 나타났다. 비록 빅터는 별다른 고통이나 불편함을 느끼지 못했지만, 심장의 좌심실 기능이 다소 떨어지면서 심근 내 혈액 공급이 위험할 정도로 감소되었던 것이다. 이는 빅터의 심장 질환이 쉽사리 다시 심장마비로 이어지거나, 심지어 생명을 앗아갈 수도 있음을 뜻하는 심각한 징후였다.

이후 몇 개월 동안 연구진은 빅터를 비롯한 다른 참가자들의 면담 녹화 내용을 상세하게 분석했다. 그리고 면담 도중 심장의 영상 변화와 일치하여 나타난 얼굴 표정을 일일이 구분했다. 참가자들은 약 2~3초 간격으로 계속해서 새로운 정서를 표현했다. 분석 결과, 모든 표정 중에서 두 가지만 심근허혈과 관련된 것으로 드러났다.

학자들이 본래 이 연구를 수행한 목적은 분노를 나타내는 표정이 허혈과 관련이 있으리라는 예상을 확인하기 위해서였다. 그 예상은 적중했다. 그러나 뜻밖에 미소도 이와 똑같은 결과를 초래한다는 결과가 나왔다. 모든 미소가 다 그런 것이 아니라, '가짜 미소'만이 그랬다. 모든 미소에는 입꼬리를 끌어올리는 얼굴 양쪽의 근육인 큰광대근의 움직임이 수반된다. 가짜 미소도 여기까지는 동일하다. 그러나 뺨을 들어 올리고 눈가에 주름을 만드는 눈둘레근의 움직임은 수반되지 않는다. 눈 주위의 이런 특징적인 움직임은 사람들이 정말로 자신들이 표현하는 긍정정서를 느끼는지 그렇지 않은지를 판별할 수 있게 한다. 이는 가짜 미소가 본질적으로 진심 어린 긍정정서가 아님을 의미한다.

학자들은 이 연구에서 거짓 긍정정서가 분노만큼이나 연구 대상자들의 관상동맥 질환에 위험을 야기한다는 것을 발견했다. 분노가 사람들을 죽음으로 몰고 간다고 말하는 연구 결과는 무수히 많았지만, 이 새로운 발견으로 거짓된 긍정정서도 똑같이 치명적일 수 있음이 밝혀진 것이다.

젠과 빅터의 사례, 그리고 그들이 대변하는 과학적 발견들은 우리가 삶에서 긍정정서를 증가시키려는 시도를 할 때 엄중한 경고가 된다. 긍정정서를 말이나 미소로 표현하기는 쉬울지 몰라도, 실제 마음으로 그 긍정정서를 느끼지 못한다면 도리어 해를 입을 수도 있다. 우리가 거짓말을 하면 몸이 그것을 알고 벌을 내리기 때문이다.

따라서 긍정정서 비율을 높이려는 실험을 할 때 무엇보다 중요한 것은 진실성을 견지하는 일이다. 우리가 추구해야 할 것은 미소로 가려진 부정정서 ─ 혹은 중립성 ─가 아니라, 진심 어린 긍정정서의 순간을 더욱 자주 갖는 것이다. 이 책의 2부에서 나는 내내 진심 어린 긍정정서로 3:1 긍정정서 비율을 충족하거나 능가할, 당신 각자에게 맞는 길을 찾을 수 있는 다양한 방법들을 제시할 것이다. 지금은 우선 그 일이 노란색 미소 아이콘(하비 벨: 이 미소 짓는 얼굴은 1964년 메사츄세츠의 그래픽 아티스트가 45달러의 보수를 받고 보험회사 광고용으로 그린 것이다. ─옮긴이)이 암시하는 것처럼 그렇게 간단한 일이 아니라는 것 정도만 인식해 두었으면 한다. 어쩌면 그런 이유에서 긍정심리학을 연구하는 학자들이 그토록 이 상징을 싫어하는지도 모르겠다. 미소 아이콘은 본래 의도는 어찌 되었건, 진심 어린 긍정정서를 불러일으키는 데 필요한 노력과 성실성을 하찮은 것으로 만드는 경향이 있다.

▶정리와 전망

이번 장에서 우리는 긍정정서에 관한 좋은 소식과 나쁜 소식을 알았다.

나쁜 소식은 대부분의 사람들이 일상생활에서 경험하는 긍정정서가 충분치 못하여, 그것이 제공하는 혜택을 거의 보지 못한다는 것이다. 긍정정서 없이는 인생의 플로리시를 위한 처방약을 제조할 수 없다.

안타깝게도 많은 사람들이 긍정정서를 생각보다 손쉽게 얻을 수 있음을 인식조차 하지 못하고 있다. 우리에겐 언제든 우리가 원할 때 진심 어린 긍정정서를 창출하기 위해 길어다 쓸 수 있는 내면의 샘이 있다.

한편, 좋은 소식은 시선을 돌려 보면, 우리가 이미 긍정정서에 익숙하다는 것을 알 수 있다. 다정한 마음, 짜릿한 흥미, 영감을 주는 공상, 편안한 미소, 따뜻한 애무를 누구나 경험해보았을 것이다. 긍정정서는 단지 기분만 좋게 해주는 것이 아니다. 긍정정서는 우리의 사고를 확장시키고 마음을 열어준다. 진심 어린 감사와 기쁨, 사랑의 순간들은 우리에게 자원과 강점을 구축해줌으로써 우리의 인생을 보다 나은 모습으로 변화시켜 준다.

무엇보다 좋은 점은 긍정정서가 고갈되지 않는다는 사실이다. 다음 장부터 2부에 이르기까지 더 자세히 소개되겠지만, 우리는 누구나 긍정정서의 씨앗을 자신의 삶에 더 많이 뿌리기로 선택할 수 있다. 이 씨앗들이 자라면서 우리는 플로리시해 간다. 가능성으로 충만해지고, 역경 앞에 강해지며, 더 행복해지고, 세상에 더 많은 기여를 할 수 있게 된다. 풍족해진 긍정정서로 우리가 원하는 인생과 자녀들에게 물려줄 만한 세상을 가꿀 수 있게 된다.

3장
긍정정서란 무엇인가?

기쁨이 슬픔보다 더 귀하고, 더 어렵고, 더 아름답다는 것을 알라.
무엇보다 중요한 이 진리를 깨닫고 나면, 기쁨을 도덕적 책무로 받아들이게 되리라.
— 앙드레 지드

긍정정서에 대해서는 대략적으로 알았으니, 이제 긍정정서란 팔레
트에 담긴 갖가지 색들 — 감사, 평온, 흥미, 희망, 자부심, 재미, 영감,
경이, 그리고 마지막으로 가장 중요한 사랑 — 을 하나하나 살펴보도
록 하자.

긍정정서는 그 형태와 크기가 다양하며, 육체적 쾌락이나 모호한 행
복감보다 훨씬 더 많은 것을 아우른다. 이번 장의 목표는 이런 개별적
인 상태들의 특징을 소개하고, 언제 어떻게 당신에게 이런 즐거운 기
분이 일어나는지 탐구하도록 초대하는 데 있다.

그런데 혹시 여러분 중에 앞서 내가 언급한 긍정정서의 열 가지 항
목 가운데 '행복'이라는 말이 없다는 것을 알아차리고 의아해하는 사람
이 있을지도 모르겠다. 나는 이 말의 뜻이 애매한 데다 지나치게 남용
되고 있다는 생각 때문에 가급적 사용을 자제하려고 한다. 물론 진심
어린 긍정정서를 언급할 때("당신이 웃으면 난 행복해"와 같이) 행복이라는

단어가 왕왕 사용되기는 하지만, 그런 느낌들은 개별적인 상황에 맞게 기쁨이나 감사, 사랑과 같은 보다 구체적인 용어로 바꾸어서 충분히 표현할 수 있다. 행복이라는 말은 어떤 사람의 성격을 묘사할 때에도("그는 행복한 사람이야"처럼) 쓰이고, 궁극적인 인생 목표를 말할 때에도("난 그저 행복하기만 바래"처럼) 쓰이며, 심지어 단순히 수락의 뜻을 표시할 때에도("행복한 마음으로(기꺼이) 우산을 들게"처럼) 쓰인다. 이처럼 여기에서 유용하게 다루기에는 행복이라는 단어의 뜻이 지나치게 포괄적이고 모호하다는 것이 내 생각이다.

그렇다면 육체적 쾌락 — 맛있는 음식을 먹거나, 부드럽고 따스한 담요로 언 몸을 녹이거나, 성적 쾌락을 느끼는 따위의 — 은 어떨까? 그것을 긍정정서에 포함시킬 수 있을까? 나는 그렇게 보지 않는다. 물론 다소의 연관성은 있으며, 두 가지 다 즐거움을 주고 거부할 수 없이 우리를 끌어당긴다는 공통점이 있다. 둘 다 우리가 원하는 느낌이다. 다만 육체적 쾌락에는 — 중독에 빠지지 않은 건강한 상태일 때 — 특정 순간에 우리 몸이 필요로 하는 것을 할 때에만 즐겁다는 독특한 특징이 있다. 예를 들어, 아주 더울 때에는 찬물 샤워가 더없이 상쾌할 수 있다. 그러나 안 그래도 추운 상태였다면 그것은 오히려 괴롭기 짝이 없는 일일 것이다. 음식을 먹는 것도 마찬가지다. 배고플 때에는 뭐든지 맛있지만, 배불리 먹고 나면 산해진미도 다 소용없어진다. 음식이 물린다는 것은 그만 먹으라는 신호이다.

육체적 쾌락과 긍정정서는 우리 사고에 끼치는 영향과 효력을 발휘하는 시간 범위가 서로 다르다. 어떤 면에서 볼 때 육체적 쾌락은 긍정정서보다는 부정정서 쪽에 더 가깝다. 갈구하는 대상에 초점을 한정하여 우리의 시야를 좁히고, 당장의 생존 욕구를 충족시키는 데 급급하게 만들기 때문이다. 물론 어떤 대상으로부터 우리를 밀어내는 것이 아니라 끌어당긴다는 점에서는 부정정서와는 다르다. 그러나 그 편협한 사고방식과 즉각적인 보상 체계는 사고를 확장시키고 장기적인 보상을 가져다주는 진정한 긍정정서와도 육체적 쾌락을 엄연히 구분되게 한다.

그런데 육체적 쾌락과 긍정정서가 뒤섞여 나타날 때에는 둘 사이의 구분이 어려울 수 있다. 이를 테면, 스스로 준비한 맛있는 식사에 자긍심이 생기거나, 따뜻하고 노곤한 목욕에서 평온한 기분이 들거나, 섹스를 즐기면서 파트너에 대한 주체할 수 없는 사랑이 샘솟을 때가 있다. 이렇게 장기적으로 영향을 미치는 것은 긍정정서(긍정정서는 시간과 환경이 바뀌어도 지속적으로 나타나는 마음의 상태이다. —옮긴이)이다.

긍정정서의 10가지 형태

앞서 나는 당신에게 기쁨, 감사, 평온, 흥미, 희망, 자부심, 재미, 영감, 경이, 사랑이라는 10가지 형태의 긍정정서에 대해 언급한 바 있다. 이제는 그 각각을 당신에게 상세히 소개할까 한다. 이중에서 당신은 어떤 정서들을 주로 느끼는가. 물론 전부 다 어느 정도는 이미 친숙할 테고, 이 정서들을 설명하는 용어도 언어 속에 각인되어 있을 것이다. 하지만 개개의 범위와 장점에 대해서는 그리 잘 알지 못하는 것 같다. 당신은 학자들이 하듯이 각 정서 상태의 면면들에 대해 철저히 고찰해본 적은 없을 것이다. 그리고 각각의 정서가 마음속에 들어왔던 순간들을 일일이 음미하면서 살아오지도 않았을 것이다.

나는 두 가지 이유에서 이 10가지 긍정정서들에 초점을 두었다. 첫째, 이 정서들이 나를 포함하여 점점 더 많은 학자들의 연구 대상이 되고 있기 때문이다. 둘째, 오랜 기간에 걸쳐 수백 명의 연구 참가자들 — 대학생에서부터 중년 이상의 근로자 — 을 대상으로 일상의 정서 경험들을 조사한 결과, 긍정정서 중에서 이 10가지 형태가 사람들의 일상생활에서 가장 지배적으로 나타난다는 것을 알았기 때문이다. 물론 다른 형태들도 존재하지만, 내 연구에서는 이 10가지가 가장 흔하게 나타났다. 이중에서 한 가지만 예외로 하고 나는 이 10가지 정서들을 상대적인 빈도수에 따라, 즉 사람들이 가장 자주 느끼는 정서에서부터 가장 드물게 느끼는 정서 순으로 설명해 나갈 것이다. 예외로 둔 것은 바로 사랑이다. 사랑은 가장 흔하게 경험되는 긍정정서로 보이지만, 가장 마지막에 설명했다(그 이유는 곧 알게 될 것이다).

각각의 정서들에 대해 이야기하면서, 나는 먼저 해당 정서를 야기하는 환경과 사고의 양상들을 묘사할 것이다. 그러한 것들은 긍정정서의 불을 켜기 위해, 그리고 언제 얼마나 자주 그런 느낌을 받을지를 제어하기 위해 우리가 조작할 수 있는 특정한 스위치다. 그 다음에는 각각의 정서들이 일으키는 감각들과, 그것이 우리로 하여금 특별히 어떤 행위와 생각을 하고 싶게 만드는지를 설명할 것이다.

정서는 외부 환경보다는 내면적인 해석에 더 의존하는 매우 개인화된 것이다. 그래서 어떤 사람에게는 무한한 영감을 주는 것이 다른 사람에게는 아무런 감흥을 못 일으키기도 하고, 어떤 사람에게는 즐거운 것이 다른 사람에게는 불쾌하게 느껴지기도 한다. 이는 플로리시로 가는 길이 사람마다 제각기 다르다는 것을 뜻한다. 따라서 인생에서 긍정정서를 증대시키기 위해서는 자신에 대한 연구가 필요하다. 11장에서 나는 긍정정서를 증가시키기 위해 당신이 따를 수 있는 자기학습 계획을 제시할 것이다. 그 전에 우선 다음에 소개된 10가지 긍정정서에 대해 읽으면서, 스스로에게 이런 질문을 해보기 바란다. 나는 이 정서를 언제 마지막으로 느꼈는가? 그때 나는 어디에서 무엇을 하고 있었는가? 어떤 느낌이었나? 같은 느낌을 주는 다른 것에는 무엇이 있는가? 이 정서를 더 많이 유발하리라 생각되는 것에는 무엇이 있는가? 이 정서를 배양하기 위해 지금 내가 할 수 있는 일은 무엇인가?

이처럼 다각적인 질문을 하는 이유는 '행복하다'거나 '좋다'라는 말처럼 아무 데나 쓰이는 모호한 용어들을 지양하고, 자신의 정서 상태를 10가지 긍정정서에 따라 보다 정확하고 구체적으로 파악하기 위함이다. 그렇기는 하더라도 각 정서의 명칭에 과도하게 천착하는 것은 금물이다. 명칭 자체보다는 당신의 내면에서 해당 정서를 불러일으킬 수 있는 스위치에 더 집중하라. 생성된 정서가 맞는지 확인하는 용도로만 명칭을 사용하라. 언젠가 일간지 칼럼니스트 앤 랜더스(Ann Landers)가 이런 글을 쓴 적이 있다. "장밋빛 안경을 이중초점 렌즈로 하는 사람은 없다. 누가 꿈을 꾸면서 깨알 같은 글씨를 보고 싶겠는가." 그녀는 직관적으로 '과도한 분석이 긍정정서를 죽인다'는 사실을 간파했던 것이다. 이는 긍정정서의 커다란 모순 중 하나이다. 꼭 필요하고 자주 손에 넣어야 하지만, 너무 꽉 쥐려 했다간 부서져 버리니 말이다.

1. 기쁨 기쁨은 주변 환경이 안전하고 친숙하며, 만사가 순조롭게 이루어지고, 자신의 노력은 크게 필요하지 않을 때 유발될 수 있다. 예컨대, 내가 둘째 아이를 낳을 때 그랬던 것처럼 당신이 운 좋게도 도움이 되는 사람들(내 경우에는 남편과 능숙한 조산원)이 곁에 있는 좋은 여건에서 아이를 낳는다면, 갓 태어난 아기를 처음 품에 안는 순간이 인생에서 가장 기쁜 순간이 될 수 있다. 그러나 안타깝게도 모든 출산 과정이 항상 기쁨의 교본처럼 펼쳐지는 것은 아니다. 첫아이를 낳고서 내가 드디어 아이를 대면하고 느꼈던 기쁨은, 이내 고통스러운 합병증과 거기에 제대로 대처하지 못하는 조산원으로 인해 엉망이 되고 말았다. 가슴 깊이 진실한 기쁨을 느끼기엔, 병원 출산은 대개 지나치게 정형적이고 공개적이며 다급하고 약물 중심적인 경향이 있다.

기쁨의 원천은 다양하다. 동료가 준비한 깜짝 생일파티나 뜻밖에 발견한 비상금, 또는 새로 사귄 친구들과의 유쾌한 저녁식사가 기쁨을 줄 수 있다. 기쁨은 밝고 가벼운 느낌이다. 기쁠 때는 세상이 생기에 차보이고 계단을 오르는 발걸음이 가벼워진다. 그리고 내면에서 뿜어져 나오는 광채와 미소로 얼굴이 환해진다. 또 무엇이든 받아들이고 싶은 기분이 들고, 신이 나서 어디든 뛰어들어 어울리고 싶어진다.

무엇이 당신에게 기쁨을 주는가?

2. 감사 누군가 수고로움을 마다하지 않고 당신을 도왔다는 사실을 알게 되었다고 가정해보자. 그것은 은퇴 교사인 이웃이 어느 날 오후 당신의 자녀들과 놀아준 일일 수도 있고, 멘토로 여기는 분이 당신을 올바른 길로 이끌어준 일, 당신이 물질적, 정신적으로 힘들 때 도움을

준 일일 수도 있다. 또는 당신이 너무나도 바쁜 날 배우자가 대신 집 안 청소를 하고 저녁식사 준비를 해준 일이나, 가게의 점원이 까다로운 교환 건을 친절하고 능숙하게 처리해준 일, 옆집 아이가 눈이 많이 온 날 당신의 집 앞까지 쓸어준 일일 수도 있다. 아니면 당신에게 크나큰 은혜를 끼친 것이 사람이 아닐 수도 있다. 당신은 깨끗한 공기를 마실 수 있고, 건강한 신체를 갖고 있으며, 지친 몸을 쉴 수 있는 안전하고 편안한 보금자리가 있는 것에 고마움을 느낄 수도 있다. 어떤 경우든 소중한 선물로 여겨지는 것을 돌아볼 때 우리는 감사하는 마음이 든다.

감사는 우리의 마음을 열어주며 보답을 하고픈 — 우리를 도와준 사람에게나 혹은 다른 사람에게 뭔가 좋은 것으로 되돌려 주고픈 — 생각이 들게 한다. 하지만 감사에는 언제나 '신세'라는 사악한 쌍둥이가 따라다닌다. 누군가에게 반드시 은혜를 갚아야만 한다는 부담감이 생기면 고마운 게 아니라 신세를 졌다는 느낌이 들며, 그 기분은 썩 유쾌하지가 않다. 신세는 받은 것 그대로를 마지못해서 갚게 되지만, 반대로 감사는 자유롭고 창의적인 방식으로 되돌려주게 된다. 감사는 기쁨과 진심 어린 존중이 어우러진 참으로 기분 좋은 느낌이다. 감사에는 특정한 규칙이 없다. 또 그것은 아이들에게 가르칠 수 있는 예절도 아니다. 자주 나는 내 아이들이 누군가에게 선물을 받거나 친절한 대접을 받고도 아무 말도 않고 있으면 "뭐라고 말씀드려야 하지?"라고 다그치곤 한다. 그러나 그런 종용에 못 이겨 아이들이 억지로 "감사합니다"라고 말한다면, 그것은 예의에 맞는 행동일지는 몰라도 진정한 감사의 표현은 아니다. 감사는 받은 대로 되돌려주는 감정 없는 예절이 아니라, 정해진 대본이 따로 없는 마음에서 우러난 것이다.

영화 제목이자 사회운동의 명칭이기도 한 〈아름다운 세상을 위하여 (Pay It Forward)〉는 이러한 감사의 모범적인 실천 사례이다. 이 운동은 세 사람에게 선행을 베푼 한 소년으로부터 시작되었다. 어린 소년은 그 세 사람에게 선행에 대한 보답을 자신이 아닌 다른 세 사람에게 각자 창의적이며 상대에게 적합한 방식으로 해달라고 부탁했다.

당신이 마지막으로 감사함을 느꼈던 때 — 예의상으로나 빚진 마음에서가 아니라 진정으로 감사한 느낌이 든 때 — 는 언제인가?

3. 평온 **기쁨처럼 평온도 주변 환경이 안전하고 친숙하며 별다른 노력이 요구되지 않을 때 찾아온다.** 그러나 기쁨에 비해 평온은 훨씬 더 차분하다. 이를 테면, 당신이 속한 상황이 지극히 편안하고 무탈하여 기분 좋은 한숨이 길게 나올 때가 바로 평온한 순간이다. 고되지만 보람된 하루를 보내고 나서 정원의 응달 속 해먹에 누워 있을 때, 어느 화창한 날 아침 살갗을 간질이는 시원한 바람과 귓전에 울리는 파도 소리를 들으며 해변의 모래사장을 거닐 때에도 평온함이 찾아든다. 또 좋아하는 찻잔에 따뜻한 차를 담아 곁에 두고 평소 읽고 싶었던 책을 가지고 웅크리고 누울 때, 요가에서 전통적으로 가장 마지막에 취하는 자세인 머리부터 발끝까지 긴장을 풀고 근육을 이완하는 사바사나 동작을 할 때에도 평온한 느낌이 든다.

평온은 현재의 상황을 음미하고자 하는, 또 그런 상황을 우리 삶에 보다 완전히, 그리고 더욱 자주 통합할 방식을 찾고자 하는 욕구를 일으키는 마음상태이다. "더 자주 이랬으면 좋겠어!"라는 생각이 들 때가 바로 평온한 순간이다. 평온은 '후속 정서(afterglow emotion)'이기도 하다. 기쁨이나 자부심, 재미, 경이와 같은 다른 긍정정서들에 뒤따르는 경우가 자주 있기 때문이다. 바로 오늘 네 살 난 내 아들이 이러한 평온의 특성을 너무나도 잘 보여주었다. 어린이집에서 처음으로 나무 조각을 만들어 보고 들뜬 아이는 어린이집을 마치고 차에 올라타 좌석에 편안히 기대어 앉더니 미소를 띠고 기분 좋은 한숨을 내쉬며 말했다. "전부 다 좋아!" 당신은 언제 마지막으로 이처럼 평온한 기분에 빠져 보았는가?

4. 흥미 **뭔가 새롭거나 색다른 것에 관심이 끌려 어떤 가능성에 대한 기대감이나 신비감으로 가슴이 벅찰 때가 있다.** 기쁨이나 평온과 달리 이런 상황은 노력과 관심을 요한다. 뭔가에 완전히 매료되어 거기에 몰입해 탐구하게 만드는 것이 흥미다. 숲속에서 새로운 길을 만나 그 길이 어디로 이어졌는지 알고 싶을 때, 요리나 카드 게임, 춤 등에서 새로운 기술을 연마하는 도전에 들어갈 때, 새로운 아이디어에 눈뜨게 해주는 근사한 책을 만날 때 우리는 흥미가 샘솟는다. 흥미가 생기면 개방감과 생기가 느껴진다. 말 그대로 지평이 확장되고, 그와 함께 가능성도 확장되는 것을 느낄 수 있다. 흥미의 강한 끌어당김은 우리로 하여금 새로운 것을 탐구하고, 새로운 아이디어를 받아들이고, 더 많이 배우도록 유혹한다.

언제 당신은 마지막으로 흥미의 이끌림을 받았는가?

5. 희망 **대부분의 긍정정서는 안전하고 만족스러운 상황에서 발생하**

지만, 희망만은 예외이다. 만사가 이미 순조롭다면 별달리 소망할 것이 없는 까닭이다. 희망은 상황이 갑갑할 때 — 상황이 좋지 않게 돌아갈 때나, 앞으로 어떻게 전개될지 매우 불확실할 때 — 움트며, 가망이 없거나 절망적으로 보이는 순간에 활동한다. 예를 들어, 중요한 시험에서 떨어졌거나 직장을 잃었을 때, 사업에 실패했을 때, 가슴에 혹이 만져졌거나 자전거 사고를 당한 피투성이 아이를 안아 올렸을 때 희망은 꿈틀대기 시작한다. 이런 절망적인 상황에서 희망은 '최악의 상황에서 오는 두려움 속에서 최상의 상황을 열망'한다.

희망의 저 깊은 밑바닥에는 상황이 바뀔 수 있다는 믿음이 깃들어 있다. 당장은 아무리 끔찍하고 불확실해 보일지라도, 상황이 나아질 수 있는 가능성은 언제나 존재한다. 희망은 그렇게 우리를 지탱하며 절망에 빠지지 않도록 붙잡아준다. 또 상황을 전환시키기 위해 우리의 능력과 창의력을 활용하도록 동기를 유발하며, 더 나은 미래를 위한 계획을 짜도록 영감을 불어넣는다.

인류학자 라이오넬 타이거(Lionel Tiger)는 희망을 인간의 커다란 전뇌에 대한 해독제로 보았다. 지구상의 다른 생물들과 달리, 인간은 자신의 미래를 그려볼 수 있으며 그럼으로써 미래의 재난까지도 예상할 수 있다. 희망이 없었더라면, 언젠가는 반드시 닥치게 마련인 죽음과 소멸을 예측할 수 있는 이러한 인간 특유의 능력은 오히려 우리를 대책 없는 절망의 구렁텅이에 빠뜨리고 말았을 것이다. 그러나 희망이 있기에 우리는 우리 자신과 타인을 위해서 보다 나은 인생을 가꿀 힘을 낼 수가 있다. 당신으로 하여금 이 책을 읽도록 동기를 부여한 것도 희망이 아닌가?

6. 자부심 자부심은 '남의 이목을 의식하는 정서들' 중 하나이다. 자부심의 사악한 사촌들은 수치심과 죄의식이다. 이 괴로운 정서들은 우리가 잘못된 일을 했을 때 찾아든다. 그와 반대로 자부심은 우리가 옳고 좋은 일을 했을 때 생겨난다. 그러나 자부심이 지나쳐서 교만이 되면, 소위 7대 죄악 중 하나가 되기도 한다. 교만이 사람들의 머리를 부풀린다거나 몰락을 부른다는 말이 있다. 어떤 정서든 지나칠 수가 있으며, 특히나 자부심은 더더욱 그렇다. 억제되지 않은 자부심은 교만이 된다. 그러나 적당한 겸손으로 절제된 자부심은 분명히 긍정정서이다.

자부심은 공로를 인정받을 수 있는 업적을 세웠을 때, 그리고 노력과 재능을 투자하여 성공을 거두었을 때 솟아난다. 예를 들어, 세탁기를 고치거나 정원에 나무를 심거나 침실을 개조하는 일 등으로 집 단장의 마무리 손길을 가할 때 드는 좋은 느낌이 자부심이다. 또는 A학점을 받거나 경주에서 우승하거나 계약을 성사시키거나 힘겨운 목표를 이루었거나 자신의 아이디어를 담은 책을 출간하는 일 등으로 학업이나 직업에서 소기의 성과를 거뒀을 때에도 자부심이 샘솟는다. 또 자신의 도움이나 친절, 지도로 다른 사람이 변화된 것을 알았을 때도 자부심을 느낄 수 있다.

이러한 일들은 단지 개인의 업적에 그치는 것이 아니라 사회적으로도 가치 있는 일들이다. 우리는 자신의 행동이 타인에게 높이 평가되리라는 것을 속으로 감지한다. 보통의 사회인이라면 누구나 자신의 행동이 타인에게 어떻게 인지될 수 있는지 알 것이다. 우리는 칭찬받을 만한 일을 했을 때 자부심을 느끼고, 비난 받을 만한 일을 했을 때 죄의식을 느낀다. 자부심이 들면 자신의 업적을 말("이봐, 내가 무슨 일을 했나 좀 봐!")이나 몸짓(꼿꼿한 자세에 머리를 약간 뒤로 젖히고 살짝 미소를 띤 채로, 손은 뒷짐을 지거나 승리감으로 번쩍 들고서)으로, 또는 둘 다로 남들에게 알리고 싶은 충동이 생긴다.

자부심은 또 사고에 미치는 범위가 넓어, 비슷한 영역에서 보다 큰 업적을 이루려는 꿈에 불을 지핀다.

이를 테면 다음과 같은 식이다. 이 일을 할 수 있다면, 내 사업을 시작할 수 있을 거야 … 앞마당에 조경을 할 수 있을 거야 … 거실을 개조할 수 있을 거야 … 학위를 딸 수 있을 거야 … 올림픽 팀을 만들 수 있을 거야 … 승진할 수 있을 거야 … 세상을 변화시킬 수 있을 거야. 이와 같이 자부심은 성취욕을 자극한다. 통제된 실험 결과에 의하면, 자부심을 느낄 때 사람들이 어려운 과업을 더 끈기 있게 수행한다고 한다.

당신은 무엇에 자부심을 느끼는가? 자부심이 생겼을 때 무슨 일을 할 마음이 들었는가?

7. 재미 간혹 예기치 못한 일로 웃음이 터질 때가 있다. 친구가 당신이 만들어준 요리를 먹고 익살맞은 표정을 지을 때나, 어린 자녀가 실수로 욕조에 오줌을 누었을 때, 누군가 당신을 뒤에서 깜짝 놀라게 했을 때나, 직장 동료가 군대에서 있었던 고통스런 경험담을 아무렇지도 않게 떠벌릴 때 우리는 재미있어 한다. 사회과학자들은 이런 상황들을 '심각하지 않은 사회적 부조화'라 설명한다. 이 말은 재미를 유발하는 뜻밖의 상황, 즉 부조화에 두 가지 중요한 특징이 있음을 말해준다.

첫째, 재미는 사회적인 것이다. 간혹 우리가 혼자서 웃을 때도 있지만, 그런 웃음은 우리가 다른 사람과 나누는 웃음을 흉내 낸 것에 불과하다. 사실, 하품처럼 웃음은 전염성이 매우 강하다. 둘째, 그 뜻밖의 사건은 위험하거나 위협적이지 않은 안전한 배경 속에 심어질 때에만 재미있을 수 있다. 만약 당신의 친구가 숨이 막혀서 얼굴을 찡그린 것이거나, 이웃사람의 농담이 기분을 상하게 했다면, 그것은 재미난 일이 될 수 없다. 그렇다면 정의상 재미는 심각하지 않은 것이다. 진정한 재미는 웃고 싶은 억누를 수 없는 충동과 그 유쾌함을 다른 사람들과 나누고픈 욕구를 불러일으킨다. 웃음을 나눈다는 것은, 현재의 상황을 안전하고 편안하게 받아들이고 있으며 그 축복된 시간을 타인과의 유대 강화에 이용하고 싶다는 신호이다.

당신이 마지막으로 웃었던 때는 언제인가?

8. 영감 **우리는 빈번히 인간의 탁월성과 마주친다. 그럴 때 우리는 평소의 범상함을 뛰어넘어 더 큰 가능성을 바라보게 된다.** 지고한 인품을 목격할 때는 사기가 진작되고 정신적으로 고무된다. 예컨대, 안 그래도 격무에 시달리는 동료가 참을성 있게 미로 같은 의료센터에서 길 잃은 노인을 친절하게 안내하는 모습을 볼 때나, 테니스 천재 로저 페더러가 US 오픈에서 실수 없이 매끄러운 게임을 선보이는 것을 볼 때, 혹은 인간 영혼의 중심을 들여다본 듯한 시를 읽을 때나, 자신의 역할 모델이 최고의 역량을 선보이는 것을 볼 때 우리는 영감을 받는다.

영감을 받으면 주의가 집중되고, 마음이 따뜻해지며, 이끌림을 받는다. 인간의 타락을 목격하고 흠칫 물러나게 될 때 드는 역겨움과 영감은 정반대 느낌이다. 영감은 단지 기분을 좋아지게 하는 데 그치지 않고, 몸소 그 좋은 마음을 표현하고 좋은 행동을 하고 싶게끔 만든다. 또 더 높은 곳에 도달할 수 있도록 최선을 다하려는 욕구를 불러일으킨다. 감사나 경이와 더불어 영감은 자기 초월적 정서 중 하나로, 우리를 자아도취라는 껍질에서 이끌어낸다.

그러나 안타깝게도 누군가가 어떤 일을 특출하게 잘하는 것을 본다고 해서 무조건 영감이 생기는 것은 아니다. 자부심과 마찬가지로 영감에는 사악한 쌍둥이가 따라다닌다. 다시 말해, 인간의 탁월한 능력이나 인품을 목격할 때 부정정서로 반응하면 적의나 시기심이 생길 수도 있다. 그러면 우리는 그 대상에 대해 불평하고 조롱하고 비방하거나, 아니면 그 사람만 못한 자신을 몰아붙이고 질타하게 된다. 자기보다 나은 사람과 자신을 비교하노라면, 영감을 받기보다는 낙담하게 될 때가 많다. 뛰어난 인간의 능력에 긍정정서로 반응할 것인가 부정정서로 반응할 것인가는 개인의 선택에 달려 있다. 마음을 열 것이냐 닫을 것이냐를 선택할 수가 있는 것이다. 이 선택에 따라 우리는 나선형 상승을 탈 수도 하강곡선을 탈 수도 있다.

당신이 강하게 영감을 받았던 때는 언제인가?

9. 경이 영감과 밀접한 관련이 있는 경이는 우리가 뭔가 좋은 것과 장대한 규모로 마주칠 때 생겨난다. 그럴 때 우리는 말 그대로 위대함에 압도당하는 듯하고, 그에 비해 자신은 한없이 작고 초라하게 느껴진다. 경이는 우리로 하여금 가던 길을 멈추고 그 자리에 우뚝 서게 만든다. 사방의 경계가 무너져 내리고, 우리는 스스로가 더 큰 무언가의 일

부라는 느낌에 사로잡힌다. 또한 정신적으로 그 어마어마한 규모에 흡수되고 합일되고자 하는 충동을 느낀다. 입이 떡 벌어지게 만드는 그랜드 캐년의 저녁놀이나 태평양 연안의 험준한 바위 절벽에 부딪치는 파도의 위력을 볼 때, 우리는 자연에 대한 경이에 휩싸인다. 닐 암스트롱이 달에 첫 발을 내딛는 것을 보았을 때나, 파리의 노트르담 대성당에서 거대한 스테인드글라스를 통해 쏟아져 들어오는 햇살을 봤을 때에는 인간의 위대함에 경이를 느낀다.

경이는 분명 긍정정서이지만, 간혹 위험 영역의 경계에 너무 가까이 다가갈 때는 부정적인 기운을 주기도 한다. 가령, 토네이도나 세계 무역센터가 무너지는 것을 목격했을 때 경이감은 공포심과 뒤섞인다. 감사나 영감과 마찬가지로 경이는 자기 초월적 정서이다. 그것은 그 대상이 신의 위대한 창조물이 되었건 국가의 위대한 발전이 되었건, 우리 자신을 더 큰 무언가의 일부로 보도록 몰아붙인다. 또는 강력하고 카리스마 넘치는 영웅적 지도자에게 정서적으로 결속되게 하기도 한다.

당신을 경이감으로 얼어붙게 했던 것은 무엇인가?

10. 사랑 사랑이 각종 화려한 수식어로 장식되는 데에는 그만한 이유가 있다. 사랑은 긍정정서의 여러 형태 중 하나에 국한되지 않고, 위에서 설명한 기쁨과 감사 · 평온 · 흥미 · 희망 · 자부심 · 재미 · 영감과 경이를 모두 아우른다. 이 여러 형태의 긍정정서는 정황에 따라 사랑으로 변화할 수 있다. 이 좋은 정서들이 안전한 환경과 친밀한 관계 속에서 마음을 움직일 때, 우리는 그것을 사랑이라 부른다. 관계의 초기 단계에서 당신은 상대방에게 이끌려 그 사람이 말하고 행동하는 모

든 것에 깊은 흥미가 생긴다. 그리고 처음으로 함께 하는 어색함에서 빚어지는 재미와 웃음을 함께 나눈다. 그러다가 관계가 발전되고 기대 이상으로 진전되면 커다란 기쁨이 찾아든다. 두 사람은 미래에 대한 꿈과 희망을 함께 나누기 시작한다. 관계가 더욱 공고해지면서, 당신은 서로 사랑하는 안정감에서 오는 아늑한 평온에 빠져든다. 당신은 사랑하는 사람이 인생에 가져다준 기쁨에 감사하고, 그의 성취를 자신의 일인 양 자랑스러워하며, 그의 훌륭한 성품에 영감을 받고, 두 사람을 이어준 우주의 섭리에 경이를 느낀다.

이 각각의 순간들이 모두 사랑의 순간이라고 말할 수 있다. 이런 연유로 사랑이 가장 흔히 경험되는 긍정정서의 형태임에도 불구하고, 그 다양한 면모를 당신이 보다 잘 이해할 수 있도록 가장 마지막에 설명한 것이다. 사랑을 이런 식으로 바라보면, 그것을 단지 우리의 여러 관계들 — 배우자나 자녀, 부모, 형제와의 관계 — 중 하나에 대한 뭉뚱그려진 설명이 아니라, 파도처럼 하나하나 구분된 상태로 인식하는 능력을 키울 수 있다. 이 친밀한 관계들은 끊임없이 밀려드는 사랑이라는 파도가 만들어낸 산물로 보는 것이 가장 적합할 것이다. 이렇게 다양한 면모 외에도 사랑에는 우리가 사랑하는 이들을 향해 긍정의 의미로 고개를 끄덕이거나 그들에게 몸을 기대는 것과 같은 특유의 비언어적 표현들이 있다. 사랑은 우리 신체 내부의 화학적 작용을 변화시켜, 평생의 유대감 및 신뢰감, 친밀감과 연계된 생물학적 반응인 옥시토신과 프로게스테론 수치의 증가를 가져온다.

내면에서 사랑이 샘솟는 느낌을 받았을 때를 떠올려보라.

생각대로 된다

긍정정서는 다양한 모습으로 찾아온다. 사랑하는 사람이 집으로 돌아왔을 때 안아주고 싶은 마음이 드는 것이나 아이들의 우스꽝스러운 짓에 터지는 웃음, 지친 다리를 쉴 수 있는 의자를 찾았을 때의 안도감, 타닥거리며 타들어가는 모닥불이나 대양의 거대한 파도, 혹은 인간의 탁월성을 바라볼 때 느껴지는 매혹, 자신의 앞날이나 지역사회의 미래에 대해 품은 꿈 등 긍정정서는 어디에서나 찾아볼 수 있다.

그러나 참으로 깨어지기 쉬운 것이 또한 긍정정서이다. 기쁨이나 평온, 영감을 느낄 수도 있었을 순간에 시선이 한 번 어긋나거나 신경세포 몇 개의 점화가 불발돼 좌절될 수도 있다. 예를 들어, 사랑하는 남편이 집에 돌아온 순간 아내는 지난 해 소득세 환급을 위한 영수증을 찾느라 정신이 팔려 누가 집에 들어왔는지조차 까맣게 모를 수도 있고, 아이들이 우스꽝스러운 짓을 한 순간 엄마는 서둘러 나갈 준비를 하느라 여념이 없었을 수도 있다. 또는 편히 앉을 곳을 찾았지만 문득 휴식 시간을 갖는다는 것에 죄책감이 들어 앉지 못하고 머릿속으로 초조하게 해야 할 일의 목록을 추가하고 있거나, 모닥불이나 파도, 인간의 탁월성을 눈앞에 보고도 별다른 감흥을 못 느껴 관심을 기울이지 않을 수도 있다. 혹은 의심과 냉소주의로 애초부터 자신의 꿈을 아예 펼쳐보지 못했을 수도 있다.

우리가 긍정정서를 경험하느냐 못하느냐는 우리가 생각하는 방식에 의해 크게 좌우된다. 다른 모든 정서들이 그렇듯 긍정정서 역시 특정 사건이나 관념이 펼쳐질 때 그것을 해석하는 방식에서부터 비롯된다(정서는 개인이 추구하는 목표와 관련된 사건에 대한 의식적, 무의식적 평가에 의해 유발된다. -옮긴이). 다시 말해, 잠시 짬을 내어 좋은 점을 발견하려고 하느냐 ― 좋은 점을 발견했다면, 그것을 끌어내어 키우려 하느냐 ― 그렇지 않느냐의 여부에 따라 긍정정서가 생길 수도, 그렇지 않을 수도 있는 것이다. 생각에 대한 이런 의존성은 긍정정서를 매우 깨지기 쉬운 것으로 만든다. 우리 머릿속은 걱정과 의심, 해야 할 일들로 가득 차 있다. 여기에다 TV나 라디오, MP3 플레이어, 광고물로부터 끊임없이 쏟아지는 메시지들까지 받아들인다. 그러니 우리 머릿속에 다른 사람들에게 주의를 기울이고, 우스꽝스러운 행동에 폭소를 터뜨리고, 눈앞의 광경에 감동하고, 꿈을 키워 나갈 공간이 없는 것은 어쩌면 당연한 일이다.

삶에서 긍정정서의 달콤한 열매를 맛보는 사람들은 직관적으로 이 단순한 진리를 알고 있다. 우리는 모두 혼자 힘으로 긍정정서를 켤 수도 끌 수도 있는 능력을 가지고 있다. 지금 당장 긍정정서를 켜보라. 잠시 당신 주위의 물리적 환경을 돌아보고, 자신이 있는 곳이 어디든 스스로에게 이렇게 질문해보라. 현재 내가 있는 곳의 좋은 점은 무엇인가? 무엇이 나를 운 좋게도 이곳에 있게 했는가? 주변 환경에서 어떤 점을 소중한 선물로 여길 수 있을까? 그것은 나와 다른 사람들에게 어떤 혜택을 주는가? 이런 식으로 차분히 생각하다 보면, 당신의 눈을 반짝이게 하고 얼굴에 미소가 떠오르게 하는 감사의 등불을 희미하게나마 밝힐 수 있다.

나는 버스를 타고 출퇴근을 한다. 버스에 타면 책을 읽는데, 바쁜 일상 속에서 버스 타는 시간은 사실상 내가 좋아하는 책을 읽을 수 있는 유일한 시간이다. 그래서 나는 버스 타는 시간이 기다려진다. 자리에 앉아 책을 읽다가 고개를 들 때면, 자주 내가 얼마나 행운아인가 하는 생각이 들곤 한다. 버스 노선이 참 편리한 데다, 내가 사는 도시에서는 버스 요금이 공짜이고, 버스 타고 가는 시간이 책의 한 장(章)을 다 읽을 만큼 넉넉한 시간인 것 등 이것저것 좋은 점이 많기 때문이다. 좋은 책과 더불어 나는 매일의 통근 시간을 사고 확장의 시간으로 활용할 수 있으며, 자리를 잘 잡으면 덤으로 도심에 있는 멋진 분수대도 구경할 수 있다. 이런 생각이 거의 습관화 된 덕분에 나는 내가 사는 도시와 내가 읽고 있는 책의 저자, 그리고 버스 통근 시간에 책이 전하는 아이디어를 흡수할 수 있는 내 삶의 여건에 대해 진심으로 감사한 마음으로 하루 일과를 시작할 수 있다. 당신도 이처럼 스스로를 긍정정서로 이끌어줄 질문들을 해보라. 지금 자신이 있는 곳이 어디든 당장 물어보라. 그리고 자신의 삶에서 좋은 점을 찾아내어 음미할 때, 정말로 마음이 따뜻해지고 환한 미소가 떠오를 수 있는지 몸소 확인해보라.

다음 단락으로 넘어가기 전에, 반드시 스스로 이끌어낸 그 좋은 긍정정서들을 잠시 감상하고 향유할 시간을 가지기 바란다.

이번에는 긍정정서를 꺼보자. 긍정정서를 저해하는 질문들을 마음속에 떠올려보자. 이곳의 나쁜 점은 무엇인가? 날 성가시게 하는 것은 무엇인가? 고치고 개선할 점은 무엇인가? 그 책임은 누구에게 있는가? 이런 종류의 질문을 스스로에게 해보라. 그리고 그 질문들의 답과 생각의 사슬을 따라가면서 얼마나 빨리 긍정정서가 곤두박질 칠 수 있는지 살펴보라.

이렇게 하면 이전과 똑같은 조건의 출근시간이 갑자기 짜증스러운 시간으로 바뀔 수 있다. 마음만 먹으면 잘못된 점을 수도 없이 찾을 수 있기 때문이다. 어느 날 아침엔 입고 나온 옷에 비해 날씨가 추워서 정류장까지 가는 길에 몸이 꽁꽁 얼 때가 있다. 그리고 조용히 버스를 타고 가다 보면 꼭 중간에 젊은 남자가 타는데, 그는 매일 뭐가 그리 기분이 좋은지 버스에 타자마자 주변 사람들과 요란하게 인사를 나눈다. 그 바람에 나는 방금 읽었던 곳을 몇 번이고 다시 읽으며 집중하려고 애써야 한다. 이따금 책을 읽다가 고개를 들면, 어제나 지난주, 혹은 지난달에 했어야 할 많은 일들이 복기되거나, 자가용이 있었다면 더 빨리 사무실에 도착해서 일을 하고 있을 것이라는 생각을 하게 된다. 또 버스가 한 정류장에서 생각보다 오래 정차하기라도 하면 조바심이 나서 견딜 수가 없다. 말할 필요도 없이, 이렇게 불만들이 터져 나오는 상황에서 긍정정서가 뿌리 내릴 공간을 찾기란 여간 어려운 것이 아니다.

이상하게도, 좋은 것을 생각하는 것조차 긍정정서를 위축시킬 수 있다. 완전히 이해될 때까지 분석한 긍정정서보다는 있는 그대로 받아들인 긍정정서가 더 오래 지속된다. 이 안타까운 모순은 과학적 실험으로 증명된 사실이다. 학구적 성향 때문에 아마도 나는 다른 사람들보다 더 자주 이런 식으로 긍정정서를 짓눌러왔을 것이다. 막 피어나려는 긍정정서를 분석하곤 했으니까.

그러나 이 같은 연습을 통해, 나는 당신이 나와 같은 과오를 범하지 않고 자신의 긍정정서를 잘 조종해 나가길 바란다. 정서의 변화는 종종 날씨처럼 예측이 불가능한 것 같지만, 사실 우리는 자신이 느끼는 정서들에 대해 놀라울 만큼의 통제력을 갖고 있다. 특히나 긍정정서의 경우에는 더욱 그렇다. 우리는 마음만 먹으면 거의 언제나 긍정정서를 느낄 수 있으며, 또한 그 정서들이 좀 더 오래 머물도록 붙잡아 둘 수 있다.

하지만 실제로 인생에서 더 많은 긍정정서를 이끌어내는 일은 단순히 소원한다고 해서 이루어지는 것은 아니다. 좋은 의도만으로는 행복해질 수 없다. 예를 들어, 지금 당장 당신의 왼쪽 정강이를 아프게 하고 싶다고 가정해보자. 단순히 '왼쪽 정강이가 아파져라' 하고 생각한다고 해서 원하는 부위에 고통을 일으킬 수 있을까? 그럴 수는 없다. 그 의도를 실현하기 위해서는 단순한 의지력 발휘 이상의 보다 구체적인 행동이 필요하다. 그것은 스스로 정강이를 식탁 다리에 부딪치거나, 누군가에게 당신의 다리를 차도록 부탁해야 한다. 그런 행동들은 정강이에 고통을 느끼려는 당신의 의도를 실현하기 위해 조작할 수 있는 스위치로 간주할 수 있다.

마찬가지로, 단순한 의지만으로는 긍정정서를 느낄 수 없다. 대신 긍정정서를 켜기 위한 여러 특수한 스위치들 중 하나를 찾아야 한다. 특정한 형태의 생각이나 행동이 이런 스위치들이다. 그러므로 아무런 느낌도 없는 상태에서 고통스러운 감각을 발생시키기 위해서 모종의 행동을 해야 하는 것처럼, 아무것도 존재하지 않던 곳에서 긍정정서를 불러일으키기 위해서도 뭔가를 해야만 한다. 그러나 육체적 고통과 정서 사이에는 근본적인 차이점이 있다. 그것은 정서의 경우에는, '사고의 전환'이 특정한 정서를 켜는 스위치 역할을 할 수 있다는 점이다. 이는 어떤 '행동'을 하는 것뿐만 아니라 어떤 '생각'으로도 긍정정서를 불러일으킬 수 있다는 뜻이다(모든 정서는 감정, 감각, 생각, 행동이라는 네 가지 요소로 구성되어 있으며 이는 다시 부정정서와 긍정정서로 나누어진다. —옮긴이).

우리가 스스로에게 하는 질문에는 특별한 힘이 있다. '지금 내게 순조로운 일은 어떤 것이지?'라는 단순한 질문이 엄청난 변화를 가져올 수 있다. 당신이 이 질문에 진지하고 개방적인 태도로 의미 있는 답을 찾으려 노력한다면, 긍정정서가 뿌리 내릴 토양은 이미 마련된 것이다. 〈내셔널 지오그래픽〉의 사진작가 드윗 존스(Dewitt Jones)는 '세상의 좋은 점을 찬미하라'는 제목의 한 프로그램에서 이런 질문의 힘을 놀라우리만치 잘 묘사했다. 여기에서 존스는 긍정정서가 내셔널 지오그래픽의 윤리를 어떻게 고취시키고 있으며, 그것이 자신의 삶을 어떻게 바꿔 놓았는지 이야기한다. 카메라 렌즈를 통해서 그는 단지 '이곳의 좋은 점은 무엇인가?', '나는 그 사람의 어떤 점을 찬미할 수 있는가?'라는 질문에 끈질기게 매달리면서 인내심을 갖고 답이 떠오르기를 기다리기만 하면, 평범해 보이는 사람과 장소가 — 심지어 실망스러워 보이는 사람이나 장소마저도 — 얼마나 눈부신 아름다움을 발산할 수 있는지 보여준다. 내가 수업 시간에 학생들에게 이 프로그램을 보여주었을 때, 그것이 가져다준 효과는 대단했다. 한 여학생은 자신이 언제나 〈내셔널 지오그래픽〉에 실린 자연 사진들에 회의적이었다고 고백했다. 자신의 눈으로 자연을 바라볼 때에는 그렇게 멋진 영상이 보이지 않았기에, 사진들이 조작되었다고 생각했던 것이다. 그러나 존스의 가르침은 그녀가 이제껏 그런 아름다움이 실제로 존재한다는 사실을 믿지 않으려 했기 때문에 한 번도 그것을 볼 수 없었음을 깨닫도록 도와주었다. 존스의 설득력 있는 이야기 덕분에 이후 그녀는 교정을 거닐 때 새로운 시선으로 주변에 더 많은 주의를 기울이게 되었다. 나중에 그 학생이 다시 내게 찾아와 말했다. "존재하지 않는다고 생각했던 모든 아름다움들이 갑자기 한꺼번에 발산되는 것 같았어요. 풀들이 잎에 빗방울을 머금고서 어찌나 싱그러운 초록빛을 뿜내던지요." 그녀는 자신이 결코 다시는 예전과 같은 방식으로 자연을 바라보게 되지 않을 거라고 단언했다.

'AI(Appreciative Inquiry:긍정탐구)'에서도 이와 유사한 질문들이 많다. 긍정탐구란 조직 변화를 위한 접근법으로, 그간 비즈니스 컨설팅 업계에 급속히 확산되어 왔다. 비즈니스 컨설턴트들은 문제 해결을 위해 고용된다. 따라서 그들이 대개 의뢰를 맡은 업무집단이나 구성원 개개인에게 문제가 무엇인지 설명해보라는 질문을 가장 먼저 하는 것은 어쩌면 당연한 일이다. 그러나 그런 연유로 혹시 컨설턴트를 만나기 전에 그 답을 미리 생각해둔 고객이 있다면, 뜻밖에 긍정탐구를 사용하는 컨설턴트를 만나고는 당황하게 될지도 모른다. 그는 예상과 달리 "이 업무집단이 최상의 역량을 발휘할 때는 어떤 모습입니까?"라는 질문을 가장 먼저 할 것이다. 그의 목표는 일이 순조롭게 이루어질 때의 생생하고도 상세한 이미지를 창출한 다음, 긍정정서를 활용하여 최선의 상태를 보다 자주 이끌어내는 데 필요한 변화를 고무하고 격려하는데 있다.

▶정리와 전망

이번 장에서 우리는 10가지 긍정정서에 대해 알아보았다. 우리의 긍정정서 팔레트에는 기쁨, 감사, 평온, 흥미, 희망, 자부심, 재미, 영감,

경이, 사랑이라는 각기 다른 정서들이 담겨 있다. 그리고 거기에는 저마다 고유의 스위치가 있다. 일상의 사건들을 바라보는 방식에서 작은 변화를 도모함으로써 우리는 이 각각의 긍정정서에 불을 켤 수가 있다.

사람마다 긍정정서의 여러 형태들 중에서 더욱 친숙하게 느끼는 것들이 있게 마련이다. 그러나 나는 당신이 자신의 경험을 연구하고 각각의 긍정정서들을 언제 느꼈었는지 돌이켜 봄으로써 긍정정서의 모든 형태들에 대해 보다 잘 알 수 있도록 인도할 것이다. 특별히 11장에서는 10가지 긍정정서들 각각에 대한 개인적인 포트폴리오를 제작해서 자기학습을 더욱 심화할 수 있도록 격려할 것이다.

비록 긍정정서들은 제각기 다른 이유에서 발생하고 느낌도 서로 조금씩 다르지만, 공통적인 핵심은 모두 같다. 그 정서들은 모두 우리의 인생을 확장하고 구축하는 능력을 지니고 있으며, 우리가 보다 높은 곳으로 올라갈 길을 닦아준다. 그리고 우리의 긍정정서 비율이 티핑포인트에 도달할 때, 우리의 플로리시를 돕는다.

다음 네 개의 장에서는 긍정정서에 대한 내 대담한 주장들을 뒷받침하는 과학적 증거가 제시될 것이다. 그 증거를 심도 있게 이해하고 나서 당신의 자신감과 희망이 한층 더 성장하기를 바란다. 이해의 깊이만큼 당신은 긍정정서의 원천들을 몸소 실험해볼 마음이 생길 것이다. 그리고 그 실험은 새롭고 흥미로운 그 어떠한 과학적 발견 이상으로 당신을 이해와 플로리시의 길로 나아가게 해줄 것이다.

제2부

긍정정서의 확장 및 구축

4장
긍정정서는
사고를 확장한다

숨쉬는 한 가지 방법이 있나니, 그것은 수치와 질식이요.
숨쉬는 또 다른 방법이 있나니,
그것은 그대를 무한히 열어주는 사랑의 호흡이도다.
– 루미

긍정정서는 우리에게 삶을 바라보는 새로운 시야를 제공한다. 앞서 언급했듯이, 이것(긍정정서는 사고를 열어준다)은 긍정정서의 첫 번째 핵심 진리다.

가령 당신이 봄날의 꽃이며, 아직은 꽃이 피기 전이라 얼굴이 꽃잎에 완전히 가려져 있다고 상상해보자. 겨우 틈새로만 밖이 내다보일 뿐이어서, 당신은 주변에서 일어나는 일들을 제대로 알지 못한다. 그러나 따사로운 햇빛을 받으면 상황이 달라진다. 나긋나긋해진 꽃잎들이 느슨하게 바깥으로 펼쳐지며 얼굴을 가리고 있던 여린 장막을 걷어내기 시작한다. 그로 인해 당신은 점점 더 많은 것을 볼 수 있게 된다. 문자 그대로 세상이 확장되고 가능성이 열린다.

어떤 꽃들은 한 번만 피고 말지만, 연꽃처럼 매일 저녁 봉오리를 오므렸다가 아침 햇살을 받으면 다시 피어나는 꽃들도 있다. 햇빛은 모든 녹색식물의 성장에 필수적이다. 때문에 식물들은 빛을 향해 몸을 돌리고 몸을 활짝 펼쳐서 최대한 많은 빛을 받아들이려고 한다. 과학자들은 이러한 성질을 '굴광성'이라 일컫는다.

사람에게도 이런 굴광성과 유사한 것이 있다. 긍정정서는 모든 인간의 성장에 필수적이다. 우리는 이 점을 본능적으로 알고 있다. 그래서 우리는 긍정정서를 향해 몸을 돌리고 마음을 활짝 열어 최대한 긍정정서를 많이 받아들이려고 애쓴다. 나는 이를 '확장 효과(broaden effect)'라 부르기로 했다.

긍정정서는 사고의 폭을 넓히고 시야의 범위를 확장시키는 기능을 한다. 그 효과는 일시적이다. 해가 지면 연꽃이 움츠러드는 것처럼, 우리의 사고도 긍정정서가 사라지면 움츠러든다. 더더군다나 부정정서의 위협이라도 받으면 더욱더 위축된다. 우리 사고가 얼마나 이러한 인식의 확장과 위축의 순간들을 자주 넘나들 수 있는가에는 한계가 없다. 긍정정서와 부정정서가 흘러드는 여부에 따라, 우리의 사고는 확장되고 위축되기를 반복한다.

위에서 나는 긍정정서가 우리의 사고를 어떻게 확장시키는지를 전달하기 위해 시인들의 도구인 비유를 빌려 썼다. 20년 동안 나는 이러한 긍정정서의 확장효과를 과학적 도구들로 검증해왔으며, 그 연구 결과는 내 주장에 확신을 심어주었다. 그런 만큼 여기서 내가 당신에게 전하는 소식은 단지 내 개인적인 인생 경험에만 바탕을 둔 시적인 것이 아니라, 나를 비롯한 전 세계 여러 학자들의 연구에 참여했던 수십만 참가자들의 행동과 경험에 근거한 과학적인 것이다. 심지어 긍정정서의 확장효과를 반증하려는 취지의 실험도 수차례 실시되었으나, 거기서도 재차 저항을 물리치고 나온 결과는 결국 긍정정서가 우리의 사고를 확장시킨다는 것이었다. 그로써 나는 확장성이 긍정정서의 핵심적인 진리임을 더욱 확신하게 되었다.

당신도 손쉽게 이 사실을 확인할 수 있다. 종이 한 장과 펜 하나를 준비하여 언제든지 쓸 수 있도록 가까이에 준비해두자. 준비가 됐으면 당신의 손등을 살펴보라. 흔히 우리는 '손바닥 보듯 훤히 안다'는 말을 쓰곤 하는데, 손바닥이 됐건 손등이 됐건 과연 정말로 우리는 그것을 잘 알고 있을까? 자신의 손등을 자세히 살펴보면서 피부의 질감이나 색깔, 뼈와 혈관의 모양, 관절의 문양 등 보이는 모든 것을 자신에게 설명해보라. 단 1분의 관찰로 당신은 과거 어느 때보다 자신의 손등에 대해 더 많은 것을 알게 될 것이다.

이제 펜과 종이를 앞에 가져다놓고, 지금 당장 하고 싶은 일들을 적어보라. 급히 처리해야 할 일이 없는 느긋하고 편안한 자유 시간 30분을 받았다고 가정하고, 손등을 바라보면서 받았던 느낌을 돌아본 다음, 그 느낌이 무엇을 하고 싶도록 만들었는지 적어보라.

목록이 완성되었는가? 좋다. 다시 종이와 펜을 잠시 옆으로 밀쳐두자.

이제 다음 실험으로 넘어가보자. 준비가 됐으면, 모든 일이 당신 뜻대로 이루어지는 즐거운 순간을 상상해보라. 당신의 얼굴에는 희색이 만면하다. 잠시 그 즐거운 느낌을 간직한 채로 앉아서, 당신의 주변 환경과 감각의 모든 면들을 마음으로 그려보라. 좋은 느낌이 자라나도록 하고, 이전과는 다른 방식으로 그 느낌을 음미하라.

이제 다시 펜과 종이를 가져다가 새로운 목록을 작성하라. 그 즐거운 기분은 지금 당신으로 하여금 무엇을 하고 싶게 만드는가? 다시 한

번 느긋하고 편안한 자유 시간 30분을 받았다고 가정하고, 기쁨을 떠올렸을 때 들었던 느낌을 돌아본 뒤, 새롭게 하고 싶어진 모든 일들을 적어보라.

두 번째 목록이 완성되었는가? 좋다. 이제 두 목록을 서로 비교해보라. 손등을 살펴보았을 때 떠오른 생각의 개수와 기쁜 느낌을 받았을 때 떠오른 생각의 개수를 비교해보라. 어느 쪽 목록이 더 긴가?

사람에 따라 다를 수 있겠지만, 대개는 후자의 목록이 더 길 것이다. 이것이 긍정정서가 우리의 사고를 확장시키는 한 가지 방식이다. 긍정정서는 평소보다 더 많은 가능성 ― 부정정서의 영향 하에서 보던 것보다는 확실히 더 ― 을 우리 안에서 끌어내준다.

전에 나는 박사과정 학생이었던 크리스틴 브래니건(Christine Branigan)과 함께 이 실험과 크게 다르지 않은 실험을 실시한 적이 있었다. 우리는 104명으로 이루어진 표본집단 중 일부에게는 무작위로 즐거움이나 평온한 정서를 유발하는 경험을, 다른 일부에게는 분노나 두려움을 일으키는 경험을, 나머지 일부에게는 특별한 정서가 생기지 않는 중립적인 경험을 하도록 했다.

그리고 나서 모든 실험 대상자들에게 각각의 정서를 토대로 그 순간 하고 싶은 생각이 든 일의 목록을 작성하도록 요청했다. 그 결과, 즐겁거나 평온한 느낌을 받은 사람들이 분노나 두려움을 느꼈던 사람들이나 중립적인 경험을 했던 사람들보다 더 긴 목록을 작성했다. 긍정정서가 그들에게 더 많은 가능성을 열어준 것이다.

내가 앞서 당신에게 하도록 한 실험에서는, 한 가지는 중립적이고 다른 한 가지는 즐거운 기분을 경험하도록 하는 데 목표가 있었다. 손등을 보도록 한 것은 당신이 다소 중립적인 느낌을 갖도록 하는 방편이었다. 그것이 정말로 효과가 있었는지는 오로지 당신만이 알 것이다. 마찬가지로 기쁨을 불러일으키려는 노력이 효과가 있었는지도 오직 당신만이 알 것이다. 이 목표가 제대로 달성되었다면, 즐거운 기분을 느낀 뒤에 작성한 목록이 길었을 확률이 대개 더 높다. 확장된 가능성이 반영되었기 때문이다. 긍정정서는 우리의 사고를 열어준다. 그리하여 전에는 미처 보지 못했던 가능성들을 볼 수 있도록 해준다.

긍정정서의 확장 효과는 추상적인 면에서도 적용된다. 아래의 그림을 보라.

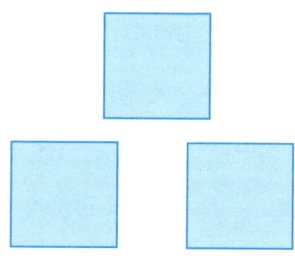

위의 그림이 삼각형으로 보이는가, 아니면 여러 개의 사각형으로 보이는가? 물론 둘 다 맞다. 여기에서 특별히 맞거나 틀린 답은 없다. 나는 사람들의 주의력 범위를 알아보기 위해, 실험 대상자들에게 위의 그림과 유사하게 보이는 도형들의 배열을 고르게 했다. 그들은 이것을 작은 삼각형들로 이루어진 삼각형과 더 비슷하다고 보았을까, 아니면 작은 사각형들로 이루어진 사각형과 더 비슷하다고 보았을까? 이와 같은 도형 실험들을 통해, 나는 사람들이 큰 그림 — 이 경우에는 삼각형 —

을 볼 수 있는가 그렇지 못한가의 여부가 현재 그들의 정서 상태에 달려 있다는 것을 발견했다. 긍정정서를 주입할 때에는 시야가 확장되어 사람들이 큰 그림을 보았다. 그러나 중립성이나 부정정서를 주입할 때에는 시야가 축소되어 각 점들을 연결한 큰 그림을 보지 못했다.

이 같은 결과는 우리가 단순히 기분을 좋게 만듦으로써 주의력의 범위를 확장시킬 수 있음을 시사한다. 우리의 정서들은 단순한 인과관계를 거쳐서 우리의 시야와 연결된다. 긍정정서가 우리 마음에 흐르면 동시에 사고가 확장되어 우리는 나무와 숲을 모두 볼 수 있게 된다.

그런데 그 효과를 명확하게 지각하기란 그리 쉽지 않다. 때문에 일단 사람들이 긍정정서를 느끼는지 그렇지 않은지의 여부를 판별하기 위해, 학생들과 나는 몇 가지 실험에서 특정 얼굴 근육의 전기신호를 추적했다. 앞에서 진정한 웃음으로 긍정정서를 느낄 때에는 입과 눈 주위의 근육이 모두 움직인다고 말한 것을 기억할 것이다. 정확한 위치에 부착시킨 센서들로 우리는 표정이 얼굴에 확연히 드러나기 훨씬 이전부터, 입꼬리를 끌어올리는 큰광대근과 눈가 주름을 만드는 눈둘레근에서 미세한 전기신호들을 측정할 수 있었다. 그를 통해 우리는 이 두 가지 근육의 움직임이 동시에 나타날 때, (사람들의 반응을 1000분의 1초 단위로 측정하는 컴퓨터화 된 검사에 의해 포착되는) 주의력의 유연성과 확장이 뒤따른다는 것을 발견했다. 웃음의 말 그대로 사람들을 열리게 한 것이다. 웃는 순간 사람들은 보다 수용적이 되며, 더 큰 그림을 볼 수 있게 된다.

긍정정서가 주의력을 확장시킨다는 내 발견은 정교한 안구 추적 기술을 사용하는 브랜다이스 대학교의 학자들에 의해서도 확인되었다.

그들은 실험 대상자들에게 무작위로 긍정정서를 주입한 뒤, 컴퓨터 화면에 나타나는 사진들을 보도록 했다. 그러는 동안 카메라로 실험 대상자들의 머리 움직임을 보완하면서 1초에 60회씩 안구의 움직임을 기록했다. 사진은 한 번에 세 장씩, 한 장은 가운데에 나머지 두 장은 가장자리에 배치된 모양으로 제시되었다. 지원자들은 마치 텔레비전을 보듯이, 관심이 끌리는 것을 눈으로 따라가며 자연스럽게 슬라이드 쇼를 감상했다. 그들의 시선이 어디로 향했는지 추적한 결과, 학자들은 긍정정서를 주입받은 사람들이 주위를 더 많이 둘러보며 주변 사진들에 더 자주 시선을 고정했음을 확인했다. 말 그대로 긍정정서가 시야를 변화시킨 것이다. 재차 확인되었듯이, 긍정정서는 우리의 세계관을 확장시키고 더 많은 것을 수용하게 한다.

한 가지 예외적인 상황이 있었는데, 그것은 혐오스러운 사진이 제시되었을 때였다. 그 사진에서 야기된 부정정서는 확장되었던 주의력을 순식간에 축소시켰다. 앞서 연꽃의 유추에서처럼, 하늘이 어두워지면 연꽃도 닫히는 것이다. 우리의 사고는 연꽃보다 훨씬 더 빨리 닫힌다. 이는 긍정정서가 깨어지기 쉽다는 또 하나의 예증이다. 그러나 주변 환경이 온화하기만 하면, 긍정정서가 흘러들어올 때 인식의 범위 또한 크게 확장되기 마련이다.

확장된 사고는 어떤 변화를 가져오는가

긍정정서의 사고 확장력에서 얻어지는 한 가지 실질적인 결과는 창의력의 향상이다. 확장된 사고는 넓은 환경 범위에서 사고방식과 행동 방식을 변화시킨다. 시야가 넓어지면 더 많은 아이디어가 떠오르게 되고 더 많은 행동이 가능해진다.

이러한 사실은 토론토 대학의 한 연구진에 의해 증명되었다. 그들은 지원자들에게 긍정정서와 부정정서, 완전한 중립성을 차례로 주입하고 매번 두 가지 과업을 주어 그들을 테스트했다. 하나는 화면의 가장자리에 제시된 정보의 영향을 추적함으로써 시각적 주의력의 범위를 측정하는 것이었고, 다른 하나는 제시된 세 가지 보기(예를 들어, 잔디깎기 기계, 원자력, 대외 관계)와 연관이 있는 한 가지 단어를 떠올려보도록 함으로써 언어적 창의력을 측정하는 것이었다. 실험 결과, 사람들은 긍정정서를 느꼈을 때 두 가지 과업 모두에서 가장 뛰어난 수행 능력을 보였다. 이 두 가지 요소가 함께 움직인다는 사실은 긍정정서가 우리의 사고를 다각적이고도 상호 연관된 방식으로 확장시킨다는 사실을 말해주는 것이기에 중요하다. 이처럼 긍정정서는 근본적인 수준에서 우리의 뇌구조를 변경시키고 우리가 세상과 상호작용하는 방식을 변화시킨다.

긍정정서는 특히나 창의적인 해결책이 시급히 필요할 때 훌륭한 투자 대상이다. 실제로 학생들은 긍정적인 마음 자세로 시험을 치렀을 때 더 좋은 성적을 얻는다. 그러나 더 이상 시험을 치르지 않는 일반 사람들은 어떨까? 학자들은 그들 역시 단순히 즐거운 기억을 상상하거나 작은 호의를 받았을 때 일상생활에서 부딪치는 문제들에서 최적의 창의적인 해결책을 보다 수월히 찾는다는 것을 알아냈다.

코넬 대학의 연구원들은 의사들에게 간 질환 환자를 진료하면서 그

진단 과정을 소리 내어 말하게 함으로써 그들의 문제해결 과정을 조사했다. 놀랍게도 의사들은 작은 선물 — 그저 사탕 한 봉지 정도의 — 을 받았을 때, 질병의 정보를 보다 잘 통합했으며 성급한 진단으로 이어질 수 있는 처음 생각에 덜 얽매이는 경향을 보였다. 어쩌면 우리는 병원에 갈 때 어디가 불편한지만 얘기할 것이 아니라 작은 선물을 가져가거나 모종의 호의를 베풀어야 할지도 모르겠다.

마찬가지로 캘리포니아 대학교 버클리 캠퍼스(이하 'UC 버클리')의 하스 경영대학원 학자들도 긍정정서가 경영자들에게 어떤 영향을 미치는지 조사했다. 그들은 긍정정서가 넘치는 경영자들이 보다 정확하고 신중한 판단을 내리며, 대인관계도 더 원만함을 발견했다. 또 다른 연구들에서는 긍정정서가 풍부한 경영자들이 자신의 긍정정서를 업무집단에도 전염시키며, 그로 인해 구성원들 사이에서 보다 원활하게 협력이 도출되고 임무를 완수하기까지 드는 수고 역시 줄어든다는 것이 확인되었다.

노스웨스턴 대학교 켈로그 경영대학원의 연구진은 까다로운 협상 시에도 긍정정서가 도움이 된다는 사실을 밝혔다. 실험에 참가한 이들은 협상 과목을 수강하는 MBA 학생들이었다. 우리는 이들이 계약 성사에 강한 열의를 지닌 성공 지향적인 사람들이라고 가정해도 무리가 없을 것이다. 연구진은 무작위로 일부 참가자들에게는 긍정 태도로 협상에 임하도록 하고, 다른 이들에게는 부정적이거나 중립적인 태도로 임하도록 했다. 참가자들에게는 각기 그런 특정한 정서를 내보이는 것이(또는 어떤 정서도 내보이지 않고 '포커페이스'를 유지하는 것이) 협상에 도움이 된다는 '전문가의 조언'을 들려주었다. 그런 다음 연구진은 이 애송이 기업가들을 거래 상대자와 대면시켜 합의를 도출하도록 했다. 그 결과, 전략적으로 긍정정서를 표방한 협상가들이 양보를 얻어내고, 계약을 타결하고, 그들이 맺은 계약에 장래의 사업 관계를 통합하는 데 있어서 더 많은 성공을 거두었다. 흔히 협상가는 합리적이고 침착해야 한다든가(중립성), 아니면 거칠고 단호하며 다혈질이어야 한다고들(부정정서) 말하지만, 이 말들은 근거 없는 신화일 뿐이다. 실제로는 협력적이며 우호적인 정신으로(긍정정서) 협상 테이블에 나가는 사람이 가장 최선의 결과를 이끌어낸다.

사업을 하는 사람에게든 단순히 사업상의 거래를 하는 사람에게든, 이런 학문적 연구는 긍정정서에 따르는 것이 단지 친절하게 행동하거나, 자기의 것을 다 내주거나, 혹독한 희생을 치르는 것이 아님을 상기시켜 주는 역할을 할 수 있다. 긍정정서는 시야를 넓혀 주어 우리로 하여금 더 많은 가능성을 보게 한다. 긍정정서를 지닐 때 우리는 사고와 행동에 있어서 보다 자발적이 된다. 또한 미래를 구상하고 상생의 해결책을 도모하는 데 더욱 능숙해지며, 의심과 증오가 아닌 신뢰를 이끌어냄으로써 지속적인 관계를 구축할 수 있게 된다.

우리 안의 나선형 상승

지금까지 살펴본 바와 같이 긍정정서의 확장 효과에 대한 대부분의 연구는 연구실 안에서 이루어졌다. 학자들은 통제된 실험 환경에서 긍정정서가 사람들의 시야와 주의력, 사고, 선택 및 행동에 끼치는 직접적인 영향들을 제한적으로 연구할 수 있었다. 이런 연구 결과를 토대로 그들은 영역을 더욱 넓혀, 확장된 사고가 실생활에는 어떤 식으로 영향을 미치는지 알아보았다.

그러한 연구들 중에서 장기간에 걸쳐 이루어진 한 연구를 살펴보자. 나와 플로리다 주립대학의 심리클리닉 소장인 토머스 조이너(Thomas Joiner)가 공동으로 연구한 것이다. 우리는 대규모의 대학생 집단에게 5주 간격으로 두 번의 설문조사를 실시했다. 설문에서 우리는 그들의 긍정정서 수준과 더불어 문제에 부딪칠 때 그들이 얼마나 열린 사고방식으로 해결책을 모색하는지를 조사했다.

그 결과 삶에서 더 많은 긍정정서를 누리는 사람들이 보다 열린 사고방식으로 역경에 효율적으로 대처한다는 사실이 드러났다. 그들은 어려운 상황에서 더 많은 해결책을 찾아냈다. 그러나 이보다 더 고무적인 결과는 시간에 따라 이러한 확장효과가 어떻게 진전되는지를 발견한 것이다. 최초 설문에서 가장 긍정정서가 높은 것으로 조사되었던 사람들이 5주 뒤에 한층 더 긍정정서가 높은 것으로 나타났는데, 그 이유는 문제를 만났을 때 그들의 사고가 더 열렸기 때문이다. 개방성이 문제를 헤쳐 나갈 방법을 찾도록 도왔을 뿐 아니라 긍정정서 또한 강화시킨 것이다. 마찬가지로 처음에 가장 열린 사고를 갖고 있었던 사람들이 5주 뒤에 한층 더 열린 사고를 갖게 된 것으로 나타났는데, 그 이유는 그들이 긍정정서의 증가를 경험했기 때문이다. 다시 말해, 긍정정서와 개방성은 서로가 서로를 보강하고 촉진하며 함께 성장한다. 긍정정서가 우리 안에 일으키는 나선형 상승 효과 때문이다. 이를 나비효과라고도 한다 ─옮긴이). 긍정정서는 성장의 길을 열어주며, 그것은 플로리시를 예고한다. 당신의 인생에도 긍정정서가 얼마나 많은 가능성을 부여할 수 있을지 상상해보라.

보다 최근의 연구에서 조이너의 학생들과 나는 긍정정서가 일으키는 이러한 나선형 상승의 증거를 확장하여, 그것을 역경에 대처하는 사고방식의 변화뿐 아니라 다른 모든 종류의 대처법에서 나타나는 변화와도 연결시켜 보았다. 그리하여 우리는 같은 방식으로 작용하는 또 다른 형태의 개방성 — 타인에 대한 신뢰감 — 을 추가로 발견했다. 긍정정서와 신뢰감 역시 함께 성장한다. 긍정정서가 증가할수록 타인에 대한 신뢰감도 커지며, 그 반대의 경우도 마찬가지다. 그리고 이것은 단지 시작에 불과하다. 긍정정서의 사회적 반향은 이보다 훨씬 심대하다.

나에서 우리로

그동안 숱한 실험을 통해 우리가 얻은 결론은 긍정정서가 우리의 시야를 넓혀준다는 것이었다. 긍정정서는 문자 그대로 우리의 사고 범위를 확장시켜 새로운 가능성을 볼 수 있도록 해준다. 비록 이 효과는 두드러지게 눈에 띄지 않지만 — 어떨 때는 아예 알아보지 못하기도 하지만 — 그것이 우리의 인간관계에 암암리에 미치는 영향은 엄청나다. 학생들과 나는 긍정정서가 사람들로 하여금 자기 자신을 바라보는 관점까지도 확장시킨다는 것을 발견했다. 이는 인간관계에서 중추적인 역할을 한다. 그로 인해 '너'와 '나'를 가르고 있던 굳건한 장벽이 사라지고 새로운 연결의 가능성이 부상하기 때문이다.

잠깐 아래 그림에서 여러 쌍의 서로 겹쳐진 원들을 보자.

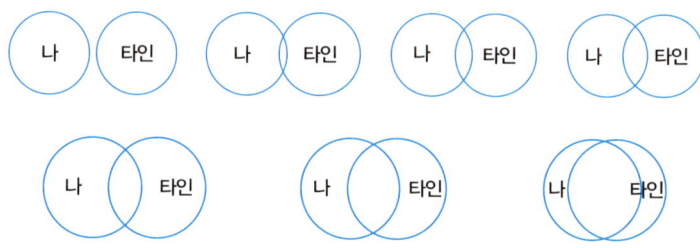

이제 잠시 동안 가장 최근에 배우자나 애인, 또는 친한 친구와 싸웠던 때를 떠올려보라. 그때 당신은 어디에 있었는가? 무엇 때문에 싸웠는가? 누가 무슨 말을 했는가? 그때의 느낌은 어땠는가? 그 열띤 논쟁의 순간을 돌아볼 때, 당시 그 사람과의 관계에 대해 들었던 느낌을 가장 잘 표현하는 그림은 어떤 것인가?

이제 싸움에 대한 생각은 접어두고, 이번에는 이전 사람과의 관계에서 가장 달콤하고 가슴 따뜻했던 순간을 떠올려보자. 그때 당신은 어디에 있었는가? 무슨 일이 있었는가? 당신은 무슨 행동이나 말을 했는가? 그때의 느낌은 어땠는가? 그 화기애애한 순간을 돌이켜볼 때, 당시 그 사람과의 관계에 대해서 들었던 느낌을 가장 잘 표현하는 그림은 어떤 것인가? 아까보다 원들이 더 가까워졌는가?

관계의 질을 시각적으로 표현하는 이 방법은 인간관계 분야의 연구를 주도하고 있는 심리학자 아트 아론(Art Aaron)에 의해 도입되었다. 아론과 그의 동료들은 연인 관계인 수천 명의 사람들에게 이 원 그림들을 이용해 그들이 자신들의 관계에 대해 어떻게 느끼는지 표현하도록 했다. 이 간단한 측정법은 매우 효과가 뛰어나, 어느 커플이 앞으로 계속 관계를 유지하고 어느 커플이 깨어질지를 예측하는 데 있어서 상세한 설문조사나 면담보다도 더 높은 정확성을 보였다. 다시 말해, 서로 더 많이 겹치는 원을 선택할수록 관계가 지속될 확률이 더 높았다.

아론과 그의 동료들은 이 개념을 '자아확장(self-expansion)'이라 칭하고, 이를 타인의 재능과 특성 및 자원을 자신에게로 통합하는 것이라 정의했다. 흥미롭게도, 그들은 이런 자아확장을 긍정정서의 핵심 유발 요인으로 간주했다. 그리고 사랑에 빠질 때 그토록 아찔하고 흥분되는 이유를 급속도의 자아확장이 일어나기 때문이라고 설명했다. 나는 이런 아론의 논리를 뒤집어, 반대로 긍정정서가 사람들의 자아관을 확장시킬 것이라 예측하고 검증에 나섰다.

먼저 나는 학부생들에게 가장 절친한 친구와의 관계에 대해 그들이 느끼는 바를 두 개의 원을 사용해 표시해보도록 했다. 그런 다음 그들에게 긍정정서와 부정정서, 또는 완전한 중립성을 주입한 다음, 다시 겹치는 원들의 그림을 제시하여 아까와 같은 친구에 대해 어떻게 느끼는지 골라보도록 했다. 실험 결과, 긍정정서의 일시적인 제고로 사람들이 자신과 타인 사이에 겹치는 부분을 더 많이 보게 될 수 있음이 입증되었다. 긍정정서에 고취될 때 사람들은 자신의 인생에서 중요한 사람들에 대해 더욱 친밀함과 유대감을 느끼게 된다.

이러한 변화는 우리 내면의 아주 기초적인 지각 수준에서 발생한다. 이를 알 수 있는 것은, 위의 실험 대상자들이 친구와 직접 만나 어울리면서 다정하고 즐거운 시간을 보낸 것이 아니기 때문이다. 그들은 단지 절친한 친구에 대한 생각만으로 더욱 친밀감을 느꼈다. 긍정정서는 우리의 사고를 넓혀주는 것처럼, 사람들이나 관계를 바라보는 핵심적인 관점을 변화시켜 그들을 내 중심, 내 마음으로 더 가까이 다가오도록 한다. 긍정정서는 우리가 사람들을 '나'와 '너'로 구분하던 관점에서 벗어나 '우리'라는 보다 상호 연결된 개념으로 바라보도록 한다. 이러한 긍정정서의 효과는 문화를 불문하고 찾아볼 수 있을 만큼 신뢰성이 높다.

학자로서 나는 대단히 운이 좋은 편이었다. 왜냐하면 내 아이디어와 실험들이 전 세계 많은 학자들의 관심과 호기심을 끌었기 때문이다. 어떤 이들은 호기심에 이끌려 내 연구실로 직접 찾아와 방문학자로 머물기도 했다. 새로운 아이디어를 탐구하고자 먼 길을 마다하지 않고 달려오는 그들의 열린 마음은 진정한 선물이 아닐 수 없었다. 그들은 내 아이디어의 영향력과 범위를 확장시킨 매우 귀중한 협력자들이다. 이는 긍정정서가 어떻게 — 여기서는 지적 호기심의 형태로 — 노출의 범위를 확장시키고 전략적 동맹 및 범세계적인 우정을 구축하는지 보여주는 또 다른 본보기라 할 수 있다.

학생들과 내가 긍정정서가 자신과 타인의 합일에 미치는 효과를 연구하던 첫해에, 나는 두 명의 값진 조력자를 얻는 축복을 누렸다. 인도 출신 학자 아할랴 헤지마디(Ahalya Hejmadi, 미국에서 교육 받음)가 이 연구에 동참했고, 같은 해 말 일본 출신 학자 게이코 오타케(Keiko Otake, 일본에서 교육 받음)도 합류한 것이다. 두 사람은 각기 자신의 고국에서 우리의 가설을 시험해보기로 했다. 그들이 얻은 결과는 놀라우리만치 우리와 흡사했다. 인도의 푸네 시나 마하라슈트라 주에서도, 일본의 고베 시나 니시노미야 시에서도, 미국의 미시간 주 앤아버와 다르지 않게, 긍정정서는 사람들로 하여금 자신과 절친한 친구 사이에서 겹치는 부분을 더 많이 보도록 했다.

나는 이 다문화적 연구 결과에 특히나 흥분을 감출 수 없었다. 인도와 일본은 여러모로 미국과 다른 점이 많은 나라이기 때문이다. 이들 문화권은 미국에 비해 기본적으로 유대감과 상호의존적 자아관이 더 강한 것으로 알려져 있다. 미국인에 비해 인도인과 일본인은 대부분 이미 가까운 사람들과 겹치는 부분을 더 많이 보고 있다는 이야기다. 이처럼 자신과 타인의 합일이 이미 문화적 표준으로 자리 잡은 곳에서도, 긍정정서는 그 정도를 더욱 증가시킬 수 있었다.

이 증거는 문화적 배경에 관계없이 타인에 대한 개방성과 유대감은 증가하기도 하고 감소하기도 한다는 것을 보여준다. 이러한 변화들은 제멋대로 일어나는 것이 아니라, 긍정정서에 의해 주도된다. 긍정정서는 우리의 시야를 확장해주어 타인들과의 공통점을 더 많이 보도록 한다.

우리는 모두 다 같은 사람

이 일련의 실험들로부터 우리가 알게 된 사실은, 진심 어린 긍정정서가 가까운 사람들과 더 큰 일체감을 갖도록 한다는 것이다. 이런 일체감은 마구잡이로 커지거나 작아지는 것이 아니라 기쁨과 감사, 사랑 같은 정서와 보조를 이룬다. 그런데 생면부지의 사람들에 대해서는 어떨까? 긍정정서가 이들을 바라보는 관점도 바꿀 수 있을까?

그 대답은 단연코 '그렇다'이다! 여기에서 긍정정서가 얼마나 중요한 역할을 하는지 알게 되면 누구나 놀라지 않을 수 없을 것이다. 여태까지 나는 내 학문적 발견을 당신과 공유하는 데 주안점을 두었다. 그 발견들 하나하나는 모두 내 예측 범위 안에 있었던 것들이다. 그러나 이번 사실만은 예외였다. 나는 이를 두고 '결과가 우리를 발견한 것'이라고 농담처럼 말하곤 한다.

이와 관련된 연구는 당시 나와 함께 연구하던 박사과정 학생 캐림 존슨(Kareem Johnson, 지금은 템플 대학의 조교수)의 추론에서 시작되었다. 그는 긍정정서가 인간의 주의력 범위를 확장시켜 보다 큰 그림을 볼 수 있게 한다면, 마찬가지로 사람들의 얼굴을 인식하는 능력 역시 향상시킬 것이라고 예측했다. 이러한 예측은 사람들이 얼굴을 인식할 때에는 물체를 인식할 때와 다른 방식을 사용하며, 또한 물체보다 얼굴을 훨씬 더 잘 인식한다는 이미 보고된 연구 결과의 연장선상에서 이루어졌다.

어떤 물체를 이전에 본 적이 있었는지 판단할 때, 우리는 그것의 세부적인 특징들을 검토한다. 그래서 흔히 이런 질문들을 한다. 어제 내가 썼던 컵에 저런 모양의 손잡이가 달려 있었던가? 밑바닥에 저런 이 빠진 자국이 있었나? 이 컵보다 더 얇지 않았나? 반면에 누군가의 얼굴을 전에 본 적이 있었는지 판단할 때에는, 그러한 세부적인 특징들을 검토하지 않는다. 때문에 그럴 때는 다음과 같이 질문하지 않는다. 코 모양이 저렇게 생겼었나? 눈이 저 색깔이었나? 입술이 저렇게 두툼했었나? 대신 전체적인 인상을 받아들이고, 눈 깜짝할 사이에 전체적인 얼굴 배치를 기억 속에 저장된 것과 견주어본다. 얼굴 인식에 있어서는 누구나가 다 전문가이다. 학자들은 심지어 이런 뛰어난 능력을 담당하는 특정 뇌 부위를 밝혀내기까지 했다. 대개 우리는 어떤 사람의 이름이나 그 사람을 만났던 장소는 잘 기억하지 못해도, 그 사람을 전에 본 적이 있었는지 없었는지는 꽤 정확하게 가려낸다.

이런 과거의 발견들을 토대로 캐림은, 우리가 사람들에게 긍정정서를 주입하면 일시적으로 확장된 그들의 사고가 어떤 사람의 얼굴을 전체적으로 한층 더 빨리 파악하도록 하여 그들이 낯선 사람을 보다 잘 인식하게 될 것이라고 예측했다.

캐림은 첫 번째 실험에서 연구 참가자들을 세 그룹으로 나누어 각각 긍정정서와 부정정서, 중립성을 주입했다. 그런 다음 그들에게 28명의 얼굴을 연속하여 2초 간격으로 각각 0.5초씩 보여주었다. 추후 캐림은 이 28명의 얼굴을 포함한 56명의 얼굴을 무작위로 보여줌으로써 참가자들의 얼굴 인식도를 테스트했다. 이번에는 참가자들이 필요한 만큼 충분히 오랜 시간 각각의 얼굴들을 살펴볼 수 있도록 했다.

이 실험 결과를 들고 연구실 회의에 참석했을 때, 캐림은 크게 낙담한 듯 보였다. 실험 조건에 의한 얼굴 인식도는 우리가 예측한 것과 크게 다르지 않았다. 그러나 나타난 양상이 우연한 경우에도 충분히 일어날 수 있는 것으로 보여 통계적으로 별다른 의미가 없었다. 우리는 그 문제 때문에 며칠 동안 골머리를 썩이며 다른 방식들로 자료를 재검토해 보았다. 제시된 사진과 참가자들을 각각 남녀로 나누어 분석해 보는가 하면, 백인과 아시아인이 각각 절반씩 포함된 얼굴 조합에 따라 분석해보기도 하는 식이었다. 그때였다. 긍정정서가 오로지 아시아인에 대해서만 얼굴 인식도를 향상시켰음이 드러났다. 더 자세히 들여다보니, 표본의 대다수를 차지했던 백인 참가자들에게 초점을 맞추었을 때 그 효과가 더 여실하게 나타남을 알 수 있었다.

전혀 뜻하지 않게 우리가 인종적 편견에 대한 과학적 논의에 기여하게 된 것이다. 이미 수많은 실험들에서 사람들이 자신과 다른 인종의 사람들을 인식하는 데 매우 서툴다는 것이 확인된 바 있다. 인종차별주의자들이 "그들은 다 똑같이 생긴 것 같아"라고 말하는 이러한 현상을 학자들은 '얼굴 인식에 대한 같은 인종 편향'이라 부른다. 이런 확고한 편견은 인종적으로 다양한 배경의 학교나 직장을 오랜 기간 다닌 뒤에도 그다지 바뀌지 않는 듯하다. 이런 현상이 나타나는 이유에 대한 한 가지 추측 — 그 안에 내포된 뜻이 가슴 아픈 것이기는 하나 — 은 사람들이 자신과 인종이 다른 사람의 얼굴을 확인할 때에는, 물체를 인식할 때 사용하는 것과 같은 사고 전략을 채택한다는 것이다. 다시 말해, '내가 저런 눈을 본 적이 있던가?', '코가 저런 모양이었나?'라는 식으로 세부 특징을 검토한다는 말이다. 또 다른 추측은 사람들이 다른 사람의 얼굴을 볼 때 먼저 인종적 분류를 하는 데 바쁜 나머지 그 이상을 파악할 기회를 놓친다는 것이다. 실제로 학자들은 우리가 다른 사람에 대해 가장 먼저 인지하는 사항이 인종이라는 것을 알아냈다. 이를 테면, 인종은 약 0.1초 안에 식별하며, 성별은 약 0.15초 안에 식별한다. 그런데 자신과 같은 인종의 사람을 볼 때에는 당연히 인종을 구분할 필요가 없어지기 때문에, 그 사람의 다른 특징을 인지하고 감상할 여유가 생기게 된다.

캐림의 발견은 예상 밖의 것이었기에 반복 실험이 필요했다. 우리는 그 결과가 어쩌다가 한 번 나온 일회성의 결과가 아님을 확인해야 했다. 캐림은 다시 연구실로 돌아가 우리가 새로 발견한 가정 — 긍정정서는 인종을 초월하여 얼굴 인식 능력을 향상시킨다 — 의 검증에 들어갔다. 특별히 정밀성을 기하기 위해, 그는 이를 다각적인 방식으로 실험했다. 예컨대 아시아인의 얼굴을 흑인의 얼굴로 대체하거나, 정서의 주입 시점을 실험 시작 때가 아니라 인지 검사 직전에 하는 등으로 다양하게 실험 조건을 변경했다. 그러나 어느 경우든 매번 동일한 결과가 나왔다. 그리하여 그 효과는 신뢰성을 인정받게 되었고, 우리는 그것이 실재하는 사실임을 확신할 수 있었다. 게다가 그 효과는 완벽했다. 긍정정서는 인종적 편견을 단지 줄인 것에 그치지 않고 송두리째 뽑아버린 것으로 나타났다. 긍정정서의 영향 하에서 사람들은 다른 인종 사람들의 얼굴을 같은 인종 사람들을 식별할 때와 똑같이 잘 식별했다.

우리 마음이 긍정정서로 따뜻해졌을 때에는 인종적 차이 등으로 사람들을 구분하려는 성향마저도 눈 녹듯 사라지는 모양이다. 앞에서도 말했듯이, 이런 결과는 우리가 찾아낸 것이 아니라 결과가 우리에게 다가온 것이다. 긍정정서가 우리 안에 흐를 때 타인과 느끼는 일체감이 낯선 사람들에게까지 — 그렇지 않았더라면 우리와 전혀 다르다고 생각했을 사람들에게까지 — 확장된다는 이 사실을 우리는 아주 우연히 발견했다. 긍정정서의 영향 하에서 우리는 "그들은 하나같이 다 똑같이 생긴 것 같아"라고 푸념하는 대신, "우리는 모두 다 비슷하게 생겼어"라고 인식하게 된다. 우리는 모두 다 같은 사람이다.

캐림의 연구 결과는 더할 나위 없이 값진 성과였다. 미시간 대학교의 내 동료들도 그 점을 인정해 그에게 2005년 최고의 논문상을 수여했다. 나는 그의 연구 결과가 긍정정서의 확장 효과를 입증하는 또 다른 증거라고 본다. 긍정정서는 '나'라는 개념에 타인이 들어오도록 하는 것처럼, '우리'라는 개념에 특정 집단이 아닌 모든 사람이 포괄되도록 한다. 이러한 생각은 긍정정서가 서로 다른 배경을 지닌 사람들에게 분열적인 집단 정체성("우리 미시건 울버린즈는 오하이오 벅아이즈를 싫어해")을 버리고 포용적인 집단 정체성("우리는 다 같은 학생이니 정정당당하게 겨뤄 보자")을 갖도록 한다는 다른 학자들의 연구 결과와도 맥을 같이 한다.

우리 밖의 나선형 상승

진심 어린 긍정정서의 순간들이 타인들 — 이미 친한 사람들은 물론이고 전혀 모르는 사람들까지 — 과의 일체감을 허락한다면, 긍정정서가 우리가 타인과 상호작용하는 방식 역시 변화시킨다고도 볼 수 있을 것이다. 무수한 증거들이 그 사실을 확인해준다. 35년 전 선구적인 심리학자 앨리스 아이센(Alice Isen)은 긍정정서에 관한 초창기 실험에서, 기분이 좋을 때 사람들이 더 친절해지며 낯선 사람을 도와줄 가능성이 더 높아진다는 것을 확인했다. 아이센은 일군의 참가자들에게 쿠키나 문구용품 세트 같은 예상치 못한 선물을 나눠주거나 공중전화에서 뜻밖에 동전을 발견하는 횡재를 만나게 함으로써 기분이 좋아지게 만들었다. 그랬더니 이런 행운을 얻은 사람들이 그렇지 않은 사람들에 비해 낯선 이가 떨어뜨린 서류 다발을 자발적으로 주워주거나, 일부러

시간을 내어 남을 돕거나, 남을 대신해서 전화를 걸어 주는 데 더 적극적이었다. 그리고 보다 최근의 실험들에서는 타인과의 일체감이 남을 기꺼이 돕도록 만든다는 사실이 확인되었다.

타인과의 일체감에 의거해 행동하고 타인에게 도움의 손길을 내밀 때, 당신은 긍정정서를 외부로 표출하게 된다. 즉, 긍정정서가 당신의 마음과 정신으로부터 당신과 다른 사람 사이의 공간으로 옮겨진다. 긍정정서도 부정정서와 마찬가지로 전염성이 매우 강한지라, 일단 밖으로 나가면 순식간에 퍼져 나간다. 그 이유는 부분적으로는 사람들이 무의식 중에 주변 사람들의 정서적 몸짓과 표정을 흉내 내기 때문이지만, 그것은 이야기의 극히 일부분에 지나지 않는다. 긍정정서가 확산되는 이유는 주로 그것이 당신과 주변 사람들에게 긍정적 의미를 전달하는 일련의 사건들을 일으키기 때문이다. 아이센의 고전적인 연구는 긍정정서가 유익하고 인정 많은 행동들을 유발한다는 것을 입증하였으나, 안타깝게도 대부분의 학문적 연구가 그 이상의 진전은 보지 못했다. 초창기 설명들에는 그 유익하고 인정 많은 행위들이 여러 상호 연관된 방식으로 다시금 새로운 긍정정서를 낳는다는 내용이 빠져 있다.

만약 당신이 진정으로 누군가를 도왔다면 만족감이 들 것이다. 보다 정확히 말하자면, 다른 사람의 이익을 위해 관대하게 행동하기로 선택한 데 대해 자랑스러운 마음이 든다. 앞서 3장에서 보았듯이, 자부심은 우리가 어딘가에 기여할 수 있는 보다 새롭고 다양한 방식을 보게 함으로써 우리의 사고를 확장시켜 준다. 자부심이 고취시키는 원대한 꿈은 때로 부적절한 듯 보이기도 하지만, 우리가 스스로를 행동의 주체자로 보는 이상 그 꿈들은 언젠가 상황이 무르익을 때 다시금 우리를 움직여 주위에 기여하도록 할 가능성이 높다.

이번에는 같은 상황을 당신의 도움을 받은 사람의 시선에서 바라보자. 아마 그 사람 역시 기분이 좋아졌을 것이다. 그리고 예기치 않은 친절을 받은 데 대해 당연히 감사한 마음이 들었을 것이다. 앞서 보았듯이 감사는 우리의 사고를 확장시켜, 창의적인 방식으로 그 은혜에 보답하거나 다른 사람에게 전파하도록 한다. 따라서 어느 쪽으로든 그 사람은 자신의 긍정정서를 외부로 표출하면서 우리가 사는 사회에 선을 더하게 될 것이다.

더 나아가, 당신과 당신이 도운 사람 사이에서 분출되는 긍정정서의 기운을 넘어, 당신의 선행을 목격한 사람들도 마음이 따뜻해지고 고무될 것이다. 긍정정서의 이런 특색은 그들 역시 몸소 나서서 좋은 일을 하고 싶게끔 만든다. 마음의 감동을 받은 이들은 더 이상 구경만 하는 방관자에 머물지 않는다. 새로운 정서에 자극받아 그들 역시 사회에 더 많은 선을 더하게 된다.

이처럼 긍정정서는 우리 내면에서 나선형 상승을 불러일으키듯이, 우리 주변 사람들에게도 나선형 상승을 불러일으킨다. 일단 당신의 긍정정서가 외부로 표출되면, 다시 말해 긍정정서로 인해 타인에 대한 당신의 행동 방식이 변화되면, 그것은 주변 사람들의 내면과 그들 사이에서도 이러한 나선형 상승을 촉발시킨다. 이런 사이클이 지속되면서 당신과 주변 사람들은 그 좋은 기분에 의거해 반복적으로 행동하도록 자극받아, 그 좋은 기분을 추가적인 선행으로 전환하게 된다. 이런 식으로 긍정정서는 지역사회 전체를 변화시키고, 가장 필요한 곳에 더 많은 인정과 화목이 넘치게 할 수 있다.

조직에서의 나선형 상승

조직 내에서도 구성원들이 긍정정서를 경험함으로써 나선형 상승을 만들 수 있음이 증명되었다. 스토우(Staw), 서튼(Sutton), 펠로드(Pellod)는 272명의 직장인을 대상으로 긍정정서를 측정하여 합계를 낸 다음, 그로부터 18개월 동안 그들의 업무 수행 능력을 조사한 연구가 있었다. 긍정정서와 다양한 직무 성과 간의 관계를 평가한 것이다. 그 결과 긍정정서가 높은 사람은 상사의 업무수행 평점이 훨씬 높아졌으며, 봉급도 더 높아진 것으로 나타났다. 긍정정서를 경험하는 직원들은 시간이 갈수록 더 효과적이고 사회적으로 잘 적응하는 직원들로 변화된다는 것을 보여주고 있다. 187명에 대한 후속적 종단 연구에서도 스토우와 그의 동료들은 이 연구를 재현하였는데, 직원들의 미래 생산성을 예측하는 요인은 정서 상태와 관련된 에너지의 수준이 아니라 긍정정서의 즐거움이라는 것을 발견하였다. 이 발견은 긍정정서와 작업 향상률을 연결시키는 것은 즐거움, 흥미와 같은 인지 상태가 높은 긍정정서뿐 아니라 만족과 평온 같은 인지 상태가 낮은 긍정정서도 가능하다는 것을 보여준다. 이들의 실험 결과에 의하면 직원들이 긍정정서를 경험할 때 나타나는 인지적, 대인관계적 기능의 향상에서 이와 같은 나선형 상승효과가 이루어진다. 경영 모의 실험에서 경영대학원 학생들을 조사한 결과 긍정경험을 한 학생들은 의사결정에서 좀더 정확하고 세심하다는 것과 리더가 없는 집단토론에서도 대인관계를 좀더 효과적으로 한다는 것을 밝혀냈다.

이들의 연구를 내 긍정정서의 확장 및 구축 이론과 통합하면 긍정정서는 구성원과 리더를 변화시키고 그들이 단기적으로 보다 더 효과적이고, 장기적으로는 보다 성공적으로 되게 한다는 것을 확인할 수 있다.

특히 조직의 리더들이 보여주는 긍정정서는 파급성이 매우 높다는 것이다. 그래서 리더의 긍정정서는 조직 전체의 성과를 예측한다.

긍정정서는 조직을 변화시킨다. 그 이유는 사람들의 습관적인 사고방식을 확장하고 이를 통해 구성원들이 좀더 유연하고 공감적이며 창조적이 될 수 있기 때문이다. 조직의 성과가 구성원들의 개인적 특성 수준에 의존한다면 일시적으로는 조직 내에서 경험하는 긍정정서가 조직기능이 잘 돌아가게 확장될 것이고, 지속적으로는 확장된 조직 기능은 보다 강한 사회적 관계, 보다 좋은 조직 분위기, 탁월한 조직 성과를 만들어내는 나선형 상승효과를 나타낼 것이다.

긍정정서 사례

긍정정서는 감기도 덜 걸리게 한다

긍정정서가 면역력을 강화시켜 감염성 질환을 예방하고 치료하는 데 도움이 됨을 밝혀냈다. 카네기멜론 대학 심리학 교수인 셸던 코헨은 긍정정서가 감염성 질환에 미치는 영향을 연구한 선구자다. 코헨의 연구에 자원한 건강한 피험자들은 맨 먼저 7일 동안 밤마다 인터뷰한다. 여러 번의 인터뷰와 검사를 통해 피험자의 긍정정서와 부정정서를 측정한다. 긍정정서는 '원기 왕성하다' '활기차다' '행복하다' '태평하다' '평온하다' '명랑하다'로 면접자가 각 정서 수준에 따라 피험자의 점수를 매긴다. 부정정서는 '슬프다' '우울하다' '불행하다' '신경질적이다' '적대적이다' '분노한다'이다. 여기에 주의할 점이 하나 있다. 그런 후, 모든 피험자의 콧속에 리노바이러스를 뿌려 넣고 계속 관찰한다. 6일 동안 격리시켜서 감기에 걸리게 내버려둔다. 감기에 걸렸는지 여부는 감기 증상에 대한 자기 보고서를 통해 주관적으로 측정하고, 콧물의 양을 재고 코막힘을 통해 객관적으로 측정한다. 이 연구로 얻은 놀랍고도 결정적인 결과가 바로 다음 그래프다.

■ 긍정정서(인터뷰로 측정)

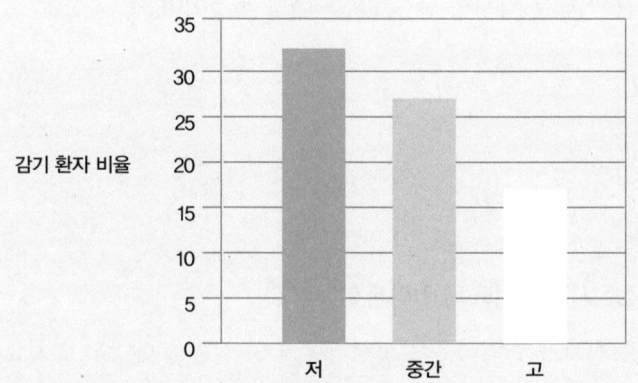

리노바이러스 주입 이전에 긍정정서 수준이 높은 사람들은 중간 수준 피험자보다 더 적게 감기에 걸렸다. 그리고 중간 수준 피험자들은 긍정정서 수준이 낮은 사람보다 더 적게 감기에 걸렸다. 긍정정서의 영향은 양방향으로 작용한다. 즉, 높은 긍정정서는 중간 수준에 비해 사람들을 더 튼튼하게 해주고, 낮은 긍정 정서는 중간 수준에 비해 사람들을 더 병약하게 만든다.

■ 부정 정서(인터뷰로 측정)

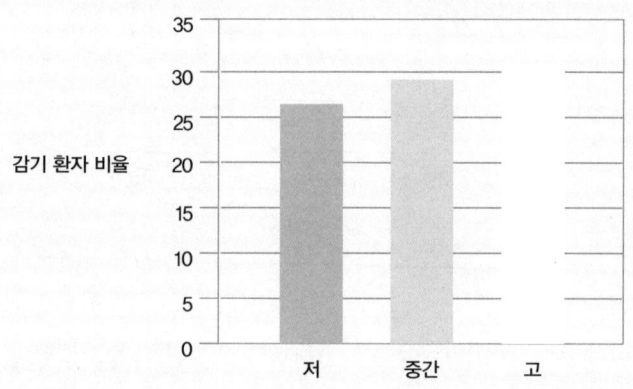

부정정서의 영향은 조금 적은데, 부정정서 수준이 낮은 사람들은 나머지 사람보다 더 적은 수가 감기에 걸린다. 중요한 점은 부정정서가 아닌 긍정 정서가 명백하게 원동력이라는 것이다.

긍정정서는 어떤 생물학적 메커니즘에 의해 감기 환자 수를 줄이는 걸까? 피험자들을 계속 격리시키고 면밀하게 관찰하기 때문에 수면, 식단, 코티졸(cortisol, 스트레스 호르몬), 아연 보충제, 운동에서의 차이는 배제된다. 결정적인 차이는 바로 인터류킨-6(interleukin-6)로 염증을 유발하는 단백질이다.

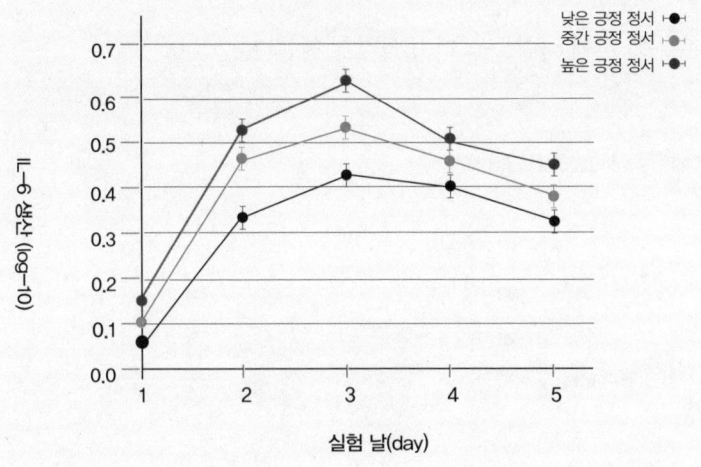

■긍정정서(PES) 수준에 따른 IL-6 일일 생산

긍정정서(PES) 수준이 높을수록 인터류킨-6(IL-6) 수준이 낮아지고, 따라서 염증이 더 적게 발생한다.

긍정정서는 망해가는 기업도 살린다

프레드릭슨과 로사다는 기업의 긍정정서를 높이면 업무의 효율성이 증가하고 그만큼 성과가 향상된다는 것을 입증했다. 그들은 장기적으로 매년 10퍼센트 이상의 손실을 지속적으로 겪고 있는 한 글로벌 광업 기업의 긍정성을 변화학습 프로그램 모형에 따라 조사했다. 모형은 첫째, 사람들이 얼마나 질문을 했는지, 얼마나 변호하는지 둘째, 사람들이 얼마나 긍정적이었는지, 얼마나 부정적이었는지 셋째, 사람들이 얼마나 타인 중심적이었는지, 자기 중심적이었는지 넷째, 환경이 변화에 얼마나 저항하는지다. 마지

막으로 다섯째는 부정적인 사건들 때문에 해를 입지 않으려고 반
응하는 속도이다. 결과는 긍정정서와 부정정서의 비율이 1.15대 1
에 불과했다. 거의 1대 1 수준이었다. 성공적인 기업의 긍정정서
와 부정정서의 비율은 2.90대 1로 이를 로사다 라인이라고 한다.
로사다 라인에는 긍정/부정 비율뿐만 아니라 다음과 같은 측정치
가 있다.

로사다 라인	긍정/부정성 비율(P/N)	정서영역의 확장	연계성	수익성
	2.90	48.36	25.04	14.56

　로사다 라인에 의하면 높은 성과를 이루는 성공적인 기업의 경
우 정서영역이 기본적으로 48.36퍼센트 이상이다. 코트만에 의하
면 행복한 결혼생활을 유지하는 부부는 최고의 업무팀과 마찬가지
로 정서 영역을 85퍼센트까지 확장하며, 반대로 이혼을 선택한 부
부는 고작 15퍼센트까지 확장하는 데 그친다.
　성과가 높은 기업은 연계성도 25.04를 넘지 않는다. 연계성이란
일종의 팀워크를 측정하는 수치로 전체 팀원 중 동조하거나 반응
하는 팀원의 비율을 말한다. 즉 연계성이 25.04라는 것은 전체 팀
원이 20명일 때 나머지 팀원들과 단절된 사람이 5명을 넘지 않는
다는 의미다. 마지막으로 수익성은 팀으로 일했을 때 개별적으로
일했을 때보다 프로세스 이익이 얼마나 향상되는지를 보여주는 수
치다. 적어도 수익성이 14.56퍼센트 이상이어야 성공적인 기업이
라 할 수 있다.

오랜 기간 적자에 시달리는 광물 기업의 수치는 성공적인 기업에 비해 상당히 낮았다. 팀을 네 개로 나눠 측정한 긍정/부정정서 비율(P/N), 정서 영역의 확장, 연계성 정도, 프로세스 이익 수치는 표 1과 같았다.

팀 구분	긍정/부정정서 비율(P/N)	정서 영역의 확장	연계성 정도	수익성
A	1.25	20.38	38.38	−14.62
B	1.17	19.50	39.03	−16.32
C	1.14	19.00	39.27	−16.88
D	1.04	17.33	40.08	−18.75

(표 1) 긍정교육을 하기 전 4개 팀의 측정치

프레드릭슨과 로사다는 기업 임원들을 대상으로 긍정교육을 실시했다. 아홉 달에 걸쳐 긍정적인 피드백과 긍정관계를 통한 긍정정서의 중요성을 강조하는 교육을 집중으로 한 후 다시 측정한 수치는 놀라웠다(표 2 참조). 긍정교육 이후 4개 팀의 프로세스 이익은 평균 42.15퍼센트 증가했고, 정서 영역은 교육 전 평균 19.05퍼센트에서 59.29퍼센트까지 확장되었다. 연계성 수준도 39.19퍼센트에서 19.71퍼센트로 거의 절반 수준으로 감소했다. 긍정/부정정서 비율도 평균 1.15이었던 것이 평균 3.56까지 크게 증가했다.

팀 구분	긍정/부정정서 비율(P/N)	정서 영역의 확장	연계성 정도	수익성
A	3.94	65.67	16.65	31.70
B	3.15	52.50	23.03	18.74
C	3.42	57.00	20.85	23.42
D	3.72	62.00	18.42	28.14

(표 2) 긍정교육을 한 후 4개 팀의 측정치

결과가 이렇게 나타나자 처음에는 회의적이었던 CEO도 조직에 주목할 변화가 일어났음을 인정했다. "여러분은 그동안 우리를 구속하던 매듭을 풀었다. 서로를 바라보는 우리의 시각은 예전과 달라졌다. 서로에 대한 신뢰가 더욱 돈독해졌다. 상대방을 불쾌하게 만들지 않고 이견을 제시하는 법을 배웠다. 자신의 성공은 물론이고 다른 사람들의 성공에 관심을 기울인다. 무엇보다 우리는 명백한 결과를 얻었다. 인생에는 몇 가지 지표가 있다. 이 변화 학습 훈련이 그 가운데 하나였다."

더 큰 것과의 합일

그러한 순간에 당신은 자신과 타인이 사실상 하나임을 깨닫는다.
이는 실로 큰 깨달음일지니, 생존은 인생의 두 번째 법칙이요,
첫째는 우리가 모두 하나라는 것이다.

— 조셉 캠벨

지금까지 본 긍정정서에 관한 학문적 증거들로 미루어, 우리는 위구절에서 조셉 캠벨(Joseph Campbell)이 암시한 순간이 긍정정서에 고취되는 순간들 — 깊은 감사나 진정한 영감, 진심 어린 기쁨, 또는 심장이 멈출 듯한 경이를 느끼는 순간들 — 임을 알 수 있다. 그런 순간에 우리의 사고는 오픈카에서 지붕을 열고 달릴 때 드는 느낌처럼 시

원하게 열린다. 그로써 우리는 바깥의 사물을 더 많이 보게 되고, 인생의 위대한 신비들을 더 많이 목격하게 된다. 그리고 우리가 우리 자신보다 훨씬 더 큰 무언가의 일부임을 새롭게 인식할 수 있게 된다.

일체감은 보통 다른 사람과 느끼지만, 언제나 그런 것은 아니다. 자연과도 우리는 합일되는 느낌을 받을 수 있다. 그런 의미에서, 자연과 강렬한 일체감을 느꼈던 내 개인적인 경험을 소개할까 한다. 그 순간은 지금까지 내 인생에서 가장 경이로 가득 찼던 일주일 동안에 일어났다. 의식과 정신의 탐구에 명상을 활용하는 학자들을 위해서 열린 7일간의 명상수련회에 참석했을 때였다. 전체 일정이 침묵 속에 이루어졌다. 명상(앉아서나 걸어 다니며) 때에는 물론이고 먹을 때나 일할 때나 모임을 가질 때에도 묵언수행을 했다. 침묵이 그토록 달콤할 수 있는지 처음 알았다. 수시로 방해를 받지 않으니 감각들이 한층 고양되었다. 예전에는 듣지 못했던 작은 새들의 날갯짓 소리가 들렸고, 전혀 뜻밖의 장소에서 아름다움과 마주쳤다. 명상수련회 기간 동안 나는 매일 아침 숲속을 산책했다. 메사추세츠 주의 1월 날씨는 춥고 눈이 많이 왔다. 자연과 합일되는 아찔한 순간은 그 산책 도중에 일어났다. 어느 날 아침, 나는 바닥에 쓰러져 있는 거대한 나무와 마주쳤다. 노출된 밑동에 2.5~3미터가량 뿌리와 흙, 돌멩이, 착생 식물들이 온통 뒤엉켜 있었다. 나는 처음으로 땅과 나무를 바라보는 내 관점이 얼마나 경직되어 있었는지 깨달았다. 그동안은 땅과 나무가 별개의 것이라고 생각해왔지만, 그 생각은 그릇된 고정관념이었다. 땅이 나무이고, 나무가 땅이었다. 방금 전까지만 해도 고정불변이며 나머지 사물과는 명확히 구분된 것으로 보였던 내 발밑의 땅이 실은 돌과 죽은 식물 따위가 마구 뒤섞인 혼합물이었다. 쓰러진 나무도 곧 땅이 될 터였다. 그리고 땅은 고정불변이 아니라 현재의 생명과 이전의 생명으로 충만하여 끊임없이 변화하고 있었다.

명상수련회가 끝나갈 무렵 다시 산책길에서 나는 이런 위대한 생명의 혼합물 속에서 나 자신을 발견했다. 주변의 나무들은 거의 가지만 앙상했고, 길은 금방 내린 눈에 덮여 있었다. 온통 새하얀 담요를 뒤집어쓴 깊은 숲속에서 나는 비현실적으로 새파랗게 이끼가 자란 조그마한 땅과 마주쳤다. 눈앞에 있는 것을 미처 인식할 틈도 없이, 순간 뇌리에 '우리는 어디에나 있어!'라는 생각이 스쳐 지나갔다. 나는 곧 그 '우리'가 생명 그 자체라는 것을 깨달았다. 생명은 모든 곳에 있었고, 나는 그 일부였다. 이끼와 나는 하나였다. 이런 깨달음은 지금도 여전히 나를 기쁘게 한다. 이제 나는 더 이상 과거에 생각했던 것처럼 외떨어진 학문적 관찰자가 아니다. 내가 생명이고, 당신이 생명이며, 이끼가 생명이다. 우리는 어디에나 있다.

명상수련회 기간 동안 나는 일체감이 단지 하나의 지각에 그치는 것이 아니라고 생각하게 되었다. 그것은 '무언가'이다. 긍정정서는 우리 사고를 열어 우리가 그 '무언가'를 감상할 수 있도록 해준다. 반면에 중립성이나 부정정서는 우리로부터 그 '무언가'를 숨긴다. 그것들은 우리가 합일의 진리에 다가가지 못하게 하는 나름의 묘수를 갖고 있다. 부정정서는 의도적으로 우리에게 자기방어를 유도하며, 자기방어란 흔히 우리 자신을 타인들에게서 멀어지고 고립되도록 하는 것을 뜻한다. 반면에 긍정정서는 우리가 결코 고립된 존재가 아님을 일깨우며, 타인이나 자연과의 합일을 독려한다.

이번 장에서는 긍정정서에 관한 몇 가지 기본적인 학문적 증거들을 살펴보았다. 긍정정서의 첫 번째 핵심 진리는 그것이 우리의 사고를 열어준다는 것이다. 이제 당신은 긍정정서가 — 긍정정서들을 표현하는 온갖 화려한 미사여구에도 불구하고 — 단순한 은유에 그치지 않음을 알았을 것이다. 다양한 실험들에서 밝혀진 결과에 따르면, 사람들의 정서 상태와 그들의 인생관 사이에는 분명한 인과관계가 있다. 긍정정서가 우리의 신경회로와 혈관에 더 많이 흐르면 흐를수록, 우리의 사고는 더 크게 확장된다. 긍정정서는 문자 그대로 주변 시야를 확장시켜, 우리가 본래 보던 것보다 더 많은 것을 보도록 한다.

긍정정서는 시각적 주의력의 범위를 확장시키는 동시에 개념적 연결성 또한 확장시킨다. 때문에 긍정정서를 지닐 때 우리는 좋은 아이디어를 더 많이 떠올리게 되며, 문제에 직면할 때에는 보다 나은 해결책을 모색할 수 있게 된다. 더 나아가, 긍정정서와 개방성은 서로를 지지하고 보강하며 우리 내면에 경쾌한 나선형 상승을 일으킨다.

긍정정서는 또한 타인과의 유대감을 강화시킨다. '나' 대신에 '우리'를 생각하게 하며, 자신과 타인을 구분 짓는 것들 — 인종적 차이 등 — 을 뛰어넘어 타인의 개성을 받아들일 수 있도록 한다.

긍정정서가 유발하는 일체감은 또한 타인에게 유익한 일을 하도록 자극한다. 우리는 자신을 가두고 있던 고치를 깨고 나와 도움의 손길을 내밀게 되고, 그럼으로써 우리의 긍정정서는 우리 자신과 주변 사람들에게 더 많은 긍정정서를 생성하게 된다. 그것은 결국 지역사회 전체를 고무시키는 훨씬 더 큰 규모의 나선형 상승을 불러일으킨다.

긍정정서는 우리를 우리 자신의 완전한 인간성과 타인의 완전한 인간성, 그리고 생명 자체의 위대한 신비와 합일되게 한다.

지금껏 살펴본 것처럼 긍정정서가 우리의 사고를 열어준다는 주장을 뒷받침하는 여러 학문적 증거에 대한 이해를 바탕으로, 당신은 몸소 자신의 인생에서 진심 어린 긍정정서를 배양할 만한 가치가 있음을 더욱 확신할 수 있을 것이다.

다음 장에서는 '긍정정서가 우리를 보다 나은 모습으로 변화시킨다'는 긍정정서의 두 번째 핵심 진리를 뒷받침하는 학문적 근거를 설명할 것이다. 이 진리는 긍정정서를 향한 당신의 의지를 한층 더 북돋워줄 것이다.

5장
긍정정서는 최상의 미래를 구축한다

우리는 끊임없이 변화한다. 복장이나 머리모양만이 아니라 내면의 중심, 존재의 정수까지도 변화한다. 대세를 차지하는 것은 변화이며, 불변성은 지극히 드문 예외다.

지금 이 순간 우리 몸에서 진행 중인 변화를 헤아려보자. 우리가 '나 자신'으로 알고 있는 것은 사실 서로 협력하고 있는 수조 개에 이르는 세포들이다. 그 대부분이 몇 주나 몇 개월밖에 살지 못하며, 새로운 세포들이 그 죽은 세포들의 자리를 대신한다. 이러한 순환은 우리가 살아 있는 한 계속된다.

세포의 재생 속도는 신체 부위별로 다르다. 미뢰는 단 몇 시간밖에 살지 못하며, 백혈구는 열흘가량 살고, 근육 세포는 3개월 정도 산다. 심지어 뼈마저도 반복해서 재생된다. 이런 재생 주기의 차이를 고려하여 과학자들은 매일 몸 전체의 세포 중 약 1퍼센트가 대체된다고 말한다. 매일 1퍼센트씩의 변화가 계속 쌓이다 보면 다음 달이면 대략 30

퍼센트가 되고, 다음 계절이면 100퍼센트에 도달한다. 이런 식으로 볼 때, 우리는 약 3개월마다 완전히 새로운 사람으로 탈바꿈하는 셈이 된다. 새로운 습관을 익히거나 생활양식을 바꾸는 데 3개월 정도가 걸리는 것은 어쩌면 우연이 아닌지도 모른다. 오래된 세포에 새 기술을 가르칠 수는 없는 노릇이고, 새 세포들을 가르치는 데 희망을 걸어야 할 테니까.

과거에 과학자들은 뇌세포만은 변하지 않는다고 생각했다. 심지어 뇌세포가 다른 신체 부위 세포들의 소멸과 생성 주기까지 조정한다고 추측했다. 그러나 이는 사실이 아니다. 아무리 핵심적인 역할을 하는 뇌세포라도 다른 세포들과 마찬가지로 노쇠하여 사라지고 다시 태어나기를 반복한다. 신체의 모든 부위가 변화하며, 뇌세포도 결코 예외가 아니다.

신기한 점은 세포의 재생 속도가 단순히 미리 정해진 각본에만 따르는 것이 아니라는 사실이다. 그 속도는 우리의 활동과 정서에 따라 달라진다. 예컨대, 세포에 쇠퇴할 것이냐 성장할 것이냐를 알려주는 핵심적인 신호는 움직임이다. 움직임이 없는 생활양식은 세포의 쇠퇴를 촉진하며, 활동적인 생활양식은 세포의 재생을 촉진한다. 이는 몸 전체에 동일하게 적용되는 사실이다.

세포의 재생 속도를 결정하는 또 다른 핵심적 신호는 정서이다. 부정정서는 세포의 쇠퇴를 촉진하며, 긍정정서는 세포의 성장을 촉진한다. 그러므로 긍정정서는 아주 기초적인 생물학적 수준에서도 생명력을 주는 셈이다.

우리의 신체와 뇌가 이처럼 끊임없이 변화한다는 과학적 사실의 발견은 긍정정서의 두 번째 핵심 진리 — 긍정정서는 우리를 보다 나은 모습으로 변화시킨다 — 와도 완벽하게 부합한다. 어떻게 그런지 다음에서 살펴보자.

니나의 변화

내가 니나를 만난 것은 그녀가 30대 중반일 때였다. 당시 니나는 결혼 15년차에 일곱 살 난 딸이 있었고, 디트로이트의 큰 컴퓨터 회사에서 기술 분석가로 일하고 있었다. 처음 만난 자리에서 그녀는 자신의 삶이 스트레스로 가득 차 있다고 고백했다. 특히나 직장 생활이 힘들다고 했다. 회사 사람들은 컴퓨터와 관련된 문제가 생기면 먼저 헬프 데스크에 문의해보고, 거기에서 도움을 받지 못하면 다시 니나의 팀에서 최종적인 도움을 받게 되어 있었다. 니나의 업무는 그런 까다로운 문제에 매달려 끝까지 해결책을 찾아내는 것이었다. 그녀는 이런 업무상의 스트레스가 너무나 심해, 그냥 다 때려치우고 집으로 돌아가고 싶을 때가 한두 번이 아니라고 했다.

친정어머니 일도 문제였다. 당시 니나의 어머니는 뇌종양 진단을 받았다. 니나가 거기서 스트레스를 받는 이유는 의사들이 어머니의 병세가 어떻게 진행되고 있는지, 상태가 얼마나 심각한지, 다음에 어떤 증상이 나타날지를 속 시원히 말해주지 못하기 때문이었다.

또 다른 문제는 간절히 원하는 임신이 되지 않는 것이었다. 니나와 남편은 식구가 많은 다복한 가정을 너무나도 원했지만, 매달 그들의 노력은 수포로 돌아갔다. 니나는 스스로를 탓했고, 자신감마저 잃은 상태였다. 대부분의 시간 동안 그녀는 우울감과 고독감을 느꼈다. 두통도 심했다. 그녀의 말을 빌자면, 마치 누군가가 야구방망이로 뒤통수를 후려치는 것 같다고 했다. 또 복통도 자주 일어났다.

니나가 그런 상태일 때 우리는 만났다. 많은 사람들이 하소연하듯, 그녀는 자신의 삶이 판에 박힌 듯 무미건조하다고 했다. 인생에 아무런 의미가 없이 그냥 존재할 뿐인 것 같고, 나름대로 무진 애는 쓰는데 성장은 없는 느낌이라고 했다. 그나마 좀 나을 때라고 해봤자 하루하루를 그럭저럭 넘길 뿐이며, 안 좋을 때는 우울감이 밀려들었다. 실제로 벌써 몇 년째 그녀는 때때로 우울증에 시달리고 있었다. 아마 당신도 이런 니나의 상황에 충분히 공감할 수 있을 것이다. 누구나 니나처럼 스트레스에 시달리고, 일이 주체할 수 없다는 느낌이 들고, 어느 것 하나 뜻대로 풀리지 않는다는 생각이 든 적이 있을 것이다. 또 간혹 벽에 부딪힌 듯 답답한 심정으로 산다는 게 뭔지 모르겠다거나, 뭔가 더 나은 상황을 갈망했던 적이 있을 것이다.

내가 니나를 만날 수 있었던 것은 그녀가 다니는 회사에서 내 연구를 후원했기 때문이다. 2005년 8월, 니나의 회사는 전 직원에게 공지 이메일을 보냈다. 회사의 건강지원 프로그램에서 직원들이 스트레스를 보다 잘 관리할 수 있도록 7주간의 명상 워크숍을 개최한다는 내용이었다. 니나는 도움이 될지도 모른다는 생각에 그 자리에서 참가 신청을 했다.

이 워크숍은 사실 내가 박사과정 학생이었던 마이클 콘(Michael Cohn)과 함께 수행한 조사연구의 일환이었다. 우리는 〈긍정정서의 확장 및 구축 이론〉 중 '구축' 부분을 통제된 실험 조건에서 검증하고자 했다. 그래서 무작위로 지원자들 중 한 그룹에게는 긍정정서를 증가시키는 생활 습관의 하나인 명상을 실천하도록 하고, 비교 그룹에게는 평소와 다름없이 생활하도록 했다. 그리고 두 그룹 모두에게 인터넷 기반의 설문조사를 실시했다. 우리는 특정 종류의 명상 — 특별히 진정한 긍정정서를 증가시키려는 의도로 수세기에 걸쳐 다듬어진 명상 — 이 사람들의 삶을 개선하는 데 기여할 수 있는지 알아보고 싶었다.

우리는 니나와 그 동료들에게서 방대한 자료를 수집할 수 있었다. 그런데 그 많은 자료 중에서도 니나의 결과는 유독 눈에 띄었다. 그녀의 변화가 어찌나 고무적이었던지, 연구가 끝나고 따로 그녀에게 면담을 요청했을 정도이다. 처음 있는 일이었다. 나는 평생 숫자 다루는 일을 업으로 하며 정량적 연구에 매달려온 사람이지만, 그때는 왠지 본능적으로 니나를 직접 만나서 이야기를 듣는 편이 훨씬 더 유익하리라는 생각이 들었다. 니나에게 나는 그녀의 개인적인 변화를 들려 달라고 부탁했다. 독자인 당신에게 니나의 사례를 소개함으로써, 당신이 몸소 자신의 삶에서 무엇이 문제이고 왜 스스로 긍정정서를 실험해야 하는지 깨닫도록 하는 데 도움이 되리라 직감했기 때문이다. 실제로 니나의 사례는 가장 중요한 변화라 할 수 있는, 자기 자신의 변화를 위한 길을 열어줄 것이다.

연구를 시작할 때에 니나의 긍정정서 비율은 약 1:1로 지극히 낮은 수준이었다. 이는 우울증에 시달리고 있는 사람들에게서 전형적으로 나타나는 비율이다. 순전히 우연이었지만 다행스럽게도 니나는 명상을 실천하는 실험군에 편성되었다. 그녀는 그 사실에 크게 기뻐했다.

실험군 사람들은 단순히 인터넷 기반의 설문조사만 받은 것이 아니라, 점심식사 시간에 직장에서 열리는 명상 수업도 들을 수 있었다.

첫 번째 워크숍 세션 때 니나는 새로운 각오를 다졌다. 그러나 함께 참석한 동료는 명상에 별 관심이 없는 것처럼 말했다. "난 이 시간을 이용해 낮잠이나 자야겠어!" 니나는 보다 열린 마음가짐으로 동료를 격려했다. "선생님이 하시는 말씀 잘 듣고, 마음을 내려놓는 연습을 해봐." 그러나 동료는 끝끝내 고집을 굽히지 않고 결국 낮잠을 선택했다. 니나는 생각했다. '그래, 아무렴 어때. 넌 네 맘대로 해, 난 내 뜻대로 할 테니까. 내가 여기에 온 건 나 자신을 위해서야.'

니나의 명상 선생님은 공중보건학을 전공하고 20년 이상 명상을 지도해온 샌드라 핀켈(Sandra Finkel)이었다. 샌드라는 워크숍 참석자들에게 명상의 기본 원리를 소개하고, 수업 중에 집단 명상을 유도했으며, 참가자들이 궁금해하는 어떤 질문에도 친절히 답해주었다. 그리고 참가자들이 매일 혼자서도 명상 수련을 할 수 있도록, 집에서 들을 수 있는 명상 유도 CD를 나눠주었다. CD에 담긴 명상 유도문은 한 편이 약 20분 정도로, 그다지 많은 시간을 요하지는 않았다. 그러나 니나는 침묵 속에서 불쑥불쑥 튀어나오곤 하는 내레이션이 거슬려, 명상할 때마다 항상 그 CD를 이용하지는 않았다. 대신 명상 방법이 익혀질 만큼 충분히 CD를 들은 다음, 주로 자신이 좋아하는 조용한 음악을 들으며 명상을 했다.

워크숍에서 새로 배운 명상법은 니나가 전에 접했던 것들과 달리, 그 목표가 자비심을 배양하는 데 있었다. 명상을 할 때마다 니나는 온몸에 긴장이 풀리고 살짝 얼얼한 느낌이 들었다. 명상으로 그토록 평화로운 내면의 공간에 도달할 수 있다는 것이 놀라웠다. 전에는 퇴근 후 집에 돌아가서 남편이 소파에 앉아 있는 것을 보면 이렇게 따지곤 했었다. "할 일을 놔두고 어떻게 그렇게 팔자 편하게 앉아 있을 수 있어?" 그러나 워크숍에 참여하고 나서부터 자신이 과거에 얼마나 정신 없이 살았는지 깨달았다. 그리고 스스로에게 이렇게 말하게 되었다.

너 그거 알아? 설거지 거리는 늘 있어. 그런데 왜 꼭 그걸 지금 해야 돼? 그냥 놔두고 지금은 편히 앉아서 몸을 이완할 거야. 이완할 때 다리에 전해 오는 느낌이 참 좋거든. 전보다 몸 상태가 한결 좋아졌어. 지긋지긋하던 두통도 사라졌고, 배도 더 이상 안 아파. 다 이완하는 법을 배워서 그래. 이완하면 기분이 참 좋아. 전에는 긴장 푸는 법을 몰랐는데, 이제는 정말로 다 내려놓을 수 있게 됐어.

니나는 명상을 통해 자신을 재발견하게 되었다고 고백했다. 또 동시에 인생이 더 이상 혼자만의 것이 아니라, 다른 사람과 협력하고 관계를 맺으며 사는 것임을 깨달았다고 했다. "사람들이 바라는 것은 다 똑같아요. 모두들 행복하고 사랑받길 원하죠." 당연히 매일 근무시간 끝에 니나가 작성한 1분짜리 인터넷 설문조사들에도 이러한 정서적 관점의 변화가 기록되었다. 그리고 점점 더 규칙적으로 명상하기 시작하면서, 니나의 긍정정서 비율은 마침내 무려 약 6:1까지 치솟았다.

3개월 뒤 다시 니나에게 연락을 하고서 나는 이러한 긍정정서의 증가가 그녀의 삶에 어떤 변화를 가져왔는지 확인할 수 있었다. 그녀는 더 이상 전처럼 우울감이나 고독감을 느끼지 않는다는 좋은 소식을 전해왔다. 그리고 두통과 복통도 없어졌다고 했다.

그러나 니나는 이런 괴로움이나 통증의 감소를 훨씬 뛰어넘는 뚜렷한 개선을 보였다. 그녀는 3개월 전에 비해 훨씬 더 낙관적으로 변하고 자신감이 생겼다. 그리고 업무에 더 잘 몰입하게 되었고, 좌절을 겪더라도 더 빨리 정상으로 돌아왔다. 회복력이 좋아진 것이다.

3개월 만에 니나는 확실히 쇠퇴의 나락에서 플로리시의 길로 도약하여, 기분이 좋아지고 전보다 긍정적인 인생관을 갖게 되었다. 그녀의 변화는 거기에서 그치지 않았다. 새로 생긴 긍정정서와 더불어 보강된 방향 감각과 목표 의식으로 그녀는 활력이 넘쳤다. 또한 가족이나 친구들과 나누는 일상적인 대화가 더 즐겁고 의미 있어졌다. 처음으로 자신이 공동체의 중요한 일원이라는 생각이 들었고, 자신이 세상에 긍정적인 변화를 일으키고 있다고 느꼈다.

이런 긍정적인 변화들은 니나의 설문 응답에서도 확연히 드러났다. 연구 말미에 그녀의 응답을 연구 시작 때의 응답과 비교하니, 그녀가 중요한 면들에서 성장했음을 분명히 알 수 있었다. 실험을 마칠 때 우리는 으레 참가자들에게 그들이 실험을 통해 무엇을 새로 알게 되었는지 묻는다. 이때도 마찬가지로 우리는 마지막 설문조사에서 참가자들이 지난 몇 개월 동안 겪은 변화에 대해 물었다. 다음은 거기에 대해 니나가 쓴 답변이다.

저 자신과 주변 사람들에게 더욱 자신감이 생겼습니다. 그리고 예전만큼 저 자신에게 가혹하게 굴지 않게 되었습니다. 전보다 잘못된 일을 더 쉽게 용서할 수 있게 되었죠. 또 예전에는 하루 종일 붙잡고 끙끙 앓았을 문제들을 지금은 가볍게 떨쳐버립니다. 내면에서 평화를 찾을 수 있게 되었고, 주변 사람들과 긍정적인 생각을 더 많이 나누게 되었습니다. 이 연구를 저희 직장에 도입해주신 것에 진심으로 감사드립니다. 이런 기회를 가질 수 있었던 것이 얼마나 기쁜지 모릅니다. 이 워크숍을 통해 많은 것을 배웠고, 앞으로도 명상은 계속할 생각입니다. 명상은 정말로 놀라운 이완 상태와 영혼의 평화를 느끼게 해줍니다.

니나는 우리 설문조사들에서 수집된 수많은 변화들을 똑같이 경험하고, 이 변화들의 가치를 매우 높이 평가했다. 추가 설문에서 그녀는 이 변화들이 매우 뚜렷하고 파급력이 있어 인생의 여러 측면에 영향을 미친다고 설명했다. 그리고 자신의 변화가, 스스로와 타인에 대해 갖는 인상에 영향을 미치는 정신적인 면과, 일상생활에서 어떻게 행동하고 다른 사람과 어떻게 상호작용할지에 영향을 미치는 실용적인 면 두 가지 모두에서 이루어졌다고 보았다.

1년 후에 다시 연락했을 때, 니나는 이런 인생의 심원한 변화들이 계속 지속되었다고 보고했다. 사실 그녀는 그 변화들을 영구적인 것으로 보았다. 왜 그러한 변화가 지속된다고 생각하는지 묻자, 그녀는 다음과 같은 답장을 보내왔다.

영적으로 성장한 것 같아요. 저 자신에게 훨씬 편안함을 느끼고, 더 이상 연구에 참여하기 이전만큼 스트레스를 받지 않습니다. 사람들의 개성을 받아들이고 그들과 더 많이 공감하게 되었지요. 연구가 끝난 뒤에도 저는 계속해서 명상을 했는데, 그 결과 저 자신과 주변 세상에 대한 자비심이 지속적으로 증가했습니다. 그래서인지 2년 동안 갖은 노력을 해도 안 되던 두 번째 임신이 되었습니다. 저는 이 연구가 제 인생을 도왔을 뿐 아니라 제 영혼의 성장도 도왔다고 믿습니다. 가족과 친구들에게 무한한 사랑을 느끼고, 명상을 시작하기 전에 비해 작은 것들을 더 소중히 여기게 되었습니다. 아침의 해돋이나 저녁의 일몰, 눈꽃송이 같이 대부분의 사람들이 흔히 지나쳐버리는 것들에서 아름다움을 보게 되었죠. 명상은 제 인생과 영혼에 심대한 영향을 끼쳤습니다. 심지어 과거에 제게 상처를 주었던 사람들을 용서하고 화해에 이르러, 끊어졌던 관계마저 회복하게 되었을 정도랍니다. 지금 저는 남편과 딸, 그리고 새로 태어난 쌍둥이들과 인생을 만끽하고 있습니다. 앞으로도 아이들이 자라는 모습을 지켜보며 행복하게 지낼 나날들이 기대됩니다.

— 니나 드림

추가 설문에 대한 니나의 답변을 읽으며 나는 소름이 돋았다. 그리고 남편에게 니나의 임신 노력과 긍정정서로 인해 잉태된 쌍둥이에 대한 이야기를 전하면서 기쁨의 눈물을 흘렸다. 남편은 니나의 이야기가 내게 어떤 의미를 지니는지 잘 알고 있었다. 몇 년 전, 우리 부부 역시 임신하려고 애썼던 적이 있었기 때문이다. 그때 나는 타고난 학자적 기질을 십분 발휘해, 임신에 대해서도 매우 정보 중심적인 접근방식을 취했었다. 매일 체온을 측정해 도표로 정리하는가 하면, 임신에 관련된 서적들을 죄다 찾아서 읽었다. 그런 접근방식을 취하면서 나는 니나와 마찬가지로 심한 정서의 기복을 겪었다. 그리고 매달 임신에 실패할 때마다 참담한 기분에 빠져들곤 했다.

그러던 중 퍼뜩 한 가지 생각이 머리를 스쳐갔다. 긍정정서의 확장 및 구축에 따르면, 나는 완전히 잘못된 접근 방식을 취하고 있었다. 도표를 작성하고 이론을 공부할 것이 아니라, 남편에 대한 사랑을 키우고 그와의 관계를 즐길 필요가 있었다. 긍정정서는 우리 몸에 분비되는 호르몬들의 배합마저도 변화시키지 않는가. 물론 그러한 변화가 난자가 정자에게 보다 쉽게 길을 열어주어 임신 확률을 높일 수 있을지, 긍정정서가 두 사람 사이에 일으키는 일체감이 문자 그대로 새로운 생명을 '구축'할 수 있는 신체적 기초를 다질 수 있을지는 확실치 않았다. 언젠가 나는 생식 전문가와 함께 이 가정들을 실험적으로 검증해볼 생각이었지만, 그때까지 마냥 기다리고 있을 수는 없었다. 이미 나 자신의 인생으로 실험할 준비가 되어 있었다. 그리고 그런다고 해서 손해날 일은 없었다.

그리하여 우리 부부가 수치에 신경 쓰지 않고 서로에 대한 사랑을 재발견하기로 결심한 바로 그 달, 거짓말 같이 아이가 들어섰다. 나는 우리 두 아이가 각각 언제 임신되었는지 정확한 날짜를 기억하고 있다. 두 번 다 남편과 내가 사랑에 취해 매 순간을 음미했던 날이었다. 물론, 내 개인적인 경험을 과학적 증거로 내세울 수는 없다. 그러나 실제로 오래 전부터 불임 전문가들은 임신하려고 애쓰는 부부들에게 스트레스를 줄이라고 충고해왔고, 수많은 연구 보고서들에서도 스트레스와 부정정서가 여성의 임신 확률을 떨어뜨린다고 제시하고 있다. 그러나 정말 부정정서를 제거하는 것만으로 충분할까? 아마도 진정한 변화를 일으키는 것은 긍정정서일 것이다. 내 사례만 보아도, 엄격한 정보에 입각했던 과거의 접근 방식이 특별히 부정적이었던 것은 아니다. 하지만 그렇다고 결코 즐거운 것도 아니었다.

긍정정서로 사랑스런 아이들을 얻었다고 확신하기에, 나는 불임으로 고생하는 친구들에게 언제나 배우자와 함께 진심 어린 사랑과 기쁨을 배양해보라고 충고하곤 했다. 그리고 그 이야기를 들은 친구들은 거짓말 같이 금세 임신을 했다. 물론 이 사실도 과학적인 증거가 될 수는 없다. 어쩌면 그들은 내 충고가 없이도 임신을 했을지 모르니까. 앞서 말했듯이 언젠가 나는 이 가정을 시험해볼 것이다. 그러나 그 전에 미리 긍정정서를 배양하는 노력을 기울인다고 해서 — 어떤 일이 일어나든 수용하겠다는 개방적인 마음과 함께 — 손해될 것은 전혀 없으리라.

니나의 이야기는 수용성 — 얼마나 열려 있느냐 — 이 어떻게 긍정정서를 구축하며 나선형 상승을 유발하는지 잘 보여준다. 나중에 면담 때 그녀가 말하기를, 연구에 참여하기 전에는 자신이 임신과 관련된 모든 것을 통제하려 했었다고 전했다. 그리고 임신이 되지 않으면 자신에게 매우 가혹하게 굴었다고 털어놓았다. "매달 임신이 안 된 것을 알게 되면, 저는 욕실에서 혼자 울곤 했어요. 정말 끔찍한 시간들이었죠. 언제나 결론은 '내가 뭘 잘못하고 있는 거지?' 하는 것이었어요." 그러나 연구에 참여하면서 생각이 달라졌다. 그리고 연구가 끝난 달인 11월에는 내게 이런 말을 했다. "억지로 임신하려 애쓰지 않기로 결심했어요. 그냥 세 식구만으로 만족하며 살기로 했죠. 마음을 편히 가지려고 해요." 나중에 다시 만났을 때 그녀는 새로운 소식을 전했다. "명상으로 마음 둘 곳이 생기고 평화를 찾을 수 있었어요. 그렇게 지내던 중에 12월 말에 뜻밖에 임신이 된 걸 알았죠."

새로 얻은 쌍둥이들의 축복 외에, 니나는 자신의 삶에서 일어난 또 다른 극적인 변화들에 대해서도 이야기했다. 직장에서 과거 그녀는 특정 전화들을 피하곤 했었다. 해결해야 할 문제가 너무 어려울 때나 도움을 청하는 사람이 그녀를 심하게 몰아붙일 때가 그런 경우였다. 평생토록 그녀는 소심하게 살아왔다. 그러나 연구에 참여한 뒤에는 까다로운 전화도 받고, 어려운 문제나 사람들도 보다 열린 자세로 대하게 되었다. 지금 그녀는 예전보다 사람들과 더 많은 대화를 하고 더 자주 직접 만난다. 이를 테면, 전화 통화 대신 될 수 있으면 그들의 자리로 직접 찾아가는 식이다. 예전과는 180도 달라진 모습이다. "이제 전 그들의 책상에 앉아서 말해요. '좋아, 이제 해결됐네. 그럼, 나 간다'고요. 과거 어느 때보다 더 사람들과 돈독하게 지내고 있죠."

니나는 가족과도 더 가까워진 느낌이라고 했다. 물론 여전히 가끔 다투기는 하지만, 덜 민감하게 굴고 덜 자기중심적으로 대응하는 법을 배웠다. 또한 보다 상대방의 입장에 서서 생각할 줄 알게 되었다. 심지어 절교했던 친구와도 다시 만났다. 25년간 우정을 쌓아오며 결혼식 때 들러리까지 서준 친구였는데, 9년 전 어쩌다 심하게 다투고 나서 서로 연락이 끊어졌었다. 니나에겐 그 친구가 이 세상에 없는 것이나 마찬가지였다. 그런데 연구가 끝난 후 얼마 지나지 않았을 때, 그 친구가 니나에게 이메일을 보내온 것이다. 니나는 의심부터 품었다. 친구의 연락에 자신이 어떤 반응을 보였었는지 니나는 다음과 같이 이야기해 주었다.

"왜 연락한 거지? 죽은 줄 알았더니만." 저는 옛날 일 때문에 친구의 연락이 썩 달갑지가 않았어요. 그런데 곧 이런 생각이 들더라구요. "뭐 어때, 그냥 한번 만나나 보지 뭐." 어차피 안 될 일이라면, 더 이상 우리 사이에 공통점이 없다면, 그걸로 그만인 것이었죠. 그런데 세상에나! 우리는 서로의 얼굴을 보자마자 울음을 터뜨리고 말았어요. 그것도 주차장에서요! 게다가 우리에겐 여러 가지 공통점이 있었어요. 그 친구도 아이가 셋이고, 저도 셋이었죠. 그 친구도 좀 더 성숙해진 것 같았고, 저는 확실히 더 성장한 뒤였죠. 스스로에게 편안해지니 그 친구에게도 마음을 열 수 있을 것 같았어요. 진작 그럴 수 있었다면 얼마나 좋았을까요. 그랬더라면 그 친구와 9년이나 소식을 끊고 지내지 않아도 됐을 텐데 말이에요. 하지만 그 연구 덕분에 지금이라도 좋은 친구를 되찾게 돼서 얼마나 다행인지 몰라요. 그저 감사할 따름이에요!

이밖에도 니나의 설문 응답들 중에는 우리의 연구가 그녀의 인생 목표를 찾는 데 도움이 되었다는 말이 있었다. 그래서 나는 그 이야기도 좀 들려 달라고 부탁했다. 그녀는 어떤 새로운 목표를 갖게 되었을까? 니나는 잠시 생각하더니 아주 경건한 태도로 차분하게 이야기를 시작했다. "깨달음을 얻고 난 뒤, 그동안 저는 사랑과 평화를 전파하려고 노력해왔어요. 축 처져 있는 사람들의 기분을 풀어주려고 애쓰죠." 니나는 식료품점의 계산원에게든, 직장의 고객에게든, 가족이나 친구에게든, 일상적인 만남 속에서 자신이 먼저 사람들에게 다가가 기운을 북돋워주려 하고, 작으나마 자신이 할 수 있는 일로 도움을 주려 한다고 이야기했다. 우리 연구로 인해 그녀는 매일 매일을 현재에 충실하며 긍정적으로 살려고 노력하고 있다고 했다. "명상은 제 인생에 커다란 영향을 미쳤습니다. 영혼이 성장했고, 전보다 마음이 평화로워졌습니다. 명상이야말로 더 많은 평화를 가져다주어 영혼이 성장할 수 있도록 해주는 좋은 방법이라고 생각합니다. 전쟁이 멈추기를 바란다면, 남에게 평화를 전파하기에 앞서 먼저 자신의 내면에서 평화를 찾을 필요가 있지요."

니나가 인생의 전환을 이루었다는 것을 알고, 나는 이루 말할 수 없이 기뻤다. 그것도 긍정정서의 증가를 위해 우리가 제시한 방법으로 말이다. 그녀는 우울한 상태에서 플로리시의 고무적인 상태로 변화를 이루었다. 그녀는 긍정정서에 매진하며 시간과 에너지를 투자했고, 그 노력은 크게 결실을 맺었다. 3개월이라는 기간 만에, 그녀는 인생을 변화시키고 긍정정서의 전도사가 되었다. 그녀의 변화는 실로 놀랍기 그지없었다.

당신도 니나가 예전에 느꼈던 공허함을 짐작할 수 있을 것이다. 그 스트레스와 악전고투, 판에 박힌 일상, 발전 없는 삶을 이해할 것이다. 어쩌면 지금 당신 자신이 그런 무기력에 빠져 인생의 진흙 구덩이 속을 헤매고 있을지도 모른다. 이제 지금부터 3개월 동안 당신 자신의 이야기를 써보라. 니나처럼 긍정정서를 실험해보기로 결심하라. 더 많은 기쁨과 평온과 사랑의 씨앗을 뿌리며 판에 박힌 일상을 변화시키려 노력해보라. 명상만이 유일한 길은 아니다. 다른 길로도 같은 목적지에 도달할 수 있다. 실제로 이 책의 2부에서는 긍정정서 비율을 높이는 12가지 전략이 소개될 것이다. 앞으로 3개월 동안 당신이 그 전략들을 실험해본다고 가정해보라. 어떤 방법을 쓰면 니나와 비슷한 결과를 얻게 될까? 또 당신만의 독특한 결과를 얻게 될까? 어떻게 하면 니나의 획기적인 변화의 이야기를 발판 삼아 최상의 미래와 놀라운 변화를 향해

도약할 수 있을까?

니나는 우리에게 도움을 받은 수많은 사람들 중 단지 한 명에 불과했다. 니나 외에도 수백 명의 사람들이 우리의 긍정정서 증진 연구들에 참여해왔다. 그중에는 니나보다 더 나이 어린 사람도 더 나이 많은 사람도 있었으며, 수입이 더 많은 이도 더 적은 이도 있었고, 보다 긍정적으로 변화하는 법을 배우는 데 더 많은 시간을 투자한 이도 더 적은 시간을 투자한 이도 있었다. 성공 스토리는 그 사람들 중에서도 얼마든지 넘쳐났다.

마음을 여는 연구

니나가 참여했던 연구에는 니나를 비롯해 같은 직장 동료 200여 명이 함께 지원했었다. 본래는 '명상이 어떻게 스트레스를 줄여주는가'를 조사하는 것이 목적이었지만, 나중에 우리는 이 연구를 일명 '개심 연구(Open Heart Study)'라 부르게 되었다. 명상에서 유발된 긍정정서가 사람들의 마음을 열어주었기 때문이다. 이 연구에서 수집된 자료를 통해, 우리는 우리가 시도한 접근방식이 긍정적인 삶의 변화들을 태동시키는 데 상당히 효과적인 방법임을 알게 되었다.

이 대규모 현장 실험의 자료를 분석하며 우리는 수차례 "유레카!"를 외쳤다. 다년간의 연구를 통해 이미 긍정정서와 플로리시가 한 방향으로 움직인다는 증거를 확보하고 있었지만, 과거의 자료로는 그 인과관계까지 설명할 수는 없었다. 이 문제를 해결하기 위해서 우리는 진짜 실험 — 무작위로 한 그룹에는 매일 긍정정서를 증진시키도록 배정하고, 다른 그룹에는 평상시대로 생활하도록 배정하는 개입 연구 — 을 실시할 필요가 있었다.

무작위 배정의 중요성은 아무리 강조해도 지나치지 않는다. 그러지 않고서는 어떤 사람에게 좋은 결과를 가져온 진짜 원인이 긍정정서의 증가 외에 다른 데 있는 것은 아닌지 제대로 가려낼 수가 없기 때문이다. 만약 참가자들 스스로 어느 그룹에 속할지 선택하도록 한다면, 명상 수행을 하기로 선택하는 사람들이 그렇지 않은 사람들에 비해 더 진지하고 호기심이 많거나 아니면 보다 영성이 깊은 사람일 수가 있다. 그러나 실험군과 통제군에 무작위로 사람들을 배정했을 때에는, 서로 성향이 다른 사람들이 각 그룹에 어느 정도 균등하게 속할 것으로 기대해도 좋다.

우리가 실험의 정확성을 기하기 위해 취한 또 다른 방법은 수치를 다량으로 확보하는 것이었다. 지금까지 봐와서 잘 알겠지만, 나는 수치에 대한 집착이 심한 편이다. 아픈 남편의 상태가 어느 정도인지 알고 싶을 때 다른 아내들이 보통 "여보, 오늘은 몸이 좀 어때?"라고 묻는다면, 나는 "0~10점 중에 몇 점이나 돼?"라고 묻는다. 이런 통증지수는 통증 연구가들이 오래 전에 개발한 유효성이 입증된 측정 도구이다. 여기에서 0은 고통이 전혀 없는 상태를, 10은 지금까지 경험해본 최대의 고통을 뜻한다. 이런 의미에서 6점이라고 말하는 것은 "별로 안 좋아"라고 웅얼거리며 대답하는 것보다 내게 더 큰 의미를 지닌다. 마찬가지로, 우리는 이 실험에 참여했던 니나와 그 동료들에게도 앞으로 8장에서 소개할 긍정정서 측정 양식과 상당히 유사한 양식에 매일

같이 그들의 정서 상태에 대한 점수를 기록하도록 했다. 그들은 또 다양한 개인적 자원들 — 일상생활의 기복을 처리하기 위해 우리가 활용할 수 있는 것들 — 을 평가하는 더 긴 설문지도 작성했다. 이 측정 도구들로 우리는 실험이 시작될 당시, 사람들이 어떤 상태에 있었는지 파악할 수 있었다. 그리고 명상 워크숍이 끝나고 나서 몇 주 뒤에도, 다시 같은 방법을 활용해 3개월 동안 사람들이 어떤 변화를 겪었는지 알아볼 수 있었다.

또한 우리는 사람들의 일상으로 바짝 다가가, 그들이 평상시 근무일에 경험하는 세세한 정서들도 파악했다. 이를 위해 우리는 「일상재구성법(Day Reconstruction Method)」이라 불리는 측정 방법을 사용했다. (이 방법이 당신에게도 유용하리라 생각하기 때문에, 더 자세한 내용은 8장에서 소개할 것이다.) 이 측정을 위해 연구 참가자들은 그들의 하루를 영화의 한 장면 한 장면처럼 대개 10분~2시간 길이의 연속되는 에피소드들로 분할했다. 예컨대, 첫 에피소드는 '일어나기 전 침대에서 꾸물거림 — 20분', 두 번째 에피소드는 '출근 준비 — 30분', 그 다음은 '가족과 아침식사 — 20분', '통근 — 25분'과 같은 식이다. 그 각각의 에피소드마다 우리는 '무슨 일을 하고 있었는가?', '누구와 함께 있었는가?', '어떤 느낌이었는가?' 등의 표준적인 질문을 했다.

이 모든 수치들을 토대로 우리는 일련의 인과관계로 이루어진 매우 특수한 가정을 검증할 수 있었다. 우리는 사람들이 열린 마음으로 명상을 수행할 때 일상생활에서 긍정정서를 더 많이 경험할 것이며, 더 많은 긍정정서를 경험한 사람들은 개인적 자원의 구축을 통해 성장하게 될 것이고, 성장을 경험한 사람은 인생을 보다 만족스럽게 느끼고 우울감이 줄어들 것이라고 가정했다. 이러한 심리적 연쇄 반응에 대한 가정을 검증하면서 우리는 '긍정정서가 우리를 보다 나은 모습으로 변화시킨다'는 긍정정서의 두 번째 핵심적 진리를 확인할 수 있었다. 이를 나는 '구축효과(build effect)'라 일렀다.

이미 예측했지만 나는 그 수치들이 놀라웠다. 지금도 여전히 이 결과가 정말 사실일까 의구심이 들 정도이다. 내게는 이 아이디어를 삶의 보다 깊숙하고 다양한 면에서 바라보며 계속해서 다각적인 방식으로 검증해볼 의무가 있기에, 지금도 나는 이 이론을 물리칠 가능성이 있는 실험들을 지속적으로 구상하여 수행하고 있다. 그러나 아직까지는 그 무엇도 이 결과를 뒤엎진 못했다. 지금까지 나온 수치들은 모두 니나의 사례와 아주 흡사한 이야기를 들려주었다.

긍정정서는 노력으로 상승시킬 수 있다. 니나와 그 동료 지원자들은 우리가 지도한 새로운 방식의 명상법을 열심히 익히고 수행했다. 그들은 매주 평균 약 80~90분의 귀중한 시간을 할애하여 우리의 명상 유도 녹음 내용을 듣거나 나름의 방식으로 명상을 수행했다. 그러면서 그들은 서서히 마음을 열었다. 그러나 변화는 미미했고 첫 징후의 발생도 더뎠다. 평균적으로 참가자들은 명상 수행을 시작한 지 3주째까지 뚜렷한 긍정정서의 증가를 보고하지 않았다. 하지만 연구 과정 전반에 걸쳐서는 지속적으로 꾸준한 상승세를 나타냈다. 나는 이런 변화의 면모를 매력적으로 생각한다. 그 이유는 첫째, 그것이 확연하고 즉각적인 반응을 보이는 플라시보 효과로 구분되기 때문이다. 둘째로는 그것이 우리가 일상생활에서 긍정정서의 일일 섭취량을 조금만 증가시켜도 우리 인생을 보다 나은 모습으로 변화시킬 수 있음을 말해주기 때문이다.

또한 한 가지 긍정정서가 증가하면, 다른 모든 긍정정서들도 함께 증가하는 것으로 나타났다. 비록 명상 자체는 사랑의 정서를 배양하는 데 집중되었지만, 그 혜택은 사랑에만 국한되지 않았다. 사랑의 정서에서와 동일한 증가가 기쁨과 감사, 평온, 흥미, 희망, 자부심, 재미, 경이에서도 관찰되었다. 흥미롭게도, 부정정서에서는 이렇다 할 변화가 나타나지 않았다. 부정정서는 신뢰할 만한 뚜렷한 상승도 하강도 보이지 않았다. 따라서 이 개심 연구의 개입은 정확히 긍정정서만을 공략하여 상승시킨 것으로 보였다. 이는 중요한 발견이 아닐 수 없다. 왜냐하면 정서를 연구하는 학자들이 더러 긍정정서 증가에 기여한 효과들이 부정정서의 감소 이후에만 나타나는 것이 아닌지 의심하는 경우가 있기 때문이다. 그러나 이번 연구에서는 부정정서의 변화가 관찰되지 않았기에, 이런 우려를 배제할 수 있었다.

연습을 통해 같은 노력으로 더 많은 긍정정서를 이끌어낼 수 있다. 앞서 살펴본 긍정정서에 관한 학문적 증거가 썩 납득이 가지 않는다 하더라도, 다음의 이야기를 들으면 생각이 달라질 것이다. 이것은 우리가 연구 참가자들에게 일상의 정서를 0~5점으로 등급을 나누어 점수를 매기도록 요청하지 않았다면 결코 발견하지 못했을 사실이다. 그 자료를 통해 우리는 매주 사람들이 명상 수행에 들이는 시간의 양과 그들이 누리는 긍정정서의 증가량 사이의 관계를 확인할 수 있었다. 9주 동안 이 투입량 대비 산출량은 세 배로 증가했다. 오렌지에서 즙을 짜는 경우를 생각하면 이해가 쉬울 것이다. 첫 시도에서는 누구나 그다지 많은 양의 즙을 짜내지 못한다. 그러나 점차 어떻게 하면 같은 양의 오렌지에서 더 많은 즙을 짜낼 수 있는지 방법을 터득하게 된다. 마찬가지로 우리 연구에 참여했던 사람들도 시간이 지날수록 똑같은 명상 수행 시간으로부터 더 많은 양의 '기쁨의 즙'을 짜내는 데 점점 더 능숙해졌다.

이러한 발견은 과거에 학자들이 감정상의 변화는 대부분 지속되지 않는다 — 복권에 당첨되든 하반신 마비가 되든, 감정적 삶은 이런 행운의 날이나 불운의 날 이전으로 놀라울 만큼 빠른 속도로 되돌아갈 가능성이 높다 — 고 생각했었기 때문에 특히나 매력적이다. 다시 말해, 사람들이 새로운 상황에 적응하면서 커다란 감정적 변화들은 곧 증발해버리고 만다는 것이다. 학자들은 이를 '쾌락 트레드밀 현상'이라 불러왔다. 트레드밀을 탈 때처럼 당신은 감정적으로 계속해서 앞으로 나아가고 있다고 생각할지 모르지만, 실제로는 계속 같은 자리를 벗어나지 못한다는 뜻이다. 반면에 개심 연구에서 나온 수치가 제시하는 것은, 느리지만 꾸준한 긍정정서의 증가가 결국 쾌락 트레드밀을 앞지른다는 것이다. 이는 트레드밀에서 내려와 무빙워크로 옮겨 타는 것과 같다. 한 걸음 한 걸음 내딛을 때마다 당신은 기존의 보폭보다 더 많이 나아가게 된다. 그럴 수 있는 비결은 명상 수행을 규칙적으로 하되, 그 방식을 끊임없이 변화시키는 데 있다. 사람들은 일부러 계속 같은 방식을 고수하려고 할지 모르지만, 그렇게 해서는 결코 전과 똑같은 것을 발견할 수 없다. 그러기보다는 수행 방식을 심화시키거나, 새로운 문제에 집중하거나, 그날의 필요에 맞게 적절히 변경하는 것이 좋다.

그러한 방식의 변화가 불러오는 신선함이 긍정정서의 반복적인 재생에 기여하기 때문이다.

긍정정서는 지속적인 효과를 내며 그 영향이 광범위하다. 니나와 그 동료들에게서 받은 일상의 정서에 대한 보고를 통해, 우리는 사람들이 명상 수행으로 평소보다 더 많은 긍정정서를 얻으며, 지속적인 수행으로 점차 명상에 들인 시간에 비해 훨씬 더 많은 긍정정서를 얻을 수 있음을 발견했다. 그리고 한 걸음 더 들어가 참가자들에게 특정한 날 아침에 느낀 정서를 에피소드별로 보고해주도록 요청했을 때는 보다 더 많은 사실을 알 수 있었다.

니나와 동료들이 기술한 900여 개의 에피소드들을 검토하고서, 우리는 3개월 동안 사람들이 실천한 명상이 지속적으로 긍정정서를 발현하고 있음을 발견했다. 이는 꼭 우리가 조사 대상으로 삼은 특정한 날 아침에 그들이 명상을 했기 때문은 아니었다. 오히려 그날에는 의외로 명상을 한 사람이 적었다. 물론 그날 아침 명상을 한 사람들의 경우에는, 다른 시간대에 비해 명상 시간과 오전 시간에 걸쳐 긍정정서 지수가 더 높았다. 그러나 이런 일시적인 긍정정서의 상승을 차치하더라도, 3개월 동안 꾸준히 다소의 시간을 명상에 투자했던 사람들은 거의 혹은 전혀 명상을 하지 않은 사람들에 비해 긍정정서 수준이 더 높았다. 그래서 명상 워크숍에 참여한 니나와 그 동료들이 워크숍이 끝난 지 2주 뒤에도 다른 사람들보다 정서적으로 보다 풍요로웠던 것이다. 이처럼 생활양식의 변화가 가져다주는 효과는 매우 강력하고 지속적이다. 그것은 마치 효과가 오래 가는 캡슐 약처럼 사람들이 명상을 하지 않는 날에도 지속적으로 긍정정서를 배양한다.

그런데 사람들은 정확히 언제 명상의 결실을 수확하며, 그 결실은 어떤 기능을 할까? 과거의 연구에 의하면, 긍정정서는 다른 사람과 관계할 때 특히나 많이 발생한다고 알려져 있다. 우리 역시 명상에서 사회적 연결성에 특별히 집중했기에, 우리는 피험자들의 긍정정서 상승이 생활 전반에서 나타났을지 아니면 다른 사람과 관계할 때에만 나타났을지 궁금했다. 그 답은 둘 다였다. 명상은 사람들이 혼자 있든지 다른 사람과 함께 있든지에 관계없이 그 전보다 더 많은 긍정정서를 배양했다. 다만 사회적 관계 때에 특히 긍정정서의 상승이 두드러졌다. 명상은 우리 자신뿐 아니라 타인에게서도 최선을 이끌어낸다. 최소한 서로 함께 하는 시간을 더욱 즐길 수 있게 도와준다.

긍정정서는 삶의 자원을 구축해준다. 명상 수행이 실제로 사람들의 일상생활에서 긍정정서를 증가시킨다는 것을 확인한 뒤, 학생들과 나는 대다수 학자들이 즐겨 묻는 "그래서 어쨌단 말인가?"라는 의문을 제기했다. 긍정정서의 증가는 사람들의 삶에 어떤 실질적인 변화를 가져다줄까? 우리는 연구 기간 3개월 동안 사람들이 어떻게 변화되었는지 살펴보았다. 니나의 개인적 변화의 이야기도 놀라웠지만, 더욱 놀라운 것은 그러한 구축 효과의 신뢰성이었다. 똑같은 성장 양상이 니나의 동료들에게도 전반적으로 나타난 것이다. 명상 수행을 통한 느리지만 꾸준한 긍정정서의 증가는 사람들을 성장하게 했다. 명상법을 배운 뒤 그들은 3개월 전보다 가용 자원이 늘어났다. 우리는 그들에게서 네 가지 분야에 걸친 광범위한 자원 증가의 증거를 확인할 수 있었다.

첫째, 그들은 정신적 자원을 얻어 정신적으로 현재에 주의를 더 기울이고 당면한 사건들을 잘 음미할 수 있게 되었다. 둘째, 심리적 자원을 얻어 자기 자신을 더 잘 용인하고 그들의 인생을 보다 의미 있게 바라보게 되었다. 셋째, 사회적 자원을 얻어 견고하고 믿음직한 관계를 형성하고 가까운 지인들로부터 더욱 든든한 지지를 받게 되었다. 그리고 마지막으로, 신체적 자원을 얻어 더욱 건강해졌다.

이 모든 혜택들은 일주일에 단 80~90분을 열린 마음으로 명상에 투자한 데서 얻어진 것이다. 더욱 특기할 만한 점은 이 혜택들이 긍정정서의 증가에서 비롯되었음을 통계적으로 분리할 수 있었다는 점이다. 긍정정서는 성장을 위한 유효성분이며 변화의 동력이다. 다시 말해, 명상이 긍정정서를 유발하지 못하면, 아무런 결과도 얻어지지 않는다. 니나의 동료처럼 명상 시간 동안 낮잠이나 자며 아무런 정서의 변화도 느끼지 못한다면, 명상의 효력이 있을 리 만무하다. 사람들의 삶은 긍정정서가 증가했을 때에만 변화했다.

다행스러운 것은 우리가 현재 옳은 궤도로 나아가고 있는지 그렇지 않은지, 즉 성장의 가도를 달리고 있는지 그렇지 않은지를 분간할 수 있다는 점이다. 간단히 말해, 당신의 마음이 긍정정서로 움직이고 있다면, 당신은 성장을 향해 나아가고 있으며 보다 나은 삶을 구축하고 있다고 보아도 좋다.

긍정정서와 네 가지 자원

앞서 말했듯이, 긍정정서는 우리에게 여러 가지 자원을 구축해준다. 자원은 예비고 — 우리가 추후 도전이나 실패, 또는 새로운 기회에 직면하게 될 때 가져다 쓸 수 있는 영속적인 우리의 일부분 — 를 뜻한다. 다시 말해, 그것은 필요할 때 용도에 맞게 꺼내 쓸 수 있는 공구함의 공구와 같다. 이 '자원'이라는 용어의 장점은 긍정정서에 영향을 받는 인간의 다양한 특질들을 충분히 포괄할 만큼 그 범위가 넓고 융통성이 있다는 점이다. 긍정정서는 우리의 심리적, 정신적, 사회적, 육체적 성장에 도움을 줄 수 있다. 다음에서 그 자세한 내용을 살펴보자.

긍정정서는 심리적 강점을 구축해준다. 요즘은 성격에 대해서 이러쿵저러쿵 참 말들이 많다. 성격은 어떻게 형성되는 것일까? 날 때부터 타고나는 것일까, 가정교육으로 습득되는 것일까, 아니면 학교교육으로 학습되는 것일까? 성격에 대한 전형적인 논의 중 한 가지 부정적인 가정은, 심리적 특성은 확고히 고정되어 있어 변경할 수 없다는 것이다. 그러나 끊임없이 변화하는 성질을 지닌 우리의 신체와 뇌를 돌아볼 때, 나는 심리적 강점은 또한 습관으로 보는 것이 더 타당하다고 생각한다. 어떤 습관들은 평생토록 지속되지만, 세월이 흐르면서 변하는 습관도 있다. 습관을 바꾸는 경우를 상상해보자. 아마도 당신은 그를 위해 부단한 노력을 기울이고, 의도적으로 생각하며, 심지어 별도로 훈련할 계획까지 생각할지 모른다. 다시 말해, 나쁜 습관을 좋은 습관으로 바꾸기 위한 형식적인 절차를 면밀히 계획할 가능성이 높다.

그러나 습관을 바꾸는 데 반드시 그렇게 특별한 노력이나 의도적인 생각, 또는 면밀한 계획이 필요한 것은 아니다. 생활 속에서 부정정서나 긍정정서가 구축되면, 마치 우연처럼 습관이 바뀔 수도 있다.

니나의 변화를 돌아보자. 평생 동안 그녀는 소심하게 살았다. 자신감이 부족했고, 늘 패배를 곱씹었으며, 특별한 인생의 의미를 느끼지 못했다. 그랬던 그녀가 지금은 다른 사람에게 먼저 다가가고, 까다로운 전화를 기꺼이 받는 사람이 되었다. 이제는 어려움 따위는 쉽게 떨쳐버리며, 난생 처음으로 인생 목표란 걸 갖게 되었다. 긍정정서는 그녀에게 이러한 심리적 강점들을 구축해주었다. 그녀는 적극성 훈련을 받거나 회복력 강좌를 들은 것이 아니라, 그저 사고와 마음을 좀 더 열었을 뿐이다. 그런데 시간이 흐르면서 이러한 개방성이 그녀의 삶을 변화시킨 것이다.

나는 이와 같은 성장 패턴을 내가 수집한 자료에서 수도 없이 보았다. 인생에서 보다 많은 긍정정서를 경험하는 사람들은 심리적으로 성장한다. 그들은 보다 낙관적이 되고, 회복력이 강해지며, 더 개방적이고 수용적이며 목적 지향적이 된다. 물론 이런 자질들이 긍정정서를 유발하는 원인일 수도 있다. 그러나 개심 연구는 그 인과관계의 화살이 반대 방향으로도 날아갈 수 있음을 확인해주었다. 긍정정서는 누구에게나 이런 좋은 자원들을 구축해줄 수 있다.

긍정정서는 좋은 사고 습관을 구축해준다. 당신의 사고 습관은 어떤가? 한 가지 일을 하면서 얼마나 자주 딴 생각에 빠지는가? 지나치게 자신의 머릿속에만 갇혀 주변 경관의 아름다움이나 아이들의 웃음소리, 배우자가 식사 준비를 할 때 주방에서 풍겨 나오는 구수한 냄새를 놓치고 있지는 않은가? 4장에서 설명한 연구를 통해 우리는 긍정정서가 당면한 순간에 대한 시야를 열어주어 주변의 사물을 보다 잘 받아들이고 음미할 수 있게 해준다는 것을 알았다. 또한 개심 연구에서는 긍정정서가 이런 개방적인 사고 습관을 지속적으로 유지해줄 수 있음을 알았다. 다시 말해, 연구 참가자들이 명상을 통해 마음을 여는 연습을 했을 때, 그들의 일상생활에서는 긍정정서의 수치가 증가했다. 그리고 이 증가된 긍정정서는 보다 포용력 있는 사고 습관을 갖게 했다. 참가자들은 습관적으로 주변을 더 잘 인지하고 주변에 더욱 마음을 기울이게 되었다. 또한 인생의 좋은 점들을 보다 깊이 음미하게 되었으며, 더 나아가 목표에 도달하는 다각적인 방법들을 모색하는 데에도 더 능숙해졌고, 문제를 피해 가는 다양한 경로도 찾아낼 수 있었다. 이러한 변화들은 단지 긍정정서의 일시적인 효과를 반영한 것이 아니라, 지속적인 사고의 전환에서 나온 것이었다. 장기간에 걸쳐 반복적인 연습을 한다면, 누구나 긍정정서를 통해 이와 같은 사고 습관을 기를 수 있다.

긍정정서는 사회적 자원을 구축해준다. 긍정정서가 가져오는 커다란 개방성은 대인관계에서 놀라운 영향력을 발휘한다. 무엇보다 긍정정서를 지닌 사람은 주변 사람들에게 활력을 불어넣는다. 그것은 당사자를 매력적으로 느껴지게 하는 데 상당한 역할을 한다. 또 긍정정서에는 전염성이 있다. 당신이 주변에 기쁨을 나누면 그것은 다른 사람들에게도 기쁨을 불러일으키며, 그러는 과정에서 지속적인 사회적 인맥이 구축될 수 있다. 당신이 더 마음을 활짝 열고 진심 어린 긍정정서를 나눌

수록, 주변 사람들과의 연결성은 더욱 공고해진다. 니나의 사례가 바로 그런 경우이다. 우리 연구에 참여한 뒤 그녀는 고객이나 가족, 친구는 물론이고 심지어 모르는 사람들과도 관계가 더욱 돈독해졌다.

감사의 정서로 이를 잘 이해할 수 있다. 감사는 우리 마음을 열어주고, 우리에게 친절을 베풀어준 사람에게 보답하고픈 욕구를 유발한다. 학자들은 진심 어린 감사 표현이 미치는 효과를 면밀하게 연구해왔는데, 그 결과 우리가 감사한 마음을 나눌 때 — 말로든, 친절한 행동으로든, 선물로든 — 서로 간의 관계가 윤택해져 보다 견고하고 친밀한 사이로 발전하는 데 도움이 된다는 증거를 발견했다. 실제로, 젊은 연인들이 애인에게 사려 깊은 밸런타인데이 선물을 받은 뒤 얼마나 감사 표현을 하느냐에 따라 그들의 관계가 얼마나 지속될지 예측할 수 있다. 또 기숙사에서 새로 룸메이트가 된 친구들 사이에 서로 감사 표현을 자주 하도록 시키면, 그들은 더욱 절친한 친구가 될 확률이 높다.

심지어 이미 오래되고 친밀한 관계에서도 긍정정서가 미치는 영향은 지대하다. 일부 연구 결과에 따르면, 부부가 함께 웃고 유쾌하게 지내는 순간이 많을수록 서로에 대한 친밀도와 만족도가 높다고 한다. 또 평소 서로에게 긍정 표현을 자주 하는 부부일수록 불가피한 고난을 만났을 때 더 잘 이겨낸다는 보고도 있다. 통계적으로 그런 부부들은 이혼할 확률이 매우 낮다. 타인과 긍정정서를 나눌 때 — 웃음이나 친절, 또는 진심 어린 미소로 — 우리는 상대방에게 "뭔가를 함께 만들어 봐요"라는 메시지를 전달하게 된다. 그리고 그것이 일시적인 관계에 그치든 지속적인 유대로 이어지든, 이러한 인연들로 한데 엮이며 우리는 사회라는 직물을 짜게 된다.

긍정정서는 신체적 자원을 구축해준다. 건강이 기쁨의 원천이 될 수 있음을 ─ 또는 병이 긍정정서를 망칠 수 있음을 ─ 알기는 쉽다. 그러나 학자들은 여기에서 한 걸음 더 나아가 긍정정서와 건강 사이의 보다 깊은 연관성을 감지하기 시작했다. 니나의 두통과 복통이 사라졌던 것을 기억하는가? 그녀가 긍정정서 속으로 깊이 빠져드는 법을 터득하자, 그녀의 고통은 눈 녹듯 사라졌다. 우리는 이와 유사한 건강상의 개선을 개심 연구에 함께 참여했던 그녀의 동료들에게서도 전반적으로 발견했다. 긍정정서의 일일 섭취량을 늘려가면서 사람들은 스스로 더 건강해지는 느낌을 받았으며, 실제로 인후염과 메스꺼움, 여드름 등의 감소를 보고했다.

이는 단지 지각상의 문제가 아니다. 긍정정서는 명확하고 객관적인 생물학적 건강 지표들과 연계되어 있다. 예를 들어, 긍정정서는 스트레스와 관련된 호르몬 수치를 감소시키고, 성장 및 유대감과 관련된 호르몬 수치를 증가시킨다. 또한 도파민과 오피오이드의 분비 증가, 면역 기능의 증진, 스트레스에 대한 염증성 반응의 감소를 가져온다. 긍정정서로 우리는 문자 그대로 전과는 다른 조성의 생물학적 칵테일에 빠지게 되는 것이다. 그러므로 긍정정서가 혈압을 낮추고, 통증을 줄여주며, 숙면을 취하게 해주는 것은 놀라운 일이 아니다. 긍정정서가 높은 사람은 또한 질병에 걸릴 위험도 낮아, 고혈압과 당뇨병, 뇌졸중에 덜 걸린다. 긍정정서가 수명을 증가시킨다는 것은 이미 과학적으로 입증된 사실이다.

긍정정서가 건강에 어떻게 영향을 미치는지, 사랑의 감정으로 구체적으로 살펴보기로 하자. 배우자가 당신을 사랑하는지 어떻게 아는가? 말로도 알 수 있겠지만, 포옹으로 더 많은 것을 알 수 있지 않은 가? 배우자와 마지막으로 길고 진한 포옹을 나누었던 때를 돌아보라. 인사치레로 가볍게 하는 포옹 말고 진짜 가슴 대 가슴으로 나누는 깊은 포옹 말이다. 나는 이런 포옹이 필요할 때면 남편에게 이렇게 말한다. "여보, 나 충전이 필요해." 그리고 남편과 진한 포옹을 하고 나면 다시 금 기운이 난다. 당신도 아마 이런 느낌을 받아본 적이 있을 것이다.

얼마 전 나는 정신의학자 캐슬린 라이트(Kathleen Light)와 점심식사 를 한 적이 있다. 그녀는 포옹을 비롯한 갖가지 신체적 애정 표현이 우 리 건강에 어떤 영향을 미치는지를 연구한 바 있다. 연구를 통해 그녀 는 사랑의 접촉이 우리 몸에 다양한 이득을 안겨주며, 그 영향이 일시 적이지 않다는 것을 밝혔다. 물론 한 번의 포옹으로 신체적 조성이 갑 자기 변화되지는 않겠지만, 포옹을 자주 하는 사람들은 그렇지 않은 사람들에 비해 실제로 옥시토신 수치가 높고 혈압이 더 낮았다. 이러 한 결과는 동물 실험과 사람을 대상으로 한 실험에서 동일하게 나타났 다. 수시로 애정 어린 손길을 받은 동물들은 그렇지 않은 동물들에 비 해 높은 옥시토신 수치와 낮은 혈압을 보였다. 마찬가지로 상대방의 머리와 목, 어깨를 다정하게 어루만져주는 법을 배운 부부들도 동일한 결과를 보였다.

이를 볼 때 사랑은 친밀하고 잦은 신체적 접촉을 통해 문자 그대로 피부 속으로 파고들어 우리를 더욱 건강하게 해주는 셈이다. 캐슬린 라이트의 이 연구 결과는 긍정정서의 구축효과를 잘 보여준다. 비록 한 번의 포옹 — 또는 한 순간의 긍정정서 — 이 인생을 변화시킬 가능 성은 낮지만, 지속적으로 꾸준히 반복된 포옹 — 또는 느리고 꾸준하게 쌓인 긍정정서 ― 은 엄청난 차이를 만든다. 그러므로 진심 어린 가슴 대 가슴의 진한 포옹을 더 자주 나눌 방법을 찾으라. 그러면 서로 간에 좋은 감정만 싹트는 것이 아니라, 덤으로 건강도 챙기게 될 것이다.

▶정리와 전망

당신은 아마 어떤 상품이나 서비스를 이용하면 인생이 달라질 거라고 호언장담하는 장사꾼들의 말을 들어 보았을 것이다. 그러나 이런 주장에 쉽게 현혹되어서는 안 된다. 그런 과장된 선전을 어떻게 신뢰하는가? 그것이 인생을 바꾸리라는 증거가 어디 있는가?

그러나 나는 학자이지 장사꾼이 아니다. 나는 어휘를 신중하게 선택하며, 내 주장은 증거에 입각한 것이다. 그리고 지금껏 20년 이상 긍정정서의 구축 효과에 대한 최신의 과학적 증거들을 두루 섭렵해왔기에, 나는 어떤 과장도 없이 '긍정정서가 당신의 인생을 바꿀 수 있다'고 자신 있게 말할 수 있다.

니나의 변화 스토리는 충분히 매력적이다. 여러분 중 일부는 이미 니나의 사례만 보고도 몸소 긍정정서를 실험해볼 마음을 먹었을지도 모른다. 그러나 엄밀히 따지자면 니나의 이야기는 단지 한 개인의 사례에 불과하다. 당신은 니나와 전혀 다를 수도 있다. 그리고 혹자는 반대로 이런 개인적인 경험담들에 신물이 났을지도 모른다. 그런 사람들을 긍정정서에 관심을 갖게 하고 몸소 자신의 인생에서 긍정정서를 배양하도록 설득하려면, 객관적이고도 명확한 증거 제시가 필요하다. 그것이 바로 개심 연구가 제공하는 것이다. 이 연구에서는 백여 건의 개인적 변화 사례가 객관적 수치 및 학문적 엄격성을 바탕으로 수집되었다. 그 증거는 우리가 긍정정서의 일일 섭취량을 늘릴 때 인생을 변화시킬 수 있음을 확인해준다.

당신이 위에서 말한 어느 쪽 부류에 속하건, 이제 당신은 긍정정서의 효과들이 무작위적이거나 한정적이 아니라 예측 가능하며 광범위하다는 사실을 알았을 것이다. 우리의 인생은 심리적 강점, 사고 습관, 사회적 인맥, 신체적 건강 등으로 이루어진 복잡한 문양의 태피스트리와 같다. 단 3개월 만에 긍정정서는 이 다양한 요소들을 총체적으로 변화시킬 수 있으며, 그러한 변화로 인해 우리의 인생은 보다 충만해질 수 있다.

이처럼 보다 나은 모습으로 변화할수록, 우리는 앞으로 닥쳐올 인생의 도전에 더욱 잘 대처할 수 있게 된다. 고난을 피할 수는 없다. 그것은 단지 긍정정서의 비율을 높인다고 해서 사라지는 것이 아니기 때문이다. 그러나 고난에 대처하기는 한결 쉬워질 수 있다. 다음 장에서 그 방법을 알아보도록 하자.

6장

긍정정서는 역경을 극복하고 회복력(resilience)을 높인다

빛을 내려면 불타는 것을 견뎌야 한다.
― 빅터 프랭클

    나쁜 일은 누구에게나 일어난다. 그런 일이 닥치면 대개는 맥없이 무너지거나 불평을 해대지만, 곧바로 다시 일어나 세상에 맞서는 사람도 있다. 무엇이 이런 차이를 만드는지 생각해본 적이 있는가? 내 연구는 어떠한 역경이 닥쳐도 굴하지 않고 계속해서 다시 일어서는 사람들의 최고 비결이 아마도 긍정정서에 있을 것임을 암시한다.

    나는 이런 말을 들으며 자랐다. "존 F. 케네디가 암살당한 날에는 누구나 자기가 어디에 있었는지 기억하지." 난 그때 엄마 뱃속에 있었다.

    많은 미국인들에게 9·11 테러는 케네디 대통령의 암살 사건 만큼이나 커다란 지표가 되는 사건이다.

    그때 나는 미니애폴리스의 언니 집에 있었다. 암과 오랜 사투를 벌이다 숨진 사촌의 장례식에 참석하기 위해 전날 밤 비행기를 타고 날아갔던 것이다. 나는 그의 죽음을 감당하기 힘들었다. 우리는 같은 나이였고, 그는 결혼해 두 자녀까지 둔 가장이었다. 또한 그는 학자이며 교수이기도 했다. 이상하게도, 우리는 가족 모임에서 각자의 연구 프로그램에 관한 의견을 주고받고서야 비로소 진정으로 서로를 알게 되었다. 마지막으로 만난 자리에서 그는 자신의 연구 분야(신체 운동학)에서 내 연구와 관련된 몇 가지 유용한 실마리를 제시해주었다. 넉넉한 마음씨를 가졌던 그가 나는 그리울 것이다.

어쨌거나 그렇게 그날 아침 언니와 내가 정오의 장례식에 참석할 준비를 하고 있던 중에, 출근길에 나섰던 형부로부터 TV를 좀 켜보라는 전화가 왔다. 우리는 시키는 대로 했다. 첫 번째 빌딩이 공격을 받은 상태였다. 이미 슬픔으로 약해져 있던 우리는 혼란스러워 소파에 털썩 주저앉았다. '사고였을까?' 궁금해하던 차에, 두 번째 빌딩이 다시 공격을 받았다. 사고가 아니었다. 일순간에 온 세상이 더 이상 안전하지 않은 것처럼 느껴졌다.

꽤 멀리 떨어져 있는 장례식장으로 차를 몰고 가면서 언니와 나는 아무 말도 하지 않았다. 그러나 슬픈 의식을 위해 교회에 들어선 순간, 그제야 비로소 나는 마음이 안정되기 시작했다. 세상은 여전히 평소와 다름없이 돌아가고 있었다. 더 큰 규모의 비극으로 말미암은 슬픔과 혼란에도 불구하고, 사람들은 사랑하는 사람의 죽음을 맞아 포옹과 따뜻한 말로 서로를 위로하고 사랑을 주고받기 위해 모였던 것이다. 내 마음은 사촌의 두 아이들에게로 달려갔다. 내 세상이 테러가 드리운 그늘 속에서 더 이상 안전하지 않게 느껴졌다면, 아이들이 어떤 느낌일지는 상상도 못할 일이었다.

교회에서 묘지로 차를 타고 이동하면서 우리는 라디오에서 별도의 공지가 있을 때까지 모든 항공편이 취소된다는 말을 들었다. 심장이

덜컥 내려앉았다. 그날 저녁 나는 내 남편과 아이에게로 돌아가야 했다. 묘소로 걸어가는 길의 하늘은 이상하리만치 고요했다. 친지들에게 둘러싸여 있으면서도 나는 길을 잃은 느낌이었다. 집으로 돌아갈 방법을 찾아야 했다. 내 아기를 안고 남편의 품에서 위안을 받고픈 마음이 간절했다.

혼란 속에서 몇 시간이 지나갔다. 모든 렌터카 업체에 전화를 해봤지만, 어느 곳에서도 편도 예약은 받아주지 않았다. 결국 나는 철도공사에 전화를 걸었다. 천만다행으로 미니애폴리스에서 앤아버로 가는 9월 12일자 열차의 마지막 표를 구할 수 있었다. 시카고에서 갈아타고 거의 17시간을 가야 했지만, 그만한 가치가 있었다!

9월 12일 열차는 나와 같은 처지에 처해 항공기를 이용할 수 없게 된 승객들로 초만원이었다. 그들은 서로 모르는 사람들과 이야기를 나누고 있었다. 저마다 9·11에 대한 새로운 소식을 전하고, 무역센터 근처에서 살거나 일하는 친구와 가족들을 걱정했다. 누구나 뉴욕에 아는 사람이 하나씩은 있는 듯했다. 공감과 무력감이 뒤섞여 다들 마음이 약해져 있었다.

옆자리에 앉은 남자와 나는 오랜만에 만난 친구처럼 서로의 소식과 근심을 나누었다. "미국은 이제 어떻게 될까요?", "다음번에 비행기를 타면 어떤 느낌일까요?" 따위가 주된 질문이었다. 몇 시간 만에 깊어진 우정으로, 그는 내게 사람들이 앞으로 예전과 같은 생활로 돌아갈 수 있을지 물었다. 나는 잠시 생각에 잠겼다. 주변은 온통 사람들의 대화 소리로 떠들썩했다. 곳곳에서는 웃음소리도 새어 나왔다. "저 소리 들리세요? 사람들이 웃고 있어요. 벌써 예전과 같아진 것 같은데요."

모두 마음이 아픈 건 사실이었지만 크게 달라진 것은 없었다.

시련은 거의 어김없이 부정정서를 유발한다. 부정 사고방식을 방치해두었다간, 언제 그 손아귀에 이끌려 나락으로 떨어지게 될지 모른다. 그러나 보이지 않는 힘에 끌려가는 와중에도, 우리는 다른 길을 선택할 수 있다. 부정정서의 내리막길에서 제동을 걸고 위쪽으로 방향을 틀 수 있는 것이다. 그러기 위해서는 내면에 있는 긍정정서의 샘을 팔 필요가 있다. 긍정정서는 우리의 정신적 시야를 가리고 있던 부정정서의 장막을 제거하고, 보다 폭넓은 가능성을 향해 우리의 마음과 생각을 열어준다. 그리고 그와 동시에 우리를 긍정정서의 강한 상승효과에 태워 어둠을 뚫고 보다 높은 곳으로 올라가게 한다.

그렇다. 우리는 모두 놀라울 정도로 강한 회복력을 지니고 있다. 이는 인간으로서 누구나 타고난 능력이다. 우리는 대나무처럼 휘어질지언정 부러지지는 않을 수 있다. 심지어 그 사실을 미처 모르고 있을지라도, 우리는 다시 일어설 수 있다. 다행히 우리는 회복에 필요한 것, 즉 내면의 샘에 막대한 긍정정서의 창고를 지니고 있다. 기쁨과 사랑, 감사, 영감의 순간들은 부정정서의 눈가리개를 제거하고 시야를 회복하도록 도움으로써, 더 이상 우리가 부정정서의 내리막길로 미끄러지지 않을 수 있도록 해준다. 이처럼 긍정정서는 인간의 회복에 있어 중추적인 역할을 한다.

뜻밖의 발견

9·11 테러 다음날인 9월 12일 자정이 다 되어서야 나는 앤아버에 도착했다. 그러고는 이틀 정도 가족과 꼭 붙어 있다가, 다시 일터로 돌아갔다. 그런데 내가 무엇보다 잘 아는 긍정정서에 대한 글쓰기는 편안한 휴식 같으면서도 한편으론 불편했다. 나는 의심에 사로잡혔다. '누가 긍정정서 따위에 관심을 가질까?' 하는 의구심이 일었다. 솔직히 긍정정서의 과학은 테러리즘이 횡행하는 이런 시대에는 더 이상 적절치 않다는 느낌이 들었다. 처음으로 나는 내 평생을 헌신해온 연구의 타당성에 의문을 품게 되었다.

하루 정도 이렇게 실의에 빠져 있다가, 용케 나는 내 연구에 대한 갑작스런 비관이 우울의 징후라는 것을 깨달았다. 대부분의 미국인들처럼 나 또한 세계에서 벌어지는 사건들과 9·11의 비극으로 인해 복잡다단한 심경이었고, 그런 비통한 심정은 나 역시도 여지없이 부정정서의 나락에 빠져들게 했던 것이다.

문득 나는 며칠 전 열차 안에서 유쾌하게 웃었던 사람들의 모습이 떠올랐다. 그들의 웃음은 부적절한 것이었을까? 내 과거의 연구에 따르면 그렇지 않았다. 긍정정서는 구명줄 — 역경에 대처하는 한 가지 중요한 방법 — 이 될 수 있었다. 나는 다시 정신을 차리고, 국가적인 비극의 한가운데에 있는 순간에도 여전히 긍정정서가 가치가 있음을 검증할 수 있는 방법을 궁리하기 시작했다. 금세 나는 활기를 되찾았다.

그러자 우리가 얼마 전 백여 명의 대학생들을 대상으로 간단한 설문을 활용하여 회복력 수준을 측정했던 것이 떠올랐다. 그리고 어쩌면 다시 동일한 그룹을 대상으로 9·11 테러 발발 이후 그들의 실질적인 회복력을 다시 조사해볼 수 있을는지도 모른다는 생각이 들었다. 회복력 설문에서 조사된 그들의 점수는 이런 힘겨운 시기에 그들이 어떻게 대처해 나가고 있을지를 정확하게 예측했을까? 만약 그렇다면 그들의 회복에 긍정정서가 중심적인 역할을 했을까? 이를 알아보기 위해 우리는 며칠 만에 재연구에 필요한 승인을 받아, 학생들을 다시 불러 추가 조사를 실시했다.

이전 연구에서 나는 심리학 분야의 선구자인 UC 버클리의 잭 블락(Jack Block)과 당시 그의 대학원 학생이었던 애덤 크레먼(Adam Kremen)이 공동 개발한 설문으로 이들의 회복력 수준을 측정했다. 설문에는 "나는 전에 먹어본 적이 없는 새로운 음식 맛보기를 좋아한다", "늘 가는 장소에 다른 길로 가는 것을 좋아한다", "내가 만나는 대부분의 사람들이 마음에 든다"와 같은 항목들이 포함되어 있었다. 언뜻 보아서는 어떻게 이러한 특성들이 더해져서 회복력이 되는지 이해하기 힘들다. 그러나 잭 블락은 평범한 사람들이 어떻게 인생의 영고성쇠를 헤쳐 나가는지에 대해 50년이 넘는 긴 경력만큼이나 어마어마한 자료를 수집했다. 그중에는 역경 후에 좌절해버리는 사람이 있었는가 하면, 다시 일어서는 사람도 있었다. 어떤 성격 양식이 그런 차이를 만들었을까? 어떤 내면의 자원이 역경에서 다시 일어나거나 일상의 끊임없는 요구사항에 대처할 수 있도록 해준 것일까? 블락과 크레먼은 이런 류의 질문들에 그들의 통찰력을 불어넣어, 14개 항목으로 구성된 '자아회복력 척도(Ego-Resiliency Scale)'를 개발했다. 이것이 바로 누가 역경에서 다시 일어서는 데 필요한 성격 양식을 가지고 있는지 판단하기 위해 내가 사용했던 도구이다. 이 학생들이 실제로도 강한 회복력을 보였을지는 알 수 없었다. 그것을 — 더 정확하게 말하자면 '어떻게' 회복했을지를 — 알아보는 것이 바로 내가 할 일이었다.

앞서 블락과 크레먼의 방식으로 회복력을 측정했던 학생들과 다시 만났을 때, 우리는 그들에게 많은 것을 요청했다. 예컨대, 9·11 테러 이후 어떤 식으로든 그 사건과 관련하여 경험한 가장 스트레스가 심했던 상황을 설명해 달라든가, 여러 식별 가능한 긍정정서들과 부정정서들을 얼마나 자주 느꼈는지를 물었다. 그리고 낙관성, 침착성, 인생에 대한 만족도를 포함한 그들의 심리적 강점을 측정했다. 마지막으로, 9·11 이후 우울의 징후를 경험한 적이 있다면 어떤 것이라도 알려줄 것을 부탁했다.

이 대학생들은 미시건 주의 앤아버에 살고 있어서, 사건 발생 지점으로부터는 안전한 곳에 있었다. 그럼에도 불구하고 그들은 대부분의 다른 미국인들처럼 9·11 이후 상당한 스트레스에 시달렸다. 뉴욕 시나 워싱턴 DC에서 살거나 일하는 가족과 지인들을 걱정했으며, 앞으로의 테러 공격과 전쟁의 가능성을 염려했다. 어떤 이들은 비행기 타기를 두려워했고, 어떤 이들은 미식축구 경기장에 가기를 두려워했다. 빅텐 미식축구 팀들의 팬이라면 미시건 스타디움이 미국에서 가장 큰 개방형 스포츠 경기장이라는 것을 알 것이다. 경기 날이면 그곳은 11만 명 이상의 팬들이 운집한다. 이 팬들 중 일부는 그들이 사랑하는 초대형 경기장이 이제는 테러리스트들의 주요 공격 대상이 될 것을 두려워했다. 경기 날이면 원래 현수막을 늘어뜨린 수십 기의 비행기들이 경기장 주변을 돌고, 광고용 소형 연식 비행선도 둥둥 떠다닌다. 그러나 그

시즌에는 모든 경기일에 일체의 비행이 금지되었다.

우리는 이 학생들로부터 회복력이 어떻게 작용하는지에 대해 많은 것을 알 수 있었다. 이전 설문에서 높은 점수를 기록해 회복력이 강한 성격을 지니고 있는 것으로 나타났던 학생들은 실제로도 그에 부합하는 결과를 보였다. 그들은 낮은 점수를 기록했던 학생들에 비해 더 빨리 회복했다. 9·11 이후에는 누구나 우울한 기분을 느꼈지만, 회복력 강한 성격 양식을 지닌 사람들은 임상적 우울증의 징후는 거의 나타내지 않았다. 심지어 일부 측면들에서는 심리적으로 더욱 강해진 면모를 보였다. 예를 들어, 그들은 9·11 이전의 응답들과 비교해 보다 낙관적이고 차분해졌으며 삶에 충실했다. 회복력 강한 성격을 지닌 사람들은 다른 사람들에 비해 확실히 이 사건에 더 뛰어난 대처 능력을 보였다.

회복력이 강한 성격 양식을 지닌 사람들과 그렇지 않은 사람들 사이의 가장 결정적인 차이점은 긍정정서였다. 그것이 그들의 성공 비결이었다. 그것이 그들의 우울감을 덜어내고 심리적으로 성장시킨 이면의 메커니즘이었다. 한 마디로, 회복력과 긍정정서는 나란히 진행한다는 것이 밝혀졌다. 긍정정서 없이는 회복력도 없다.

이에 당신은 이런 의문이 들지 모른다. '하지만 좋은 느낌을 가질 만한 게 뭐가 있어야지? 그 사람들은 모래 속에 머리를 처박고 있었나?' 당연한 의문이다. 만약 그들이 현실을 부정함으로써 회복하는 거라면, 또는 자신의 안녕만을 생각하는 이기심으로 회복하는 거라면 이를 어떻게 해석해야 할까? 만약 그렇다면 그들의 회복력은 진실과 연민을 외면하고 얻어진 것이리라.

그러나 우리의 조사 결과는 그렇지 않음을 보여주었다. 사실, 어느 정도 역경에 강한 성격을 지니고 있는 사람들도 테러 이후에는 다른 사람들과 유사한 스트레스를 나타냈다. 전국적인 여론조사에 따르면, 9·11 이후 사실상 모든 미국 국민이 분노와 슬픔, 두려움을 느꼈다고 한다. 우리 연구 참가자들도 별반 다르지 않았다. 회복력 설문에서 높은 점수를 기록했든 낮은 점수를 기록했든, 9·11 이후에는 누구나 부정정서들이 치솟았다. 그들 역시 희생자들에 대한 걱정과 연민을 느꼈으며, 동정심이 다른 어떤 정서들 — 분노, 슬픔, 공포심 — 보다 우세하게 나타났다.

빠르게 정상을 회복한 사람들이 현실을 부인하거나 이기적인 것이 아니었다. 다른 사람들처럼 그들 역시 부정정서로 고통 받고 연민에 가슴 아파 했다. 그러나 그들은 고통과 근심과 더불어 긍정정서도 함께 경험했다. 어쩌면 앞서 내가 열차에서 보았던 승객들처럼 이 회복력이 강한 학생들도 다른 사람과의 유대에서 오는 기쁨과 사랑, 감사를 느꼈는지 모른다. 어쩌면 지역사회 내에서와 전 세계적으로 일어나는 단결성과 동정심의 커다란 물결에 고무되고 경외심을 느꼈을 수도 있다. 또는 앞으로 펼쳐질 세계적 사건들에 깊은 호기심이 생기거나, 이 괴로운 시기의 암울한 현실에도 불구하고 미래에 대한 희망이 샘솟았을지도 모른다. 구체적인 내용이야 어찌 되었건, 이와 같은 긍정정서의 순간들이 차이를 만든 것이다. 긍정정서는 우울감의 나선형 하강에 제동을 걸고 사람들로 하여금 성장의 나선형 상승을 타도록 해준다.

9·11 테러로 전 세계가 충격에 빠졌을 때, 나는 우연히도 많은 학생들의 회복력 수준을 측정한 자료를 갖고 있었다. 놀랍게도 이 측정치는 테러 후 몇 주 동안 사람들이 경험한 긍정정서의 정도와 일치했다.

긍정정서가 사람들로 하여금 역경을 이겨내고 이전보다 더 강해지도록 하는 유효성분임이 밝혀진 것이다. 너무 늦지 않게 내가 스스로 긍정정서에 대한 신념을 회복하여 이런 괄목할 만한 성과를 얻게 된 것이 얼마나 감사한지 모른다. 긍정정서는 어려운 시기일수록 더 중요하다.

내가 이 연구 결과를 발표한 이래, 긍정정서가 사람들을 회복시키는 유효성분이라는 내 주장은 여러 다른 학자들에 의해 독자적으로 재검증되었다. 우리는 청년들을 조사 대상으로 한 반면, 다른 주목할 만한 일련의 연구들은 60세 이상의 노인들을 대상으로 했다. 또 우리가 국가적 위기 이후에 사람들의 반응을 추적한 반면, 다른 연구들은 일상의 스트레스 요인 같은 사소한 일에서부터 배우자의 죽음 같은 주요한 인생사에 이르기까지 개인적 위기 이후의 반응들을 추적했다. 매 연구마다 그들은 우리가 발견한 것과 마찬가지로, 회복력이 강한 사람들이 스트레스 요인과 맞닥뜨릴 때보다 복잡다단한 정서를 느낀다는 것을 발견했다.

대부분의 사람들의 경우에는 스트레스가 문간에 도착하면 긍정정서가 창문 밖으로 날아가 버린다. 그러나 회복력 설문에서 높은 점수를 기록한 사람들의 경우에는 그렇지 않다. 이들은 부정정서에 압도당하고 있지만은 않고, 긍정정서도 잘 지탱한다. 이처럼 긍정정서와 부정정서가 함께 존재하기 때문에 그들의 정서는 더 복잡하다. 그들은 부정적인 현실을 부정하진 않지만, 거기에 빠지지도 않는다. 9·11 이후 내 연구에서 본 것처럼, 긍정정서에 접촉하는 이러한 능력이 스트레스가 오래도록 지속되느냐, 보다 빨리 사라지느냐의 차이를 초래한다. 따라서 어떤 연령층의 사람에게든, 긍정정서는 위기가 닥쳤을 때 도움이 되는 최고의 자원이다. 그것은 내리막으로 미끄러지기를 멈추고 반대로 방향을 전환할 수 있도록 해준다.

회복력과 심장

이제 회복력에 대해 좀 더 자세히 알아보기 위해 스트레스에 따른 심장의 변화를 살펴보기로 하자. 회복력이 강한 사람과 그렇지 않은 사람의 심장은 스트레스에 대해 각기 어떻게 반응할까? 연구실에서 행한 초기 연구들에서, 나는 사람들의 정서의 기복과 혈압을 검사함으로써 회복력에 깔린 기제를 면밀히 살펴본 적이 있다. 초조함을 느끼면 누구나 혈압이 상승한다. 놀라운 점은 이런 혈압의 급상승을 되돌려 놓는 '리셋' 버튼이 우리 안에 있다는 것이다. 그것은 바로 긍정정서이다. 좋은 정서는 나쁜 정서를 몰아낼 뿐 아니라, 심장을 안정시키고 혈압을 빠르게 정상으로 되돌려놓는다.

그 사실을 우리는 다음과 같은 방식으로 발견했다. 정서와 심장혈관의 반응도에 대한 연구에 참여하기 위해 지원자들이 내 연구실로 찾아왔다. 그들이 편안한 의자에 앉아 있는 동안 내 학생 하나가 순간순간 변화하는 그들의 심박수와 혈압 및 혈관 수축 정도를 추적하기 위해 피부에 작은 센서들을 부착했다. 참가자들이 이 낯선 환경에 어느 정도 익숙해진 다음, 우리는 안정 상태에서 몇 분 동안 그들의 심장혈관 수치들을 측정했다. 그들이 특별히 어떤 감정도 느끼지 않을 때 심장이 어떻게 움직이는지 알아둘 필요가 있었기 때문이다. 그 다음 우리는 상당한 시간적 압력과 함께 이 지원자들에게 "왜 자신이 좋은 친구인가"에 대한 연설을 준비하라고 시켰다. 또 심리적 압박감을 한층 가중시키기 위해, 그들의 연설을 녹화해 비슷한 연령대의 친구들에게 평가받게 하겠다고 말했다. 충분히 짐작하겠지만, 이 부담스러운 대중 연설의 과업은 그들을 초조하게 만들었다. 이때 지원자들은 심박수가 치솟고 혈압이 상승했으며, 정맥과 동맥도 수축되었다.

모두를 초조하게 만드는 목표가 달성되고 난 뒤, 진짜 실험이 시작되었다. 우리는 부정정서의 정점에 있는 참가자들의 관심을 연설 과업으로부터 짧은 동영상 클립으로 돌렸다. 그들은 무작위로 네 가지 동영상 중 하나를 보도록 배정받았다. 두 가지는 긍정적인 것이었고, 하나는 부정적인 것, 나머지 하나는 중립적인 것이었다. 긍정적인 것 두 가지 중 하나는 바다의 잔잔한 파도를 보여줌으로써 평온함을 유발하는 것이었고, 다른 하나는 꽃을 가지고 놀고 있는 강아지를 보여주어 잔잔한 재미를 유발하는 것이었다. 부정적인 동영상은 사랑하는 사람의 죽음으로 슬피 우는 어린 소년을 보여주어 슬픔을 유발했다. 마지막으로 중립적인 것은 다양한 색깔의 막대가 차례로 쌓이는 모양의 구식 스크린 세이버 화면으로, 별다른 정서를 유발하지 않는 것이었다.

이 실험에서 사용된 두 가지 긍정적인 동영상에 대해 당신이 알아둘 점은 그것들이 지극히 은은한 내용이었다는 점이다. 다시 말해, 사람들이 일반적인 시청 조건에서 그것들을 볼 때에는 — 즉, 대중 연설의 과업으로 초조하지 않을 때 — 심장혈관 수치상에 아무런 변화도 나타나지 않았다.

이밖에 또 당신이 알아둘 점은 우리가 미리 참가자들에게, 그들이 컴퓨터에서 '우연히' 동영상 클립을 보게 될 경우 그것은 연설 과업의 해제를 뜻하게 된다고 일러두었다는 것이다. 즉, 동영상 클립의 시작은 그들이 두려운 연설의 부담에서 벗어나게 되었다는 청신호였다. 그렇게 동영상 클립이 시작되는 순간부터, 우리는 긍정정서의 효과를 추적해 나갔다. 방법은 연설에 부담을 가졌던 심장혈관 반응으로부터 원래의 안정기 수준으로 되돌아오는 데 사람마다 시간이 얼마나 걸리는지를 측정하는 것이었다. 일부 사람들의 심장은 몇 초 이내에 진정되었지만, 다른 사람들의 심장은 진정되기까지 1분이 넘게 걸렸다. 여기에서 긍정정서가 차이를 만들었다. 두 개의 긍정적인 동영상 중 하나를 보도록 선택된 참가자들이 중립적인 동영상이나 부정적인 동영상을 본 사람들에 비해 더 빠른 심장혈관 반응의 회복을 보인 것이다.

나는 이를 긍정정서의 '원상회복 효과(undo effect)'라 부른다. 긍정정서는 부정정서로 인한 심장혈관계의 변화를 진정시키거나 '원상회복' 시킬 수 있다. 이것은 우리 안에 감춰진 리셋 버튼이다. 스트레스나 부정적인 상황에 맞닥뜨릴 때 심박수가 빨라지거나 호흡이 거칠어지는 것은 불가피한 일이다. 그러나 우리는 긍정정서로 그런 반응들에 고삐를 당기고 심장을 차분하게 진정시킬 수 있다.

우리가 사용했던 긍정적인 동영상들이 일반적인 시청 조건 하에 있는 사람들의 심박수와 혈압은 조금도 변화시키지 못했다. 그러나 우리는 긍정정서가 정상적인 상태의 심장에는 아무런 영향을 못 미칠지라도 부정정서로 항진된 경우에는 원상태로 되돌려놓는 기능을 한다는 것을 알 수 있다. 스트레스에 대한 장기적인 심장혈관계의 반응성이 심장 질환으로 이어질 수 있다는 점을 놓고 볼 때, 긍정정서의 이러한 원상회복 효과는 우리의 건강을 유지시켜 주는 한 가지 중요한 방법이 될 수 있다.

부정정서를 상쇄하는 긍정정서의 능력을 밝힌 내 초기 실험들은, 긍정정서가 회복에 대한 열쇠를 쥐고 있음을 증명했다는 점에서 중요했다. 이 실험들에서 심장혈관계의 가장 빠른 회복을 보인 특정 사람들에게서 특기할 만한 점은 전혀 없었다. 실제로 그들은 완전히 무작위로 긍정적인 동영상을 보도록 배정되었다. 또한 바다의 파도나 귀여운 동물 둘 다 회복을 앞당기는 데 동일한 효과를 보인 것으로 나타났다. 즉, 서로 다른 형태의 긍정정서 — 평온과 재미 — 는 개별적인 역할을 하는 것이 아님이 더욱 확실해졌다. 중요한 것은 통틀어서 이 영상들이 만들어낸 좋은 정서였다.

스트레스 수준이 높아질 때, 어떤 사람들은 다른 사람들에 비해 긍정정서를 더 많이 생산한다. 9·11 테러와 관련된 연구에서, 가장 높은 긍정정서를 보고한 사람들은 회복력이 강한 성격 양식을 가진 사람들이었다. 긍정정서가 그들로 하여금 원상태로의 회복을 도운 것이다. 그래서 우리는 회복력이 강한 성격 양식을 지닌 사람들이 신체적 수준에서도 더 빨리 회복하는지 검사해보기로 했다.

당시 내 박사과정 학생이었던 미셸 터게이드(Michele Tugade, 현재는 바사 칼리지의 조교수)가 박사학위 논문에서 이 주제를 다루었다. 미셸은 어느 정도의 회복력을 지닌 사람들을 우리 연구실로 초대해 한 사람씩 테스트를 했다. 그녀는 앞서와 같은 심혈관 수치 측정 및 연설 과업을 사용해 사람들에게 초조함을 갖게 했다가 갑자기 부담을 덜어주었다. 그런 다음 각 참가자가 얼마나 빨리 안정기의 심박수와 혈압을 회복하느지 측정했다.

　예상대로 가장 빠른 심혈관계의 회복을 보인 사람들은 블랙과 크레먼의 회복력 성격 양식 테스트에서 가장 높은 점수를 기록했던 사람들이었다. 이들은 또한 남들보다 더 많은 긍정정서를 지니고 있던 사람들이기도 했다. 나중에 들은 바에 의하면, 심지어 그들은 비록 연설 때문에 초조해지긴 했지만, 또한 거기에서 긍정적인 면도 찾았다고 했다. 그들에게 그 과업은 기쁜 마음으로 수행할 수 있는 하나의 흥미로운 도전이었다는 것이다. 여기에서도 역시 긍정정서가 중추적인 역할을 하는 것으로 드러났다. 회복력이 강한 성격 양식을 지닌 사람들은 평균보다 더 많은 긍정정서를 경험하는 딱 그 정도만큼 빠르게 회복했다.

　우리는 회복력과 심장의 변화에 대해 살펴보면서 ― 연설 과업 부여전 · 중 · 후에 따른 심박수와 혈압, 혈관 수축 정도를 추적하면서 ― 비록 이 생리학적 수치들이 어느 정도 회복력이 있는 성격 양식을 지닌 사람들에게서 모두 똑같이 급등했지만, 그중 가장 회복력이 왕성한 성격 특성들을 지닌 사람들에게서 보다 빠르게 떨어진 것을 관찰했다. 몇 초 만에 그들의 심장이 진정된 반면, 다른 사람들의 심장은 여전히 불안정했다. 이런 자료는 회복력이 강한 성격 양식을 지닌 사람들이 정서적으로 매우 민감하다는 사실을 말해준다. 그들은 세상과 단절한 채 머리를 모래에 박고 있는 냉담한 로봇이 아니다. 그들의 마음도 다른 사람들과 똑같이 부정적인 환경에 영향을 받지만, 상황이 개선되면 재빨리 거기에 반응한다. 적응이 빠른 것이다.

　그들을 민첩하게 하는 것은 긍정정서이다. 회복력이 강한 성격 양식을 가진 사람들은 누구보다 더 긍정정서의 '원상회복 효과'를 잘 작동시킨다. 그들 내면에서 긍정정서의 샘물이 흘러넘치기 때문에 그들은 금세 회복한다. 긍정정서는 비밀스런 '리셋' 버튼의 역할을 한다.

회복력과 뇌

또 다른 내 박사과정 학생이었던 크리스천 와우(Christian Waugh, 현재는 스탠포드 대학의 연구원)는 회복력의 내적 작용을 보다 심층적으로 조사해보았다. 박사학위 논문을 위해 크리스천은 창의적으로 고안한 실험과 함께 기능성 자기공명영상(fMRI)이라 불리는 뇌영상 기법을 사용했다. 그의 목표는 회복력이 강한 성격 양식을 지닌 사람들이 보통 사람들과 어떻게 다른지에 대한 새로운 이해의 창을 여는 데 있었다. 그의 연구 결과들은 그 뒤 줄곧 신경과학 분야의 학술회의들에서 주목을 받아왔다. 그 결과들은 불운한 사건들로부터 회복하는 능력에 깔려 있는 특유의 사고 양식들을 조명한 것이었다.

크리스천이 고안한 실험의 과업은 사람들이 뭔가 불편한 것을 보게 될 것임을 알리는 가벼운 위협과 시간 경과에 따라 그들이 보이는 반응에 대한 추적으로 이루어졌다. 위협은 원과 삼각형의 단순한 시각적 단서로 제시되었다. 처음에 참가자들은 삼각형이 나온 뒤에 불에 탄 희생자나 구역질이 날 만큼 더러운 변기처럼 뭔가 혐오스러운 이미지를 보게 되었다. 그러나 실험 시간의 중반 이후에는 같은 삼각형이 나온 뒤에 전등 스위치나 의자처럼 전혀 불쾌감을 유발하지 않는 사진들을 보게 되었다. 한편 원이 나온 뒤에는 처음부터 끝까지 계속 중립적인 이미지가 제시되었다. 이런 식으로 삼각형은 위협 및 안전을 뜻하게 되었고, 원은 줄곧 안전을 뜻하게 되었다. 크리스천의 목표는 예상된 부정정서 전후의 회복력을 알아보는 것이었다.

이 실험을 통해 세 가지 사실이 밝혀졌다. 첫째, 앞서 미셸 터게이드가 회복력이 강한 성격 양식을 가진 사람들이 예상된 부정정서로부터 더 빠른 심혈관계의 회복력을 보인다는 것을 발견한 것처럼, 크리스천은 이들이 마찬가지 상황에서 의식적인 정서 상태와 연결된 뇌의 영역인 뇌섬엽 부위에서 더 빠른 회복력을 보인다는 사실을 발견했다.

둘째, 참가자들에게 단순히 삼각형이나 원으로 단서가 제시되는 단계 동안, 회복력이 강한 성격 양식을 가진 사람들의 경우는 안와전두피질 부위에서 뇌활동이 덜 활발하게 나타났다. 학자들은 이 부위를 '걱정'과 연관된 것으로 본다. 일어날지 모르는 일에 대해 걱정을 더 많이 하면 할수록, 이 부위의 신경세포들이 더 많이 활성화되기 때문이다.

셋째, 크리스천의 뇌영상은 사람들이 부정정서에 대한 예상으로 근심스러운 흥분 상태에 더 빠져들면 들수록, 실험 중반 이후 위험이 제거되었다는 사실을 더 늦게 파악한다는 사실을 알려주었다. 회복력이 강한 성격을 가진 사람들은 덜 걱정하는 만큼 안심도 더 빨리 했다.

이상이 회복력이 강한 성격 양식을 가진 사람들과 그렇지 않은 사람들 사이의 뇌활동 상의 가장 두드러진 세 가지 차이점이었다. 이밖에 인상적이었던 것은 이 두 집단이 뇌활동 상의 차이를 전혀 보이지 않을 때였다. 예를 들어, 불쾌한 그림을 볼 때에는 사람들 사이에서 신경계 활동 상의 차이가 발생하지 않았다. 앞선 우리의 연구에서처럼, 실제 부정정서에 대해서는 모두가 똑같은 정서의 변화를 보인 것이다.

회복력이 정서적 이탈에서 온다는 것을 암시하는 것은 아무것도 없다. 오히려 회복력은 예민한 정서적 민첩성을 보인다.

크리스천의 뇌영상 연구의 결과는 회복력이 강한 사람들의 정신적 습성에 대한 새로운 통찰을 가져왔다. 뇌혈류 양상들을 추적함으로써, 크리스천은 위협에 맞닥뜨릴 때 회복력 강한 성격 양식을 가진 사람들은 덜 걱정하고 더 빨리 회복한다는 것을 발견했다. 회복력에 관한 이런 신경적 묘사는 과거 수십 년간의 연구들에서 나온 회복력에 관한 행동적 묘사와 공명하는 바가 있다. 두 가지 다 회복력 강한 사람들이 끊임없이 변화하는 주변 상황에 매우 잘 동조함을 제시한다. 그들은 정서적으로 민첩하다. 그리고 혹시 일어날지 모르는 일이 아니라 현재 일어나고 있는 일에 반응한다. 미래에 대해 걱정하느라 에너지를 허비하는 대신, 어떤 일이 닥치더라도 대처할 수 있다는 생각으로 두고 보자는 태도를 취한다. 그들은 또한 좋고 나쁜 것 사이의 차이를 빠르게 구분하며, 지나치게 사태를 일반화하거나 과민반응하지 않는다. 그들은 앞선 걱정과 사후 강박을 끊어내고 대신 현재의 진실에 집중함으로써 불안을 최소화한다.

이런 정신적 습관은 비판단적 태도로 현재에 집중하는 열린 마음의 인식 형태인 '마음챙김(mindfulness)'에서 기대되는 것이다. 4장에서 나는 개방성과 긍정정서가 어떻게 서로를 지지하며 상대를 나선형 상승으로 밀어 올리는지 설명한 바 있다. 여기서 우리는 개방성이 회복력과 나란히 나아감을 알았다. 다른 사람들에 비해 회복력이 강한 성격 양식을 지닌 사람들은 긍정정서와 개방성 둘 다를 보다 잘 활용한다. 긍정정서와 동반된 개방성은 그들로 하여금 큰 그림을 보고, 현재를 올바르게 인식하며, 나쁜 것 안에서 좋은 것을 찾아낼 수 있도록 해준다. 개방성은 부정정서를 분해하며, 사람들이 더욱 강한 모습으로 돌아올 수 있도록 해준다.

회복력 구축하기

혹시 당신이 회복력을 타고난 소수의 운 좋은 사람들에 속하지 않을까봐 걱정되는가? 그럴 필요 없다. 회복력은 키울 수 있다. 아마 이미 짐작하고 있겠지만, 회복력은 긍정정서 비율을 높임으로써 증진시킬 수 있다. 회복력은 장기간에 걸쳐 성장하는 내면의 자원이며, 긍정정서는 이 성장을 위한 자양분을 제공한다.

우리는 이런 결론을 일부분, 연구의 시작 때와 1개월 후에 사람들의 회복력 수준을 측정했던 한 연구 결과에서 끌어냈다. 그 사이 기간에는 날마다 그들의 정서적 기복을 추적했다. 여기서도 블락과 크레먼의 회복력 척도에서 높은 점수를 기록했던 사람들이 긍정정서를 더 많이 경험했다고 보고했다(부정정서와는 관련성이 없었다). 덧붙여, 긍정정서를 더 많이 경험할수록 한 달 동안 회복력 수준도 더 많이 증가했다. 회복력은 구축할 수 있는 자원인 것이다.

우리는 이 아이디어를 연구실에서 시험해보았다. 또다시 부담스러운 대중연설 과업을 부여하고, 순간순간 사람들의 심박수와 혈압의 변화를 추적했다. 이번에는 블락과 크레먼의 설문에서 낮은 점수를 기록해 회복력이 저조한 것으로 나타난 사람들에게 회복력이 강한 사람들이 지닌 비결을 공유했을 때 무슨 일이 일어날지 실험했다. 우리는 무작위로 뽑은 한 참가자 그룹에게 최선을 다해 기운을 내어 연설 과업에 임할 것이며, 그것을 그들이 맞서서 극복할 수 있는 하나의 도전으로 생각하라고 말했다. 우리는 이런 식의 생각이 사람들로 하여금 긍정정서를 활용하도록 할 것이라고 추론했다. 그리고 나머지 사람들에게는 평소대로 긴장감을 고조시켰다.

그 결과, 기운을 내어 연설하라고 말한 것이 회복력이 부족한 사람들에게 엄청난 변화를 가져왔음을 알 수 있었다. 고난에 보다 열린 마음으로 맞서라는 제안은 그들에게 내재된 긍정정서를 해방시키는 데 결정적인 역할을 했다. 그리고 긍정정서는 그들의 치솟는 심박수와 혈압을 진정시키는 데 결정적인 역할을 했다.

긍정정서가 어떻게 회복력을 구축하는지 설명하기 위해, 내 박사과정 학생이었던 웬디 트레이너(Wendy Treynor)의 이야기를 소개할까 한다. 박사학위를 받은 뒤 웬디는 그녀의 재능을 발휘할 직장을 구하지 못했다. 그리고 오랜 시간을 고등교육에 투자하고도 취직을 못하는 것만으로도 부족한지 그녀는 암에 걸리고 말았다.

2006년 초, 나는 어느 연례 학술회의에서 웬디와 마주쳤다. 그녀는 당연히 초췌해보였고, 자신의 미래에 대한 확신이 없었다. 나는 예전부터 그녀가 훌륭한 학자가 될 재목이라 믿어 의심치 않았고, 그녀의 사고력과 글쓰기 능력은 함께 공부했던 학생들 중에서도 뛰어났다. 그녀는 자신이 선택한 분야에서 일할 자격이 너무나도 충분했다. 그녀의 건강과 생계가 염려되어, 나는 내가 할 수 있는 충고를 해주었다.

그 후 2006년 여름, 나는 이번 장의 틀을 잡고 있었다. 그때 나는 웬디로부터 편지 한 통을 받았다. 마침내 일자리를 얻었다는 소식을 전한 뒤 그녀는 다음과 같이 썼다.

  교수님이 말씀해주신 것 — 부정정서에 대한 긍정정서의 비율에 관해 — 에 대해 줄곧 생각해오며, …그것을 지금껏 적극적으로 실천해왔습니다. 교수님을 뵌 후 저는 매일 요가와 아침 산책, 오후 산책, 저녁 수영을 하고 있답니다. 건강이 많이 호전되었고, 기분은 언제나 즐겁고 평화롭습니다(상황이 힘들 때도요). 그리고 무엇보다 중요한 것은 현실감과 충만감을 느낀다는 겁니다. 이제야 난생 처음으로 활짝 피어나는 기분이에요! 학문적 지식은 물론이고 사랑과 지지로 저를 이렇게 이끌어주신 교수님을 비롯한 다른 모든 정서 연구자분들께 감사드립니다. …지금 저는 무척이나 생기 넘친답니다. 교수님께서 지금 절 보실 수 있다면 얼마나 좋을까요. 보신다면 아마 엄청 기특해하실 거예요! 제 근사한 새 삶에 대해서 뵙고 말씀드리고 싶어 견딜 수가 없네요! 교수님의 크신 사랑과 격려에 진심으로 감사드립니다!

  그 다음해 학술회의 때(2007년 초) 나는 드디어 웬디를 만날 수 있었다. 그녀의 변화는 놀라움 그 자체였다. 오래 전부터 조신하면서도 유난히 밝고 마음씨 고운 학생이었지만, 이제는 그야말로 빛이 났다. 그녀의 온기가 만져질 듯했다. 진실한 미소가 내내 얼굴을 떠나지 않았다. 웬디는 자신이 새로 얻은 일자리에 대해 이야기했다. 나중에 알고 보니 썩 이상적이라 할 만한 일자리는 아니었지만, 웬디는 그 일의 좋은 점을 찾아내 감사하고 있었다. 긍정정서를 배양하려는 최근의 노력으로, 그날 아침식사 자리에서 맞은편에 앉았던 웬디는 내가 과거에 알았던 웬디와는 확연히 달랐다. 오랫동안 그녀는 자신의 창의적인 기질을 무시하고 지냈었다. 그런데 이제는 요가와 수영, 걷기로 육체적인 즐거움을 누리는 것은 물론이고, 저녁 시간과 주말을 활용해 시나리오 쓰기를 배우는가 하면, 지역의 가수들과 함께 노래도 부르고, 또 암으로 인해 자신이 인생과 사랑에 대해 배운 교훈을 책으로 쓰면서 지내고 있었다. 암은 완전히 자취를 감추었다. 웬디는 자신의 긍정정서에 대한 책임을 졌고, 그 보상은 엄청났다.

짐작하겠지만, 웬디의 근본적인 변화는 내게 무척 감동적이었다. 그녀가 직면했던 막막한 상황을 알기에, 나는 그녀가 자신의 일상생활에서 긍정정서를 실험하기 시작하여 그처럼 확실하고 고무적인 결과를 얻은 것을 보고 너무나도 기뻤다. 웬디는 상황이 힘들 때에도 다시 일어설 만반의 준비를 갖추고 플로리시하고 있었다. 내 개심 연구에 참여했던 니나와 그 동료들처럼, 일상생활에서 더 많은 기쁨과 평온, 영감과 자부심을 배양하려 한 웬디의 노력은 그녀를 성장시키고 보다 나은 모습으로 변화하도록 도왔다. 또 니나처럼 웬디도 인생의 새로운 목표를 찾았다. 웬디는 자신이 배운 것을 다른 사람들과 나누기 위해, 자신의 학문적 전문성과 인생 경험을 결합하여 치유 상담소를 개설했다. 자신의 인생역정을 통해 웬디는 긍정정서를 자기애의 한 형태로 보게 되었고, 사람들이 이런 자기애를 통해 어떻게 지속적인 조화를 얻을 수 있는지 설명하는 독자적인 이론을 개발했다. 진정으로 플로리시하는 사람들이 그렇듯, 이제 웬디는 타인의 삶을 변화시키는 일에 앞장서고 있다. 내가 나눌 수 있는 긍정정서에 대한 학문적 이해가 소중한 사람들에게 가장 필요할 때 진정으로 도움이 된다는 사실에 얼마나 감사한 마음인지 모른다.

개인적인 이야기

이번 장을 쓰기 시작했을 때 내 인생은 별다른 문제없이 평화로웠다. 일을 하면서 겪는 자잘한 어려움들이나 네 살, 일곱 살 난 두 아들을 키우면서 생기는 소소한 문제들은 있었지만, 이렇다 할 큰일은 없었다.

그렇게 회복력에 관한 글을 쓰는 데 골몰하고 있던 와중에 난데없이 생각지도 못한 일이 일어났다. 남편이 탈장 때문에 외래 수술을 받았는데, 그것이 합병증으로 발전하고 만 것이다. 응급실에서 온몸에 관을 꽂은 채 기진맥진한 하루를 보내고 나서, 남편은 결국 병원에 입원하게 되었다. 병원에서는 남편의 위장 기능이 되살아나고 다시 음식을 먹을 수 있게 되면 집으로 갈 수 있다고 말했다. 그때까지 그는 정맥주사를 맞아야 했다. 그러나 누구도 언제쯤 상태가 호전될지는 정확히 예측하지 못했다. 그 일로 나는 회복력에 관한 몇 가지 사실을 배우게 되었다.

병에 걸리고, 응급실에서 시달리고, 결국에는 입원까지 하게 된 것만으로도 부족한지, 남편이 배정받은 병실은 칙칙하고 음울하기 짝이 없었다. 침대 가장자리는 가로대로 둘러싸여 있었고, 하나뿐인 창으로는 벽돌담밖에 보이지 않았다. 그런 곳에 그를 홀로 남겨두려니 가슴 아팠지만, 어린아이들이 기다리고 있기에 나는 집으로 가지 않을 수 없었다. 그러나 이 우울한 환경을 운명으로 받아들이는 대신, 나는 남편이 있는 공간을 바꿔 주기로 마음먹었다. 남편과 나는 둘 다 병실 창문으로 보이는 풍경이 환자에게 미치는 영향에 대한 과학적 사실을 알고 있었다. 창문으로 푸른 자연이 내다보이는 병실의 환자들은 그렇지 않은 환자들에 비해 입원기간이 더 짧다. 제일 먼저 집에서 내가 가져온 것은 남편이 아끼는 화초였다. 창문이 자연의 위안을 제공하지 못한다면, 내가 병실로 자연을 끌어들이면 되었다. 때마침 가족과 친구들이 가져온 선물과 근처의 농원 덕분에 그의 방은 곧 싱싱한 꽃과 화분으로 가득찼다.

나는 또 남편이 좋아하던 사진들도 가져갔다. 어머니날 기념으로 남편이 액자에 끼워준 나와 아이들을 찍은 흑백 사진과 우리 집 사진, 그리고 그가 가장 좋아하는 해변 사진들이었다. 그의 침대와 맞붙은 벽은 그가 돌아오기를 기다리고 있는 사람들과 장소들을 떠올리게 해줄 것들로 꾸며주었다. 아이들에게는 아빠의 기운을 북돋아주기 위해 뭘 가져오면 좋을지 생각해보라고 했다. 아이들은 자기들이 만든 공예품과 축구 메달, 구슬, 그리고 제일 아끼는 돌멩이들을 아빠에게 가져다주었다. 나는 병원의 비닐 씌운 딱딱한 베개 대신에 집에서 쓰던 폭신한 솜털 베개를 가져다주었다. 또 MP3 플레이어도 가져가 손가락 하나만 까딱하면 그가 5천 곡의 노래와 명상 유도 몇 편을 들을 수 있게 했다. 당분간 남편이 누릴 수 없는 미각의 즐거움 대신에, 나는 나머지 네 가지 감각들을 충족시켜 주려고 애썼다.

그런데 며칠이 지나도 남편의 입원 생활이 금방 끝날 것 같은 기미가 보이지 않았다. 학교와 어린이집 덕분에 다행히 나는 주중 오전 10

시부터 오후 5시까지는 병원에 있을 수 있었다. 그러나 몸이 열 개라도 부족할 지경이었다. 갑자기 홀어미가 된 나는 나 자신의 필요는 물론이고 모두의 필요를 충족시켜 주기 위해 동분서주했다. 설상가상으로 가벼운 감기가 과로 때문에 부비동염으로 발전했다. 너무 아파서 나는 저녁마다 집에 가지 않을 수 없었다. 혼자 집으로 차를 몰고 가다 보면 눈물이 났다. 하지만 집에 도착하면 얼른 정신을 차리고, 아이들을 안아 주고 먹이고 재우며 부모 노릇을 했다. 우리 부부의 침대는 서글픈 공간이었다. 남편 없는 침대는 덩그러니 크기만 해 외로움을 부채질했다. 또 남편이 좁은 병원 침대에서 불편함을 견디고 있을 걸 알기에, 혼자서만 그 안락함을 즐길 수가 없었다. 매일 밤 나는 이런 끔찍한 침체의 수렁에서 헤맸다.

그 힘겨운 기간 내내 내 목표는 그저 남편 곁에 있어주는 것이었다. 아무리 그 시련이 고통스럽고 무섭더라도 그가 혼자가 아니라는 것을 가슴속 깊이 느끼게 해주고 싶었다. 아무리 간호사들이 친절하다 해도, 그들이 모든 수발을 들어줄 수는 없었다. 그래서 나는 매일같이 남편의 머리를 감기고 목욕을 시켜주었다. 그러는 데에는 한 시간 정도가 걸렸다.

하루에도 몇 번씩 나는 그의 링거 거치대를 지팡이 삼아 아주 천천히 남편과 산책을 했다. 걷기는 남편의 회복에 도움이 될 거라고 의사들이 말했기 때문이다. 따라서 통증과 번거로움에도 불구하고 우리는 열심히 산책을 했다. 나는 또 그가 하고는 싶어 하지만 스스로 할 수 없는 일들을 도와주었다. 이를 테면 베개를 부풀려주거나, 책을 잡아주거나, 손을 뻗으면 닿을 거리에 MP3 플레이어를 놓아주거나, 그를 일으키는 일 따위였다. 아무 일도 하지 않을 때는, 그저 그의 손을 잡고 있거나 머리를 쓰다듬어 주고, 그의 다리를 조심스럽게 마사지해 주었다.

수술 후 일주일이 지나자, 남편과 나는 슬슬 화가 나기 시작했다. 언제쯤 퇴원할 수 있을까? 의사는 왜 남편의 증상과 검사 결과에 대해 설명해주지 않는 걸까? 날짜는 한없이 더디게만 갔고, 나는 병원에서 하루 종일을 있는데도 이상하게 매일 아침마다 담당의사의 회진을 놓쳤다. 마침내 그날 오후 늦게 직접 의사와 대면할 기회를 잡았을 때, 우리는 더 나쁜 소식을 듣게 되었다. 남편의 병이 생명을 위협할 수 있는 장폐쇄증으로 진전되었다는 것이었다. 그날 저녁 바로 남편은 응급 수술을 받아야 했다.

그 이야기를 듣자마자 나는 친구이자 이웃인 줄리에게 소식을 전했다. 1시간쯤 뒤 다시 전화를 걸었을 때, 줄리는 내게 기적과도 같은 일을 해주었다. 우선 우리 아이들을 자기 집에 데려다가 밥을 먹였다. (줄리에게도 어린 아들 둘이 있어서, 우리 아이들은 그날을 신나게 노는 날로 생각했다.) 또 평소 우리 아이들을 자주 봐주곤 했던 고등학생에게 그 사실을 알려, 그날 밤 아이들을 부탁했다. 그리고 그 학생의 아버지이자 우리의 친구이기도 한 이웃은 그날 밤을 우리 집에서 보내주었다. 다시 줄리는 도시락을 싸들고 병원으로 찾아와 남편의 수술 시간 동안 함께 기다려주었다. 결국 줄리는 다음날 새벽까지 병원에 있었다.

나는 비상연락망 가동으로 신속하게 조치를 취해준 이웃들의 따뜻한 배려에 어찌나 고마운지 눈물이 다 났다. 그들의 호의는 물질적으로든 정서적으로든 정확히 내게 필요한 것들이었다. 그들의 도움 덕분에 나는 마음 편히 남편을 돌보는 데 전념할 수 있었다.

두 번째 수술은 불행 중 다행으로 성공적이었지만, 회복은 더뎠다. 남편은 자신에게 닥친 불운에 정신적 충격을 받아 잠을 잘 이루지 못했다. 통증도 계속되었다. 자꾸만 악몽을 꾸고, 이따금 의기소침해져서 침체의 늪에 빠져들곤 했다. 나는 계속 다른 사람들의 도움을 받아 남편을 돌볼 수 있었다. 영양제를 맞으며 11일이라는 기나긴 시간을 보낸 끝에, 그는 마침내 다시 고형식을 먹을 수 있게 되었다. 그 다음 날에는 병원에서 링거를 빼고 퇴원을 시켜 주었다. 남편은 계속 통증을 느꼈고, 몸무게가 5.5킬로그램 정도 빠져 극도로 쇠약해졌으며, 회복은 여전히 느리기만 했다. 그러나 나는 우리 집 침대에서 그를 돌볼 수 있게 된 것만으로도 너무나 감사했다.

타인과의 인맥은 매일 밤 나를 삼키려고 드는 침체의 늪에 빠지지 않도록 붙들어주었다. 그 시련을 겪으며 우리는 새 이웃과 친구들에게서 너무나 크나큰 도움을 받았다. 노스캐롤라이나로 이사한 것이 고작 1년 전인데도, 이웃들은 거의 매일 저녁 손수 만든 음식을 가져다주었다. 아이들 친구의 부모들은 주말 내내 우리 아이들을 돌봐주어, 내가 병원에서 남편과 더 많은 시간을 보낼 수 있도록 해주었다. 사방에서 진심에서 우러난 도움의 손길을 주었다. 선의와 친절한 행동의 물결에 나는 날마다 고마움에 가슴이 뭉클했다.

처음으로 나는 그런 친절과 도움을 진실로 받아들이는 법을 배웠다. 진심 어린 성의에 마음이 움직여 나는 마음을 더 활짝 열 수 있었다. 물론 오래 전부터 많은 자료를 통해, 긍정정서가 우리를 열리게 한다는 사실을 알고 있었다. 그러나 그때의 경험으로 그 사실이 더욱 확연하고도 객관적으로 다가왔다. 마음과 사고의 경첩이 떨어져 나가는 것을 느낄 수 있었다. 그렇게 활짝 열리고 나니, 처음으로 사람들이 돕고 싶어 한다는 것이 완전히 믿어졌다. 심지어 무엇을 하면 가장 큰 도움이 될 수 있는지 사람들에게 알려줄 정도였다. 우유와 빵, 점심 도시락이 필요하면 나는 거리낌 없이 이렇게 부탁했다. "다음에 장 보러 갈 때 그것들 좀 사다주겠어?" 또 남편에게 코미디 DVD를 너무나도 보여주고 싶은데 구하러 갈 시간이 없었을 때는, "최고로 재미있는 코미디물 좀 구해다줄래?" 하고 부탁했다. 기대 이상으로 이웃과 친구들은 자발적으로 심사숙고해서 내게 필요한 것을 세심하게 챙겨주었다. 그들의 인심에 나는 수도 없이 감사의 눈물을 흘렸다.

이 놀라운 교훈을 되돌아보며, 나는 내 연구와 저술들이 그동안 그려왔던 회복력에 대한 그림에서 뭔가 중요한 것이 빠져 있다는 생각이 강하게 들었다. 시야가 너무 좁았다. 회복력은 단지 개인의 자원에 그치는 것이 아니라, 지역사회의 사회적 구조 전반에 걸쳐 흐르는 것이었다. 긍정정서에는 경계란 것이 없기 때문이다. 긍정정서는 우리 안에 흐르는 것처럼 우리들 사이에도 흐른다. 내 이웃과 친구들은 내 마음을 열고 그들의 인정과 시간이라는 선물을 주었다. 그들의 다정한 말과 행동은 나를 감동시키고 내 마음을 열었으며, 내가 가장 필요로 할 때에 내 안에서 더 많은 긍정정서가 나오도록 했다. 그들의 사랑과 인정을 수혈 받아, 나는 매일 밤마다 되풀이해서 나를 침체의 늪으로 끌어당기는 부정정서의 굴레로부터 벗어날 수 있었다. 그것은 다시 매일 아침 내가 사랑과 넉넉한 마음을 안고서 남편의 병실로 찾아가 그의 기운을 북돋워줄 힘을 주었다. 다른 사람들의 긍정정서로 매일 재충전을 받으면서, 나는 남편이 하강국면에서 벗어나도록 더 잘 도울 수 있었다. 나날이 남편과 나는 더 가까워지고 손발이 척척 맞아갔다. 그 어느 때보다 끈끈한 일체감이 우리 사이에 피어났다.

부정정서는 시야를 좁히기 때문에, 당신을 점점 더 지역사회의 치유의 손길로부터 단절시켜 어둡고 외로운 길을 가게 한다. 반면에 긍정정서는 시야를 넓혀 주기 때문에, 본래가 보다 사회적이다. 그 점이 과거의 회복력 그림에서 빠졌던 부분이다. 긍정정서가 길을 열어줌에 따라, 우리의 사고와 마음은 충분히 열려 우리를 걱정해주는 타인들과 연결된다. 그리고 그 각각의 인맥은 저마다의 긍정정서를 제공하여 우리를 재충전해주고 한층 더 열리게 해준다. 이처럼 회복력의 비결은 자신의 진심 어린 긍정정서의 샘물을 이용하는 것을 넘어서서, 자신을 활짝 열어 다른 사람들의 샘물까지 받아들이는 데 있다.

몇 년 전 남편이 내게 길이 15센티미터의 골동품 열쇠를 준 적이 있었다. 그는 그것이 마음을 여는 열쇠라 했다. 남편이 병원에 입원한 12일 동안 나는 그 열쇠를 우리 사랑의 증표로 목에 걸고 다녔다. 이를 본 사람들은 어째서 그렇게 큰 열쇠를 걸고 다니느냐고 물었다. 나는 그것이 내게 지니는 상징적인 의미를 설명한 뒤 이렇게 덧붙이곤 했다. "마음이 워낙 넓어서 열쇠도 크답니다." 결혼하기 한참 전부터 나는 남편의 마음이 참 넓다는 것을 알았고, 그의 크고 따뜻한 배려를 수없이 받거나 목격했다. 반면에 나는 큰 사고력 ― 그리고 내 큰 자료모음 ― 으로 유명했다! 그러나 크리스마스 날 아침의 그린치처럼, 그 2주 동안 나는 마음이 세 뼘은 더 자란 것 같은 느낌이 들었다. 이런 괄목할 만한 성장을 할 수 있게 해준 데 대해 이웃사람들과 가족, 친구들로 이루어진 우리 지역사회에 진심으로 감사한다. 학문적으로는 긍정정서의 혜택을 오래 전부터 알고 있었지만, 지금 나는 과거 어느 때보다 그 혜택들을 더욱 강렬하고 절실하게 느낀다. 학문에는 끝이 없듯, 이런 인생의 경이에 대한 나를 비롯한 다른 사람들의 진실하고 직접적인 인식에도 끝이 없을 것이다.

더 넉넉해진 내 마음에는 다양한 정서들이 담겨 부정정서와 긍정정서가 폭넓게 융화될 수 있는 공간이 생겼다. 이 적절한 혼합은 나로 하여금 다시 시작할 수 있도록 도와주었다. 그것은 큰 그림에 대한 시야를 잃지 않고 순간순간의 요구에 대응하도록 해주었으며, 인정을 받아들일 뿐만 아니라 실천하도록 했고, 또한 그 어느 때보다 더 활기차게 이번 장을 쓸 수 있도록 해주었다.

▶정리와 전망

내가 남편의 급작스런 입원으로 여실히 깨닫게 된 것처럼, 역경은 피할 수 없는 일이다. 고난에 대한 대응 방식은 기본적으로 두 가지가 있는데, 그것은 바로 절망과 희망이다.

절망 속에서는 부정정서가 배가 된다. 두려움과 불확실성은 스트레스로 변할 수 있으며, 스트레스는 가망 없는 슬픔으로 변이될 수 있고, 그것은 다시 수치심을 일으킬 수 있다. 이 무섭게 자라나는 부정정서보다 더 나쁜 것이 절망이다. 절망은 모든 형태의 긍정정서를 질식시키고 틀어막는다. 긍정정서가 소멸되면 타인과 진정으로 연결될 모든 가능성이 사라진다. 절망은 우리를 나락으로 인도할 내리막길로 가는 문을 연다.

희망은 이와 다르다. 그렇다고 희망이 절망의 반대인 것은 아니다. 희망은 사실 부정정서를 또렷하게 인식한다. 하지만 중요한 것은, 희망이 우리 안에 있는 긍정정서를 더 많이 일깨운다는 점이다. 아무리 작은 희망의 불씨라도 우리로 하여금 사랑과 감사, 영감 등의 정서를 느끼도록 해주는 발판이 될 수 있다. 그리고 이 따뜻하고 부드러운 느낌은 우리의 사고와 마음을 열어주고, 다른 사람과 연결될 수 있도록 해준다. 이처럼 희망은 우리가 고난을 딛고 일어나 전보다 더욱 강하고 유능한 모습으로 변화할 힘을 불어넣어줄 오르막길로 가는 문을 열어준다.

긍정정서의 선물을 유전적으로든 직관적으로든 다른 사람들에 비해 더 잘 이해하는 사람들이 있다. 우리는 그런 사람들을 회복력이 강하다고 말한다. 그들은 역경 앞에서도 웃을 줄 알며, 불행한 사건들을 기회로 바꾸고, 미래의 위협에 대해서는 관망하는 태도를 취한다. 그렇다고 그들이 나쁜 정서를 전혀 느끼지 않는다는 뜻은 아니다. 그들도 누구나처럼 고통을 느낀다. 그러나 한편으로 위기 속에서도 좋은 정서를 배양하는 방법을 찾기 때문에, 그들의 나쁜 정서는 그리 오래 지속되지 않는다. 그들은 금세 다시 일어선다.

우리는 누구나 회복력 강한 사람이 될 수 있다. 긍정정서는 누구나 타고난 선천적인 능력이다. 그것은 우리가 먼 옛날 조상들로부터 물려받은 복잡한 인간성 중 일부이다. 회복력은 선택받은 소수를 위한 것이 아니라 대중을 위한 것이다. 그것은 평범한 마법이다.

이제 긍정정서가 주는 혜택 — 암담한 상황에서도 여전히 효과를 발휘하는 혜택 — 을 알았으니, 당신은 그 어느 때보다도 진정한 긍정정서에 마음을 열 충분한 이유가 있다. 최악의 상황이 염려될 때에도 긍정정서를 환영하라. 긍정정서를 찾기에는 세상이 너무 삭막하게 느껴진다면, 이웃과 사랑하는 사람들, 그리고 소중한 추억들에 기대라. 긍정정서가 피어나는 곳 어디든 마음을 열라. 긍정정서가 당신을 소생시키고 재건하도록 하라. 그러면 당신도 다시 일어서게 될 것이다.

긍정정서에는 일정한 방향성이 없다. 그것은 일직선으로 진행하기보다는 통통 튀고, 나선형으로 휘어 나가고, 꼬이고, 회전한다. 긍정정서의 운동 범위가 이처럼 역동적이고 복잡하기 때문에, 긍정정서의 과학에 접근할 때에도 마찬가지로 역동적이고 복잡한 접근법이 요구된다. 다음 장에서 나는 그런 새로운 접근법을 착안하게 된 경위를 설명할 것이다.

제3부

긍정정서의 비율

7장
긍정정서의 비율

사람들은 천사가 날개가 있어 난다고 생각한다.
천사가 나는 건 그들이 스스로를 가볍게 여기기 때문이다.
– 작자 미상

1장에서 긍정정서 비율을 소개하면서 나는 거기에 '티핑 포인트'란 것이 있다고 말한 바 있다. 이 말은 정확히 무슨 뜻일까? 티핑 포인트란 무엇일까?

당신이 이미 잘 알고 있는 티핑 포인트의 사례를 떠올려주는 것이 그것을 가장 잘 설명하는 길이리라. 물과 얼음에 대해 생각해보라. 이 친숙하고도 필수불가결한 생명의 물질을 새로운 눈으로 바라보라. 어떤 면에서 볼 때 이 두 가지는 전혀 판판으로 보인다. 얼음은 고체이며 딱딱하고 고정적이다. 물은 액체이고 유연하며 유동적이고 활동적이다. 그러나 여기에는 경이로운 사실이 숨어 있다. 그것은 한 가지 상태를 다른 상태로 바꾸려면 온도만 변화시키면 된다. 섭씨 0도 이상으로 대기의 온도를 높이면, 딱딱하던 얼음이 녹아 흐르는 물로 바뀌는 것이다.

이 사실은 물과 얼음이 화학적으로 동일한 성분으로 되어 있음을 알고 있는 대부분의 성인들에겐 전혀 마술 같은 일이 아닐 것이다. 물과 얼음은 둘 다 분자구조 H_2O로, 수소 두 분자와 산소 한 분자로 이루어져 있다. 그러나 이 흔한 화학적 합성물은 단순한 티핑 포인트의 지배를 받는다. 온도를 변화시킴으로써 한 가지 상태를 다른 상태로 바꿀 수 있는 것이다.

플로리시와 쇠퇴도 이와 유사한 특성을 갖고 있다. 긍정정서의 비율을 결정적인 티핑 포인트 이상으로 증가시킴으로써 삶의 정서적 기류를 '따뜻하게 데우면' 플로리시가 시작된다. 섭씨 0도가 열역학에서 특별한 숫자인 것처럼, 3:1이라는 긍정정서 비율도 인간의 심리에서는 마법의 숫자와 같다.

물론 여기에 진짜 마법이 있는 것은 아니다. 그럼에도 나는 경외할 만한 이유가 충분하다고 본다. 세상은 보편적인 자연 법칙의 지배를 받으며, 때로 이 법칙들은 놀라우리만치 단순하다. 복잡해 보이는 인간의 심리도 마찬가지일 수 있다. 어쩌면 우리 인간 역시 이전에 한 번도 명시된 적이 없는 보편적 법칙들의 지배를 받고 있는지도 모른다. 이 법칙들이 우리로 하여금 경직되고 제한적인 쇠퇴의 얼음 덩어리에서 탈출해 보다 유연하고 유동적이며 역동적인 플로리시의 인생으로 나아가는 길을 찾도록 대비시켜 줄 수 있다.

나는 개인적인 믿음에 근거한 주장을 당신에게 받아들이라고 요구하는 것이 아니다. 나는 당신이 과학적 증거에 근거하여 그 법칙을 평가하기를 바란다. 이번 장에서는 그 증거가 어떻게 발견되었는지 설명할 것이다.

중매

긍정정서 비율은 내 좋은 친구이자 미시건 대학교의 동료로, 현재 미시건 대학 로스 경영대학원에 재임 중인 제인 더턴(Jane Dutton) 덕분에 탄생할 수 있었다. 직장 내 대인관계에 대해 선구적인 연구를 한 제인은 또한 자칭 '중매쟁이'이기도 하다. 하지만 그녀는 고독한 사람들을 연결해준 것이 아니라, 전도유망하며 상호연관된 사고를 갖고 있는 사람들을 연결시켜 주었다. 과거 제인은 나에게도 공동 연구자가 될 사람을 연결시켜준 적이 있는데, 그때 나는 그녀의 직관을 신뢰하게 되었다.

2003년 초 나는 마셜 로사다(Marcial Losada)에게서 이메일 한 통을 받았다. 그는 내 「긍정정서의 확장 및 구축 이론」의 수학적 모델 — 비선형동역학(nonlinear dynamics)에 근거한 — 을 개발했다며 나와 이야기를 나누고 싶다고 했다. 나중에 알고 보니, 제인이 그의 연구와 내 연구 사이에 여러 연결 가능한 접점을 보고 그에게 내 연구에 대해 읽어볼 것을 권유한 것이었다. 나는 곧장 답을 하지 못했다. 둘째 아들이 예정보다 몇 주 일찍 태어난지라, 아기를 돌보는 데 여념이 없었기 때문이다.

다행히도 로사다는 인내심 있게 기다리며 우선 자신이 쓴 논문 하나를 내게 보내주었다. 거기에는 그가 예전에 했던 수학적 연구가 어떻게 내 「긍정정서의 확장 및 구축 이론」의 아이디어와 부합하는지에 대한 의견이 담겨 있었다. 나는 호기심이 생겨, 기꺼이 오후 한 나절을 빼서 그를 만났다.

칠레에서 나고 자란 로사다는 보통의 학자는 아니었다. 당시에 그는 대학에 있지도 않았다. 나와 같은 미시건 대학교에서 심리학 박사학위를 받긴 했지만, 그것은 내가 그곳의 교수로 합류하기 수십 년 전의 일이었다. 그 사이 그는 오랜 기간 산업계에서 종사한 뒤, 최근에는 은퇴하고 비즈니스 컨설턴트로 일하면서 다시금 그의 열정에 불을 지핀 '집단행동에 관한 수학적 모델링' 연구에 손을 대기 시작한 참이었다.

그와의 첫 만남은 전기가 통하는 듯했다. 당시 아직 발표 전이었던 그의 논문을 읽고, 나는 이것저것 물어볼 것이 많이 생겼다. 그의 수학적 연구를 자극한 데이터를 이해하고 싶었고, 그 수학 자체에 대해서도 더 알고 싶었다. 그의 집 식탁에서 그의 노트북 컴퓨터 — 그가 자신의 이동 연구실이라고 부르는 — 를 놓고 앉아 우리는 몇 시간 동안 이야기를 나누었다. 그는 자신이 맡고 있는 사업팀들의 데이터에 맞는 수학적 모델의 역동적 화면을 보여주었다. 나는 그 안에서 긍정정서와 회복력에 대한 내 과거의 연구뿐만 아니라 인간의 플로리시에 관해 점점 증가하는 관심에 이르기까지 내가 확인한 연계성을 공유했다.

활기찬 토론 끝에 그는 대담한 주장을 했다. 자신의 수학적 연구에 기초해, 플로리시하는 사람과 그렇지 않은 사람 사이를 구분할 정확한 긍정정서 비율을 도출할 수 있다는 것이었다. 나는 이에 대응하여, 그가 그 비율을 발견할 수 있다면 플로리시하는 사람과 그렇지 않은 사람으로 분류할 수 있는 사람들의 정서적 생활에 대한 일일 자료로 그것을 검증해보겠다고 제안했다. 둘 다 이것이 엄청난 발견이 될 수 있음을 직감하고 공동 연구를 다짐했다. 우리의 공통된 목표는 이 비율을 발견하여 검증한 뒤, 그 데이터가 유효하다면 함께 논문을 쓰는 것이었다.

수주에 걸쳐 로사다의 수학과 내 이론 및 자료 사이의 일치는 계속해서 우리를 놀라게 했다. 나는 이 급작스런 연구 방향의 전환을 위해 주변 정리를 좀 할 필요가 있었다. 그 연구에 온당한 대우를 해주길 원했기 때문이다. 고맙게도 존 템플턴 재단 덕분에 다음 학기에 작은 안식년을 쓸 수 있었다. 그로써 나는 학생들을 가르치는 임무에서 벗어나, 로사다가 소개한 동적 체계의 과학에 전념할 수 있었다. 나는 여기서 나온 전망을 긍정심리학에 도입하는 임무를 맡았다. 이제 당신과 그것을 공유하고 싶다. 당신은 이미 긍정정서가 사고를 확장시키며(4장), 최상의 미래를 구축하고(5장), 회복력을 신장시킨다(6장)는 것을 알고 있다. 이제는 어떻게 긍정정서와 부정정서가 협력하여 당신의 삶을 플로리시로 인도하는지에 대해 탐구해보기로 하자. 먼저 긍정정서에 대한 로사다의 발견을 살펴보자.

회의실의 나비

다년간 기업에서 일하며 마셜 로사다는 실적이 좋은 사업팀들의 특징을 연구했다. 그의 임무는 실적이 떨어지는 팀들의 성과가 개선되도록 돕는 것이었다. 이 작업의 일환으로 그는 여러 사업팀들의 행동 양상을 포착하기 위해 특별히 고안한 실험실을 만들었다. 실험실은 겉보기에 보통의 회의실과 다를 바 없이, 커다란 테이블 주위에 큼지막한 의자들이 둘러진 모습이었다. 회사 내의 다양한 팀들이 이 방에 와서 사업적 구상을 하고 전략적 계획을 짰다. 그러나 한 가지 다른 점은 이 회의실 벽들에 맞은편에서 들여다볼 수 있는 거울이 설치되어 있다는 점이었다. 벽 뒤편에서는 로사다의 연구보조원 팀이 캠코더와 특별히 프로그램된 컴퓨터를 갖추고 대기하고 있었다. 로사다는 이들에게 장비를 활용하여 1시간의 회의 시간 동안 회의 참석자 개개인이 하는 모든 발언을 크든 작든 관찰하고 코드화하도록 훈련시켰다. 로사다는 여기서 세 가지 면을 특별히 주의 깊게 살폈다. 사람들의 발언이 (1) 긍정적인지 부정적인지, (2) 자기중심적인지 타인중심적인지, (3) 조사(질문)에 기반을 둔 것인지 변호(관점 옹호)에 기반을 둔 것인지가 그것이었다.

1990년대 중반까지 60개 팀의 행동이 로사다에 의해 관찰되고 코드화되었다. 추후 독자적인 데이터에 기초해, 그는 이 팀들 중 어떤 팀이 고실적군으로 분류될 수 있는지 확인했다. 25퍼센트가 이 범주에 해당했다. 그 팀들은 세 가지 명확한 사업상의 지표들인 수익성, 고객 만족도, 상사나 동료 및 부하직원에 의한 평가 면에서 높은 점수를 기록했다. 어느 모로 보나 이 팀들은 잘해내고 있었다. 그야말로 플로리시하고 있었다. 그들은 수익을 낼 뿐 아니라, 누구에게나 좋은 평판을 들었다.

이와는 극히 상반되게, 약 30퍼센트는 세 가지 사업상 지표에서 한결같이 낮은 점수를 받았다. 이 팀들은 딱 보기에도 버둥거리고 있었다. 수익도 못 내고 하는 일마다 불만을 샀다. 나머지는 일부 지표에서는 좋은 점수를 받고 일부 지표에서는 그렇지 않은 혼합된 양상을 보였다. 로사다가 만난 대부분의 팀이 성공과 실패가 뒤섞인 특징을 보인 것은 어쩌면 당연한 일일 것이다.

로사다는 전체 회의 과정의 데이터를 작은 시간 단위로 일일이 세분했다. 또한 각 팀원이 다른 팀원들의 행동에 얼마나 많은 영향을 미치는지 정량화하고, 이 새로운 변수를 팀의 연계성이라 칭했다. 연계성은 팀원들이 서로에게 얼마나 잘 동조하거나 반응하는지를 반영한다.

추후 팀들을 실적에 따라 상중하로 나누어 보니, 긍정정서 비율에서 두드러진 차이점이 나타났다. 고실적군의 팀들은 약 6:1의 이례적으로 높은 긍정정서 비율을 보였다. 반대로 실적이 낮은 팀들은 1:1에도 못 미치는 비율을, 중간 실적의 팀들은 이보다 약간 나은 약 2:1의 비율을 보였다.

고실적 팀들은 또한 연계성도 더 높았으며, 다른 면들에서도 이에 뒤지지 않았다. 그들은 자신의 의견을 피력하는 만큼 질문도 많이 했으며, 관심을 안으로 기울이는 만큼 바깥으로도 많이 기울였다. 저실적 팀들은 이보다 훨씬 낮은 연계성을 보였으며, 질문을 거의 하지 않았고, 좀처럼 바깥으로 관심을 기울이지 않았다. 중간 실적 팀들은 마찬가지로 중간 정도의 성향을 보였다.

시간대별로 분할된 데이터에서 서로 얽히고설킨 관계들을 주의 깊게 관찰하면서, 로사다는 어떤 수치가 향후 다른 수치의 변화를 예고하는지 포착했다. 그리고 마침내 자신이 관찰한 동역학을 표현하는 수학적 방정식들을 작성하기에 이르렀다.

로사다의 방정식들은 이 사업팀들의 행동 전개가 복잡계(complex system) — 보다 구체적으로 비선형동역학 — 를 반영한다는 것을 증명했다. 비선형동역학계의 대표적인 특징은 널리 알려진 '나비 효과'라는 용어에서 찾아볼 수 있다. 그것은 아주 사소하게 보이는 일 — 나비의 여린 날갯짓처럼 ─ 이 나중에 다른 곳에서 엄청나게 큰 변화를 가져올 수 있음을 뜻하는 말이다. 나는 긍정정서를 그런 나비의 날갯짓으로 생각하게 되었다. 나비의 날갯짓처럼 작은 긍정정서가 결과적으로 놀라우리만치 엄청난 변화를 가져올 수 있기 때문이다. 이밖에 달리 어떤 방식으로 오늘의 미미하고 일시적인 선의가 우리의 인생 경로를 재설정하고 수명을 증가시킬 거대한 긍정정서 폭포의 발원지가 될수 있겠는가?

나비는 다른 곳에도 모습을 나타냈다. 로사다가 고실적 팀들의 좌표들을 사용해 그의 수학 모델을 가동하자, 그 궤적이 복잡계를 연구해온 사람들에게 친숙한 고전적인 나비 모양의 끌개(attractor)를 따라 소용돌이치고 튕기고 꼬이고 회전했다.

그렇게 나비는 로사다의 회의실에도 내려앉았다. 그것은 플로리시하는 고실적군 사업팀들의 동역학을 대표했으며, 이 나비의 날개는 컸다. 날개의 높이는 로사다가 고실적군 팀들에서 발견한 높은 긍정정서비율을 반영했고, 날개의 너비는 이 고실적군 팀들이 질문과 자기 옹호 모두에서 보인 넓은 범위를 반영했다. 나비의 전반적인 구조는 매우 독창적이어서, 그 궤적이 결코 뒤로 후퇴하는 법이 없었다. 이 고실적군 팀들의 행동이 항상 새롭고 창의적이었다고 말해도 좋을 정도이다. 물리학과 수학에서, 이런 궤적은 '혼돈 끌개(chaotic attractor)'로 알려져 있다. 그러나 여기서의 '혼돈'은 일상적 쓰임에서처럼 무작위적이라거나 예측 불가능하다는 뜻이 아니다. 거기에는 분명한 질서가 있다. 단지 순서가 아주 복잡할 뿐이다.

그런데 로사다가 중간 실적 팀들의 변수들을 사용하여 그의 모델을 가동했을 때에는 다른 결과가 나왔다. 시작한 구조는 플로리시하는 팀들의 모델과 흡사했지만, 그들의 궤적에서는 나비의 크기가 훨씬 작았다. 이 줄어든 높이는 로사다가 이 팀들에서 발견한 낮은 긍정정서 비율을 반영했다. 그리고 날개의 좁은 폭은 마찬가지로 질문과 자기 옹호의 좁은 범위를 반영했다. 하지만 더욱 두드러진 차이는 이 작은 나비가 기운이 없다는 데 있었다. 나비는 크게 활개 치지 못하고, 극도의 부정정서와 마주친 연후 물리학과 수학에서 '한계 순환(limit cycle)'이라고 일컫는 것으로 빠져들었다. 즉, 그 궤적이 쳇바퀴 속에 갇혀버렸다. 또 이 쳇바퀴가 자리 잡은 위치는 중간 실적 팀들이 어디에 고착되는지 보여주었다. 그것은 바로 부정적이고 자기중심적인 옹호였다. 이는 극도의 부정정서가 그들에게 쾌활함과 융통성, 질문하는 능력을 잃게 했음을 암시한다. 그들은 하나같이 자신의 입장만 옹호하고 다른 모든 사람들에게 비판적으로 구는 무한 순환 속에 갇혔다. 이들 팀의 회의에서는 팀원들이 더 이상 진정으로 다른 사람의 말에 귀를 기울이지 않는다고 해도 과언이 아니다. 그들은 그저 자기 차례가 되기를 기다렸다가 자신의 의견만 개진한다. 모두가 그런 태도를 취할 때, 팀 회의에서 아무런 성과도 얻지 못하는 것은 당연한 일이다.

마지막으로 로사다가 낮은 실적 팀들의 변수들을 사용해 자신의 모델을 가동했을 때에는, 더욱 판이한 결과가 나왔다. 여기서는 아예 나비 자체가 나타나지 않았다. 그들은 고실적 팀들에서 뚜렷하게 보이는 나비의 복잡하고 생산적인 동역학을 전혀 보이지 않았다. 애초에 시작하기를 그들은 중간 실적 팀들의 궤적이 마지막에 고착되었던 — 부정정서와 자기중심적인 옹호에 빠져, 자신들의 견해만을 옹호하고 다른 사람들의 의견에는 비판이었던 — 자리에서 시작했다. 로사다는 이 팀들이 가장 낮은 긍정정서 비율을 가지고 있으며, 질문을 하거나 바깥으로 관심을 기울이는 경향이 거의 없음을 발견했다. 그러나 무한 순환에 고착되는 것보다 더 나쁘게, 이들 저실적 팀들의 동역학은 물리학과 수학에서 '고정점 끌개(fixed-point attractor)'라 부르는 것의 특징들을 보였다. 즉, 그 궤적이 정지해 있는 한 점을 향해 나선형으로 추락했다. 이는 그들이 결국에는 융통성을 완전히 잃어버리게 된다는 것을 암시한다. 막다른 곳에 부딪히고 마는 것이다.

똑같은 조합의 수학적 방정식들이 투입에 따라 매우 다른 세 가지 구조로 귀결되었다. 그 중에 오로지 한 구조 — 고실적 팀들을 그리는 구조 — 만이 복잡성과 무한한 융통성을 지녔으며, 나머지 둘은 그렇지 않았다. 비선형동역학계의 가치는 이처럼 그것이 결과의 정도뿐만 아니라 종류의 차이도 잘 포착하는 데 있다. 고실적 팀들은 저실적 팀들에 비해 단순히 '더 낫고 더 잘하는' 것이 아니었다. 그들의 집합적인 시너지는 그들에게 전혀 다른 운명을 안겨주었다. 다른 팀들이 압력에 쉽게 굴복한 반면, 이 팀들은 계속 나아갔다. 그들은 새로운 질문과 아이디어로 다시 일어섰다. 그리고 높은 긍정정서 비율로 기운찬 상태를 유지했다. 이 나비는 더없이 활기찼다.

로사다의 연구에서 내가 특히 마음에 들어 하는 점은, 그것이 내「긍정정서의 확장 및 구축 이론」의 두 가지 핵심 진리를 수학적 언어로 변환해준다는 점이다. 4장에서 기술한 긍정정서의 첫 번째 핵심 진리 — 긍정정서는 우리를 열어준다(긍정정서는 우리의 사고와 마음을 확장시킨다) — 와 합치되게, 로사다의 수학 모델은 긍정정서가 어떤 식으로 질문하기나 밖으로의 관심과 나란히 진행하는지 보여준다. 다시 말해, 새로운 아이디어에 가장 열려 있었던 이들은 로사다의 고실적 팀들로, 그들은 열린 사고들이 모인 집단이 무엇을 성취할 수 있는지에 대한 하나의 증거였다. 그리고 5장에서 소개한 긍정정서의 두 번째 핵심 진리 — 긍정정서는 우리를 더 나은 쪽으로 변화시킨다(긍정정서는 우리의 자원을 구축해준다) — 와 일치하게, 로사다의 수학 모델은 긍정정서에 어떻게 더 큰 사회적 자원들이 따르게 되는지 보여준다. 즉, 긍정정서가 증가함에 따라 팀 내의 연계성이나 조화도 증가했다. 긍정정서가 높을 때 팀원들은 다른 사람들에 대한 반응을 더 잘 보였다. 또한 이 두 번째 핵심 진리에 합일되게, 로사다의 수학 모델은 긍정정서가 어떻게 좋은 성과 및 사업상 성공과 연계되는지 보여준다. 마지막으로 로사다의 수학 모델은 6장에서 설명한 내 연구 결과 — 긍정정서는 역경을 딛고 일어서도록 돕는다 — 도 보여준다. 긍정정서가 높은 팀들은 보다 융통성 있고 회복력이 좋았다. 그들은 결코 비판적이고 자기중심적인 옹호에 빠지지 않았다.

이처럼 로사다와 내 평생의 연구는 서로를 놀라우리만치 기막히게 보완한다. 긍정정서에 대한 로사다의 연구가 매우 묘사적이며 수학적이라면, 반대로 내 연구는 진화론에 근거했으며 실험으로 뒷받침된 것이다. 따라서 로사다의 연구가 긍정정서에 대한 인과적 주장을 입증할 수 없었던 반면, 내 연구에서는 그것이 가능했다. 그것이 묘사적 연구와 실험적 연구의 차이점이다. 하지만 로사다의 연구는 내가 내 이론과 자료만으로는 상상밖에 할 수 없었던 신천지를 개척했다. 그것이 수학적 모델링의 독보적인 특징이다. 두 가지 학문적 색채를 융합함으로써 로사다와 나는 긍정정서에 관한 전혀 새로운 그림을 그리게 되었다.

실험에서 밝혀낸 긍정정서 비율

로사다의 수학적 연구로 인해 더해진 가치를 보다 제대로 평가하기 위해서는, 물리학과 수학에서 '제어 매개변수'라 부르는 것에 대해 알 필요가 있다. 제어 매개변수는 계(系, 시스템)의 운명을 결정짓는 핵심이다. H_2O가 고정된 얼음의 상태를 유지할지 유동적인 물의 상태를 유지할지를 대기의 온도가 결정짓듯이, 로사다의 제어 매개변수는 그의 사업팀들이 쳇바퀴 속에 머물지 창창한 성공가도를 달릴지의 운명을 결정지었다.

나비 모양에 커다란 차이를 불러오는 곳이 바로 이 지점이다. 나비 모양의 궤적이 발견된 것은 이미 오래 전 이야기다. 이 나비는 40년이 넘도록 물리학과 수학 학술지에 등장해왔으며, 수많은 과학자들과 수학자들이 나비가 대변하는 수학적 체계를 이해하는 데 경력의 일부분을 할애해왔다. 한 예로, 이 체계 안에서 정확한 수치상의 티핑 포인트는 이미 발견되었다. 이 수치 미만일 때에는 쳇바퀴(한계 순환)와 막다른 지점(고정점 끌개)에 귀착된다. 이 수치 이상일 때에는 찬란한 복잡성을 띤 나비가 튀어나온다. 놀라우리만치 단순한 원리다. 이 단순한 숫자에 향방이 갈리는 것이다. 이것이 티핑 포인트의 위력이다.

로사다의 제어 매개변수는 그가 여러 팀원들 사이에서 관찰한 연계성 — 서로에게 반응하고 동조하는 정도 — 이었다. 간단한 대수학을 통해 그는 이것을 팀들이 표현한 긍정정서 비율로 변환했다. 이것이 그가 갈림길을 표시하는 정확한 긍정정서 비율을 끄집어낸 방식이다. 이 특정 비율 이상에서는 플로리시의 복잡한 동역학이 나타났으며, 이 비율 이하에서는 누구나 피하고 싶어 하는 영역인 쇠퇴의 한계 순환과 실패의 고정점 끌개가 나타났다. 로사다의 수학 모델에 따르면, 그 마법의 긍정정서 비율은 정확히 2.9013:1이다.

그러나 수학자가 아닌 우리들에게, 이 숫자는 필요 이상으로 정확한 경향이 있다. 순전히 실용적 의미에서 나는 이 수치를 3:1로 단순화해 말하기를 좋아한다. 사실, 수학적으로 2.9012와 2.9013의 차이는 엄청나다. 수학의 세계에서 티핑 포인트들은 종이 한 장 차이로 갈린다. 그러나 우리는 비순수성과 부정확성의 세상에 산다. 이를 테면, 이론상으로는 얼음의 녹는점이 섭씨 0도이지만, 겨울철 보도에서 이 미끄럽고 위험한 물질을 제거해본 사람이라면 누구나 알 수 있듯이 얼음의 정확한 녹는점에는 공간의 불순도(예컨대, 소금기 있는 바다)와 측정 도구(예컨대, 가정용 온도계)의 부정확성이 모두 반영된다. 비록 나 같은 학자들이 정서를 세밀히 측정하기 위한 연구를 해오긴 했지만, 당신이 가정에서 사용하는 요리용 온도계만큼 정확한 측정 도구는 제공할 수 없다고 말하는 것이 온당할 것이다. 그러므로 나는 가정에서 실용적인 목적으로 시도할 때, 긍정정서 비율의 티핑 포인트를 3:1로 생각해도 무방할 것이라는 데 당신이 동의해주리라 생각한다.

티핑 포인트의 검증

로사다의 수학적 연구 결과는 긍정정서 비율이 3:1을 넘어야만 플로리시의 씨앗을 뿌릴 만큼 충분한 긍정정서가 공급된다는 과감한 예측으로 이어졌다. 나는 이 새로 발견된 티핑 포인트 수치를 독자적으로 검증했다. 그런데 로사다의 발견은 팀 단위 — 좋을 때나 궂을 때나 함께 일하는 사람들의 집단 — 에서 이루어진 것이었다. 나는 이 티핑 포인트가 개인들에게도 적용될 수 있을지 궁금했다. 실제로, 플로리시하는 사람들은 3:1보다 높은 긍정정서 비율을 지니고 있을까? 쇠퇴하는 사람들의 긍정정서 비율은 3:1 이하일까?

나는 이 티핑 포인트를 검증해볼 수 있는 두 가지 데이터 세트를 확보했다. 각각의 연구에서 나는 먼저 사람들에게 최초 설문에 응답하도록 하여, 그로부터 사람들의 정신적 건강 상태가 플로리시 쪽에 있는지 쇠퇴 쪽에 있는지를 진단할 수 있었다. (플로리시하는 사람들이 드문 편이라는 점을 유념하라. 5명 중 겨우 1명만이 이 범주에 들었다.) 그런 다음에는 모두에게 이후 4주 동안 날마다 정서적 경험을 보고해줄 것을 요청했다. 매일 밤 그들은 이 책에서 추후 설명할 것과 상당히 유사한 '긍정정서 자가진단 테스트'의 20개 항목에 답했다.

각각의 날에 나는 그들이 경험한 긍정정서의 점수를 합산했다. 긍정정서와 부정정서 사이의 중대한 차이를 보완하기 위해, 나는 긍정정서와 부정정서에 서로 다른 계산법을 적용할 필요가 있었다. 우리가 좋은 것보다 나쁜 것에 훨씬 더 민감하게 반응한다는 사실은 각종 연구들에서 확실히 입증된 것이다. 당신도 스스로의 경험으로 미루어 이 사실을 충분히 받아들일 수 있으리라 생각한다. 학자들은 이를 '부정 편향(negativity bias)'이라 부른다. 그러나 강도에서의 이러한 차이 외에 빈도에서도 상당한 차이가 나타난다. 특별히 정신적으로 질환이 있는 상태가 아니라면, 우리는 인생 대부분의 순간을 그럭저럭 괜찮다고 받아들인다. 어쩌면 놀라울 정도로 기분 나쁜 순간이 적을지도 모른다. 학자들은 이를 '긍정 상쇄(positivity offset)'라 부른다.

이에 바탕을 둔 계산법으로 나는 각 사람의 일일 긍정정서 비율을 계산하고 한 달간의 평균을 냈다. 식단과 마찬가지로 긍정정서에서도 하루가 아닌 장기간에 걸친 긍정정서 비율이 중요하다고 생각했다. 그래서 나는 각 사람의 한 달간의 긍정정서 총계를 한 달간의 부정정서 총계로 나누었다. 이 방식에서는 0으로는 나눌 수 없는 근본적인 문제점도 제거되는 이점이 추가되었다. 어느 날 하루에는 주목할 만한 부정정서가 없을 수 있다 하더라도(그날의 긍정정서 비율을 계산하기 불가능하도록), 한 달 전체에서 주목할 만한 부정정서가 없는 경우는 찾아볼 수 없기 때문이다.

그 결과 놀랍게도, 두 가지 서로 다른 데이터 세트 모두에서 플로리시한 사람의 평균 긍정정서 비율은 3:1 이상으로, 쇠퇴한 사람들의 비율은 3:1 미만으로 나타났다. 더 정확히 말하자면, 한 데이터 세트에서는 플로리시한 사람들의 긍정정서 비율이 3.2:1이었고 다른 데이터 세트에서는 3.4:1이었다. 반면에, 쇠퇴한 사람들의 긍정정서 비율은 각기 2.3:1과 2.1:1로 나타났다. 플로리시하는 사람과 쇠퇴하는 사람의 긍정정서 비율들은 로사다의 수학 모델에서 예측되었던 것처럼 각기 티핑 포인트의 반대편에 위치했다. 절대다수 사람들의 긍정정서 비율이 표준적인 긍정정서 상쇄를 반영하여 약 2:1 주변에 몰린 것으로 미루어, 실제로는 이들이 대부분의 순간을 긍정적으로 느꼈다고 볼 수 있다. 그러나 이 정도로는 플로리시의 씨앗을 뿌릴 만큼 충분하지 않았던 모양이다. 플로리시한 소수의 사람들의 경우에만, 긍정정서 비율이 3:1을 넘어섰다.

확실한 지지

내 연구는 로사다의 수학 모델에만 지지를 받는 것이 아니다. 한 예로, 세계적으로 선도적인 결혼학 전문가인 존 가트맨(John gottman)의 연구 내용을 살펴보자. 가트맨은 결혼한 부부들의 정서적 역학 관계를 연구하는 데 평생을 헌신한 결과, 결혼생활을 지속적이고 서로에게 만족스러운 것이 되도록 만드는 양상들과 이혼을 향해 치닫게 하는 양상들을 밝혀냈다. 나는 아주 오래 전부터 가트맨의 연구 프로그램을 알고 있었다. 심지어 박사과정을 마치고 UC 버클리에서 연구원으로 있던 1990년대 초반에는, 그 연구의 일부분에 공동 연구자로 참여하기도 했다.

가트맨은 부부들을 자신의 연구실로 초대하는 특유의 방법으로 결혼생활에 대한 자료를 수집했다. 로사다의 연구실이 회의실 같았다면, 가트맨의 연구실은 일반 가정의 거실 같았다. 그곳에서 그는 부부들에게 집에서 하듯이 편안하게 서로 대화를 나누도록 요청했다. 그리고 마지막에는 고질적 갈등 — 현재 그들 사이에 상당한 불화를 조장하는 사안들 ─ 에 대해 이야기하도록 유도했다. 어떤 부부들에게는 돈이 주된 문제였고, 다른 부부들에게는 자녀 양육 문제가 중심 화제였으며, 또 어떤 부부들에게는 대가족에서 발생하는 갈등이 핵심이었다. 각 부부는 저마다 자기들만의 쟁점 사안들을 선정했다.

가트맨은 여기에서 광범위한 자료를 수집했다. 작은 센서들을 사용해 대화 중 부부들의 심박수와 땀샘의 활동 및 기타 생리학적 변화를 측정했으며, 신중하게 위치시킨 비디오카메라로 부부들 간의 언어적 · 비언어적 의사소통을 방해 없이 포착했다. 또 개인별로 폭넓은 설문조사를 실시해 이 자료들을 보완했다. 그리고 마지막에는 이 부부들과 계속 연락을 취하며 어느 부부가 그 이후 계속 행복하게 잘 사는지, 어느 부부가 결국에는 헤어지는지를 추적했다. 이 엄청난 양의 자료를 검사하면서 가트맨은 결혼의 긍정정서 비율을 계산하는 여러 가지 방법을 개발했다. 때로는 로사다처럼 부부들이 서로에게 하는 모든 말들을 분류하기도 하고, 때로는 관찰 가능한 몸짓과 표정을 일일이 구분하기도 했다.

가트맨은 연구 결과를 토대로 최종적으로 부부들을 두 그룹으로 나누었다. 한 그룹은 혼인관계가 지속되었으며, 양쪽 배우자 모두 결혼생활을 만족스럽게 생각한 부부들로 이루어졌다. 다른 그룹은 결국 헤어졌으며, 배우자들이 서로에게 불만족하고 소원해진 결과 끝내 별거하거나 이혼하게 된 부부들로 이루어졌다. 여기에서 가트맨이 발견한 사실은 주목할 만하다. 플로리시하는 부부관계에서는 긍정정서 비율이 약 5:1에 달했지만, 반면에 갈등에 시달리거나 헤어진 부부들은 1:1 미만의 긍정정서 비율을 보인 것으로 나타난 것이다. 가트맨이 로사다의 수학 모델을 검증하려고 이 연구를 수행한 것은 아니었지만, 그럼에도 그의 연구 결과는 그것을 지지하는 모양새가 되었다.

이런 사례는 또 있다. 다음 주자는 로버트 슈워츠(Robert Schwartz)이다. 임상 심리학자인 슈워츠는 최적의 긍정정서 비율을 약 4:1로 제안하는 불 대수에 근거하여 독자적인 수학적 모델을 개발했다. 이와 비교해 그는 대부분의 사람들이 지니는 보통의 긍정정서 비율을 약 2:1로, 우울증 환자 같은 사람들이 지니는 병적인 긍정정서 비율을 1:1 미만으로 제시했다.

자신의 수학 모델에서 도출된 수치가 현실 세계에 부합하는지 시험하기 위해, 슈워츠와 그 동료들은 우울증 치료를 받고 있는 많은 환자들의 결과를 추적했다. 환자들은 확고한 과학적 증거에 근거해 인지행동 치료나 약물 치료를 받은 이들이었다. 이들은 매주 치료 전과 치료 도중에 그들의 정서 상태에 대한 설문조사를 받았다. 또 2주에 한 번씩 개선 상황을 정량적으로 산출하기 위해 별개의 임상의들에게 평가를 받았다. 이 임상의들은 환자들의 치료나 간호에는 개입하지 않은 사람들이었다.

슈워츠와 그 동료들은 몇 점이 평균을 가리키며, 몇 점이 우울증으로부터 완전히 벗어났음을 표시하는지에 대해 미리 합의해두었다. 완치로 여겨지려면 환자들은 최소한 4주 연속 우울증의 징후를 보이지 않아야 했다. 더 나아가 최적의 완치에 대한 보다 엄격한 기준을 충족하기 위해서는, 여기에 더해 전보다 더 나은 생활을 영위하고 있다는 분명한 징후도 보일 필요가 있었다. 요컨대, 그들은 미국 정신과협회가 최적의 인간 기능 ─ 다방면의 활동에서 우수한 기능 수행, 삶의 문제들을 감당할 수 없을 것 같지 않음, 많은 긍정적 특질들로 인해 다른 사람들에게 환영받음, 병적 증상 없음 — 으로 규정한 것을 구현할 필요가 있었다.

치료가 시작되기 전에 슈워츠와 동료들이 조사한 환자들의 긍정정서 비율이 0.5:1로 지극히 저조했던 것은 당연한 일이다. 그런데 최적의 완치를 보인 일부 환자들에서는 그 비율이 4.3:1로 치솟았으며, 그저 평균적인 완치를 보인 조금 더 많은 환자들에서는 긍정정서 비율이 2.3:1이었다. 그러나 안타깝게도 훨씬 더 많은 환자들이 전혀 우울증에서 회복된 기미를 보이지 않았다. 이들의 긍정정서 비율은 거의 꿈쩍도 하지 않은 0.7:1이었다. 여기서도 슈워츠는 그저 자신의 수학 모델을 검증하기 위한 자료를 수집한 것이지만, 그의 연구 결과 역시 로사다의 수학 모델을 명백하게 지지한 셈이 되었다.

이러한 일치성은 주목할 만하다. 개인이든 부부든 사업팀이든, 플로리시하는 사람들은 모두 3:1 이상의 긍정정서 비율을 지니고 있었다. 반대로 우울증을 극복하지 못한 사람들이나 결혼생활에 실패한 부부들, 평판이 좋지 않거나 수익을 내지 못한 사업팀들은 모두 긍정정서 비율이 1:1에도 미치지 못했다.

로사다와 가트맨, 슈워츠와 내가 완전히 독자적으로 제각기 다른 측정법과 접근법을 사용해 자료를 수집했음에도 같은 결과가 나타날 만큼, 긍정정서 비율과 플로리시 사이의 결속력은 매우 강력했다. 여기서 내가 무엇보다 흥미롭게 생각하는 점은, 긍정정서 비율과 플로리시 사이의 연관성이 서로 다른 세 가지 인간 단위에서 뚜렷하게 나타났다는 점이다. 따라서 개인이든 부부든 8명으로 이루어진 팀이든, 누구나 긍정정서 비율에 관심을 기울일 만한 가치가 있다. 나는 여기서 한 걸음 더 나아가, 인간의 플로리시가 훨씬 더 큰 규모에서도 — 학교나 회사 같은 조직 및 미국 의회나 유엔 같은 관리 기구, 또는 텔레비전이나 인터넷 같은 문화적 매체에서 — 긍정정서 비율의 티핑 포인트에 관한 이 명백한 법칙을 따를지 자못 궁금하다.

네가 본 건 틀렸어

긍정정서 비율을 티핑 포인트의 대상으로 바라보는 것은 매우 유용한 생각이다. 그것은 왜 이따금 긍정정서의 효과를 보기가 그토록 어려운지를 설명해준다. 이미 학자들은 긍정정서의 효과가 본래 미미하며, 특히나 부정정서에 비해서는 더욱 그렇다는 것을 잘 알고 있다. 그러나 오래도록 나를 괴롭혀온 것은 그 미미한 효과조차 아예 나타나지 않을 때가 있다는 점이었다. 그래서 간혹 나는 긍정정서는 무익한 것이라고 단언하는 많은 비판가들의 딱딱한 얼굴과 마주쳐야 했다. 긍정정서가 마치 교묘한 야바위 노름을 하면서 "네가 본 건 틀렸어"라고 조롱하는 듯했다.

티핑 포인트는 이 짜증스러운 야바위 노름에 숨어 있는 기교를 밝힌다. 긍정정서 비율이 3:1 미만일 때에는 긍정정서가 부정정서의 강한 위세에 눌려 제대로 기를 펴지 못하는 것도 무리가 아니다. 그 비율이 3:1은 넘어야, 긍정정서가 부정정서에 대항하여 극복할 만한 수적인 힘을 얻는다. 결정적인 티핑 포인트에 도달하려면 긍정정서가 어느 정도 모이고 쌓일 필요가 있다. 그제야 비로소 긍정정서의 확장 및 구축 효과가 나타나며, 사람들이 자신의 삶에서 꽃피는 놀라운 긍정정서의 혜택들을 보게 된다.

학생들과 나는 긍정정서 비율에 관해 우리가 했던 질문들을 뒤집어서 다시 검증해보았다. 다시 말해, 좋은 성과를 보이는 사람과 그렇지 않은 사람을 구분하고 나서 그들의 긍정정서 비율을 알아보는 대신, 먼저 긍정정서 비율에 따라 사람들을 구분하고 나서 그들이 좋은 성과를 내는지 추적해보았다. 거기에서 나온 막대그래프 결과는 실로 놀라웠다. 긍정정서 비율이 3:1 미만인 사람들의 경우, 좋은 성과 — 사고의 확장이나 자원의 구축 같은 — 를 나타내는 막대의 높이가 거의 0에 가까웠다. 그들의 긍정정서는 활동을 하지 않아 쓸모가 없었다. 그러나 긍정정서 비율이 3:1 이상인 사람들의 경우에는 성과치의 막대 높이가 상당히 높았다. 그들에게는 긍정정서가 개방성과 성장을 가져왔다. 이들만이 진정으로 달콤한 긍정정서의 열매를 맛본 것이다.

또 다른 티핑 포인트 11:1?

앞서 2장에서 나는 3:1이라는 긍정정서 비율을 다양한 가능성과 성장으로 충만한 플로리시된 삶을 이끌기 위한 처방으로 소개한 바 있다. 3:1, 4:1, 5:1이라는 긍정정서 비율이 좋은 삶을 의미한다면, 부정정서가 아예 없는 것이 더 좋지 않을까? 아니면 한 100:1쯤으로 시원하게 비율을 높이면 어떨까? 이 말에 당장 당신은 고생 없는 삶이란 불가능하며 인간답지도 않다고 반박할 것이다. 어떤 한 개인이나 부부, 또는 팀이 순수하게 긍정정서로만 이루어진 상태에 도달할 수 있을까? 그럴 수는 없을 것이다. 그럼에도 부정정서 없는 삶은 우리가 추구할 만한 가치가 있는 이상일 것이다.

학문적 도구로써 로사다의 것과 같은 수학적 모델이 갖는 이점은, 실제로는 부정정서를 전혀 경험하지 않는 개인이나 부부, 팀을 찾을 수 없다 하더라도 이론적으로는 순수한 긍정정서에 관한 질문들에 대해 답하려는 시도를 해볼 수 있다는 데 있다. 이런 식으로 계산된 플로리시의 상위 한계점은 약 11:1이다. 그 이상에서는 나비 모양 궤적의 복잡하고 풍성한 동역학이 오히려 사라져버린다.

비록 이 두 번째 티핑 포인트는 아직 실생활에서 검증을 거치지 않았지만, 당신은 11:1 이상의 긍정정서 비율은 바라지도 않을 것이다. 나는 이 처방에 실질적인 가치가 있는지 의구심이 든다. 미시건대 정보 대학원의 교수이자 내 친구이며 공동 연구자이기도 한 마이클 코헨(Michael Cohen)이 그러한 생각을 특유의 재치로 잘 표현했다. 그는 나와 한 커피숍에서 이 주제에 대해 논의하면서 이렇게 말했다. "체육관에서 아주 열심히 점프하다 보면 머리를 천장에 부딪칠 수도 있긴 할 거야."

우리가 추구하든 그렇지 않든, 부정정서는 언제나 우리를 찾아낼 방법을 알고 있다. 아무리 열심히 점프한다 해도, 우리는 인생이라는 체육관에서 천장보다는 바닥 쪽에 더 가까이 있을 확률이 훨씬 더 높다.

인생의 여러 영역에서 그렇듯, 많다고 해서 항상 더 좋은 것은 아니다. 긍정정서가 아무리 넘친다 해도 문제는 발생하게 마련이다. 그러나 플로리시의 상위 한계점에는 보다 유용한 교훈이 숨어 있다. 그것은 부정정서 역시 플로리시하는 삶을 위한 요리의 필수 재료라는 것이다. 긍정정서에 관해 말하는 책들을 한번 찾아보라. 어디서든 어김없이 부정정서를 인정하는 것을 보게 될 것이다. '모든' 부정정서가 아니라 '적당한' 부정정서 말이다.

부정정서에 관한 조건을 정하면서 나는 존 가트맨의 선례를 따랐다. 수십 년에 걸쳐 결혼생활을 원만하게 하는 조건을 연구한 끝에, 그는 분노와 갈등에 빠지는 것은 건강하고 생산적인 부정정서가 될 수 있는 반면, 혐오감과 경멸의 표출은 악영향을 미친다고 결론 내렸다. 나는 죄책감과 수치심 사이에 그 같은 커다란 차이가 있다고 본다. 죄책감은 자신이 한 어떤 일이 잘못됐다거나 비도덕적으로 보는 데서 생겨난다. 그것을 해결하는 방법은 명확하다. 잘못된 태도를 고치고 더 낫고 사려 깊은 행동 방식을 찾으면 되는 것이다. 하지만 수치심의 경우에는, 옳지 않거나 비도덕적인 것의 주체가 특정 행위가 아닌 바로 자기 자신이 된다. 다시 말해, 분노와 죄책감은 국지적인 타격을 입히며 그 부정정서에 대한 개선책이 있고 해결이 가능한 반면, 경멸과 수치심은 광범위한 타격을 입히며 그 부정정서가 마구 자라나 온통 시야를 가리고 주변을 에워싸기 때문에 극복하기가 쉽지 않다. 적당한 부정정서는 구체적이고 교정이 가능하지만, 부적당한 부정정서는 종종 근거가 없으며 그 영향이 전반적이다. 가트맨은 후자와 같은 경우를 부정정서의 흡수 상태라 부른다. 그것은 인생의 정서적 직물에 온통 배어들어, 우리를 무시무시한 침체의 늪에서 허우적거리게 한다.

그러므로 긍정정서가 활력을 준다고 해서, 부정정서를 영원히 추방

해야 하는 것은 아니다. 그럴 수는 없다. 인생에선 두려워하고 화내고 슬퍼할 이유들이 끊임없이 생겨난다. 부정정서가 없다면 우리 얼굴은 광대 같은 거짓 웃음을 띤 폴리애나처럼 될 뿐이다. 현실 감각과 진실성을 잃게 된다. 계속 그렇게 지내다가는 조만간 사람들이 하나둘 곁을 떠나가게 될 것이다.

나는 긍정정서와 부정정서의 비율을 중력과 반중력 사이의 신비로운 균형처럼 바라보게 되었다. 반중력은 우리를 공중에 띄우는 보이지 않는 힘이며, 중력은 우리를 땅으로 끌어당기는 상반되는 힘이다. 반중력이 억제되지 않으면, 우리는 땅에서 붕 떠 날아가 버리게 된다. 반대로 중력이 억제되지 않으면, 우리는 땅으로 푹 고꾸라져버리고 말 것이다. 그러나 이 두 가지 상대적인 힘이 적절히 조합되면, 우리는 쓰러지지 않고 가볍고 역동적으로 어디든 달려갈 수 있게 된다. 마찬가지로 적절한 부정정서는 중력처럼 우리를 현실에 발 딛게 한다. 반대로 진정한 긍정정서는 반중력처럼 우리를 활기차게 띄워 플로리시할 준비가 되도록 해준다.

돛단배를 생각해보라. 배에는 커다란 돛대가 솟아 있어, 돛폭이 바람을 받을 수 있도록 한다. 수면 아래에는 묵직하게 배 밑바닥의 중앙을 받치고 있는 용골이 있다. 위쪽의 돛대를 긍정정서에, 아래쪽의 용골을 부정정서에 비유해 볼 수 있다. 항해를 해본 적이 있는 사람이라면, 누구나 용골 없이는 어디에도 갈 수 없다는 것을 알 것이다. 그래봤자 정처 없이 물 위를 미끄러지거나 최악의 경우에는 배가 뒤집히고 말 것이다. 바람을 안고 앞으로 나아갈 수 있는 추진력을 주는 것은 긍정정서란 돛이지만, 배가 경로대로 유지되고 조정될 수 있게 하는 것은 부정정서란 용골이다. 맞바람을 안고 갈 때 용골의 역할이 무엇보다 중요한 것처럼, 적당한 부정정서도 어려운 시기에 매우 중요한 역할을 한다.

마셜 로사다와 그의 집 식탁에서 이 이야기를 처음 했을 때, 그는 뭔가 생각난 듯 벌떡 일어나 다 닳아빠진 자신의 브리태니커 백과사전을 가져왔다. 그러고는 '돛단배'라는 표제어를 찾았다. 바라던 대로 거기에는 작은 돛단배 사진이 있었다(물 밖에 있는 것으로). 그는 자로 돛대와 용골의 길이를 재보았다. 그 비율을 계산하니 놀랍게도 3:1 이상이 나왔다. 우리는 서로 쳐다보며 깔깔 웃었다. 그 발견이 아무리 신기하다 해도, 그것을 학술지에 게재할 수 없음을 너무나도 잘 알았기 때문이다.

▶정리와 전망

마셜 로사다와의 공동 연구에서 나는 플로리시로 가는 통로인 3:1 긍정정서 비율이라는 티핑 포인트를 발견하고 검증했다.

로사다의 수학 모델은 내 「긍정정서의 확장 및 구축 이론」뿐 아니라 다른 여러 연구 결과와도 완전히 일치했다. 더 나아가 그것은 어느 지점까지 긍정정서가 활동을 하지 않으며 언제 부정정서가 필수적인지를 밝혀주었다.

이러한 일치는 학자들이 '지식의 대통합'이라 일컫는 것과 흡사하다. 그것은 나에게 인간다움 — 우리 모두가 공유하고 있는 보편적인 인간의 특질들 — 에 대한 핵심 진리들을 생각하게 한다. 또한 매일 아침 내가 침대에서 나와 연구실로 서둘러 가게끔 유혹한다. 자료를 다시 파헤치고, 긍정정서를 시험할 또 다른 실험들을 궁리하도록 한다.

학문에는 끝이 없다. 나는 인간의 복지에 대해 개인적으로 아주 관심이 많아, 그럴 듯한 이론이나 멋진 수학 공식만으로 우리가 그토록 필사적으로 찾는 해답을 제공할 수 있으리라 쉽게 믿고 안주할 수가 없다.

어떻게 하면 역경을 가장 잘 극복할 수 있을까? 어떻게 하면 최고로 플로리시할 수 있을까?

과학이 긍정정서에 대해 해주는 이야기를 들었으니, 이제는 당신이 몸소 자신의 삶에서 그에 대한 실험을 시작하여 긍정정서 비율을 높이고 낙관성을 찾아낼 때라고 생각한다. 2부에서 그 목표를 달성할 수 있도록 도와줄 것이다.

8장
당신의 긍정정서는
어느 정도인가?

배 맛을 알고 싶다면, 직접 먹어봐야 한다.
— 마오쩌둥

지금 당신의 긍정정서는 어느 정도인가? 긍정정서는 어떻게 측정할 수 있을까? 현재 당신의 긍정정서 비율을 알아보기 위해 다음의 '긍정정서 자가진단 테스트'를 해보라.

긍정정서 자가진단 테스트

지난 24시간 동안 어떤 기분이었는가? 전날을 돌이켜보며 각 문항의 느낌들 중 가장 강하게 경험한 것을 다음의 0~4등급을 이용해 표시해보라.

0 = 전혀 그렇지 않았다
1 = 약간 그랬다

2 = 보통이었다

3 = 꽤 그랬다

4 = 매우 그랬다

1. 웃기거나, 재미나거나, 우스꽝스러운 느낌을 어느 정도나 받았는가? _____

2. 화나거나, 신경질 나거나, 약 오른 느낌을 어느 정도나 받았는가? _____

3. 수치스럽거나, 모욕적이거나, 망신스러운 느낌을 어느 정도나 받았는가?

    _____

4. 경이롭거나, 놀랍거나, 경탄스러운 느낌을 어느 정도나 받았는가? _____

5. 경멸적이거나, 조소당하거나, 무시당한 느낌을 어느 정도나 받았는가? _____

6. 역겹거나, 불쾌하거나, 혐오스러운 느낌을 어느 정도나 받았는가? _____

7. 무안하거나, 겸연쩍거나, 부끄러운 느낌을 어느 정도나 받았는가? _____

8. 은혜롭거나, 감사하거나, 고마운 느낌을 어느 정도나 받았는가? _____

9. 죄책감이 들거나, 후회스럽거나, 비난받아 마땅하다는 느낌을 어느 정도나 받았

    는가?   _____

10. 믿거나, 증오스럽거나, 수상쩍은 느낌을 어느 정도나 받았는가? _____

11. 희망적이거나, 낙관적이거나, 기운 나는 느낌을 어느 정도나 받았는가?_____

12. 고무되거나, 사기충천하거나, 의기양양한 느낌을 어느 정도나 받았는가?

    _____

13. 흥미롭거나, 관심이 가거나, 호기심이 생기는 느낌을 어느 정도나 받았는가?

    _____

14. 즐겁거나, 기쁘거나, 행복한 느낌을 어느 정도나 받았는가? _____

15. 사랑스럽거나, 친밀하거나, 신뢰감이 드는 느낌을 어느 정도나 받았

가?_____

16. 자랑스럽거나, 자신감이 들거나, 자부심에 찬 느낌을 어느 정도나 받았는가?

_____

17. 슬프거나, 우울하거나, 불행한 느낌을 어느 정도나 받았는가? _____

18. 두렵거나, 무섭거나, 겁나는 느낌을 어느 정도나 받았는가? _____

19. 평온하거나, 만족스럽거나, 평화로운 느낌을 어느 정도나 받았는가? _____

20. 스트레스 받거나, 긴장되거나, 부담스러운 느낌을 어느 정도나 받았는가?

_____

긍정정서 비율 계산하기

당신은 위의 〈긍정정서 자가진단 테스트〉에서 각 문항의 범위가 꽤 넓다는 것을 눈치 챘을 것이다. 각 문항에는 서로 연관성은 있지만 완전히 동일하지는 않은 세 가지의 감정이 포함되어 있다. 이와 같이 핵심적인 유사성을 공유하는 정서들을 한 문항에 담음으로써, 짧은 테스트의 정확도를 더욱 높이고자 했다. 그리고 유념해둘 점은, 사람들이 대체로 부정정서 상태와 긍정정서 상태를 서로 다른 강도와 빈도로 경험한다는 사실이다. 부정정서가 더 강렬하게 느껴지는 것은 '부정 편향'이라 불리는 불균형 때문이며, 긍정정서가 더 자주 나타나는 것은 '긍정 상쇄'라 불리는 불균형 때문이다. 긍정정서와 부정정서를 비교할 때는 반드시 이 중요한 차이점들을 고려할 필요가 있다. 전날의 긍정정서 비율을 계산하기 위해서는, 다음의 5가지 단계를 밟으면 된다.

1. 앞의 질문지로 돌아가서 긍정정서를 나타내는 10개 항목에 동그라미를 쳐보자. 웃기거나, 경이롭거나, 은혜롭거나, 희망적이거나, 고무되거나, 흥미롭거나, 즐겁거나, 사랑스럽거나, 자랑스럽거나, 평온하거나로 시작되는 항목들이 그것이다.

2. 앞의 질문지로 돌아가서 부정정서를 나타내는 10개 항목에 밑줄을 쳐보자. 화나거나, 창피하거나, 경멸적이거나, 역겹거나, 당혹스럽거나, 죄책감이 들거나, 밉거나, 슬프거나, 두렵거나, 스트레스를 받거나로 시작되는 항목들이 그것이다.

3. 동그라미 친 긍정정서 항목 중에 2점 이상으로 등급을 매긴 항목들의 수를 세어보라.

4. 밑줄 친 부정정서 항목 중에 1점 이상으로 등급을 매긴 항목들의 수를 세어보라.

5. 긍정정서 항목의 합계를 부정정서 항목의 합계로 나누어 긍정정서 비율을 계산하라. 이날의 부정정서 점수가 0점이었다면, 0으로 나눌 수 없는 문제를 해결하기 위해 대신 1로 나누라. 여기서 나온 결과치가 해당일의 긍정정서 비율을 나타낸다.

이 테스트는 단지 긍정정서 비율의 한 단면만을 제시한다는 점을 명심하자. 모든 사람의 정서는 시시때때로 변화한다. 심지어 정서가 100분의 1초마다 변한다고 말하는 학자들도 있다. 이처럼 정서가 끊임없이 변한다는 사실을 놓고 볼 때, 긍정정서 비율에 대한 한 번의 측정은 딱 그 순간만을 포착할 수 있을 뿐이다. 또한 정서에 관한 한, 어떤 측정 도구도 완전무결한 것은 없다. 설문조사에 의존하든 정교한 생물학적 표지에 의존하든, 정서를 측정할 때에는 다소의 무작위적인 오류나 편향이 포함되게 마련이다. 이 때문에 정서의 연구에는 어려움이 따른다. 그러나 그런 장애가 있다고 손을 놓아버리는 대신, 학자들은 오류를 최소화하고 편향을 조정할 방법을 찾았다.

멀리서 조망하기 : 자주 검사하기

정서의 측정 문제에 대한 한 가지 해결책은 측정을 반복적으로 하는 것이다. 〈긍정정서 자가진단 테스트〉를 아무리 정직하게 완성했다 해도, 오늘 하루의 점수는 미심쩍게 보일 수밖에 없다. 오늘이 전체를 대변할 수 있을까? 아마 그렇지 않을 것이다. 정서는 나날이 달라진다. 그러므로 더 많은 날의 점수를 합산해 평균을 낼수록, 가늠치를 더 신뢰할 수 있게 된다. 이를 테면 땅의 지세를 살필 때, 땅에서 한정된 면적에 국한되어 보는 것보다는 하늘에서 내려다보는 편이 지세를 보다 정확히 파악할 수 있는 방법인 것과 같다. 따라서 하루가 아니라 여러 날에 걸쳐 정서를 측정하는 것이 이상적이다.

보다 정확한 긍정정서 비율의 수치를 얻기 위해, 나는 당신이 평소대로 생활하면서 2주 동안 매일 저녁 비슷한 시간에 새 용지 — 이전에 점수를 매긴 표시가 없는 깨끗한 용지 — 로 〈긍정정서 자가진단 테스트〉를 실시할 것을 권한다. 현재의 정서 상태를 헤아리면서 전날의 응답들을 보고 있을 필요는 없다. (그래서 복사하여 쓸 수 있도록 책 뒤편 부록에 〈긍정정서 자가진단 테스트〉 설문을 따로 첨부해두었다.) 2주가 지나면 전체 기간에 걸친 긍정정서의 수효와 부정정서의 수효를 합계한 다음, 긍정정서 비율을 계산하라. 장기간에 걸친 비율을 계산할 때에는 0으로 나눌 수 없는 문제에 맞닥뜨릴 가능성이 매우 낮다는 이점이 생긴다. 어느 날은 특별히 부정정서를 느끼지 않고 지나갈 수 있겠지만, 그런 추세가 2주 내내 지속될 가능성은 희박하다. 또한 보다 많은 자료에 근거한 것이기 때문에, 이 2주간의 긍정정서 비율은 보다 신뢰할 만하며, 현재 자신의 정서 상태가 어떤지에 대해 보다 정확한 추정치를 제공한다.

이용 가능한 웹사이트

긍정정서 비율의 산출 방식을 이해하는 것은 물론 흥미롭고 유용한 일이지만, 용지를 복사해서 일일이 손으로 점수를 매기는 방식은 규칙적으로 테스트를 실시하기엔 상당히 번거로운 일이 아닐 수 없다. 그렇다면 이 일을 컴퓨터에서 하면 어떨까? 이런 착안에서 나는 당신의 계산을 편리하게 해줄 웹사이트를 따로 만들었다. 이곳을 이용하면 반복적인 측정을 통해 보다 정확한 긍정정서 비율을 산출하는 데 도움을 받을 수 있다. 그런 의미에서 www.positivityratio.com 사이트를 방문해보기를 권한다.

자동 점수 계산 이외에도 당신은 이 사이트에서 주간·월간·연간에 걸친 긍정정서 비율의 변화 양상을 추적할 수 있다. 긍정정서 비율을 높이는 새로운 방법을 실험하게 되면, 그로 인해 어떤 변화가 발생하는지 당연히 알고 싶게 마련이다. 이 웹사이트의 도구들을 활용하면 당신이 기울인 노력의 효과를 추적할 수 있다. 웹사이트의 이용 방법은 다음과 같다. 먼저 아이디와 비밀번호를 정하여 로그인을 한다. 당신의 점수를 내 연구실 데이터베이스에 제공하기로 선택한다면, 몇 가지 개인정보의 제공을 요청받을 것이다. 첫 번째 방문에서 이번 장의 서두에서 소개한 것과 같은 〈긍정정서 자가진단 테스트〉를 완성하고 로그아웃하는 데까지 걸리는 시간은 5분을 채 넘지 않을 것이다. 그이후로는 하루에 1분 정도면 족하다. 이 사이트를 정기적으로 방문해 〈긍정정서 자가진단 테스트〉를 받는다면, 그래프 도구를 활용해 그동안의 긍정정서 비율의 변화를 시각적으로 나타낼 수 있다. 긍정정서 비율을 높이기 위해 새로운 의식(예컨대, 명상 수행)을 시작한 특정 날짜를 기준으로 지나온 기록을 표시해볼 수도 있고, 선택한 기간(예컨대, 휴가기간 동안이나 감사 일기를 쓰기 시작한 날부터 오늘까지 등)에 걸친 긍정정서 비율의 평균을 계산해볼 수도 있다.

웹사이트의 모든 구성요소들을 다 활용할지 안 할지 판단이 잘 안 선다 해도, 오늘 저녁 잠시 짬을 내어 웹사이트에 로그인해서 〈긍정정서 자가진단 테스트〉를 완성할 것을 추천한다. 그리고 긍정정서에 대한 글을 읽을 시간을 더 낼 수 있든 없든, 내일도 똑같이 한다. 앞으로 2주 동안 이 간단한 일일 테스트를 반복하라. 그 이유는 자기 변화를 위한 노력이 성과가 있는지 판별하기 위해, 자신의 장래 모습과 비교할 수 있는 평가 기준이 필요하기 때문이다. 다이어트를 시작하기 전에 잰 몸무게처럼, 이 기준은 당신의 발전 정도를 알려줄 것이다. 또 다이어트 전의 몸무게처럼, 이 기준이 되는 긍정정서 비율 역시 마음을 다잡게 하는 역할을 할 수 있음을 명심하자. 모르긴 해도, 긍정정서 비율을 높이는 행동을 하기 전에 이러한 자기 성찰을 한 것을 나중에 감사하게 될 것이다.

가까이 들여다보기: 하루에 대한 고고학적 발굴

긍정정서 측정의 정확도를 높이기 위해 멀리서 반복적으로 측정하는 방법도 있지만, 가까이 들여다보며 보다 작은 시간 단위로 측정하는 방법도 있다. 하루 전체를 기본단위로 하여 〈긍정정서 자가진단 테스트〉를 할 때에는, 아무리 며칠이나 몇 주에 걸친 결과를 평균한다 하더라도 거기서 나오는 긍정정서 비율에 관한 그림은 다소 투박할 수밖에 없다.

이번 소제목 내에서는 훨씬 더 세밀한 붓으로 그림을 그리는 방법을 제시할 것이다. 하루 단위로 측정할 때, 우리는 〈긍정정서 자가진단 테스트〉에서 긍정정서 비율에 대한 조감도를 얻을 수 있다. 반대로 같은 테스트를 좀 더 작은 시간 단위로 실시하면, 발굴 현장에 직접 찾아간 고고학자처럼 긍정정서 비율에 대해 보다 상세한 그림을 얻을 수 있다.

그런데 왜 굳이 가까이 들여다보는 수고를 해야 할까? 그것은 사람들의 기억력이 사진을 찍는 것처럼 정확하지가 않기 때문이다. 매일 저녁 〈긍정정서 자가진단 테스트〉를 할 때, 그날의 정서 경험들을 떠올리는 당신의 능력을 완전히 신뢰할 수 있는가? 연구 결과는 그렇지 못하다고 말한다. 지난 정서 경험에 관한 사람들의 기억에 대해 내가 초기에 실시했던 실험들에서도, 하루 일과를 마친 뒤에 작성하는 보고서가 다음의 두 가지에 의해 상당히 왜곡된다는 결과가 나왔다. 그중 한 가지는 하루 중 가장 강렬했던 순간의 느낌이고, 다른 한 가지는 하루일과를 마치고 난 그 순간에 드는 느낌이다. 나는 이를「정점과 끝점 법칙(peak-and-end rule)」이라고 부른다. 이 때문에 〈긍정정서 자가진단 테스트〉에서 각각의 정서를 '평균적으로' 얼마만큼 느꼈는지나 '어느 정도의 시간 동안' 느꼈는지를 묻는 대신 '가장 강하게' 느낀 것에 따라 등급을 매기라는 것이다. 인간의 기억력에 관한 연구들은 정서의 최고점을 평가할 때 정확도가 높아진다고 말한다.

이런 면에서 가까이 들여다보기는 보다 정확한 평가를 제공한다. 물론 손쉽게 할 수 있는 일은 아니다. 거기에는 상당한 시간이 소요되기 때문에, 1분 만에 끝나기보다는 1시간 정도 걸릴 가능성이 더 높다. 그래서 나는 이처럼 보다 철저하고 정확한 긍정정서 비율의 측정을 이따금 한 번씩 해보도록 당신에게 제안하고 싶다. 가령 인생의 변화를 위한 새로운 습관을 시작하기 전에 한 번, 그리고 몇 개월 뒤 다시 한 번과 같은 식으로 말이다. 단순히 욕실에 놓아둔 저울에 다시 올라가 보는 것이 아니라, 병원에 가서 건강검진을 제대로 받는 것으로 생각하면 이해가 쉬울 것이다.

건강검진을 받는 것처럼 이 상세한 측정법은 당신에 대한 추가적인 정보를 알려줄 것이다. 그 정보를 당신은 개인적인 부정정서 지뢰와 긍정정서 샘에 대한 통찰력을 얻는 데 활용할 수 있다. 비록 특정한 사고 패턴이 특정한 정서를 일으키는 보편적인 레버의 역할을 한다는 것이 과학적으로 발견된 사실이지만, 그 레버들이 나타나는 상황은 사람마다 다르다. 어떤 사람에게는 두려움의 원천인 것이 다른 사람에게는 도전 정신을 불러일으키기도 하며, 어떤 사람에게 분노를 불러일으키는 사건이 다른 사람에게는 연민을 불러일으키기도 하는 것이다.

그러나 아무리 남들과 다른 점이 많은 사람이라 할지라도, 근거 없는 부정 경험이나 진심 어린 긍정 경험을 일으키는 사건 및 상황들의 특정한 패턴들을 발견할 수는 있을 것이다. 인생의 수많은 상황들은 반복해서 일어난다. 그 반복되는 상황들 중 일부는 습관적으로 부정사고와 부정정서를 일으키는 지뢰이며, 다른 일부는 기운을 북돋워주고 생기를 주는 샘이다.

따라서 나는 당신이 자신의 일상을 연구해보기를 권한다. 반복적으로 하는 일들을 살펴보라. 매일 또는 다소 정기적으로 접하는 상황들에 특별한 주의를 기울여보라. 그 상황들이 어떤 느낌을 주는지 솔직하게 고찰해보라. 어떤 패턴이 보이는가? 근거 없는 부정정서는 어디에 쌓이고, 진심 어린 긍정정서는 어디에서 솟아나는가? 자신의 지뢰와 샘을 보는 안목을 키워라.

〈긍정정서 자가진단 테스트〉를 약간 변경하여 「일상재구성법」과 결합해 사용하면, 위와 같은 일상의 상세한 연구에 도움이 된다. 즉, 긍정정서 비율을 보다 정확하게 구할 수 있으며, 긍정정서와 부정정서의 원천에 대한 심층적인 연구를 수행할 수 있다. 프린스턴 대학의 노벨상 수상자인 심리학자 대니얼 카너먼(Daniel Kahneman, 나와 「정점과 끝점 법칙」을 공동으로 연구함)이 처음 개발한 「일상재구성법」은 〈사이언스〉지에 대서특필된 바 있다. 나는 이 감정 포착 기술을 차용해 당신의 목적에 맞도록 변경해보았다.

시작하기에 앞서 먼저 종이와 연필을 준비하라. 〈긍정정서 자가진단 테스트〉 복사본을 30부 정도 마련해두는 것도 도움이 될 것이다. 그럴 만한 여건이 안 된다면, 종이에 테스트의 응답들을 따로 기록해도 좋다. 인터넷에 접속할 수 있다면, 이 전 과정을 편리하게 www. positivityratio.com에서 실시하도록 하라.

어떤 방법으로 할지 정했다면 어제를 되돌아보라. 모든 날이 다 똑같지는 않다. 궂은 날도 있고 마른 날도 있을 것이다. 여기서는 어제만을 생각해야 한다. 학문적 쓰임새에서 「일상재구성법」은 언제나 놀라움을 안겨주는 테스트이다. 카메라 앞에서 취하는 멋지고 인위적인 포즈가 아니라 실생활의 모습을 있는 그대로 포착할 수 있는 매우 유용한 방법이기 때문이다. 당신도 평범한 하루를 보내고 난 후, 멋지게 보이려는 어떠한 노력도 하지 말고 「일상재구성법」을 시도해보기를 바란다.

모든 일을 일일이 다 기억한다는 것은 만만치 않은 일인데, 이 방법은 그 과정을 단계별로 밟아나가도록 도움을 준다. 먼저, 언제 일어나고 언제 잠자리에 들었는지 기록한다. 그 다음엔 일기를 쓰듯이 그 사이의 하루를 어떻게 보냈는지 재구성한다. 일어나서 잠자리에 들 때까지 하루 동안 있었던 일들을 여러 에피소드들로 나눈다. 각 에피소드에는 '아이들과 아침식사', '출근', '이메일 확인', '상사와 면담'과 같은 식으로 간단한 설명을 기재한다. 이어지는 에피소드들 사이에는 비는 시간이나 겹치는 시간이 없도록 대략적인 시작 시간과 끝 시간을 기록한다.

이런 에피소드들은 마치 영화의 장면들과 같다. 위치나 활동, 함께 하는 사람들이 바뀌면 한 장면이 끝난다(그리고 새로운 장면이 시작된다). 이렇게 이어지는 에피소드들로 하루를 분할하면, 대개 10분~2시간 정도 지속되는 에피소드들이 적으면 10개, 많으면 30개 정도가 생기게 된다. 한 예로, 지금까지 내 오전 시간은 다음과 같은 에피소드들로 이루어졌다.

오전 6:05~6:15 : 일어나서 옷 입기

오전 6:15~7:00 : 조깅

오전 7:00~7:35 : 명상

오전 7:35~8:00 : 아침식사

오전 8:00~9:40 : 집 서재에서 글쓰기

오전 9:40~9:55 : 휴식과 간식

오전 9:55~11:30 : 다시 글쓰기

화장실에 간다거나 식기 세척기에 그릇을 넣는 등의 자잘한 일들은 건너뛰어도 좋다.

어제 하루의 모든 에피소드들을 구분한 뒤, 정서적 세부사항에 대한 그림을 그리기 위해 다시 그 각각의 순간으로 되돌아가 그때의 기억을 되살려보라. 그리고 그 특정 순간들 각각에 대한 10가지 긍정정서와 10가지 부정정서에 등급을 매겨 〈긍정정서 자가진단 테스트〉를 완료하라. 하루의 갖가지 상황들을 생생하게 떠올리기 위해, 에피소드별로 그때의 장소와 활동, 같이 있었던 사람들 따위의 몇 가지 핵심적 사실들을 함께 기록해두면 더 도움이 된다.

일상 재구성법을 통한 긍정정서 비율 계산

계산 방법은 〈긍정정서 자가진단 테스트〉와 비슷하다. 다만 에피소드가 많았다면 계산에 대한 부담이 만만치 않을 것이다. 앞서와 마찬가지로 www.positivityratio.com의 온라인 도구를 사용하면 계산도 쉽고 시간도 절약할 수 있으며, 용도에 따라 일상재구성법의 계산 방식을 변경하기도 편리하다. 그러나 인터넷에 접속할 수 없거나 그럴 의향이 없다면, 계속해서 다음 설명대로 점수를 매기면 된다. 계산 방식은 두 가지가 있으며, 각각은 긍정정서와 관련한 당신의 현 위치에 대해 서로 다른 사실을 알려줄 것이다.

다음은 하루 전체에 걸친 긍정정서 비율을 계산하는 방법이다.

1. 앞서 한 것처럼, 긍정정서 항목들에는 동그라미를 치고 부정정서 항목들에는 밑줄을 친다.
2. 모든 에피소드에 걸쳐, 2점 이상인 긍정정서 항목의 수를 센다.
3. 마찬가지로 모든 에피소드에 걸쳐, 1점 이상인 부정정서 항목들의 수를 센다.
4. 하루 동안의 긍정정서의 전체 합계를 부정정서의 전체 합계로 나눈다. 그 결과, 하루의 긍정정서 비율에 대한 보다 정확한 수치가 나온다.

다음은 부정정서 지뢰와 긍정정서 샘을 밝혀내기 위해 에피소드별로 긍정정서 비율을 계산하는 방법이다.

1. 앞서 한 것처럼, 긍정정서 항목들에는 동그라미를 치고 부정정서 항목들에는 밑줄을 친다.

2. 각 에피소드에서 2점 이상인 긍정정서 항목의 수를 센다.

3. 각 에피소드에서 1점 이상인 부정정서 항목의 수를 센다.

4. 각 에피소드별로 긍정정서의 합을 부정정서의 합으로 나눈다. 0으로 나눌 수 없는 문제에 맞닥뜨릴 때에는, 0을 1로 대체한다. 결과치들은 각 에피소드의 개별적인 긍정정서 비율이다.

5. 각 에피소드에 붙인 짧은 설명을 활용하여, 에피소드들을 가장 덜 긍정적인 것부터 가장 긍정적인 것 순으로 정렬한다.

당신의 어제가 지극히 평범한 하루였다면, 에피소드들의 순위는 하루 중 당신을 가장 들뜨게 하는 활동과 부정정서 지뢰들을 각기 식별하게 해줄 것이다. 이 측정법에 뭔가 마술 같은 요소가 있는 것은 아니다. 하루에 대한 모든 정보가 나열되기 때문에, 미처 몰랐던 새로운 사실이 밝혀질 확률은 낮다. 그러나 정서적 세부사항 및 당신을 의기소침하게 하거나 들뜨게 하는 일상의 활동과 상황들을 새롭게 조명하게 되는 계기는 될 수 있다. 하루의 정서적 뉘앙스에 대한 안목을 기르고 그것들이 미치는 결과를 인식하게 되고 나면, 아마 이 도구에 의존할 필요가 없어질 것이다. 대신 머릿속으로 하루의 핵심적인 사건들에 대한 정서를 평가하는 것으로 족하리라. '아침식사 때는 기분이 어땠지?', '오늘의 통근 시간은 어땠더라?', '동료와 이야기를 나눌 때나 책상에서 점심식사를 할 때는 어떤 기분이었지?' 등으로 말이다. 일상재구성법의 반복적인 사용은 긍정정서 비율의 보다 정확한 판별뿐 아니라, 일상의 정서적 질감에 대한 인식을 키우는 데에도 도움이 될 수 있다.

긍정정서 비율 평가

단 하루만 측정했든, 몇 주에 걸쳐서 측정했든, 일상재구성법으로 측정했든, 〈긍정정서 자가진단 테스트〉는 당신의 긍정정서 비율을 포착할 수 있는 척도를 제공해준다. 당신의 긍정정서 비율 결과에 대해 논의해보자.

혹시 3:1 미만으로 나왔다면, 대개는 평균적인 범주에 속한다고 볼 수 있다. 내가 테스트했던 사람들 중 80퍼센트 이상이 3:1이라는 기준에 못 미친 평균 약 2:1의 비율을 보였다. 우울증이나 다른 정신질환으로 고생하는 사람들은 흔히 1:1 미만의 긍정정서 비율을 보였다. 대부분의 사람들이 처방으로 제시된 3:1 긍정정서 지침에 못 미친다는 사실은, 우리가 앞으로 얼마나 갈 길이 멀며 우리 안에 잠재해 있는 플로리시의 가능성을 얼마나 제대로 이용하지 못하고 있는지 상기시켜 준다. 현재 당신의 긍정정서 비율이 3:1보다 낮다면, 지금 이 부분을 읽음으로써 일상생활에서 변화의 기회를 도모하는 데 도움을 받을 수 있을 것이다. 종종 이런 작은 변화가 사고를 확장시키고, 마음을 열어주며, 최상의 미래를 구축하는 데 도움이 될 수 있다.

만약 당신의 긍정정서 비율이 1:1 미만으로 심각하게 낮고 또 그러한 현상이 지속적이라면, 이 책을 읽는 것 말고도 보다 적극적인 구제 방안을 찾아 나서기를 권한다. 혹시 자신이 병적인 우울증은 아닐지 궁금할 수도 있다. 우울증의 증상과 치료법에 대해 알고 싶다면, 미국 국립정신건강연구소에서 제공하는 읽기 편하게 정리된 온라인 브로셔를 이용할 수 있다. 그 자료는 현재 www.nimh.nih.gov/health/publications/depression에서 찾아볼 수 있다.

우울증은 5명 중 1명이 겪고 있을 정도로 아주 흔한 질병이다. 우울증이 의심된다면, 경험 많은 정신과 전문의에게 조언을 구하기 바란다. 만약 처음 만난 의사와 궁합이 잘 맞지 않는다면, 다른 사람을 찾는다. 끈기를 갖고 당신과 통하는 의사를 찾을 때까지 계속해서 시도하라. 당신은 혹시 있을지 모를 유전적 · 생리적 문제를 해결함과 동시에, 보살핌과 지적인 도움을 받을 필요가 있다. 그런 기존의 치료 방법과 병행하여 이 책을 읽는다면, 잠깐씩 우울한 기분에서 벗어나는 작은 변화들을 이루다가 마침내는 보다 근심 없고 낙관적인 생활로 돌아갈 기틀을 다질 수 있을 것이다.

만약 당신의 긍정정서 비율이 3:1보다 높다면, 당신은 몇 안 되는 행운아 중 하나이다. 당신은 이미 원만히 생활하고 있으며, 긍정정서가 몸속에서 진동하고 있을 것이다. 그렇다면 이 책의 나머지 부분을 읽는 동안 당신은 때때로 인정의 뜻으로 고개를 끄덕이게 될 것이다. 또한 다른 사람들과 당신의 긍정정서를 공유할 언어와 이론적 근거를 얻게 될 것이다. 어쩌면 당신은 주변의 사랑하는 사람들이 당신만큼 긍정정서란 달콤한 열매의 맛을 보지 못하는 게 안타까워, 그들과 그것을 나누고 그들 역시 플로리시하기를 간절히 바라왔을지도 모른다. 아니면 당신의 일터가 과도한 부정정서로 휘청거리고 있어, 어떻게 하면 상황을 반전시킬 수 있을까 궁금해했을지 모른다. 이 책에서 얻은 통찰력으로 당신은 동료들과 긍정정서의 가치에 대해 대화를 시작할 수 있을 것이다.

강 옮기기

뿌리 깊이 박힌 정서적 습관을 바꾸는 것은 불가능하지는 않다 하더라도 절대 만만한 일도 아니다. 강을 옮기는 일에 비유하면 이해가 쉬울 것이다. 산을 옮기는 일보다야 쉬울지 몰라도, 이 일 역시 장기간에 걸친 지속적인 노력 없이 즉흥적으로 덤벼서 될 일은 결코 아니다. 최소한 바람직한 정서가 흐를 수 있는 새로운 강바닥, 새로운 토대를 만들 필요가 있다. 실제로 최신 연구 결과에 따르면, 긍정정서 비율을 변화시키고 지속시키기 위해서는 살을 빼거나 콜레스테롤 수치를 낮출 때 들이는 만큼의 노력과 결의, 생활양식의 변화가 필요하다고 한다. "걱정 말고 행복하세요"와 같은 상투적인 말들이 공허한 울림으로 들리는 것은 그 때문이다. 그런 말들은 한낱 바람일 뿐, 실제로 강바닥을 어떻게 옮길지에 대해서는 아무것도 알려주는 바가 없다.

좋은 의도만으로는 긍정정서 비율을 높이지 못한다. 자기 자신이나 타인에게 "그렇게 부정적으로 굴지 말고 긍정적으로 생각해"라고 말하는 것으로는 충분치 않다. 플로리시는 단순한 의지력의 문제가 아니다. 우리의 정서는 강물과 같다. 보통 사람들의 습관적 정서의 강물은 낮은 긍정정서 비율을 상징하는 계곡을 따라 흐른다. 이제 당신은 물길을 좀 더 높은 곳으로 옮기고 싶은 마음이 들었을지 모른다. 그러기 위해서는 먼저 강바닥을 들여다보며 자신의 정서들을 형성하는 토대를 조사할 필요가 있다.

다른 무엇보다 강바닥의 위치와 경로를 정하는 데 결정적인 역할을 하는 것은 습관적인 사고 패턴이다. 평생에 걸쳐 형성되고 강화된 사고 습관이라 할지라도, 분명 변화시킬 수 있다. 수백여 연구 보고서들에 따르면, 사고의 경로를 바꾸면 정서의 경로도 바뀐다고 한다. 이 사실은 원치 않은 근심을 날려버리기를 원하는 지금과, 악화된 불안증에서 회복되기를 원하는 것 모두 유효하다. 그리고 긍정정서와 부정정서 ― 기쁨의 최고점과 슬픔의 최저점 ― 각각에도 똑같이 유효하다. 그것은 정서의 흐름이 우리가 현재의 상황을 어떻게 해석하느냐에 따라 달라지기 때문이다. 불길한 해석은 불길한 정서를 조성하며, 관대하고 낙관적인 해석은 긍정정서를 낳는다.

아마 당신은 강을 옮겨봤자 소용없는 일이 아닐까 걱정할지도 모른다. 결국에는 자연이 승리하게 마련이고, 잠깐 방심한 틈을 타 역사와 유전자의 견인력이 강을 원래의 위치로 되돌려놓을 거라고 생각할지도 모른다. 정말로 유전자가 행복을 전적으로 결정한다면, 긍정정서 비율을 높이려고 노력해봤자 다 큰 성인이 키를 더 키우려고 애쓰는 것처럼 소용없는 일일 것이다. 그리고 강을 옮기고 난 결과는 산을 옮기고 난 결과보다 미덥지가 않다. 어떻게든 산을 옮기는 데 성공한다면 그것이 원래 자리로 되돌아가지 않을 것을 꽤 확신할 수 있을 테지만, 강은 영원히 새로운 위치에 고정되리라고 확신하기가 어렵다.

물론 조상에게서 물려받은 유전자가 습관적인 긍정정서 비율을 결정하는 데 어느 정도 영향을 미친다는 것이 과학적 사실이긴 하지만,

거기에서 유전자가 차지하는 비중은 절반밖에 되지 않는다는 것 역시 과학적으로 입증된 사실이다. 나머지 절반은 우리가 처한 상황과 우리가 매일 생각하고 행동하기로 선택하는 방식의 조합에 달려 있다(행복 공식: 유전 50%, 삶의 조건 10%, 자발적 행동 40%. 우문식의 《행복 4.0》 참조 -옮긴이) 그리고 신경과학 분야에서 나온 최신 증거는 우리가 희망을 가질 이유를 한층 더 제공한다. 이 새로운 연구 결과는, 우리가 새로운 사고 습관을 형성함에 따라 뇌 회로의 배선이 근본적으로 다시 배열된다고 말한다. 이런 뇌 가소성(可塑性)은 높은 지대로 강의 위치를 옮기는 일이 절대 소용없는 일이 아님을 뜻한다. 뇌의 배선을 다시 까는 일은 우리가 강바닥으로 새로 선택한 지대를 강화하고 보강한다. 말 그대로 우리가 강의 위치를 선택할 수 있다는 뜻이다. 오늘 우리 정서의 강이 어디를 흐르든 상관없이, 우리는 장기간에 걸친 지속적인 노력과 관심으로 그 강의 위치와 경로를 바꿀 수 있다.

변화에의 착수

긍정정서 비율은 우리가 인생에서 플로리시할 것이냐 그렇지 못할 것이냐의 열쇠가 되기 때문에, 그 비율을 높이는 방법을 반드시 알아둘 필요가 있다. 우리가 정서를 구성하거나 재구성하는 방법을 배워 긍정정서 비율을 높일 수 있다는 것은 과학적으로 입증된 사실이다. 긍정정서 비율을 높일수록 — 그리고 결정적인 3:1 기준을 넘어설수록 — 더 많은 사람들이 단지 행복하고 자족적일 뿐 아니라 창의적이고 회복력 강하며 생산적이고, 또 무엇보다 중요하게 나날이 성장하고 발전하는 사람이 될 수 있다. 더 많은 사람들이 플로리시를 누릴 수 있는 것이다. 실제로 아주 많은 사람들 — 가족, 이웃, 지역사회의 구성원, 세계 인류 — 이 플로리시할 필요가 있다. 가정은 물론이고 전 세계의 더 많은 사람들이 미래 세대를 위해 이 세상을 더욱 살만한 곳으로 만들고, 사회가 부과하는 많은 부담을 덜어줄 준비가 되어 있어야 한다. 플로리시하는 사람들은 이런 긍정적인 변화를 가능하게 한다. 거기에 동참하기 위해서는 먼저 자신의 긍정정서 비율을 통제할 수 있어야 한다. 그것은 상생의 계획이다. 내가 기분이 좋으면, 밖으로도 좋은 일을 하기 마련이다.

변화를 추구하는 많은 일에서 그렇듯이, 목표를 달성하는 데에는 다양한 방법이 있다. 실제로 어떤 비율을 높이는 데에는 세 가지 방법이 있다. 분자를 키우는 것, 분모를 줄이는 것, 또는 둘 다 하는 것이다. 다음 장들에서는 어떻게 이 숫자들을 변화시켜 보다 활기찬 삶을 영위할 수 있을지에 대한 구체적인 예증을 제시할 것이다.

▶정리와 전망

〈긍정정서 자가진단 테스트〉를 해보았다면, 당신은 현재 자신의 긍정정서 비율이 어느 정도인지 대략 파악했을 것이다. 보다 정확한 수치를 얻기 위해서, 평상시대로 생활하면서 앞으로 2주 동안 매일 저녁, 같은 테스트를 실시해보기 바란다. 측정에 익숙해지면 하루에 1~2분 정도의 시간밖에 걸리지 않을 것이다. 또한 당신은 이제 어떻게 일상재구성법을 활용해 보다 깊이 파고들어, 당신의 긍정정서 비율에 대한 더욱 세밀하고 정확한 그림을 그릴 수 있는지도 알았다.

평범한 사람이라면 자신의 긍정정서 비율이 플로리시하는 삶을 예고하는 3:1 비율에 못 미친다는 것을 알았을 것이다. 그러나 절망할 필요는 없다. 지금껏 이 책을 읽어온 만큼, 당신은 이미 긍정정서에 관한 몇 가지 사실을 배운 것이다. 긍정정서가 무엇이며 긍정정서가 무엇을 가져오는지 알았을 테고, 긍정적인 순간이 어떻게 사고를 열어주고 새로운 눈으로 세상을 보도록 하는지 올바르게 인식하고 있을 것이다. 긍정정서가 가져다주는 새로운 전망은 시간이 흐르면서 점점 추가된다. 그것은 다시 당신을 성장과 긍정적인 변화의 길로 나아가게 할 나선형 상승을 일으킨다.

이 책의 전반부(2부)에서 내 목표는 당신을 계몽하고 고무시키는 데 있었다. 긍정정서에 대한 학계의 최신 정보를 전달함으로써 당신이 몸소 긍정정서를 실험해보고자 하는 욕구를 느끼도록 자극하는 것이 내 바람이었다. 그러나 고무되는 것만으로는 충분치 않다. 고무된 바에 따라 행동하기 위해서는 그 이상의 것이 필요하며, 그것이 후반부(3부, 4부)에서 소개될 내용이다. 그것은 행동을 취하고 당신의 인생에서 긍정적인 변화를 이루는 데 필요한 지침과 도구들을 제공할 것이다.

당신은 부정정서를 줄이고 긍정정서를 증가시켜, 긍정정서 비율을 높일 수 있다. 이제 그 프로젝트를 시작해보자.

9장
부정정서를 낮춰라

인생은 매 순간 정확히 우리에게 필요한 스승을 보내준다.
이 스승들에는 모기, 불행, 빨간불, 교통체증, 못 마땅한 상사(또는 직원), 질병, 손해,
기쁜 순간, 우울한 순간, 중독, 쓰레기, 호흡이 있다.
– 샬롯 조코 벡

이 책은 긍정정서에 대한 책이다. 그런데 왜 부정정서를 언급할까? 그 이유는 간단히 말해, 모든 것은 상대적이기 때문이다. 2부에서 보았듯이, 긍정정서의 가치는 긍정정서의 양이 부정정서의 양에 비해 상대적으로 얼마나 많으냐에 따라 좌우된다. 또한 부정정서가 긍정정서보다 더 강하게 느껴진다는 '부정 편향' 역시 부정정서를 줄이려는 노력이 — 긍정정서 비율 중에서 분모에 역점을 두어 — 보다 빠른 효과를 가져다줄 수 있음을 보증한다. 이는 앞서 언급했듯이 같은 양일 때 나쁜 것이 좋은 것보다 더 영향력이 강하기 때문이다. 어쩌면 생각보다 우리의 긍정정서 비율은 부정정서의 일일 섭취량에 의해 더 많이 좌우되는지도 모른다. 따라서 부정정서를 줄이는 것은 긍정정서 비율을 높이는 데 가장 빠르고 효과적인 방법일 수 있다. 현재의 긍정정서 비율이 심각하게 낮은 수준이라면, 더더군다나 부정정서 쪽에 먼저 주의를 기울일 필요가 있다. 또 긍정정서 수준이 상당히 높은 데도 불구하고

부정정서 비율 역시 꽤 높은 편일 때에도, 먼저 부정정서를 줄이는 일에 나설 필요가 있다.

우리의 목표는 부정정서를 줄이는 것이지, 완전히 없애는 것이 아님을 명심하자. 부정정서가 적절하고 유용할 때도 있다. 예를 들어 누군가의 죽음에 슬퍼하고, 불의와 싸우기 위해 분노하며, 자신이나 자녀에게 해를 입힐지 모르는 것에 두려움을 갖는 것은 합당하고 도움이 된다. 적당한 부정정서는 우리를 현실에 발 딛게 하고 정직성을 유지할 수 있게 해준다.

따라서 우리의 진정한 목표는 부적절하거나 무익한 부정정서를 줄이는 것이다. 잘못을 교정하고 위험을 피하게 하는 부정정서도 있지만, 모두 다 그런 것은 아니다. 무익한 부정정서는 유익하지도 건강에 도움이 되지도 않는다. 계산대에서 생각보다 오래 기다리게 되었다고 계산원에게 달려드는 행위가 도움이 될까? 입어야 할 옷을 세탁하지 않았다고 스스로를 나무라는 것이 마음 건강에 좋을까? 직장 동료가 무심코 던진 말을 곱씹고 있는다고 해서 얻어질 게 있을까? 때로 뿌리 박힌 정서 습관들은 필요 이상으로 나쁜 정서를 오래 끌고 가거나 증폭시키는 경향이 있다. 그런 부정정서는 정신을 좀먹고 스스로를 질식시킨다. 제멋대로 무성하게 자라는 잡초처럼, 무익한 부정정서는 순식간에 자라나 긍정정서의 연약한 새싹이 자라날 틈을 주지 않는다.

이번 장에서 나는 무익한 부정정서를 줄이기 위한 수많은 기술들을 축적하고 검증해온 임상 심리학의 위대한 유산을 조명할 예정이다. 또한 괴로운 통근 시간이나 질 나쁜 직장 동료에서부터 기분 나쁜 험담이나 뒷말에 이르기까지, 불필요한 부정정서로 일상을 메우는 반복적인 사건들을 당신이 식별할 수 있도록 도울 것이다. 대중매체의 섭취도 중요하다. 당신이 뉴스 광(狂)이나 컴퓨터 게임 중독자라면, 건강에 해로운 수준까지 부정정서를 높일 위험이 있다.

여기에서 내가 전하고자 하는 메시지는, 발목에 묶인 콘크리트 블록이나 얼굴에 덮어씌운 검은 두건처럼 무익한 부정정서가 당신을 옭아맬 수 있다는 것이다. 그것에 과도하게 억눌리고 짓눌리면 당신은 플로리시할 수 없게 된다. 그러나 다행히도 당신은 스스로를 해방시킬 수 있는 힘을 갖고 있다.

부정사고를 반박하라

한 주가 엉망이 돼가고 있다. 벌써 수요일이고 내내 컴퓨터 앞에 붙어 있었는데도, 월요일부터 지금까지 겨우 4쪽도 채 쓰지 못했다. 이번 장을 대체 어떻게 끝내려고 이럴까? 남편의 예상치 못한 입원으로 5월에 시간을 많이 뺏겨서, 예정된 여름 학기 안에는 책을 절대로 끝낼 수가 없을 것이다. 그러면 가을 학기까지 이걸 붙잡고 끙끙대고 있겠지. 하지만 그때는 이미 다른 일들로 눈코 뜰 새 없이 바쁠 거다. 학생들을 가르치고, 새로운 대규모 연구 프로젝트를 시작하고, 지금보다 두 배나 많은 대학원생들을 지도하고, 또 이런저런 위원회들의 의장직을 맡아봐야 할 테니까. 그 모든 일들을 다 하면서 이 책을 끝낼 수는 없을 거다. 내 친구 하나는 23년 전에 시작한 책을 이제야 거의 마무리했다! 세상에, 남의 일이 아니다. 내 에이전시와 편집자가 일정이 이렇게 밀린 걸 알면, 아마 나랑 일하기로 한 것을 후회할 것이다. 내가 허풍만 가득 차서 책을 쓰겠다고 큰소리 떵떵 쳤다 생각하겠지. 내가 얼마나 못난 인간이 되어버렸는지 생각하니 목이 타고 위가 쓰리다. 지금은 가까스로 이 글을 타이핑할 기운밖에 없다. 오늘은 아무래도 더 이상 글이 안 써질 것 같은데, 이만 접을까?

당신도 이런 적이 있는가? 아마 당신도 마감일을 지키거나 스스로 세운 목표를 달성하는 데 실패한 적이 있을 것이다. 그 목표는 나처럼 업무상의 목표일 수도 있고, 냉장고 정리와 같은 개인적인 목표일 수도 있다. 혹은 저울에 올라갔다가 몸무게가 2.5킬로그램이나 늘어난 것을 보았을 수도 있다. 원치 않았고 예기치 않았던 첫 번째 사건이 무엇이든, 거기에서 야기된 부정정서는 순식간에 걷잡을 수 없이 퍼져나가 우리를 불안과 우울에 빠지게 만든다.

20세기 심리학에서 아마도 가장 큰 진전은 부정사고 패턴이 어떤 방식으로 부정정서를 낳으며, 다시 부정정서는 어떻게 우울증이나 공포증, 강박 신경증과 같은 병적인 상태로 발전하는지를 해명한 것이 아닐까 한다. 그런데 거꾸로 두려움과 분노 같은 부정정서가 부정 사고를 낳기도 한다. 사실 이런 상호 역학관계 때문에 부정정서가 그처럼 급진전되는 것이다. 부정사고와 부정정서는 함께 움직이며, 합심하여 우리를 부정정서의 심연으로 끌어내린다.

이 소모적인 사이클을 멈출 수 있는 과학적으로 검증된 한 가지 방법은 부정사고를 논박하는 것이다. 뛰어난 변호사가 하는 것처럼, 있는 그대로의 사실을 검토함으로써 부정정서를 반박하라. 다시 내 개인적인 사례로 돌아가보자. 무엇이 내 침체를 촉발시켰는가? 어떤 종류의 부정사고와 믿음이 생겨났는가? 그런 사고와 믿음은 나로 하여금 어떤 느낌이 들게 했는가? 또 그런 사고와 믿음은 현실과 어떻게 대비되는가? 내가 처한 상황의 진실은 무엇인가? 그런 진실을 진정으로 받아들일 때 어떤 느낌이 드는가?

깊이 파고들다 보니, 나를 침체의 수렁에 빠뜨린 것은 어제의 더딘 진척이었다는 것을 알게 되었다. 총 1.5쪽밖에 쓰지 못했던 것이다. 시작부터가 문제였다. 실은 2쪽 분량을 더 썼는데 뒤늦게 2장에서 쓴 내용과 거의 같다는 것을 발견하고는 지워버렸던 것이다. 그로 인한 실망감은 '이 책을 도저히 끝내지 못할 것'이라는 지나친 만연성으로 이어졌다. 내가 이룬 긍정적인 진보를 깡그리 무시한 채, 새로 쓴 글조차 전혀 의미가 없는 양 치부한 것이다. 그 일은 나아가 이 책을 바쁜 가을 학기 동안에도 제대로 마무리하지 못할 것이며, 내가 23년이나 걸려 책을 완성한 친구의 전철을 밟을 운명이라는 결론으로 비약되었다. 또 잠깐의 좌절감을 과도하게 확대해, 나는 새 중개인과 편집자가 나를 실패자로 여길 거라고 확신했다. 이런 부정사고 속에서 비틀린 논리는 위장을 꼬이게 하고 숨쉬기조차 힘들게 했다. 나는 글을 쓰고자 하는 의욕을 상실했다. 손가락 하나 까딱할 힘도 없었다. 나 자신이 스스로를 불안하고 절망적이고 우울한 궁지로 몰아넣은 것이다.

그러나 잠깐. 내가 처한 상황의 진실을 확인한다면 무슨 일이 일어날까? 그동안의 저술 기록을 돌아보면 어떨까? 오래 전에 나는 아침 시간에 내 사고가 가장 날카롭고 글이 잘 써진다는 것을 발견하고, 아침 시간을 글 쓰는 시간으로 정해두었다. 자료 정리벽이 있는 나는 매번 글쓰기를 마친 뒤, 그날 아침 내가 얼마나 많은 시간을 글쓰기에 투자했으며 몇 쪽을 썼는지를 기록해둔다. 48일 동안 아침마다 저술 작업을 한 내 평균 글쓰기 양은 하루에 3.03쪽이었다. 가장 생산적이었던 날에는 5쪽을 쓴 적도 있고, 가장 생산성이 떨어졌던 날에는 1~2쪽을 썼다. 저술 작업을 처음 시작하면서 나는 하루 3쪽만 쓰면 예정대로 책을 마무리할 수 있다고 계산했었다. 그 정도 속도만 지키면 새로운 연구를 구상하고 대학원생들을 지도하는 것에서부터 수업을 진행하고 행정적인 업무를 처리하는 것까지 여러 가지 일들을 함께 하면서 책을 완성할 수 있었다. 그러므로 하루 3쪽만 쓰면 충분한 것이었다. 게다가 평균은 평균일 뿐이다. 어떤 날은 더 쓸 수도 있고, 어떤 날은 덜 쓸 수도 있다. 사실 어제도 어느 정도의 진전은 있었다. 강을 옮기는 것에 대한 글을 썼으니 말이다.

가을까지 계속 글을 쓰고 있을 거라거나 심지어 앞으로 20년이 넘도록 책을 완성하지 못할 거라는 내 결론이 맞는지 알아보기 위해 달력을 확인하니, 이번 여름에만도 최소 20일은 더 작업할 수 있었다. 계산하면 약 60쪽 정도 더 쓰게 되는 것이다. 그렇게 볼 때 나는 여름이 끝나갈 무렵에는 마지막 장을 쓰고 있을 확률이 높았다. 운이 좋으면 책을 끝낼 수도 있었다. 물론 그렇지 않을 수도 있겠지만, 그렇다 하더라도 마지막 장의 일부를 마무리하는 데 20년이나 걸릴 것 같지는 않았다. 그 정도면 여전히 출판사와 약속한 10월 1일 마감일을 지킬 수 있었다.

이 사실을 진심으로 받아들고 나니, 숨쉬기가 한결 편안해졌다. 속이 꽉 막힌 것 같았던 느낌도 사라지고, 타이핑도 빨라졌다. 내가 작업하는 워드 문서를 훑어보니 오늘 벌써 3쪽을 썼고, 아직 더 쓸 말이 남아 있다. 희망이 샘솟고 기운이 난다. 다른 날보다 덜 능률적인 날이 있는 건 당연한 일이다. 내 작업 기록이 그것을 확인시켜 준다. 그리고 다른 작가들도 대부분 이따금 쓴 글을 날려버려야 할 때가 틀림없이 있을 것이다. 또한 내가 5월에 겪었던 것처럼 가족이 갑자기 아플 때는 꽤 오랫동안 작업을 못할 수밖에 없다. 책보다는 가족에게 내가 더 필요하니까. 다시 5월로 돌아간다 해도 내 선택에는 변함이 없을 것이므로, 후회해 봤자 소용없는 일이다. 감사하게도 나는 가을이 시작되기 전에 원래 계획대로 책을 끝낼 수 있다. 저술 일정에 여러 달의 여분이 있어, 앞으로도 나는 인생에서 만나는 예기치 못한 사건들에 대처할 수 있다. 그럴 경우, 계획을 수정하여 임무를 달성할 다른 방식을 모색하면 된다.

부정사고를 반박하면 부정정서의 싹을 잘라버릴 수 있다. 부정사고를 반박할 때, 우리는 약간의 실망과 희망이 뒤섞인 느낌을 받는다. 그 반박에 실패하면 실망에 빠지게 되며, 그것은 순식간에 불안과 절망, 수치심, 공포심 등으로 자라난다. 이렇게 무성하게 자란 부정정서 속에서는 희망이나 여타의 좋은 정서들이 생겨날 공간이 없다. 부정정서 속에 꽁꽁 갇혀버리고 마는 것이다.

뒤틀린 부정사고들을 반박하는 법을 배우는 것은 인지행동치료의 핵심이다. 꼭 정신질환을 가진 환자들만 이 기술의 혜택을 입을 수 있는 것은 아니다. 누구나 이 기술을 사용하여 사실을 견지하면서 부정정서가 다가오지 못하게 할 수 있다. 선도적인 학자들과 의사들이 쓴 여러 책들에서 당신은 이런 반박 기술은 물론이고, 이번 장 이후로 논의할 다른 도구들도 배울 수 있다. 그 중 대표적인 책으로는 마틴 셀리그만의 《낙관성 학습》이 있다. 이 책은 진정으로 도움이 된다는 것이 입증되었다. 이 책을 읽음으로써 당신은 영구적으로 우울감을 줄일 수 있을 것이다.

반박은 단순히 어떤 바람이 담긴 생각을 하는 것이 아님을 인식할 필요가 있다. 그것은 단순히 장밋빛 생각으로 부정 생각들을 덮어버리는 것이 아니다. 사실 반박이 긍정 결과를 가져오기는 하지만, 반박 자체는 전혀 긍정 생각이 아니다. 이 주제에 관한 베스트셀러 작가인 내 친구 마틴 셀리그만은 그것을 '비부정 사고(non-negative thinking)'라 불렀다. 부정 사고를 반박함으로써, 우리는 그것을 억누르거나 머릿속에서 몰아내거나 잠깐 안 보이게 가려놓는 것이 아니다. 그보다는 그 사고의 진실을 파악해서 문자 그대로 부정사고를 녹여버리는 것이다. 〈오즈의 마법사〉에서 도로시의 물 양동이 세례를 받아 서쪽 마녀가 녹아 없어진 것처럼 그렇게 녹아 없어진다. 무익한 부정정서를 뿌리 뽑기 위해 소망사고가 필요하지는 않다. 현실은 거의 언제나 당신 편이다.

반추의 손아귀를 뿌리쳐라

우리 머릿속에서는 종종 혼란이 빚어지곤 한다. 배우자와 싸웠다든가 하는 뭔가 좋지 않은 일이 일어나면, 그 일을 자꾸만 되뇌게 된다. '나더러 이기적이라고 한 건 무슨 뜻일까?', '내가 정말로 이기적인가?', '이러다가 이혼하게 되는 건 아닌지 몰라', '난 혼자 살아야 될 운명일까?', '남편 말이 맞으면 어쩌지?', '어쩌면 그는 더 이상 나를 사랑하지 않는지도 몰라', '내가 정말로 그렇게 애교가 없나?' 하는 생각이 꼬리에 꼬리를 물고 일어난다.

학자들은 이런 사고 양식을 '반추(反芻)'라 부른다. 반추는 부정사고와 부정정서를 계속해서 되뇔 때 일어난다. 당신은 대상을 모든 각도에서 뜯어보며 의문을 제기한다. 그 대상을 철저히 파헤치겠다는 의도는 있지만, 진짜로 그 과정을 통해 어떤 성과를 얻는 것은 아니다. 그보다는 사고가 끊임없는 질문의 쳇바퀴 속에 갇히면서 곧 지치고 기운을 잃는다. 과연 해답을 찾을 수 있기는 한 건지 확신이 없어진다.

이런 사고방식은 부정정서의 불씨를 키운다. 그것은 반추를 할 때 당신이 모든 사물을 부정정서의 왜곡된 렌즈를 통해 바라보기 때문이다. 그리고 부정정서는 페어플레이를 하지 않는다. 부정정서는 우리가 바른 사고를 하거나 큰 그림을 볼 수 있도록 허락하지 않는다. 각종 연구 결과에 따르면, 부정정서를 경험할 때에는 사람들이 부정적인 생각만을 골라서 떠올리는 경향이 있다고 한다. 그것이 우리 뇌가 작동하는 방식이다. 부정적인 분위기에 의해 연상되는 사고들을 줄줄이 불러일으키는 것이다. 따라서 반추를 하게 되면, 부정정서의 불길에 기름만 붓는 생각들을 하게 된다. 그리고 부정정서와 부정사고는 서로에 의해 더욱 강화되기 때문에, 우리는 점점 더 침체에 빠지게 된다.

끊임없는 질문과 걱정을 곱씹는 것은 긍정정서 비율을 곤두박질치게 하는 또 다른 방법이다. 그것은 부정정서를 기하급수적으로 증가시킨다. 그리고 모든 종류의 부정정서들에 이런 식으로 작용하는 듯하다. 조그만 걱정을 반추하다 보면, 그 걱정이 불안발작으로 확대된다. 약간의 슬픔에 반추를 더하면, 우울증으로 발전한다. 분노에 대해서도 마찬가지다. 내면적으로 경험한 좌절과 분노, 격노가 반추의 부추김으로 신체적 폭력이나 언어적 폭력으로 비화되기도 한다. 반추는 순수한 부정정서의 누룩 반죽을 가지고서 무익한 부정정서로 커다랗게 부풀려 우리 머릿속을 가득 메운다.

반추는 좀처럼 당신이 부정사고를 반박할 수 있도록 내버려두지 않는다. 하지만 당신이 처한 상황의 진실을 파악하려면 또렷한 시야가 요구된다. 당신이 맞닥뜨린 상황을 객관적으로 생각하기 위해서는, 먼저 내리막길로 미끄러지기를 멈추고 반추의 손아귀를 뿌리쳐야 한다. 다행히도, 그럴 수 있는 과학적으로 검증된 몇 가지 방법이 있다. 이 방법들은 또한 인지행동치료 중 행동적 측면에서의 위대한 유산이기도 하다.

그 첫 번째 단계는 인식이다. 반추의 해로운 사이클이 시작될 때 그것을 알아볼 수 있는 능력이 필요하다. 또 끊임없는 생각의 되새김질이 아무런 이득도 가져다주지 못한다는 것을 인식할 필요가 있다. 그제야 비로소 완전히 다른 무언가를 하기로 선택할 수 있다.

가장 도움이 되는 것은 건강한 오락거리다. 고민거리에서 주의를 돌려줄 것을 찾아라. 조깅을 하거나, 수영장에 가서 수영을 하거나, 자전거를 타라. 헬스클럽에 가서 역기를 들거나, 명상이나 요가를 하라. 어떤 것이 되었건 주의를 완전히 집중할 수 있는 활동을 찾는다. 친구에게 전화를 걸어 얼마 전에 다녀온 여행에 대해 물어보는 것도 좋고, 직장에서의 다음 번 프로젝트를 위해 읽으려고 했던 자료를 읽거나, 새 휴대전화에 이것저것 설정을 하는 것도 좋다.

하고 싶은 일을 하면 기분이 들뜬다. 그러므로 우울한 기분에서 벗어날 수 있을 뿐 아니라 기쁨과 황홀감, 자부심을 주는 활동을 찾을 수 있다면 확실히 도움이 될 것이다. 그러나 중립적인 활동도 괜찮다. 반추로부터 벗어나게만 해준다면 어떤 것이든 좋다. 그렇게 일단 반추의 늪에서 탈출하고 나면, 충분히 또렷해진 시야로 부정사고를 반박하고 어떤 문제를 만나든 처리할 수 있게 될 것이다.

내가 앞서 '건강한' 오락거리라고 말한 것을 눈여겨봤는지 모르겠다. 주의를 돌려주는 일이라고 해서 무조건 다 좋은 것은 아니다. 많은 사람들이 과도한 반추를 술이나 마약으로 마비시키려 든다. 실제로, 반추하는 성향이 강한 사람들은 알코올 중독의 위험이 높다. 음식도 건강하지 못한 오락거리의 하나가 될 수 있다. 고통스러운 자기인식에서 도피하기 위해 음식에 기대는 사람들이 있는데, 그것은 폭식과 정서 섭식 같은 또 다른 문제로 이어질 수 있다. 그리고 뒤에서 보다 자세히 논의하겠지만, 대중매체에 빠지는 것도 자체적인 문제점을 유발할 수 있다. 예를 들어, 많은 TV 프로그램들이 몰입을 시키는 동시에 폭력적인 내용을 마구 쏟아 붓는다. 이런 식으로 부정정서에 젖다 보면, 화면에서 눈을 떼었을 때 정서적으로 더 악화되어 있는 경우가 많다. 슬픈 음악만 듣는 것도 같은 결과를 초래할 수 있다. 고통스러운 생각에서 벗어나기 위해 술과 음식, 대중매체에 자신이 얼마나 의존하고 있는지를 정확히 인식하는 것은 보다 건강한 형태의 오락거리를 선택하는 데 도움이 된다.

당신의 생각이 헛되이 떠돌 때를 인지하라. 그 반추의 손아귀에서 벗어나 기분전환을 하도록 해줄 당신만의 활동들을 찾아라.

마음챙김을 훈련하라

우리의 습관적인 생각은 강바닥이며, 정서는 강물과 같다. 부정사고가 안 일어날 수는 없다. 그러나 너무나 자주 부정정서는 걷잡을 수 없이 분출하곤 한다. 부정사고들은 꼬리에 꼬리를 물고 일어나, 우리 마음을 원치 않은 부정정서들로 가득 채운다. 그것을 가로막으려는, 즉 부정정서를 억압하고픈 유혹이 들 수도 있다. 그러나 부정사고와 정서를 가둬두려는 시도는 역효과를 초래한다는 것이 정설이다. 억압은 원치 않는 부정정서를 줄이는 것이 아니라, 도리어 정신적·육체적·사회적으로 고통을 가중시킬 뿐이다. 직관에 반하기는 하지만, 부정정서를 차단하기보다는 거기에 열린 자세를 취하는 것이 건강에 더 도움이 될 것이다. 부정정서의 세력을 약화시키는 과학적으로 검증된 또 다른 방법은 '마음챙김(mindfulness)'을 실천하는 것이다.

불교에서 명상 수행은 특히 마음챙김의 기술을 개발하기 위해 고안되어 수세기에 걸쳐 다듬어져 왔다. 흔히 사람들은 불교를 동양 문화권에서 유래한 종교나 정신수양법으로 본다. 그러나 나를 비롯한 많은 서양의 학자들은 그것을 훨씬 더 넓은 의미로 이해하게 되었다. 인간의 마음이 어떻게 작용하는지, 그리고 어떻게 하면 보다 건강하고 행복한 마음이 되도록 수련할 수 있는지를 상세히 밝힌 불교는 하나의 진정한 심리학이기도 하다.

존 카밧-진(John Kabat-Zinn)은 1980년대 초, 유구한 역사의 불교 수행에서 마음챙김의 심리학을 받아들여 보스턴 지역 환자들에게 가르친 서양 최초의 학자였다. 그는 이 작업을 '마음챙김 기반의 스트레스 감소 프로그램(mindfulness based stress reduction, MBSR)'으로 명명했다. 그가 말하는 마음챙김의 정의는 의도적으로 현재의 순간에 비판단적으로 주의를 기울인다는 뜻이다. 즉 생각과 욕구 없이 오직 '바라보기'만 하라는 것이다. 보다 깊은 마음챙김에서는 완전한 자각으로 어떠한 판단도 없는 자신의 내면적 경험에 대한 주의집중이 수반된다. 그럼으로써 우리는 정신적으로 자신의 생각과 감각의 흐름으로부터 한 걸음 물러나, 자신의 생각에 대한 보다 폭넓은 시야를 얻게 된다. 훈련을 통해 우리는 어떠한 반응도 보이지 않고 마음의 내용들을 차분히 관찰하는 법을 배울 수 있다. 또 한 가지 생각을 그저 한 가지 생각으로 받아들이는 법도 배울 수 있다. 구름이 하늘에서 어떤 모양을 형성했다가 이내 흩어지는 것처럼, 생각도 마찬가지로 단지 마음속에서 발생하여 특정한 모양을 띠었다가 곧 사라지는 하나의 사건일 뿐이다. 마음챙김의 상태에서는 자신의 생각에 대해 어떤 행동이나 정서 반응을 보이지 않고, 그 생각을 — 부정사고까지도 — 받아들이는 것이 가능해진다.

마음챙김의 위력은 그것이 부정사고와 부정정서 사이의 연결고리를 끊을 수 있다는 데 있다. 부정사고를 그저 시간이 지나면 사라질 하나의 생각으로 받아들이게 될 때, 그 위험은 이미 제거된 것이나 다름없다. 부정사고와 부정정서가 서로를 부추긴다는 사실을 놓고 볼 때, 부정사고를 증폭시키지 않음으로써 부정정서도 키우지 않을 수 있는 것이다.

마음챙김은 하나의 기술로, 저절로 습득되는 것이 아니다. 피아노 치는 법이나 테니스에서 백핸드를 더 능숙하게 구사하는 법을 배우는 것처럼, 마음챙김에도 교육과 훈련이 필요하다. 그것이 불교 심리학과 카밧-진 모델의 공통된 시각이다. 마음챙김의 정식교육에서는 지금껏 인상적인 결과들이 축적되었다. 또한 수많은 연구 논문들에서 마음챙김 명상 훈련에서 얻어지는 신체적·정신적 이점들을 확인한 바 있다. 이를 테면, 카밧-진의 교육과정을 수강한 사람들은 스트레스, 통증, 불안의 감소 및 피부의 투명도, 면역 기능의 향상을 보였다. 카밧-진의 성과에 고무된 다른 학자들은 마음챙김 명상을 우울증 재발 방지 및 자해 감소, 강박 신경증 경감, 만성적 장애로 인한 환자 본인 및 보호자의 스트레스 완화 등의 효과가 입증된 치료법들과 통합했다. 또한 마음챙김 훈련이 뇌에 영속적인 흔적을 남긴다는 보고도 있다. 즉, 부정정서와 연결된 회로의 활동을 감소시키고 긍정정서와 연결된 회로의 활동을 증가시키는 정서 반응의 원인인 것으로 알려진 뇌 회로의 기본적인 대사작용을 변경시킨다는 것이다. 이는 우리가 의도적으로 뇌의 작동 방식을 바꿀 수 있다는 뜻이다.

아마도 마음챙김 기술을 가장 잘 습득할 수 있는 방법은 강좌를 듣거나 워크숍에 참여하는 일일 것이다. 경험 많은 선생님들은 학습 과정에서 우리가 가장 넘기 힘든 고비를 넘도록 도와주고, 계속해서 훈련에 매진할 의지를 불어넣어 줄 수 있다. 그런 다음 우리는 스스로 하루 중 일정한 시간을 정해서 명상을 하거나 마음챙김 명상 훈련을 할 수 있다. 마음챙김을 위해 꼭 명상을 해야 하는 것은 아니다. 명상은 단지 주의를 기울이기 위한 하나의 방편일 뿐이다.

물론 엄밀히 말해서 강좌를 듣거나 워크숍에 참여하는 일도 꼭 필요한 것은 아니다. 그냥 이 책을 읽거나 마음챙김 기술을 소개한 다른 여러 서적들을 읽음으로써 훈련을 시작할 수도 있다. 내 개인경험으로 미루어, 이런 책들을 읽고 명상 수행을 시작해도 충분히 옳은 방향으로 나아갈 수 있다. 1990년대 후반에 나는 카밧-진의 저서인 『마음챙김 명상: 당신이 어디에 있든 거기엔 당신이 있다(물푸레)』를 읽고 그가 인도하는 명상 몇 가지를 CD로 들은 뒤 스스로 명상하는 법을 익혔다. 이때도 자료수집 광인 나는 어김없이 명상 수행이 내 일상의 정서와 사고방식에 미치는 효과들을 기록해 나갔다. 결과는 확실했다. 학교에서 내 연구 아이디어나 강의 계획을 구상할 때나, 집에서 남편과 지낼 때나, 첫아이의 출산을 준비할 때 모두 불안감이 줄어들고 집중력이 높아졌다. 심지어 갓 터득한 마음챙김의 기술로, 명상 없이 진통과 출산의 고통을 견디는 데에도 도움을 받았다.

그러나 내가 혼자서 책과 간헐적인 연습을 통해 마음챙김법을 배우는 데 꽤 성공을 거두기는 했지만, 그것을 정식교육의 효과에 비할 수는 없다. 비공식적으로 명상에 심취한 지 7년 만에, 나는 명상을 연구하는 학자들을 위한 7일간의 묵언수행에 참여하게 되었다. 처음으로 내가 마음챙김 수행의 전문가들에게서 직접 받은 교육이었다. 참가자들은 존 카밧-진과 조셉 골드스타인(Joseph Goldstein), 섀런 샐즈버그(Sharon Salzberg), 가이 암스트롱(Guy Armstrong) 등의 너무나도 유명하고 귀한 분들을 만나볼 행운을 누렸다. 그 경이로움으로 가득 찬 한 주를 보내고 나서 내 수련은 상상 이상으로 심화되었다. 비록 내가 독학으로 마음챙김법을 배우면서 어느 정도의 진전을 이루긴 했지만, 정식교육을 보다 일찍 받았더라면 이 기술을 더 빨리 익히고 더 많은 혜택을 보았을 것이다. 요즘 전 세계 각국의 도시들에 마음챙김 명상 강좌와 워크숍들이 생겨나고 있으므로 — 병원과 기업의 웰니스 프로그램 및 요가 학원들에서 — 당신도 이중 하나에 등록해서 마음챙김 명상 능력을 계발할 것을 추천한다.

부정정서 지뢰의 뇌관을 제거하라

앞서 8장에서 우리는 부정정서 지뢰를 찾아내기 위해 「일상재구성법」을 어떻게 활용할 수 있는지 살펴보았다. 이밖에 평상시의 하루 일과를 돌아보며 어떤 상황이 가장 부정정서를 많이 발생시키는지 스스로에게 질문함으로써 부정정서 지뢰를 찾을 수도 있다. 그때가 통근시간인가, 식사시간인가, 특정 가족 구성원이나 직장 동료와 함께 할 때인가? 혐의처를 찾았다면 다시 자신에게 물어보라. 그것이 필요한 부정정서인가, 무익한 부정정서인가, 아니면 둘 다인가?

상황을 면밀하게 검토하되, 또렷한 시각으로 바라보도록 주의하라. 문제가 되는 사건이 무사히 지나갔다면, 당시에 판단을 흐리게 했던 부정정서의 렌즈가 제거되었을 가능성이 있다. 그럼에도 불구하고 사후 점검을 하기에 앞서 현재 당신의 기분이 어떤지 확인하라. 중립적이거나 긍정기분이 든다면 괜찮다. 여러 연구에서 그런 상황일 때 사람들이 가장 정확한 자기평가를 한다는 것이 입증되었다. 그러나 지금 부정적인 기분이 든다면, 잠시 한숨을 돌리도록 하라. 자기평가를 하기에 앞서, 앞으로 11장에서 소개할 다른 부정정서 해소 도구들을 먼저 사용해보라.

필요한 부정정서와 불필요한 부정정서를 구분하는 방법이 있다. 필요한 부정정서는 사실을 있는 그대로 받아들이며, 우리를 계속해서 앞으로 나아가게 한다. 소중한 사람을 잃었을 때는 눈물이 나는 게 당연하다. 울음은 우리가 슬픔을 털고 일어서도록 하는 데 필요한 것인지 모른다. 그리고 직장에서나 집에서나 무엇이 옳고 정당한지에 대해 의견을 제시하기가 쉽지는 않지만(자칫 분노와 근심 등을 유발할 수 있기 때문에), 그럼으로써 팀이 보다 나은 길을 찾게 되거나 부부관계에 존재했던 미묘한 긴장감이 해소될 수 있을지도 모른다. 마찬가지로 잘못된 행동에 대해 죄책감을 느끼는 것은 교훈적인 경험이 될 수 있다. 부정정서의 일부 원인들은 살면서 피해갈 수 없는 일들이다. 그것들은 상황의 현실들에 의해 생겨나며, 그 현실들과 균형을 이룬다. 이런 종류의 부정정서는 우리로 하여금 건강과 생산성을 유지하도록 하며, 현실에 발 딛을 수 있도록 도와준다.

반면에 불필요한 부정정서에서는 얻을 게 아무것도 없다. 그것은 당면한 상황에 비해 엄청나게 크기 때문에 쉽게 눈에 띈다. 불필요한 부정정서는 과도하고 과다하며 전혀 비율에 맞지 않게 부풀려져 있어 보기가 흉하다. 어쩌면 거기에는 우리 쪽의 자기중심적인 술책이나 생각 없는 언어적 공격, 또는 자기편달의 채찍질 소리가 반영된 것인지도 모른다. 그것은 부정정서를 위한 부정정서가 된다. 그리고 쓸데없이 오래 머문다.

무익한 부정정서를 목격하거든, 그런 활동이나 상황이 다시 반복될 가능성이 있는지 스스로에게 물어보라. 만약 그렇다면 그런 무익한 부정정서를 꼭 되풀이할 필요가 있는지 생각해보라. 어쩌면 아예 피해버릴 수도 있을 것이다. 남편과 나는 10년도 더 전에, 수작(秀作)이라 칭

송받지만 과도하게 폭력적인 영화를 보고 난 뒤 마치 우리가 혹독한 시련을 겪고 난 듯한 느낌을 받았다. 우리는 필요한 것보다 지나치게 섬뜩한 장면들이 많았다고 생각했다. 지금 또다시 그렇게 엄청나게 폭력적인 영화를 볼 기회가 주어진다면, 우리는 이렇게 말할 것이다. "왜요? 그런 영화는 다시 보고 싶지 않아요." 요즘 우리는 다른 종류의 영화를 보거나 차라리 다른 일을 한다. 이처럼 스스로에 대한 약간의 지식으로 우리는 무익한 부정정서를 일으키는 상황들을 애초에 피해버릴 수 있다. 어차피 안 먹어서 버리게 될 걸 알기에, 안 좋아하는 음식을 말라비틀어지기 전에 일찌감치 버리기로 하는 것처럼 말이다.

물론 부정정서를 유발하는 모든 상황을 다 피할 수 있는 것은 아니다. 출퇴근길이나 세탁하기, 치과 가기 등이 그런 일들이다. 불필요한 부정정서를 일으키는 어떤 상황을 피할 수 없다면, 그것을 억제할 수 있는 최소한 세 가지 대안이 있다. 상황을 변경하거나, 상황에 다른 각도로 접근하거나, 그 의미를 바꾸는 것이 그것이다.

통근시간이 자신의 긍정정서 비율을 특별히 하락시키는 요인임을 알았다고 해보자. 재택근무를 하거나 사무실에서 몇 발짝만 걸으면 되는 시내의 오피스텔로 이사하려는 꿈을 갖고 있지만, 최소한 1년 정도는 오랜 시간 운전해야 하는 통근시간을 피할 수 없다. 이 상황을 어떻게 개선할 것인가? 혹시 뭔가 더 배우고 싶은 것은 없는가? 물리학이나 역사, 시, 소설 등 그것이 무엇이 됐건 운전 시간을 학습 시간으로 바꿀 수 있는 오디오북을 찾을 수 있다. 아니면 무료한 시간을 달래줄 동승자를 구할 수도 있다. 아니면 자가용 대신에 버스나 전철을 타고 옛날 방식대로 몸을 웅크리고 앉아 책을 볼 수도 있다.

주중의 아침식사 시간과 점심식사 시간이 불안으로 가득 차 있음을 알았다고 해보자. 그 이유는 당신이 항상 허겁지겁 음식을 먹으면서 동시에 머릿속으로 남은 시간 동안 해야 할 일의 목록을 끊임없이 늘리고 있기 때문이다. 여기서는 단순히 주의를 다른 곳에 기울이기만 하면 된다. 바로 그 순간, 즉 식사하는 데 집중하는 것이다. '다음에 뭘 할까' 하는 생각을 내려놓고 '지금 무슨 일을 하고 있는가'를 생각하라. 관심만 기울인다면 식사하는 것 자체가 엄청난 기쁨과 감사의 원천이 될 수 있다. 먹는 감각에 신경을 집중하면, 불필요한 부정정서를 없앨 수 있을 뿐만 아니라 감춰져 있던 긍정정서의 원천을 발견할 수도 있다. 당신이 선택한 음식의 맛과 질감에 주목하라. 그 음식이 어디에서 왔는지 생각하라. 그 음식이 만들어지기까지 고생한 농부와 식료품상, 요리사들을 생각해보라. 그들의 정성으로 말미암아 당신이 영양을 공급받을 수 있는 것이다. 또 그렇게 주의를 기울여 식사를 하다 보면, 먹을 만큼 먹었다는 미묘한 신호를 더 잘 감지하게 되어 살을 빼는 데에도 도움이 될 수 있다. 무엇보다 중요한 것은 여러 가지 일을 한꺼번에 하지 않는 것이다. 할 일의 목록을 추가하는 일은 식사시간 전이나 후에 따로 시간을 마련해서 할 수 있다. 또 그런 일은 가급적 종이나 핸드폰 따위에 기록하는 습관을 들여, 식사시간에 정신을 어지럽히지 않는 것이 좋다.

필요하다면 과도한 부정정서를 유발하는 상황의 의미를 바꿀 수도 있다. 인지행동치료의 도구함 중에서 인지 도구들이 그런 일을 한다. 그 도구들은 한 가지 의미를 다른 의미로 대체하도록 해준다. 내 경우에는 1.5쪽을 쓰고 2쪽을 날려버린 것을, 내가 실패자임을 의미하는 것으로 볼 수도 있고 내가 작가임을 의미하는 것으로 해석할 수도 있다. 당신의 경우에는 치과에 가는 것을 고통의 잔치로 볼 수도 있고, 불쾌한 경험을 이기는 도전이나 건강을 지키기 위해 필요한 하나의 수단으로 받아들일 수도 있다.

이런 식의 재해석은 불필요한 부정정서를 제거한다. 일상생활에서 반복적으로 발생하는 무익한 부정정서의 원천들을 감지했다면, 어느 순간에 가장 먼저 긍정 의미를 부여할 필요가 있는지 알 것이다. 새로운 강바닥에 의미를 부여하는 실험을 해보라. 그리고 그것이 어떤 느낌을 주는지, 그것이 어떻게 당신을 평온하게 하고 앞으로 나아갈 힘을 주는지 관찰하라.

사람마다 각자 인생에서 불필요한 부정정서를 야기하는 자기만의 반복적인 상황을 찾을 필요가 있지만, 몇 가지 공통되는 부정정서 지뢰들에 대해서는 특별히 따로 심도 깊은 논의를 할 필요가 있다고 본다. 그런 의미에서 다음의 세 항(項)을 각각 대중매체 수용 습관과 사회적 험담, 해로운 관계에 대해 다루는 데 할애했다.

자신의 대중매체 섭취를 평가하라

'폭력적인 기사가 많을수록 시청률이 잘 나온다'는 말은 뉴스 보도국의 공공연한 비밀이다. '부정정서가 관심을 붙잡고, 사람들을 끌어들이며, 계속해서 보게 한다'는 것은 이미 학문적으로 입증된 사실이다. 이 점을 마케팅 담당자들도 오래 전부터 알았기 때문에 부정정서는 줄

곧 전면을 장식해오고 있다. 물론 우리는 지역사회와 국가, 세계에서 무슨 일이 벌어지고 있는지 지속적으로 정보를 들을 필요가 있다. 그 중에 일부는 어쩔 수 없이 산불이나 총격전, 전쟁 등 나쁜 일들이 차지할 수밖에 없다. 그러나 문제는 언론인과 제작자들이 이런 이야기들을 모아서 내보이는 방식이 불균형적이라는 점이다. 실제로, 설문조사 결과는 사람들이 TV를 더 많이 볼수록 세상을 더욱 폭력적으로 바라본다고 말한다. TV를 많이 보는 사람들이 단지 세상의 안 좋은 점들을 더 많이 잘 알아서 그러리라 생각하겠지만 그게 아니다. 그들은 폭력적인 장면에 불균형적으로 많이 노출됨으로써, 폭력의 비율을 엄청나게 과장하는 경향이 있다. 반면 TV를 적게 보는 사람들은 우리가 일상생활에서 실제로 마주치는 위험의 정도를 보다 정확하게 판단한다.

폭력은 영화와 텔레비전, 비디오 게임 등에서 우리를 매혹시키고 즐거움을 주기 위해 유사하게 사용된다. 시청자들은 편안하게 취할 수 있는 매체를 통해, 구석으로 내몰리는 경험을 즐긴다. 폭력 엔터테인먼트는 세계 경제에서 급부상하는 산업이다. 그러나 폭력적인 매체를 접하는 데서 오는 심리적 피해는 익히 잘 알려져 있다. 연구 결과에 따르면, 폭력적인 매체를 더 많이 소비할수록, 정도가 심하든 미미하든 스스로 더 폭력적이 될 가능성이 증가한다고 한다. 또한 다른 사람을 해치고 의심할 확률과 사람들 사이의 문제를 해결하는 데 폭력을 사용해도 괜찮은 것으로 여기게 될 가능성이 높아진다. 매체의 폭력성은 사람들의 공감 능력과 온정을 짓밟는다.

그러나 매체에 의해 양산되는 부정정서는 종종 폭력성보다 포착하기가 쉽지 않다. 예를 들어, 시각적 매체에서 표현하는 날씬함, 성적 능력, 아름다움, 인종에 대한 암묵적인 메시지를 생각해보라. 가족이나 친구, 학교나 직장보다 대중매체가 훨씬 더 많이 우리에게 무엇이 기대되며 무엇이 '표준'인가를 가르친다. 시청자들은 ─ 특히나 어린아이들은 ─ 자신이 표준에 부합하지 않는다는 느낌을 자주 받게 된다. 이것은 수치심을 일으켜 또래들과의 교감을 저해할 수 있으며, 그렇지 않다 하더라도 일상의 즐거움을 축소시킨다.

우리는 우리가 먹는 음식에 대해서 하나의 문화로 생각하고 지대한 관심을 갖게 되었다. 불필요한 독소의 섭취를 원치 않으면, 우리는 유기농으로 재배된 식품을 구입한다. 건강에 해로운 지방을 피하고 싶으면, 영양성분표를 참고한다. 그러나 대중매체의 해로운 메시지는 아무 생각 없이 섭취하고 있다. 무익한 부정정서 수치를 높이는 반복적인 활동이 있는지 검토하면서, 매체의 섭취 도중과 후에 어떤 느낌이 드는지 주의 깊게 관찰해보라. 당신이 느낀 모든 부정정서가 다 필요한 것이었는가? 일부는 불필요한 것이 아니었는가? 불필요한 부정정서라는 포화지방을 줄이기 위해서 매체 섭취를 어떻게 변경할 수 있는가? 한 예로, 내가 찾아낸 해결책은 온라인으로 뉴스를 보는 것이다. 그렇게 하면 제목을 훑어보고 나서 무엇을 '먹을지' 선택할 수가 있다. 매체 섭취에는 양면성이 있다. 우리에게 정보와 즐거움을 주기도 하지만, 종종 긍정정서 비율을 떨어뜨리는 대가를 치르게 하기도 한다.

험담이나 빈정거림을 대체할 것을 찾아라

대부분의 날들에 우리는 동료들과 이야기를 나누거나, 친구나 가족과 수다를 떤다. 이때 우리는 마치 자신이 방송국 프로듀서나 되는 양, 청중을 구하고 전달할 메시지를 선택한다. 사람들은 보통 약간의 언어적 폭력이 흥을 돋운다는 것을 알고 있다. 그것은 말하는 사람에게로 주의를 이끄는 효과가 있다. 이 때문에 사람들이 타인의 사소한 약점에 대해 뒷말을 하거나 대화 상대에게 냉소적으로 빈정거리게 되는지도 모른다. 그러나 이런 식으로 재미를 추구하는 것은 양날의 검을 쥐는 것과 같아, 자신과 타인 모두에게 피해가 따른다.

혹시 당신이 습관적으로 험담이나 빈정거림을 대화에 섞어서 하고 있다면, 쓸데없이 자신의 긍정정서 비율에 족쇄를 채우는 동시에 주변 사람들을 깎아 내리고 있지는 않은지 생각해보라. 만약 그렇다면 대안을 찾도록 노력하라. 다른 사람들에 대한 이야기를 할 때, 그들의 약점이나 잘못된 일이 아니라 좋은 성격과 잘된 일을 주로 이야기하라. 누구를 놀리고 싶더라도 가볍게 하라. 말장난으로 그쳐야지, 가시 돋친 말이 되어서는 안 된다. 당신 본인이나 대화 상대들에게 불필요한 죄책감이나 모욕감, 분노, 수치심을 유발하는 은밀한 언어적 공격을 피하라. 필요한 부정정서만도 넘쳐나는 마당에, 굳이 매일 말로 불필요한 부정정서를 만들어낼 필요는 없다. 그러면 공연히 긍정정서 비율을 떨어뜨리고 플로리시의 가능성을 뭉개버리는 결과만 초래할 뿐이다.

부정적인 사람들에게 슬기롭게 대처하라

───────────

험담을 일삼는 사람이 당신이 아닌 다른 사람이라고 가정해보자. 누군가 매일같이 당신 앞에 나타나 쓸데없이 부정적인 이야기들을 늘어놓는다면 어떨까? 그 사람은 매사에 불만이 많은 옆자리의 직장 동료일 수도 있고, 걸핏하면 화를 폭발시키곤 하는 직장 상사일 수도 있다. 아니면 배우자가 당신의 기분에 찬물을 끼얹는 데 한몫하는지도 모른다. 나는 이렇게 부정적인 사람들을 어떻게 대해야 하느냐는 질문을 수도 없이 받는다.

이럴 때 내가 해줄 수 있는 최상의 충고는, 어떤 상황에서든 불필요한 부정정서를 억제할 수 있는 세 가지 기본적인 방법 중 하나를 택하라는 것이다. 그 세 가지 방법은 사회적 상황을 변경하는 것, 상황에 다른 각도로 접근하는 것, 상황의 의미를 바꾸는 것이다. 부정적인 사람들과의 접촉을 피하는 것도 가능하겠지만, 그것은 가장 마지막에 취할 방법이다. 위의 세 가지 방법이면 충분히 자신에게 내재된 변화의 능력을 이끌어낼 수 있을 것이다.

합기도는 '평화의 무도'로 창시된 무술이다. 합기도의 기본 원칙은 본인이나 공격자 모두에게 해를 입히지 않고 공격을 무력화시키는 것이다. 이는 부정적인 사람들을 다루는 세 가지 기술 모두에도 공통된 정신이다. 이 기술들을 남을 비난하고 헐뜯는 사람들을 향해 연민과 사랑과 개방성을 확산함으로써 부정정서를 중화시키는 방법들로 삼으라.

기술 1. 상황을 변경하라. 당신과 상대방이 소통하는 전형적인 상황을 어떻게 변경할 수 있을지 생각해보라. 먼저 당신 자신에게 까다로운 질문 몇 가지를 하라. '은연중에 내가 상대방의 부정정서를 부추기고 있지는 않은가?', '내 반응이나 대꾸로 그런 험담에 미끼를 던지고 있지는 않은가?', '대화중에 내가 마음을 닫고 있지는 않은가?', '상대방에 대해 내가 어떤 억측을 하고 있지는 않은가?' 앞의 질문들을 깊이 숙고해보기를 바란다. 이 자기탐구에 마음을 활짝 열고, 어떤 생각이 떠오르는지 살펴보라.

우리는 누구나 이따금 다른 사람들에 대해 예단을 한다. 그러므로 자신이 상대방에 대해 선입견을 갖고 있지는 않은지 알아볼 필요가 있다. 미처 인식하지 못했던 선입견을 찾아냈다면, 그 선입견들이 상대방에 대한 당신의 행동에 어떠한 영향을 미치는지 탐구해보라. 특별히 어떤 선입견이 당신으로 하여금 그 사람에게 마음을 닫게 하고, 호기심을 갖지 않게 하며, 차갑게 대하도록 하지는 않는가? 사람들은 아무리 유치한 수법이라 해도 관심을 끌기 위해 종종 부정정서를 사용하곤 한다. 따라서 상대방과 함께 있을 때 당신의 행동을 변화시켜 보라. 당신이 먼저 아낌없이 관심을 주고 마음을 열었을 때는 어떤 일이 일어날까? 따뜻한 마음을 더 표현하고, 이것저것 질문을 더 해보라. 대화의 내용이 밝을 때는 관심을 많이 표시하고, 쓸데없이 어두울 때는 관심을 덜 표시해보라.

상황을 바꾸는 또 다른 방법은 공통의 관심사를 찾는 것이다. 함께 있을 때 할 수 있는 활동을 알아보라. 그리고 짜증스러운 일들 — 예를 들어, 고지서 납부나 청소 같은 — 은 나중에 혼자 있을 때로 미룬다.

왜냐하면 혼자 있을 때는 집단적인 부정정서를 자극할 일이 없어지기 때문이다.

상황을 변경하는 마지막 방법은, 일단 부정정서가 표면에 떠올랐을 때 연민과 희망, 유머로 달리 대응하는 것이다. 무익한 부정정서에 맞장구를 침으로써 똑같은 부정정서를 더하지 않도록 주의하라. 문제를 증폭시킬 필요는 없다. 그보다는 부정적인 메시지에 긍정적인 재해석의 옷을 입혀라. '반밖에 없는 것'을 '반이나 남은 것'으로 변환하라. 두 사람 다 재미있다고 여길 만한 것을 대화의 주제로 삼으라. 연구 결과에 의하면, 누구 하나라도 어떻게든 부정적인 의견 교환의 사이클을 깨는 데 성공하는 사람들이 — 부정정서에 대해 중립적이거나 긍정적인 반응을 보임으로써 — 서로 나쁜 이야기만 주고받는 사람들보다 훨씬 더 좋은 관계를 지속한다고 한다.

기술 2. 다른 각도로 접근하라. 또 다른 전략은 부정적인 사람들의 다른 면들에 주목하는 것이다. 그 사람에게는 못마땅한 면만 있는 것이 아니라 긍정적인 면도 있을 것이다. 당신은 그를 어떻게 평가하는가? 그의 장점은 무엇인가? 어쩌면 당신이 싫어하는 직장동료는 다른 팀원들보다 예산을 분석하고 불필요한 비용을 줄이는 능력이 뛰어나, 팀의 재정 효율성에 기여하고 있을 수도 있다. 걸핏하면 화를 내는 상사는 그만큼 일에 대한 열정이 큰 것인지도 모른다. 배우자는 언제나 당신의 기분을 상하게 한 것만이 아니라, 당신 곁을 성실하고 충실히 지켜 주었던 때도 많았을 것이다. 그들에게 고맙게 생각하는 점을 어떻게 말로 표현할지 생각해보라. 연구 결과에 따르면, 관심을 기울이고 언어적 표현을 많이 하는 관계일수록 시간이 흐르면서 더욱 돈독해지고 의미가 커진다고 한다.

기술 3. 의미를 바꾸라. 또 다른 방법은 이 상황들에 새로운 의미를 부여하는 것이다. 상대방을 못마땅하게 바라보는 대신, 이번 장의 서두에서 인용했던 선사(禪師) 샬롯 조코 벡의 말처럼 바라보라. 그를 — 혹은 그 상황을 — 변장한 스승처럼 생각할 수는 없을까? 그 사람을 하나의 도전 — 보다 깊이 몰두하고, 보다 비판단적 태도를 가지며, 보다 연민의 마음을 키울 도전 — 으로 바라보며 그 시간을 재구성한다면 충분히 그럴 수 있다. 상대방이 쏟아놓는 부정정서에 반응할지 말지를 선택하는 것은 결국 당신이다. 그의 부정정서가 반드시 당신의 것이 될 필요는 없다. 마음챙김으로 당신의 반응을 조절한다면, 상대방의 부정정서에 기름을 붓는 것들을 일부 제거할 수도 있다. 그러나 그러지 못한다 해도, 여전히 당신에게는 이득이다. 그로 인해 마음챙김의 기술을 더욱 연마했을 테니까.

학자들을 위한 7일간의 명상회에 참여했을 때, 나는 이 점에 대한 커다란 교훈을 얻었다. 스승들은 참가자들에게 명상 장소에 제시간에 와서 공식적으로 집단 수행이 끝날 때까지 자리를 뜨지 않도록 하여, 다른 사람을 방해하는 일이 없도록 하라고 거듭 당부하셨다. 그런데도 내 옆자리의 남자는 명상 시간마다 매번 10분 정도 늦게 올 뿐 아니라 제멋대로 중간에 나가버리는 바람에 내 달콤한 수행을 방해하곤 했다. 주 중반에 스승 한 분이 정확히 이 문제를 직접적으로 거론하셨다. 그분은 먼저 우리가 느끼는 분노를 마음으로 받아들이라고 하셨다. "분노는 상대방에게 그렇게 행동하지 말라고 고함치고 싶은 충동을 일으킵니다. 욕을 해대고 싶게 만듭니다." 하지만 스승은 그러는 대신, 화가 나는 상황에서 아무 판단도 하지 않고 아무 반응도 보이지 않는 연습을 할 기회를 준 것에 대해 늦게 온 사람에게 속으로 감사하라고 권유하셨다. 감사하는 마음이 연민을 일으키고 평온을 되찾아줄 거라는 말씀이셨다. 나는 이 단순한 방법이 얼마나 효과적인지 깨닫고 크게 놀랐다. 매번 시도할 때마다 그 방법은 짜증스러움을 잠재우고 미소를 떠올려 주었다. 당신도 몸소 이 방법을 시도해보기 바란다. 이것은 누구에게도 해를 입히지 않고 부정정서를 해제시키는 사회적 합기도와 같다.

▶정리와 전망

이번 장에서 우리는 일상생활에서 만나게 되는 필요한 부정정서와 불필요한 부정정서에 대해 자세히 살펴보았으며, 불필요한 부정정서를 제거하기 위해 사용할 수 있는 여러 가지 도구들에 대해서도 알아보았다. 11장에서는 더 많은 도구들을 보게 될 것이다. 많은 연구들에서 이 도구들이 사람들의 삶에 긍정적인 변화를 일으킨다는 사실이 수차례 입증되었다. 이 도구들의 사용법을 배우는 데에는 시간을 투자할 만한 충분한 가치가 있다. 부정정서를 반박하고, 건강한 오락거리로 반추의 손아귀를 뿌리치며, 마음챙김 명상 훈련을 하라. 부정정서의 지뢰를 보다 쉽게 찾아내기 위해 www.positivityratio.com에서 이용 가능한 도구들을 활용하라. 우리는 모두 긍정정서 비율을 향상시킬 상당한 여지를 갖고 있다. 분모의 숫자를 줄이려는 시도는 훌륭한 접근방식이다.

　그러나 그것만으로는 부족하다. 항상 어느 정도의 부정정서는 존재할 수밖에 없는 것이 우리네 인생이다. 그러므로 거기에 유익한 평형추를 제공하기 위해, 긍정정서를 제고하는 법 또한 배울 필요가 있다. 이제 무익한 부정정서를 억제하는 법을 알았으니, 긍정정서를 활짝 꽃피우기 위해서 무엇이 더 필요한지 알아보자.

10장
긍정정서를 높여라

어느 날 저녁 한 인디언 추장이 손자에게, 사람들의 내면에서 일어나는 싸움에 대해 이야기했다.
"아가야, 우리 마음속에서는 두 늑대가 싸우고 있단다.
한 마리는 악이라는 녀석으로 분노, 시기, 질투, 슬픔, 탐욕, 거만, 자기연민, 죄의식,
원한, 열등감, 거짓, 자만, 우월감으로 가득 차 있지. 다른 한 마리는 선이라는 녀석으로 기쁨, 평화,
사랑, 희망, 평온, 겸손, 친절, 자비, 공감, 관대함, 진실, 연민, 신의로 충만해 있단다."
손자가 그 얘기를 듣고 곰곰이 생각하더니 물었다. "그럼 어느 늑대가 이기나요?"
노인이 짤막하게 대답했다. "그거야 네가 먹이를 주는 늑대가 이기지."
– 작자 미상

일상에서 무익한 부정정서를 제거하는 것은 긍정정서 비율을 높이려는 첫 시도로 훌륭한 접근법이다. 그러나 이번에는 분자인 긍정정서 쪽에 집중해보자. 진심 어린 긍정정서를 키우는 것은 인생에서 플로리시할 가능성을 드높이는 비결이다. 최신 연구들은 긍정정서 비율이 3:1 이상이 되면 보다 행복해질 것이라고 말한다. 그러나 그것은 긍정정서가 가져다주는 혜택의 절반도 설명해주지 못한다. 우리는 또한 전보다 더 창의적이고 수용적이며, 회복력이 강해질 것이다. 그리고 더 잘 배우고 성장하게 되며, 나날이 더 유능해질 것이다. 긍정정서 비율이 일단 이 플로리시의 영토에 진입하고 나면, 당신은 이 세상에 반드시 필요한 긍정적인 기여를 할 준비가 될 것이다.

진실성의 중요성

잠시 '진심 어린(heartfelt, 가슴으로 느끼는)'이라는 말을 가만히 들여다 보자. 가슴 속에서 진정으로 긍정정서를 느끼려면 속도를 조금 늦출 필요가 있다. 현대인의 생활은 너무나 정신없이 빠르게 돌아가서, 내면 깊은 곳에 집중하지 못하고 바깥에만 정신이 팔리게 되는 경우가 많다. 이런 양상이 장기화되면 가슴이 무감각해진다. 긍정정서를 높이려면 가슴의 마비를 풀어야 한다. 가슴이 느끼도록, 가슴이 열리도록 하라. 눈과 귀와 지성이 아닌 가슴으로 보고 듣고 느낄 수 있도록 충분히 속도를 늦춰라. 주변의 좋은 것들을 들이마시고 깊이 빨아들여라. 그것들과 결합하고 거기에 푹 빠져들라. 진실한 태도와 더불어 이런 느린 속도는 진심 어린 긍정정서를 이끌어낼 것이다.

왜 이것이 중요할까? 느껴지지 않는 — 가슴과 몸에 새겨지지 않는 — 긍정정서는 공허하기 때문이다. 그것은 아무런 이득도 가져다주지 않는다. 사실 그것은 이득이 없을 뿐 아니라 오히려 아주 해로울 수 있다. 우리는 그런 사례를 앞서 2장에서 보았다. 거짓된 미소는 분노만큼이나 심장의 기능을 해할 수 있다. 긍정적인 기분이 가미되지 않은 긍정적인 발언은 스트레스 호르몬만 잔뜩 분비시킬 뿐이다. 위선적인 긍정정서는 전혀 긍정정서라 할 수 없다. 그것은 가면을 쓴 부정정서이다. 긍정정서의 몸짓 — 미소든, 손길이든, 포옹이든 — 으로부터 진정한 혜택을 입기 위해서는, 속도를 늦추고 그 몸짓들이 의미하는 바를 가슴속 깊이 받아들여야 한다. 그것을 진심 어린 긍정정서로 만들라.

긍정심리학의 대두

21세기가 되기 전에는 진심 어린 긍정정서를 증가시키는 데 학계가 거의 관심을 기울이지 않았다. 사실상 나를 포함하여 몇 안 되는 학자들만이 긍정정서의 원인과 결과를 밝히기 위해 애쓰고 있었다. 그러나 우리는 거의 주류와는 별개로 연구에 임했으며, 극소수의 전문의들만이 우리가 발견한 학문적 사실을 현장에 적용해보려는 생각을 갖고 있었다.

그랬던 상황이 지금은 극적으로 변화되었다. 이번 세기 초반에 당시 미국 심리학회의 회장이었던 마틴 셀리그만은 〈긍정심리학〉이라는 새로운 학문적 운동의 시작을 자신의 사명으로 삼았다. 셀리그만은 과거의 심리학이 주로 사람들의 고통을 경감해주는 데 관심을 두면서 부지불식간에 질병 모델을 채택해왔다고 주장했다. 실제로 그는 경력의 대부분을 우울증을 이해하고 그것을 감소시키는 방안을 개발하는 데 헌신해왔다. 물론 가치 있는 일임에는 틀림없으나, 부정정서와 그에 따르는 폐해를 줄이는 일에 대한 심리학의 과도한 몰두는 사실상 그 밖의 모든 면을 소외시켰다. 셀리그만의 지적에 따르면, 인생을 살 만한 가치가 있는 것으로 만드는 법을 알아내고자 한 학문적 연구는 거의 찾아보기 힘들었다.

인생의 장래성이란 스펙트럼이 −10~+10에 걸쳐 있다면, 당시까지 심리학은 −8이었던 사람을 0까지 끌어올릴 수 있을 만큼 비약적으로 발전했었다. 그러나 0 이상이었던 사람을 어떻게 +6이나 +10으로 끌어올릴지에 대해서는 거의 알지 못했다. 셀리그만은 다른 심리학자들에게, 사람들의 괴로움을 덜어주는 것을 넘어서 플로리시하는 쪽으로 관심의 초점을 옮긴다면 얼마나 큰 기여를 할 수 있을지 상상해보라고 권했다.

그 생각은 삽시간에 확산되어 나갔다. 일반 사람들은 물론이고 학자들과 전문의들도 거기에 목말라 있었기 때문이다. 긍정정서에 관한 전문성 덕분에, 나는 이런 긍정심리학 운동의 선봉에 서게 되었다. 이 새로운 운동을 활성화시키기 위해 멕시코의 눈부시게 아름다운 아쿠말에서 열린 초창기 회의에서, 나는 신생 분야인 긍정심리학의 사명과 범주를 명확히 정하는 일에 가담했다. 이제 그 역사가 겨우 10년밖에 안 됐지만, 이미 긍정심리학은 긍정정서를 이끌어내는 법에 대한 풍부한 정보를 확보했다. 이번 장은 그 여러 공헌들에 대해 조명해볼 것이다.

긍정 의미를 찾아라

이번 장에서 특별히 다루어질 여러 접근법들을 관통하는 공통된 맥락은 우리의 습관적인 사고 패턴이 중대한 역할을 한다는 점이다. 우리의 사고는 우리가 현재의 상황 — 그 안에서 우리가 찾는 의미 — 을 어떻게 해석하는지를 드러낸다. 그렇다면 긍정정서를 증가시키고 긍정정서 비율을 높이기 위한 핵심적인 방법은 일상의 생활환경에서 긍정 의미를 보다 자주 찾는 데 있을 것이다.

긍정 의미를 찾는 일은 언제나 가능하다. 기상예보관이 구름이 약간 끼겠다고 말하는가, 아니면 부분적으로 해가 나겠다고 말하는가? 컵이 반쯤 비어 있다고 보는가, 아니면 반쯤 차 있다고 보는가? 인생에서 우리가 맞이하는 대부분의 상황들이 백 퍼센트 나쁠 수는 없다. 그러므로 아무리 금세 지나갈 것이라 해도, 좋은 것을 찾을 기회, 즉 현재 상황에서 긍정 의미를 정당하게 강조할 기회는 얼마든지 있다. 더 나아가 불쾌하거나 심지어 끔찍한 상황을 긍정적인 방식으로 재구성할 때, 우리는 희망과 같은 긍정정서가 솟아나게 할 가능성을 한층 높이게 된다.

물론 그런 실낱같은 긍정정서로는 혐오스러운 상황을 완전히 중립시키지는 못한다. 그러나 부정정서를 제거하는 것이 우리의 목표가 아님을 유념하자. 부정정서를 제거하지 못할 때에도, 긍정정서는 여전히 긍정적인 역학을 발생시킨다. 6장에서 우리는 9·11 테러 이후 내가 수행했던 연구에서 그것을 확인했다. 그 국가적인 비극적 사태 이후, 긍정정서는 일부 미국 시민들이 우울증으로 빠지는 내리막길에 제동을 걸고 다시 전보다 더욱 강해진 모습으로 되돌아올 수 있는 구명줄을 제공했다. 마찬가지로 가족의 사별로 인한 정서적 충격을 연구해온 학자들은, 크나큰 슬픔 속에서 약간의 진심 어린 긍정정서라도 경험하는 사람들이 훨씬 더 빨리 회복한다는 사실을 발견했다. 사별의 아픔을 겪은 사람들 중에 일부는 먼저 세상을 떠난 가족의 좋은 점들을 돌아봄으로써 긍정정서를 배양하며, 다른 일부는 여전히 곁에 남아 있는 가족들로부터 보살핌을 받는다는 사실을 감사히 여김으로써 긍정정서를 되살린다. 또 나머지 일부는 다시 일상의 활동들로 복귀하여 다른 사람들에게 도움이 되는 일을 함으로써 긍정정서에 불을 붙인다. 어떤 경우든 긍정정서는 그들 안에 공간을 만든다. 미래를 위한 계획과 목표를 세울 만큼 충분한 공간을 말이다. 계획과 목표는 긍정정서로 인해 확장된 정신의 소산이다. 당연한 얘기지만, 긍정정서와 더불어 계획과 목표를 갖게 된 사람들은 사별의 아픔을 딛고 더 빨리 일어설 수 있다.

의미란 해석이자, 당신이 현재 처한 상황에서 만들어내는 인상이다. 인지하든 인지하지 못하든, 당신은 하루 종일 의미를 만들어낸다. 비록 이런 의미 부여를 많이 하지 않는다 할지라도, 여기에 긍정 태도로 임한다면 긍정정서가 흐르는 물길을 내게 된다.

이보다 훨씬 큰 인생 자체의 의미는 어떨까? 인생 전체에 대해 당신은 어떤 인상을 갖고 있는가? 왜 당신의 인생이 지금과 같이 진행되어 왔는지에 대해 당신은 스스로에게 어떤 이야기를 하는가? 그 이야기는 당신의 기운을 북돋워주는가, 아니면 맥이 빠지게 하는가? 자신 있게 당신 인생의 궁극적인 사명이 무엇인지 말할 수 있는가? 그렇다면 그 사명은 당신이 경로를 벗어날 때 다시 원래의 궤도로 돌아오도록 도와주는 컴퍼스이자 시금석 역할을 하는가?

습관적 사고의 강바닥은 하루하루가 펼쳐질 때마다 우리가 하는 소소한 해석들의 축적으로 이루어지지만, 가장 큰 해석 — 인생 전체의 의미 — 은 순간순간 우리가 만들어내는 자잘한 의미들에 대한 청사진을 제공한다.

좋은 일을 음미하라

'쥐구멍에 든 볕' 같은 긍정정서는 나쁜 것 속에서 좋은 것을 찾아내거나, 부정적인 것을 긍정적인 것으로 전환하는 데에서 생겨난다. 그러나 긍정정서를 높이는 또 다른 전략은 뭔가 긍정적인 것을 한층 더 긍정적인 것으로 바꿈으로써, 좋은 것 안에서 보다 좋은 것을 찾는 것이다. 이를 금도금 한 긍정정서라 불러도 좋으리라.

뭔가 좋은 일이 일어날 조짐이 보일 때, 당신은 스스로에게 뭐라고 말하는가? 운수대통할 일이 생길 때, 무슨 생각을 하는가? 백미러에 뭔가 근사한 광경이 스쳐지나갈 때, 머릿속에 무슨 생각이 떠오르는가? 이럴 때 보이는 사람들의 반응은 제각기 다르다. 어떤 사람들은 의심부터 품고 본다. "정말로 그런 일이 내게 일어날 리 없어", "말도 안 돼!", "오래 안 갈 줄 알았어" 하는 식이다. 다른 사람들은 어느 쪽으로든 별로 생각하지 않는다. 그들에게 좋은 일은 문득 찾아오는 것만큼이나 순식간에 사라지는 듯하다. 그러나 또 어떤 사람들은 그 좋은 일을 음미할 방법을 찾는다.

그것이 미래의 일이든 현재의 일이든 과거의 일이든, 그들은 그것을 오래 가고 더 확산될 방식으로 생각한다. 뭔가 좋은 사건이 일어나기 전에, 이들은 아마 '…하면 근사할 거야' 하고 스스로에게 이야기할 것이다. 사건이 진행 중일 때에는 '전부 다 빨아들이고 싶어!'라고 생각할지도 모른다. 그리고 일이 끝난 뒤에는 마음의 눈으로 그 일을 되돌아보며, 그것이 주었던 좋은 느낌을 모조리 되살릴 것이다. 이런 식으로 음미할 줄 아는 사람들은 인생에서 더 많은 긍정정서를 이끌어낸다.

사람들이 자연스럽게 음미할 수 있느냐 그렇지 못하느냐의 여부는 흔히 그들 스스로 자신들이 좋은 일을 겪을 만한 자격이 있다고 생각하는지, 그렇지 못한지에 대한 자부심의 문제이다. 그럼에도 음미하기는 계발할 수 있는 정신적 습관이다. 5장에서 설명한 개심 연구에서 확인된 것처럼, 음미하는 능력은 구축할 수 있는 자원이다. 단순히 좋은 일을 받아들이는 것을 넘어서, 우리는 그것의 풍미를 느끼고 그 즐거움의 면면을 깊이 감상하는 법을 배울 수 있다. 이런 음미에 대해 그동안 알지 못했다면, 그 방법을 배움으로써 기분 좋은 일들이 일어나기 전과 도중과 후에 그 좋은 일의 진수를 이끌어내어 긍정정서를 세 배는 더 증가시킬 수 있을 것이다. 음미한다는 것은 단순히, 진정한 즐거움을 의도적으로 발생시키고, 강화하고, 연장시키는 방식으로 좋은 사건들을 고찰하는 것을 의미한다.

음미하는 법 배우기에는 속도를 늦추고 주의를 기울여 집중하는 일이 수반된다. 식사 준비를 할 때, 파릇파릇한 야채의 신선한 느낌과 곁들인 각종 허브 향에서부터 양념을 조절하면서 맛을 보고 나중에 가족이나 친구들과 손수 준비한 음식을 함께 나누는 것에 이르기까지, 좋은 면들을 일일이 충분한 여유를 가지고 감상하는 것과 같다.

하지만 음미는 분석이 아님을 명심하라. 긍정정서를 제고하는 일에는 정신적 개입이 지나치면 안 된다. 경험을 전체적으로 받아들이고, 그것이 전하는 느낌을 감상하라. 해부하거나 분석하지 말라. 과도한 분석이 긍정정서를 위축시킨다는 사실을 밝혔던 실험들을 기억하라.

음미는 또한 상황을 변경함으로써 가능해지기도 한다. 내가 주최한 긍정심리학 세미나에 참석했던 대학원생 존은 자신의 삶에서 음미를 더하는 실험을 해보았다. 그때 그는 대학원에 입학한 첫 학기였고, 그로 인해 사랑하는 가족과 여자 친구와 떨어져 지내며 전화 통화로만 안부를 묻곤 했었다. 전화 통화가 그에게 그토록 중요한 의미를 지녔던 적은 평생 처음이었다. 그러나 곧 그는 자신이 십대 시절에 나쁜 통화 습관을 키웠음을 깨닫게 되었다. 그는 전화 통화를 하면서 인터넷 서핑을 하거나, 통화에 집중할 수 있는 적당한 장소를 찾지 않았다. 음미에 관한 학문적 결과에 고무된 존은 자신에게 뭔가 문제가 있다는 생각이 들었다. 중요한 사람들과의 전화 통화에, 그에 합당한 대접을 하지 않았던 것이다. 그래서 그는 전과 다르게 행동하기로 결심했다. 여자 친구나 부모님에게 전화를 걸거나 받을 때는 언제나 컴퓨터를 끄고, 편안한 의자가 있는 조용한 곳을 찾아갔다. 그러자 그들이 자신에게 하는 말과 거기에서 오는 느낌에 더욱 주의를 기울일 수 있게 되었다. 또 그들과 한결 거리낌 없이 대화할 수 있게 되었다. 긍정정서가 높아졌으며, 특히 사랑과 희망이 샘솟았다. 자신의 인생에서 중요한 사람들과 전화 통화하는 환경을 변화시킴으로써, 존은 그들과 나누는 순간들을 음미할 수 있었다. 그 느낌이 얼마나 기분 좋고, 얼마나 큰 유대감을 주는지 놀라울 따름이었다.

음미가 개인적인 활동에만 국한되는 것은 아니다. 연구 결과, 행운에서 끌어낸 긍정정서를 배가하는 가장 간단한 방법 중 하나는 그 좋은 소식을 배우자나 애인, 가까운 친구와 나누는 습관을 들이는 것임이 입증되었다. 사람들에게 알리고, 함께 축하하라. 물론 상대방이 어떻게 반응하는지가 중요하다. 그들은 아무 대꾸도 하지 않거나 "그런 상 아무한테나 다 주는 건데, 몰랐구나?" 하며 찬물을 끼얹어 기분을 망쳐 놓을 수도 있다. 아니면 당신의 성공을 축하하고, 자랑스럽게 생각하고, 당신으로 하여금 그 행운을 충분히 기뻐하고 만끽하도록 격려할 수도 있다. 그들이 적극적으로 당신을 지지한다면, 한 가지 좋은 일에서 빚어진 긍정정서가 더 크게 자라는 계기가 될 것이다. 그리고 덤으로 그런 사람들과의 관계도 더욱 돈독해지고, 친밀해지고, 끈끈해질 것이다. 그 일은 또다시 음미할 더 많은 이유를 주고, 그것은 다시 더 큰 긍정정서를 가져올 것이다. 단지 좋은 소식을 나눔으로써 나선형 상승이 발생하는 것이다.

축복을 셈하라

습관적인 사고를 변경함으로써 우리는 나쁜 것을 좋은 것으로 재구성하고, 좋은 일을 더 좋게 만들 수 있다. 심지어는 평범한 일로도 똑같이 할 수 있다. 밋밋하고 단조롭고 진부한 것을 반짝반짝 빛나는 것으로 만들 수 있는 것이다.

이런 정신적 전환은 축복을 셈하는 습관을 기름으로써 가능하다. 전에는 보이지 않았거나 평범하기 짝이 없던 일상의 단면들을, 소중히 여겨 마땅한 선물이라고 고쳐 생각하라. 이를 테면, 매일 전철역으로 가는 출근길에서 당신은 똑같은 상점들을 지나게 될 것이다. 지금까지는 꽃집 가판대 앞으로 줄줄이 늘어선 커다란 양동이에 담긴 꽃들을 눈여겨본 적이 없을지도 모른다. 그런데 그 꽃이 어느 날 눈에 들어온다면 어떨까. 그 순간 당신은 그 꽃들이 누군가에게 기쁨의 꽃다발이 될 것이며, 사람들이 집에서 그 꽃들을 꽃병에 꽂으며 행복해지리라는 것을 깨닫게 될 것이다. 그러나 방금 새로 양동이에 그득 담긴 꽃들의 생생한 빛깔과 아찔한 향기가 그대로 전해오는 이 순간만큼은 그 풍성한 기쁨이 온전히 당신의 몫이다. 당신은 눈이 확 뜨이고, 살아 있음을 느끼며, 걸음이 빨라지고, 매일 그 꽃집 앞을 지나게 되는 출근길에 감사한 생각이 들 것이다. 또 매일 새로운 꽃들을 보게 될 기대에 들뜨고, 날마다 그 가게를 지날 때마다 축복받는 느낌이 들 것이다.

평범해 보이는 일이 축복으로 변하는 일은 대인관계에서 훨씬 더 크다. 친절은 일상에서 너무나 자주 접하게 되는 것이어서 그 의미가 퇴색될 때가 많다. 그러나 당신을 향한 누군가의 친절을 알아차리고 진정으로 인정할 때, 감사함이 느껴지고 따뜻한 배려에 가슴이 뭉클해진다. 그 감사한 마음을 말이나 행동으로 표현하면, 당신은 자신의 긍정정서를 높이게 될 뿐 아니라 상대방의 긍정정서 또한 함께 높이게 된다. 그리고 그 과정에서 그 사람의 친절을 더욱 자극하게 되고, 서로의 관계가 더욱 공고해지는 결과로 이어진다.

몇 년 전 오프라 윈프리가 감사일기 쓰기 아이디어를 대중화시킨 적이 있다. 그녀는 사람들에게 매일 감사하게 생각하는 일 다섯 가지를 쓰도록 권했다. 그리고 이 단순한 연습으로 인생을 바라보는 시각이 완전히 바뀌게 될 거라고 장담했다. 긍정심리학에서 밝혀진 새로운 사실들을 조사해온 바로, 나는 오프라가 꽤 방향을 잘 잡았다고 생각했다. 예전에 학자들이 이와 비슷한 실험을 한 적이 있다. 그들은 무작위로 일부 참가자들에게 감사한 마음이 들게 하는 것들을 정기적으로 기록하라는 과업을 주었다. 그리고 다른 참가자들에게는 다른 기록 과업을 주거나, 아무런 과업도 주지 않았다. 그 결과, 정기적으로 자신에게 축복으로 여겨지는 인생의 측면들에 관심을 기울였던 참가자들의 긍정정서가 증가했다. 그러나 이 방법에는 다소 위험부담이 따른다. 이런 연습을 너무 자주 하다 보면 타성에 젖어서, 오히려 진심 어린 긍정정서를 그르칠 수 있기 때문이다. 그래서 날마다 하기보다는 일주일에 며칠만 축복된 것들을 셈하는 것이 더 좋다.

선행의 가치

친절에는 최소한 두 가지 측면이 있다. 축복을 셈할 때 우리는 흔히 다른 사람들이 나에게 얼마나 잘해줬는지, 그리고 그로 인해 내가 얼마나 감사한 마음이 들었는지를 평가한다. 그러나 반대로 친절을 베푸는 사람 편에 서는 것도 긍정정서를 증대시킬 수 있는 또 다른 간단하고도 부담 없는 방법이다. 공동 연구자들과 나는 실험 대상자들에게 그들이 친절하게 행동했던 모든 일들을 날마다 기록하라고 요청한 적이 있다. 그 결과, 그들의 긍정정서가 크게 상승했다. 이 '선행 셈하기' 개입법은 플로리시하는 사람들이 친절에 더 익숙하고, 보다 타인 중심적이며, 어떻게 하면 그들이 긍정적인 변화를 일으킬 수 있을지에 대해 보다 관심을 가지기 때문에 효과를 낸 듯하다. 친절과 긍정정서는 함께 상승한다. 단순히 자신의 선행을 인지하는 것만으로도 이런 나선형 상승을 일으킬 수 있다.

자신의 선행을 인지하고 평가하는 안목을 기르는 것은 단지 사고 전환의 문제이다. 사고만 전환하면 더 많은 것을 알아차릴 수 있다. 의도적으로 친절한 행동을 더 많이 함으로써 긍정정서를 키울 수 있다는 것은 실험으로 증명된 사실이다. 그러나 여기서도 빈도상의 위험부담이 따른다. 매주 어느 날 하루를 정해서 여러 가지 굵직한 선행을 하는 편이 주 전반에 걸쳐서 조금씩 하는 것보다 더 유익하다. 일상적인 습관이 되다 보면, 새로운 선행이 신선하고 특별하다기보다는 평범하고 흔하게 느껴지기 때문이다. 그런 의미에서 정기적인 '선행일'을 정하는 것이 도움이 된다. 이 말은 평상시에는 일상적인 선행을 하되, 어느 특별한 날에는 한층 더 친절성의 수준을 높이라는 뜻이다. 일주일에 한 번이나 한 달에 한 번씩 자원봉사를 할 때, 그토록 많은 긍정정서가 배출되는 것은 이런 이유에서이다. 이는 또한 여러 학문적 연구들에서 남을 돕는 사람이 오래 산다고 예측하는 이유이기도 하다.

열정을 쫓아라

열정적으로 살라. 스스로에게 놀 시간을 허락하라. 유독 당신을 몰입에 빠져들게 하는 활동을 찾아라. 몰입 상태는 어떤 활동이 부과하는 도전 수준은 높으나 본인의 능력이 이에 부합할 때, 그 활동에 완전히 빠져들게 되는 순간을 말한다. 이때는 우리의 모든 행위와 동작이 자연스레 사고에서 흘러나온다. 취미 활동을 할 때 몰입을 경험하는 사람들이 있는데, 내 남편의 경우 그것은 해변낚시다. 그는 몇 시간이고 물속에 서서 자신이 그곳에 영원히 머물 수 있기를 바라는 마음으로, 파도를 읽고 낚싯줄을 던진다. 식탁에 오르는 것은 거의 없다. (내가 반찬거리를 좀 잡았냐고 물을 때마다, 그는 자기가 하는 건 '낚기'이지 '잡기'가 아니라고 상기시켜 주곤 한다.) 나에게는 요리가 몰입의 대상이다. 나는 요리책을 보고, 계획을 세우고, 정성스레 식사 준비를 하는 것이 즐겁다. 요리 실력이 좋아지면서 계속 새로운 요리에 관심이 생긴다. 이를테면, 이웃과의 정기모임 때 30인분의 요리 만들기 같은 것 말이다.

하지만 대개 사람들이 몰입을 경험하는 순간은 일을 할 때이다. 나도 그렇다. 나는 내가 지상 최고의 직업을 가졌다고 생각한다. 연구 계획을 세우고, 자료를 분석하고, 새로운 사실을 발견하며, 새내기 학자들을 지도하고, 내가 배운 정보를 전달할 적절한 방식을 찾는 이 모든 활동을 할 때 나는 시간 가는 줄 모르고 빠져든다. 인생에서 우리가 일에 쏟아 붓는 시간이 엄청나다는 점을 고려할 때, 일에서 뭔가 한 가지쯤은 완전한 몰입을 통해 매일 우리의 긍정정서를 진작시킬 잠재력을 가진 것이 필요하다.

미래를 꿈꿔라

긍정정서를 증대시킬 또 다른 간편한 방법은 더욱 자주 미래를 꿈꾸는 것이다. 자신이 도달할 수 있는 최고의 결과를 그려보라. 미래에 성공한 자신의 모습을 세밀하게 시각화하라. 실험 대상자들 중에 무작위로 그런 연습을 하도록 배정받은 사람들이 일상적인 자기반성을 하도록 배정받은 사람들에 비해 신뢰할 만한 긍정정서의 증가를 보였다.

시각화가 어떤 식으로 영향을 미치는지는 아직 분명히 밝혀지지 않았지만, 한 가지 추측은 매일의 목표와 동기가 꿈에 다가가도록 한다는 것이다. 이는 당연히 우리의 일상적인 활동에서 좋은 점을 더 많이 끌어내도록 도울 것이다. 놀랍게도 시각화는 우리가 그 시각화된 행동을 실제로 실행할 때와 같은 부위의 뇌를 활성화시킨다는 것이 입증되었다. 그 때문에 시각화가 운동선수들에게 그토록 강력한 도구로 활용되어온 것이다. 정신적 훈련은 신체적 훈련만큼이나 효과적일 수 있다. 적어도 활력을 주는 하나의 긍정적인 보완물임에는 틀림없다. 시각화는 특히나 어떤 교육을 받거나, 책을 쓰거나, 지역사회를 구축하는 등의 장기적인 프로젝트를 진행할 때 효과적이다.

강점을 활용하라

매일 자신이 가장 잘 하는 일을 할 — 자신의 강점에 따라 행동할 — 기회를 갖는 사람은 훨씬 플로리시할 가능성이 높다. 강점은 매우 개인적인 것이라 사람마다 다르다. 일부 강점들은 일에서 가장 큰 기여를 할 수 있는 특징들을 말하며, 다른 강점들은 심리적인 것으로 함께 연합하여 활용될 때 전반적으로 인생에 기여하고 특유의 영향력을 미칠 수 있는 특징들을 뜻한다. 연구 결과, 자신의 강점을 아는 사람이 최고의 성과를 올릴 수 있다는 것이 입증되었다.

긍정심리학 분야에서 초창기에 가장 많이 노력을 기울인 일 중 하나는 — 셀리그만이 직접 지휘한 — 호기심과 끈기, 친절, 공정성, 겸손, 낙관성 등을 아우르는 24가지 성격 강점을 기초로 사람들을 분류하는 신뢰도 높은 설문조사법을 개발하는 것이었다. 셀리그만은 미시건 대학의 동료인 크리스토퍼 피터슨(Christopher Peterson)과 함께 전 세계 다양한 문화권을 대상으로 설문조사를 벌여, 'VIA(Values-In-Action) 가치행동 검사'라 불리는 성격 강점과 미덕에 관한 종합편람을 만들었다. 자신의 강점을 파악하는 또 다른 아주 유효한 방법은 자신에 대해 잘 아는 사람들에게, 그들이 보기에 자신이 최상의 능력을 발휘하는 때의 모습에 대해 설명해 달라고 하는 것이다. 이 '반사된 최상의 자기(Reflected Best Self:RBS)'는 미시건 대학교 경영 대학원의 내 동료들인 로버츠(Roberst)와 더튼(Dutton)이 개발한 것이다. 이 방법은 〈하버드 비즈니스 리뷰〉에 자기계발을 위한 효과적인 도구로써 크게 다뤄진 이래 널리 인정을 받아왔다. 자신의 대표강점을 발견하는 이 방법들의 활용법에 대해서는 11장을 참조하기 바란다.

아무리 자신의 강점을 안다 하더라도 ─ 강점검사를 통해서든 타인의 시선을 통해서든 ─ 새로운 통찰력으로부터 일시적인 능력 이상을 끌어내는 핵심 비결은 자신의 강점을 더욱 자주 활용할 수 있는 방식으로 업무나 일상생활을 재구성하는 데 있다. 단순히 감사일기를 쓰거나 자신이 달성 가능한 최상의 모습을 머릿속으로 그리는 것보다 업무나 일상생활을 재구성하는 것이 좀 더 노력을 요하는 일이기는 하나, 그것은 확실하고 반복적인 효과를 약속한다. 통제된 실험에서 단순히 자신의 대표 강점을 아는 것과 거기에서 더 나아가 그 강점들을 활용하려는 노력을 한 경우를 비교했더니, 강점만 알고 있는 경우는 긍정 정서의 증가가 현저하지만 일시적이었던 반면, 강점을 활용할 새로운 방식을 찾은 데서 온 긍정정서의 증가는 현저하면서도 지속적이었다.

다른 사람들과 함께 하라

플로리시는 혼자만의 노력으로 달성할 수 없다. 누구도 혼자서는 자신의 잠재력을 완전히 발휘하지 못한다는 것은 과학적으로도 입증되었다. 플로리시하는 사람은 누구나 배우자나 애인, 가까운 친구나 가족, 혹은 이 모든 사람들과 따뜻하고 신뢰하는 관계를 맺고 있다. 쇠퇴하는 사람과 비교해 플로리시하는 사람은 매일 더 많은 시간을 가까운 사람과 보내며 혼자 있는 시간이 적다. 실제로, 플로리시와 좋은 사회적 관계를 유지하는 것 사이의 연관성은 매우 강하고 신뢰성이 높아, 학자들은 그것을 플로리시를 위한 필요조건이라 생각해왔다.

이는 일부분 단순히 다른 사람 — 잘 아는 사람이든 그렇지 않든 — 과 함께 있는 것이 긍정정서를 높일 수 있는 하나의 확실한 방법이 될 수 있음을 말한다. 학자들은 이런 기본적인 사실을 널리 입증해왔다. 어떤 학자들은 사람들의 일상적 활동과 정서를 추적했으며, 다른 학자들은 실험 대상자들에게 무작위로 다른 사람과 함께 있도록 하거나 그러지 않도록 함으로써 보다 통제된 접근방식을 취했다. 어떤 방식으로 바라보든, 결과는 분명했다. 사람들은 혼자 있는 것보다는 타인과 함께 함으로써 긍정정서를 더 많이 얻었다.

그러므로 매일 가급적이면 남들과 함께 하도록 하라. 천성적으로 매우 외향적인 사람이라면 원래 성격대로 행동하면 된다. 그러나 각종 실험 결과, 원래의 성향이 내성적이라 해도 다른 사람들과 있을 때 단순히 외향적으로 — 즉 대담하고, 말 많고, 활동적이고, 적극적이며, 자신감 넘치고, 모험심 많은 것처럼 — 행동하는 것만으로도, 그 사회적 관계 속에서 더 많은 긍정정서를 끌어낼 수 있다는 것이 입증되었다. 한편 내 개심 연구에서는 굳이 특별히 외향적으로 행동할 필요까지도 없다는 결과가 나왔다. 다른 사람들에 대해 애정 어린 관심을 기울이는 것만으로도 충분했다. 그런 다정다감한 마음을 가지려고 정기적으로 노력한 사람들은 평상시대로 생활한 사람들에 비해, 타인과 함께 하는 일상적인 시간에서 더 많은 긍정정서를 끌어냈다. 나는 당신이 외향성으로든 애정 어린 관심으로든, 타인과 함께 하기를 몸소 실천해보기를 권한다. 그리고 거기에서 긍정정서의 어떤 새로운 자원들이 생겨나는지 살펴보라. 내 예상으로는 아마도 다른 사람들과 함께 있을 때 더 많이 미소 짓고, 더 많이 소리 내어 웃으며, 더 큰 긍정정서를 누리게 될 것이다. 또한 삶을 더욱 풍요롭게 하고 플로리시로 이끌 보다 돈독하고 만족스러운 관계들을 구축하게 될 것이다.

자연과 교감하라

자연 환경은 사회적 환경만큼이나 플로리시에 중요한 요소이다. 따라서 긍정정서를 증가시키기 위한 아주 손쉬운 또 다른 방법은 밖으로 나가는 것이다. 더 정확하게 말하면, 화창한 봄날에 밖으로 나가면 좋다. 이 조언은 내 학생이었던 맷 켈러(Matt Keller, 지금은 콜로라도 대학교

볼더 캠퍼스의 조교)의 연구에 근거한 것이다.

맷은 날씨가 긍정정서에 미치는 영향에 지대한 관심을 갖고 있었다. 내내 해가 쨍쨍한 텍사스 주에서 살다가, 학교 때문에 미시건 주 앤아버로 옮겨오면서부터 생긴 관심이었다. 앤아버에는 호수가 많아 구름이 자주 끼었다. 앤아버의 구름은 어찌나 낮게 깔리는지, 나 역시 그곳에 살 때 자주 구름이 내 머리 위로 쌓이는 것 같은 느낌을 받았었다. 앤아버의 날씨와 기분 사이의 연관성에 호기심이 발동한 맷은 관련 주제에 대한 연구 논문들을 찾아보았다. 그러나 놀랍게도, 좋은 날씨가 기분에 미치는 영향이 시시한 이야기로 치부되어서인지 전혀 경험적인 증거를 발견할 수 없었다. 맷은 그 사실을 믿을 수가 없었다.

그는 이상할 정도로 학문적 증거가 부족한 이유가, 사람들이 바깥에서 보내는 시간 자체가 부족하기 때문일지도 모른다는 생각이 들었다. 안타깝게도, 현대인들은 날씨에 대한 직접적인 노출에서 거의 차단된 채 평균적으로 93퍼센트의 시간을 실내에서 보내고 있는 것이다. 이 점에 착안하여 맷은, 날씨가 좋을 때 적당한 시간을 바깥에서 보내면 사람들의 긍정정서 수치가 올라가리라고 예측했다.

내 연구실에서는 연구 참가자들의 사고의 확장이나 마음의 개방성에 대해서 뿐 아니라 그들의 기분에 대해서도 정기적으로 자료를 수집하고 있다. 어느 봄날 이 표준적인 질문 양식에 맷이 "오늘 당신은 지금 이 시간까지 얼마나 많은 시간을 바깥에서 보냈습니까?"라는 간단한 질문 하나를 추가했다. 그리고 나중에 미국 국립기후자료센터 홈페이지에서 앤아버 지역의 정확한 날씨 정보를 내려 받았다. 이 두 자료를 비교한 결과, 두 가지 확실한 결과가 나왔다. 날씨가 좋은 날 20분

이상을 야외에서 보낸 사람들은 긍정정서의 증가를 보였다. 그러나 바깥에 거의 나가지 않은 사람들의 경우에는, 날씨와 긍정정서 사이에서 연관성을 찾아보기 힘들었다. 또 전자의 사람들은 보다 폭넓고 개방적인 사고를 한 것으로 나타났다. 심지어 활동기억폭마저도 늘어났다. 그들은 문자 그대로 더 많은 생각을 머리에 담을 수 있었다. 활동기억폭은 오래 전부터 지능의 대리 측정치로 여겨져 왔기 때문에, 참으로 놀라운 발견이 아닐 수 없었다. 단순히 바깥에 나가는 것만으로 더 똑똑해질 수 있다니!

이듬해 봄, 우리는 실험 참가자들에게 밖에서 시간을 보내거나 그러지 않도록 무작위로 배정한 뒤, 긍정정서와 사고의 확장 정도를 측정하여 맷의 예측을 실험적으로 검증해보았다. 여기에서도 같은 결과가 나왔다. 날씨가 좋을 때 바깥에서 시간을 보낸 참가자들이 긍정정서의 증가와 사고의 확장을 보였다. 이후 1년여 동안 연구가 지속되면서, 이것은 바깥 기온이 활동하기에 적당한 봄과 초여름에만 두드러지게 나타나는 계절적 효과라는 것이 드러났다.

맷의 발견은 자연 체험의 이점에 대한 다른 학문적 연구와도 일치한다. 자연 속에 들어가면 우리는 자기도 모르게 관심이 끌리는 '매혹'과, 그 관심을 완전히 충족시킬 만큼 충분한 면적과 풍성함을 제공하는 자연의 '광대함'을 느끼게 된다. 자연 체험에 따르는 이 두 가지 특징은 긍정정서와 개방성을 일으키며, 또한 자연 속에서 보내는 시간에는 치유되고 회복되는 경험을 하게 된다. 앞서 환자의 입원 기간이 병실 창문으로 자연의 녹음이 보이느냐 그렇지 않으냐에 영향을 받는다고 말한 것을 기억할 것이다. 유사한 다른 연구들에서도, 야외에서 시간을 보내며 자연과 교감할 때 사람들이 더 빨리 회복된다는 사실이 입증되었다. 간단히 말해, 야외에서 보내는 시간은 우리가 더 멀리 볼 수 있도록 해주며, 멀리보기는 사고를 확장하고 좋은 기분을 더 많이 느끼기 위해 절대적으로 필요한 요소이다.

생각을 열어라

따사로운 햇빛에 꽃이 꽃망울을 터뜨리는 것처럼, 우리의 생각도 긍정정서를 만나면 자연스럽게 열린다. 이 결합의 장점은 긍정정서와 개방성이 서로를 촉진하고 보강하며 나란히 나아간다는 데 있다. 이 쌍방향의 연계성은 반대로, 생각을 개방함으로써 긍정정서를 증진시킬 수 있다는 뜻도 된다.

나는 이 서로 얽히고설키며 올라가는 나선형 상승을 7일간의 묵언수행 중에 매 시간 마음챙김 연습을 하면서 본능적으로 감지했다. 수행 기간 동안 경이, 감사, 기쁨, 깊고 영원한 평온 같은 긍정정서가 내 안에 가득 찼다. 긍정정서의 새로운 물결을 만날 때마다 나는 배움과 수행에 더욱더 개방적이 되었다. 그리고 깊은 호기심이 일었다. 마음챙김이 어떻게 부정정서를 감소시키는지에 대해서는 증거를 갖고 있었지만, 당시 내가 경험하고 있던 긍정정서를 어떻게 해방시킨 것인지에 대해서는 정확히 알지 못했다. 나는 마음챙김이 내 평생의 연구인 〈긍정정서의 확장 및 구축 이론〉과 어떤 연관성이 있을지 궁금해졌다.

묵언수행 때 스승들은 마음챙김이 현재의 순간에 집중하고 개방되는 경험을 함으로써 배우고 연습할 수 있는 하나의 기술이라고 누차 강조하셨다. 마음챙김은 일상생활에서 만나는 역경에 대처할 유용한 수단을 제공해주었다. 당시 내게 충격적이었던 점은, 마음챙김 훈련이 긍정정서와 함께 자연스럽고 자동적으로 발생되는 뭔가를 하도록 가르친다는 점이었다. 그것은 바로 우리가 생각을 열도록 가르친다. 마음챙김을 연습할 때, 우리는 직접적으로 긍정정서를 배양하는 것이 아니라 먼저 개방성으로 나아간다. 그러나 개방성과 긍정정서는 결국 서로가 서로를 유발하고 증폭시키면서 한데 융화되기 때문에, 새로 배양된 개방성은 긍정정서로 나아가는 문을 활짝 열어젖히고 나선형 상승을 불러일으킨다.

누구나 가끔씩 생각이 열리고 주의가 집중되는 경험을 해보았을 것이다. 긍정정서는 먼 옛날 인류의 조상들로부터 면면히 이어져 내려온 특성이다. 자연의 섭리대로, 긍정정서는 우리의 생각을 열어준다. 자연은 우리가 인생에서 최소한 약간이나마 마음챙김 명상을, 즉 우리를 성장의 궤도에 올려놓고 우리에게 자원들을 구축해주는 개방성을 경험하도록 보장해주었다. 우리는 진정한 긍정정서를 경험할 때마다, 자동적으로 별다른 노력을 기울이지 않고 확장 및 구축의 순간들을 얻는다. 그리고 그 확장 및 구축의 순간들을 더 원한다면, 좀 더 자신을 열면 된다. 주변 환경에 대해 마음챙김 명상을 연습하라. 그럼으로써, 당신은 의도적으로 생각을 열 수 있다. 그것은 긍정정서가 생성하는 것과 똑같은 생각의 개방성에 도달할 수 있는 유용한 수단이다. 인간 정서 체계의 구조 덕분에, 일단 의도적으로 개방성을 배양하고 나면, 긍정정서는 확장 및 구축에 따르는 무리들과 함께 자동으로 발생한다.

이 아이디어들을 뒷받침하기 위해, 한 연구에서 실험 대상자들에게 마음챙김 명상 수행을 하거나 그러지 않도록 무작위로 과업을 배정했다. 실험군이 명상을 배우기 전과 후에 각각 전체 참가자들은, 두개골 전반에 걸쳐 27개의 작은 센서들이 달린 모자로 뇌활동 검사를 받았다. 훈련 직후와 4개월 이후에서 모두, 명상을 한 사람들이 긍정정서의 증진과 연결되는 좌뇌 활동의 증가를 보였다. 또 다른 연구에서는, 이제 막 명상을 시작한 사람들에 비해 명상에 숙련된 사람들이 긍정정서의 증가는 물론이고 자기인식도와 수용성 면에서도 더 많은 증가를 보인다는 사실을 발견했다. 확실히, 개방성과 긍정정서는 함께 움직인다. 이와 같은 연구 결과들은 마음챙김 명상을 통해 연습할 수 있는 개방의 노력이 실제로 긍정정서를 높인다는 것을 말해준다.

따라서 개방성은 긍정정서를 낳으며, 명상은 개방성을 증진시키는 유용한 방법이다. 그러나 명상만이 개방성을 증진시킬 수 있는 유일한 방법은 아니다. 또 다른 방법은 경험을 억압하고 분할하는 경향이 있는 특정한 생각 습관들을 줄이는 것이다. 근래에 학자들은 우리가 '쾌락의 역설'에 직면해 있다고 주장해왔다. 즉, 긍정경험에 대해 늘 생각하는 것이, 실제로는 그 경험을 무뎌지게 하고 거기에서 이끌어낼 긍정정서를 감소시킨다는 것이다. 우리는 그것이 도리어 긍정정서의 퇴치제가 될 수 있음을 알지도 못하고서, 어떻게든 긍정경험을 할 수 있는 정보를 얻으려고 기를 쓴다. 여기서 얻을 수 있는 한 가지 교훈은, 뜻밖의 친절은 뜻밖의 행운으로 받아들이는 것이 가장 현명하다는 것이다. 좋은 일이 어떤 식으로 다가오든 받아들일 수 있도록 열려 있어야 한다. 분석하지 않고 받아들이는 연습을 하면, 긍정정서의 꽃이 만개할 것이다.

요전에 남편이 내 오래된 휴대전화를 두고 나를 놀린 적이 있었다. 화면에 기본으로 뜨는 문구를 수정할 수 있음에도, 몇 년째 나는 '바버라의 전화'라고 쓴 문구를 그대로 내버려 두고 있었다. "좀 독창적인 말좀 쓸 수 없어?" 하고 남편이 놀렸다. 나는 잠시 생각한 뒤 문구를 '긍정적이 되라'로 바꿨다. 하지만 왠지 부자연스러운 것 같고 썩 마음에들지 않았다. 긍정정서에서 얻어지는 혜택이 아무리 풍부하더라도, 단순히 긍정적이 되라고 명령한다고 해서 되는 일이 아님을 너무나 잘알고 있기 때문이다. 억지로 정서를 조작할 수는 없다. 심지어 나는 '긍정적이 되라'는 메시지 안에서 충고조차 이끌어낼 수 없었다. 그래서긍정정서와 개방성 간의 연계성에 대해 보다 깊이 숙고하면서 다시 문구를 바꿨다. '열려 있어라'로. 그 후 나는 이 간단한 문구가 얼마나 중차대한 역할을 할 수 있는지 알고 크게 놀랐다.

마음을 열어라

마음챙김 명상이 사고를 열어준다면, 예로부터 내려온 다른 명상법들은 마음을 열어주는 데 보다 직접적으로 관여하는 것으로 보인다. 이런 명상법들은 타인과의 유대를 느끼도록 도와, 지역사회에 진정한긍정정서를 불러일으킨다.

5장에서 나는 내 연구에 어떻게 하여 '개심 연구'라는 이름을 붙이게되었는지 설명한 바 있다. 명상에 대한 대부분의 서양 학문이 마음챙김 명상에 중점을 두어 온 데 반해, 나는 그 사촌격 되는 자비 명상에 대해 연구해보고 싶은 생각이 들었다. 맨 처음 내가 자비 명상에 관심을 갖게 된 것은, 그것이 긍정정서 — 특히나 인간관계라는 맥락 안에서 — 를 유발하는 데 보다 직접적인 목표를 두고 있기 때문이었다. 연구 과정에서 나는 자비 명상 수행에서 유발되는 정서적 반향들에 대해 많은 것을 알게 되었다. 그래서 여기에 당신도 직접 시도해볼 수 있도록 그 방법을 소개할까 한다.

자비 명상은 온정의 정서와 자신 및 타인을 돌보는 마음을 증대시키기 위해 사용되는 기법이다. 마음챙김 명상과 마찬가지로 자비 명상역시 고대 불교의 정신수양 훈련에서 비롯됐다. 모든 수행에는 흔히가부좌를 틀고 앉아 눈을 감는 조용한 묵상이 포함되지만, 자비 명상은 특히나 열린 마음자세로 자비심과 동정심을 갖도록 정서를 훈련시키는 데 목표를 둔다. 처음엔 이 자비심을 자기 자신에게로 향하며, 그다음엔 타인을 포함하는 점점 더 큰 원의 영역으로 확대시킨다.

자비 명상 수행이 백발백중 긍정정서를 치솟게 하는 마법의 알약은아니다. 하지만 이런 형태의 명상 수행에서 발생되는 긍정정서는 사람들의 삶에 광범위한 이익 — 음미하고 집중하는 능력의 향상에서부터, 보다 수월하게 스스로를 받아들이고, 긍정 의미를 발견하고, 타인을신뢰하게 되기까지 — 을 가져다준다. 심지어 명상 수행자들은 통증을덜 느끼고, 감기나 독감에도 잘 걸리지 않는 경향이 있다. 자비 명상연습으로 사람들은 일상의 정서가 흐르는 강바닥을 보다 높은 지대로옮기는 데 도움을 받으며, 궁극적으로는 우울감이 줄어들고 전반적으로 삶에 대한 만족도가 높아진다. 이제 당신도 자신의 삶에서 자비 명상을 실험해보고 싶은 마음이 들었다면, 11장에 설명된 명상법을 시도해보거나 명상 수업을 듣거나 개인적으로 지도받을 수 있는 선생님을 찾아보기 바란다.

▶정리와 전망

긍정심리학은 신생 분야이지만, 그럼에도 불구하고 벌써 여러 가지 지혜를 터득했다. 심리학의 한 갈래인 긍정심리학은 태생적으로 의심이 많은 성향을 갖고 있다. 그래서 더더욱 자료를 바탕으로 당신이 신뢰할 수 있는 일반화를 추구한다. 그러므로 당신은 긍정심리학에서 제시하는 지혜가 이미 시험되고 검증되었음을 믿어도 좋다. 일시적 유행 따위는 제거되었다. 이번 장 전체에 걸쳐 나는 사람들의 긍정정서를 높이는 것으로 실험되고 증명된 접근법들로 논의를 한정했다. 그 접근법들이 당신의 긍정정서 비율을 실제로 높이는지, 높인다면 어느 정도인지 확인하면서 스스로에게 성장하고 플로리시할 기회를 주어라.

당신은 그 접근법들 중 일부가 매우 간단하다는 것을 눈치 챘을 것이다. 친절과 감사에 눈을 뜨고, 좋은 것을 볼 때마다 음미하며, 자신이 도달 가능한 최상의 미래를 시각화하고, 더 사교적이 되며, 밖에 자주 나가는 것으로 손쉽게 긍정정서를 높일 수 있다. 이런 일들은 긍정정서를 제고하기 위해 언제든 마음 내킬 때 당신이 시도할 수 있는 소소한 변화들이다. 이 방법들을 실행함으로써 당신 안에는 가장 일반적인 6가지 정서인 사랑과 기쁨, 감사, 평온, 흥미, 희망이 더욱 샘솟을 것이다. 그러면서 또한 생각이 열리고 회복과 성장의 궤도에 올라서게 될 것이다.

이 밖의 다른 접근법들에는 보다 많은 노력이 요구된다. 자신의 강점을 더욱 잘 활용할 수 있도록 업무나 일상생활을 재설계하라. 그리고 마음챙김을 훈련하거나 자비심을 기르는 명상법을 배우라. 또 긍정 의미를 찾는 정신적 습관을 기르라. 이런 자기 변화의 노력들이 결코 쉬운 것은 아니지만, 거기에서 얻어지는 긍정정서란 수익은 노력에 비해 훨씬 더 크다. 이런 훈련에는 시간과 노력을 투자할 만한 충분한 가치가 있다.

이번 장에서 다룬 접근법들은 긍정심리학이라는 신생 학문이 거둔 첫 번째 수확 중에서도 알짜배기만 모은 것이다. 다음 장에서는 당신이 긍정정서의 배양을 원할 때 언제든 사용할 수 있는 도구들에 이 접근법들을 접목시킬 것이다. 더불어 앞으로 검증되어야 할 새로운 아이디어 몇 가지를 소개한다. 긍정심리학에서 앞으로 또 어떤 수확이 거둬질지는 오로지 시간만이 말해줄 것이다. 하지만 당신은 그에 앞서 먼저 이 도구들을 사용하면서 그것이 어떤 느낌을 주는지를 몸소 시험해볼 필요가 있다.

제4부

내 안의 긍정정서를
춤추게 하라

11장
플로리시를 위한
새로운 도구 모음

사람들이 당신에게 성장하라고 말한다면,
그것은 당신의 성장이 멈췄다는 뜻이다.
– 톰 로빈스

　나를 비롯한 여러 학자들이 수행한 긍정정서에 관한 많은 연구들은, 당신이 직접 그 방법들로 자기학습에 나서기 전까지는 그저 한낱 흥미로운 대화거리에 불과할 것이다. 당신은 이제 남들에 대한 이야기에서 자신에 대한 이야기로 시선을 돌릴 필요가 있다. 당신만의 '유레카!'를 외칠 순간들을 가져라. 무엇이 당신에게 진정한 긍정정서를 일으키는지 찾아라.

　정서는 지극히 개인적인 것이기 때문에, 이러한 시선 전환은 필수적이다. 정서는 우리들 각자가 현재 처한 상황에서 만들어내는 자기식의 인상을 반영한다. 예컨대, 당신이 감사하게 여기는 일을 다른 사람들은 그렇게 보지 않을 수도 있다. 사람마다 특정한 정서들을 느끼는 상황과 사정이 다르다. 이는 플로리시로 나아가는 자기만의 길이 따로 있음을 의미한다.

　자기학습을 시작할 때에는, 변화의 정도를 지속적으로 파악할 수 있도록 하라. 이를 테면, 매일 〈긍정정서 자가진단 테스트〉를 일지나 www.positivityratio.com에서 온라인으로 실시하라. 테스트는 1분 정도밖에 걸리지 않는다. 개선의 노력을 시작한 뒤 어떤 변화가 있는지 보라. 변화된 긍정정서 비율을 이전의 비율과 비교해보라.

군이 자료를 도표화하지 않더라도, 당신은 아마 새로운 에너지와 활력을 느낄 수 있을 것이다. 그 좋은 느낌들이 옳은 일로 당신을 이끌도록 하라. 그 느낌들이 가져다주는 삶에 대한 폭넓은 시야를 인지하고 감상하라. 큰 그림을 볼 수 있는 확장된 사고를 반겨라. 이러한 개방성만 있으면 언제고 긍정정서란 즙이 흘러넘칠 수 있다.

앞서 두 개의 장을 쓰면서, 나는 당신의 긍정정서 비율을 보다 높이는 데 도움이 될 12개의 도구 모음을 별도로 마련했다. 각각의 도구는 모두 학문적으로 증명된 것이며, 많은 사람들을 통해 효과가 확인된 것이다. 이 도구 모음들을 시도해보고, 어떤 것이 당신에게 가장 효과가 있는지 알아보라.

도구 1. 열려 있어라

여기서의 목표는 생활하면서 마음챙김을 연습하는 것이다. 당신의 모토를 '열려 있어라'로 삼아라. 시시때때로 사고의 개방을 방해하는 기대와 판단은 잠시 유보해두자. 대신 스스로에게 지금 이 순간의 풍요로움을 경험할 시간을 허락하라. 어떤 것을 마주치게 되더라도, 무슨 일이 일어나더라도, 인지하고 받아들이는 연습을 하라.

그 한 가지 방법은 직접적이고 감각적인 경험들에 촉각을 세우고 사물을 감상하는 것이다. 아침 산책 시간에 머릿속으로 일처리 목록을 늘리고 있지 말고, 나뭇잎과 꽃의 색채와 새소리, 습기를 머금은 풀냄새, 살갗에 부딪히는 서늘한 아침 공기의 감촉, 심지어 발밑으로 전해 오는 땅의 기운에도 열려 있는 연습을 하라. 연다는 것은 자신이 현재 경험하고 있는 어떤 것에든 호기심과 수용성을 기르는 것을 뜻한다. 변화를 기도하거나 바라지 말고 그저 주위에서 일어나는 일에 주의를 기울여라. 머릿속에 드는 어떠한 생각이나 느낌, 감각도 억눌러야 할 혼란으로 바라볼 필요가 없다. 대신 그것들을 인정하고, 감상하고, 지나가도록 내버려두자. 자기 자신에게 "그건 원래 그러도록 되어 있는 거야"라고 말하고 그냥 지켜보는 것이다. 마음챙김은 평소보다 현재의 순간에 더욱 넉넉하고 수용적인 자세를 취한다. 이런 개방성을 실험하면서 어떤 느낌이 드는지 관찰해보자.

도구 2. 돈독한 유대감을 형성하라

타인과의 진정한 유대는 신선한 공기를 마시는 것과도 같다. 어떤 사회적 상호작용에서든 — 가족이나 직장 동료든, 우체국에서 줄 앞에 선 사람이든 — 돈독한 유대감을 형성할 기회는 있다. 미시건 대학교 긍정조직학 센터의 공동설립자인 제인 더튼(Jane Dutton)에 따르면, 타인과 연결되는 순간은 생명력을 주기도 하고 앗아갈 수도 있는 생체조직처럼 하나의 역학 관계를 형성한다고 한다. 돈독한 유대감은 생명력을 준다. 여러 가지 감출 수 없는 증거들로 즉각 그것을 알아볼 수 있다. 이를 테면 돈독한 유대감은 상호 간에 감사하는 마음을 유발하고, 진심으로 함께 있거나 뭔가를 같이 하도록 격려하며, 에너지와 활력을 충전해주고, 진정한 생리적 변화를 유발한다. 말 그대로 돈독한 유대감이 몸속에서 공명하는 것을 느낄 수 있다.

더튼은 자신의 연구에서 돈독한 유대감을 형성하는 4가지 방법을 제시했다. 그 첫 번째는 존중하는 태도를 보이는 것이다. 당신의 존재감을 각인시키며, 상대방의 말을 경청하고 호응을 보이자. 둘째는 상대방이 하는 일을 지원하는 것이다. 그 사람의 성공을 돕기 위해 당신이 할 수 있는 일을 하라. 셋째는 상대방을 믿는 것이다. 그 사람이 당신의 기대에 부응하리라 믿고, 그 믿음을 보여주어라. 마지막으로 네 번째 방법은 함께 노는 것이다. 특별한 결과를 얻겠다는 생각을 하지 말고, 그냥 함께 빈둥거릴 시간을 내라. 이 방법들 중 한 가지 이상으로 다른 사람을 대하다 보면, 평범하거나 좋지 않았던 관계도 끊임없이 긍정정서를 배출하는 원천으로 변화될 수 있다.

나는 당신이 생판 모르는 관계에서 돈독한 유대감을 갖는 일에 도전해보기를 바란다. 하루 종일 마주치는 모든 사람에게 그런 노력을 해보라. 그저 잡담을 나누거나 별다른 신경을 쓰지 않았을 때와 비교해 느낌이 어떻게 다른지 돌아보라. 얼마나 활력이 생기고 기분이 들뜨는지 살펴보라. 또 그 상대방은 어떤 반응을 보이는지 눈여겨보라. 서로 눈이 더 자주 마주치지 않는가? 대화가 끝났을 때에는, 얼굴에 미소를 머금게 되거나 발걸음이 가벼워지지 않는가? 그로 인해 당신이 자신과 타인에게 선사하게 되는 기쁨을 생각해보라.

도구 3. 선행을 실천하라

이 도구는 『How to be happy : 행복도 연습이 필요하다』의 저자인 소냐 류보머스키(Sonja Lyubomirsky)의 연구에서 착안한 것이다. 어느 날 하루를 정해 5가지 선행을 실천하는 목표를 세우자. 헌혈이나 이웃의 정원일 돕기, 또는 오랜 병환으로 고생하시는 아버지가 병을 더 잘 이겨내실 수 있는 방법 찾기처럼, 진정으로 남에게 도움이 되며 자신에게는 어느 정도 희생이 따르는 일을 목표로 하는 것이다. 주변 사람들이 가장 필요로 하는 것을 주의 깊게 생각하며 창의력을 발휘하자. 그중에는 미리 계획을 세워야 하는 일도 있고, 반드시 하루에 다 끝마쳐야 하는 일도 있을 것이다. 그날 하루를 마치고 나서 평가를 해보자. 당신이 도운 사람과의 긍정적인 유대감, 기여를 한 데서 느껴지는 자부심 등 선행을 함으로써 드는 좋은 느낌들에 주목해보라. 그러한 정서가 지속될 수 있도록, 정기적인 선행을 정하자. 매주 창의성을 발휘하여 타인의 삶에 긍정적인 변화를 일으킬 새로운 방법을 찾도록 하자. 몇 달 동안 그렇게 선행을 실천한 뒤 어떤 변화가 생기는지 살펴보라.

도구 4. 오락거리를 개발하라

오락은 반추의 손아귀를 뿌리치고 불필요한 부정정서를 억제하는 데 중요한 수단이다. 오락을 즐기는 목적은 단순히 고민거리를 떨치는 데 있다. 가장 효과적인 오락은 완전한 주의집중을 요하는 것이다. 완전히 그 활동에 푹 빠지고 몰입하게 되어, 그것을 마쳤을 때는 우울감이 사라지고 맑은 정신으로 문제에 접근할 준비가 되는 그런 것 말이다.

오락거리의 목록을 '건강한 오락'과 '해로운 오락'으로 구분하여 따로 만들어보자. 먼저 '건강한 오락'의 목록을 작성하기 위해, "고민을 떨쳐버리기 위해서 내가 할 수 있는 일이 무엇일까?"를 스스로에게 질문해보자. 그리고 아무 것이나 생각나는 대로 떠올려보라. 이미 하고 있는 활동과 새롭게 시도해보고 싶은 활동을 분류하라. 또 날씨가 좋을 때와 나쁠 때, 직장에 있을 때와 집에 있을 때, 또는 여행 중일 때와 같이 다양한 상황에서 할 수 있는 일들을 포함하라. 날씨가 좋을 때 할 수 있는 일에는 정원 가꾸기나 자전거 타기, 동네 꼬마들과 축구하기 등이 있다. 날씨가 좋지 않을 때 할 수 있는 일로는 체육관 가기나 새로운 뜨개질법 배우기, 아들과 장기 두기 등이 있다. 직장에서는 연구에 골몰하거나, 책상을 정리하거나, 미처 확인하지 못한 이메일을 열어볼 수 있으며, 여행 중에는 소설책을 읽거나, 숫자 퍼즐 게임을 하거나, 호텔방에서 요가 동작들을 한 번씩 해볼 수 있다. 이런 활동들을 떠올리는 목표는 침체로 잡아끄는 반추의 손을 뿌리칠 필요가 있을 때 언제든 실행할 수 있도록 하기 위함이다.

다음으로는 당신을 유혹하는 해로운 오락들을 적어보자. 침체의 내리막길로 끌어당겨질 때, 너무나 쉽사리 술을 마시거나, 냉장고 문을 열거나, 빵집으로 달려가지는 않는가? 아니면 대중매체로 자신을 마비시키지는 않는가? 그렇다면 당신이 선택하는 매체가 부정정서를 가중시키는 것은 아닌지 스스로에게 질문해보라. 당신을 유혹하는 각각의 해로운 오락거리들을 대체할 수 있도록, 해롭지 않은 음료나 간식 먹기, 기분전환을 시켜주는 영화나 컴퓨터 게임이나 노래 즐기기 등과 같은 건강한 오락거리를 마련하라.

이제 지금 당장 당신이 목록에 적힌 개별적인 활동을 하려 한다고 가정해보자. 각 활동을 시작하기 위해 무엇이 필요한가? 털실, 좋은 책, 퍼즐을 찾을 수 있는 웹사이트 등 오락 활동을 위해 필요한 준비물을 준비해둔다. 불필요한 부정정서가 언제 들이닥칠지 모르니, 그것과 싸우기 위해서는 언제라도 주의를 다른 데로 돌릴 준비를 하고 있어야 한다. 무엇보다 먼저, 스스로 기분전환을 할 마음을 먹는 것이 중요하다. 하강국면의 사이클을 깨는 데에는 단 몇 분밖에 걸리지 않지만, 거기서 얻는 혜택은 어마어마하다.

도구 5. 부정사고를 반박하라

이 도구는 인지행동치료법에 근거한 우울증 예방 노력의 일환인 '펜실베이니아 대학교 회복력 프로그램(Penn Resiliency Program)'에서 채택한 것이다. 이 도구를 활용하기 위해서는 색인 카드 한 벌을 만들 필요가 있다. 각각의 카드에 당신이 자주 하는 부정적인 생각들을 쓴다. '또 늦잠을 잤네!', '어떻게 하면 모든 일을 다 잘할까?', '왜 마누라는 여태 전화 한 번 없는 거야?', '대체 나한테 관심이나 있는 거야?' 등을 쓰면 된다. 여기서 중요한 것은 현실적이면서도 진정으로 자신에게 절실한 생각들을 쓰는 것이다. 당신 내면의 비판자, 당신과 타인 및 주변의 모든 것에 의심을 품는 머릿속의 목소리 ─ 악의의 목소리 ─ 를 포착하라.

평소의 불만사항들을 다 썼으면, 카드를 섞은 다음 아무 것이나 하나 뽑아서 소리 내어 읽는다. 그런 다음 최대한 빠르고 철저하게 그것을 반박하라! 큰 소리로 단호하게 해야 한다. 카드와 관련된 내용에서 진실은 무엇인가? 진실들로 부정정서를 확실히 물리쳤다면, 다음 카드로 넘어가라. 부정정서의 카드 한 벌을 거치는 동안, 논쟁에 익숙해지면서 자신감이 커질 것이다. 무익한 부정정서가 스멀스멀 마음속에 피어오르려고 할 때마다 그 내용을 카드에 써서 마음에서 내보내라. 그리고 신속하게 진실로써 그것에 맞서라.

부정적인 생각은 진실을 이기지 못하고 곧 떨어져 나갈 것이다. 이 연습의 목표는 부정적인 생각이 들려할 때 재빨리 반박해버리는 데 있다. 그런 생각이 당신의 하루에 그늘을 드리우기 전에, 애초부터 진실로써 싹을 잘라 버리도록 하자.

도구 6. 자연을 찾아라

날씨가 좋으면 밖으로 나갈 준비를 하자. 근방에서 나무나 물, 하늘을 마음껏 감상할 수 있는 곳들을 미리 물색해두자. 자연과의 교감이 긍정정서를 높여준다는 것은 이미 입증된 사실이다. 운이 좋으면, 집에서 몇 발짝만 나가도 자연을 접할 수 있을 것이다. 그렇다면 그곳을 천천히 산책하라. 그 공간이 당신의 것이 되게 하라. 마땅한 곳이 없다면, 도서관이나 서점에 나가 집 근처에 있는 산책로나 공원들에 대한 안내 책자를 찾아본다. 부득이한 경우라면 분수대나 광장도 대안이 될 수 있지만, 될 수 있으면 자연을 보다 충분히 만끽할 수 있는 곳을 찾는다. 숲이나 강가, 초원이나 바다 등 장소가 넓으면 넓을수록 더 좋다. 운동을 하든, 교제를 하든, 아니면 그저 자연과 합일되기 위해서든 그곳들을 정기적으로 방문하라.

도구 7. 자신의 강점을 알고 활용하라

자신의 강점을 검사하는 한 가지 방법으로, 마틴 셀리그만과 크리스토퍼 피터슨이 개발한 무료 온라인 설문을 작성해볼 수 있다. 설문은 24가지 성격 강점을 측정하는 240개 문항으로 이루어져 있으므로, 시간을 여유롭게 가지고 작성하기 바란다. 이 검사는 펜실베니아 대학교 긍정심리학센터 내의 셀리그만 웹사이트 www.authentichappiness.com이나《마틴 셀리그만의 긍정심리학(물푸레)》에서 할 수 있다. 설문 작성을 마친 뒤에는 24가지 성격 강점이 순위에 따라 배열된 결과를 볼 수 있다. 이를 통해 어떤 특성이 진정으로 자신과 가장 잘 맞는지, 어떤 강점에 의거해 행동할 때 가장 활기가 넘치는지 알아볼 수 있다. 성격강점은 자신의 심리적, 성격적 특성을 가장 잘 나타내는 것이다. 이 검사를 통해서 자신의 대표 강점을 찾을 수 있다. 대표 강점은 강점 중에 자신의 특성을 가장 잘 나타내는 강점으로서 점수가 가장 높은 3개에서 7개가 있다.

강점을 파악하는 보다 개인적인 또 다른 방법은 미시건 대학 로스 경영대학원의 긍정조직학 센터가 개발한 '반사된 최상의 자기(Reflected Best Self:RBS)'를 이용하는 것이다. 이를 위해서는 동료나 고객, 또는 친구나 가족에 이르기까지 자신이 신뢰하는 10~20명의 사람들에 대한 질의가 필요하다. 그들 각자에게 당신이 주변에 가치를 더하거나 중요한 기여를 하는 방법들에 대해 세 가지를 꼽아서 상세한 이야기를 써 달라고 요청하라. 피드백을 모두 받으면, 이야기들을 분석하면서 공통점과 주제를 찾는다. 그리고 그 주제들을 한데 엮어, 당신이 모으고 연구한 이야기 자료 안의 지혜가 담긴 짧은 에세이를 쓰라.

아마 당신은 이 연습에 깊이 감동하게 될 것이다. 그것은 당신이 삶에서 중요하게 여기는 사람들로부터 참된 인정을 받는 계기가 될 것이다. 그들과의 오랜 인연에도 불구하고, 당신은 그들이 무슨 이유로 얼마큼 당신의 진가를 인정하는지에 대해서는 듣지 못했을 확률이 높다. 안타깝게도 우리는 서로를 사랑하고 인정하는 방식에 대해서 솔직히 터놓고 이야기하는 것에 그리 익숙하지 않다. 그러나 이러한 접근 방식은 긍정정서에 불을 붙인다. 당신은 이야기를 보내준 사람들에게 감사한 마음이 들고, 그들에게 더 큰 유대감을 느끼게 될 것이다. 그리고 당신이 유익함을 창출했던 방식들에 자부심이 생기고, 자신의 최고 모습에 더욱 자주 더 가까이 다가갈 힘을 얻을 것이다. 여기서 파악한 당신의 최고 모습은 당신이 갈팡질팡하거나 길을 잃을 때 이정표 역할을 해줄 수 있다. 또 실의에 빠질 때에도 그 글을 읽음으로써 보다 쉽게 정상 궤도로 되돌아오는 데 도움을 받을 수 있다.

일단 자신의 강점을 파악했다면, 좀 더 어려운 부분이 남아 있다. 그것은 바로 그 강점들을 매일 활용할 수 있도록 업무와 일상생활을 재설계하는 일이다. 당신의 업무나 일상의 활동들 중 어떤 국면들이 그 강점들을 끌어내며, 어떤 국면들이 그 강점들을 짓누르는가? 어떻게 하면 당신이 가장 잘 하는 일에 더 많은 에너지를 쏟아 부을 수 있는가? 매일 당신의 강점들을 진정으로 활용하기 위해서는 어떤 변화가 필요한가?

도구 8. 명상을 하라

마음챙김 명상

매일 명상으로 마음챙김을 더 깊이 숙지하도록 하자. 이 부분을 두어 번 읽은 다음 책을 내려놓고 지금 바로 시도해보자. 시간에 신경 쓰지 않고 실험할 수 있도록 알람을 5~10분 뒤에 울리도록 맞춰둔다. 익숙해질수록 점차 수행 시간을 늘려 나간다. 약 25분 정도가 이상적이지만, 하루 중 언제라도 시간이 허락하는 때에 수행을 하도록 하자.

방해 받지 않고 편안히 앉아 있을 수 있는 조용한 장소를 찾아라. 의자에 앉았다면 양발을 바닥에 붙이고, 등받이에 엉덩이를 바싹 기대고 앉아 허리를 곧게 편다. 양손은 손바닥을 위로 하여 무릎에 가볍게 얹어놓는다. 아니면 의식이 또렷하면서도 이완된 느낌이 드는 다른 자세를 취해도 좋다. 눈을 가볍게 감는다. 그게 어색하다면 눈앞에 보이는 바닥의 한 지점이나 촛불 같은 물체를 가볍게 응시한다.

심호흡을 몇 번 하면서 그 느낌에 주목하라. 숨결이 어디에서 느껴지는가? 콧구멍인가, 가슴인가, 복부인가? 매번 숨을 들이마시고 내쉴 때마다 감각이 어떻게 진전되는가? 이제는 다시 보통 때처럼 숨을 쉬어 보자. 그냥 자연스럽게 호흡하라. 그리고 계속해서 자신의 호흡을 관찰하라. 매번 들숨은 어떤 느낌인가? 매번 날숨은 어떤 느낌인가? 경건한 마음으로 매 들숨과 날숨에 주목하라. 각각의 호흡은 지금 여기에 살아 있는 당신이다.

이런 식으로 호흡에 주의를 기울이는 목적은 지금 이 순간, 지금 이 곳에 있는 연습을 하기 위함이다. 무척 간단하게 들린다. 그러나 현재에 존재하기 연습에 들어가는 순간, 그것이 얼마나 어려운지 깨닫게 될 것이다. 당신의 정신은 어김없이 방황할 테고, 이런저런 생각들이 떠올라 당신을 장대한 정신적 모험으로 유혹할 것이다. 그리하여 얼마 못 가 당신은 오늘 아침이나 주 초반에 당신을 괴롭혔던 문제를 되살리고 있거나, 다음 주 프리젠테이션을 계획하고 있거나, 저녁에 뭘 먹을까 생각하고 있는 자신을 발견하게 될 수도 있다. 어느 경우든 한 가지 생각은 또 다른 생각으로 꼬리를 물고 이어지며, 곧 상세한 반박문이나 식료품 목록으로 변해 있을 것이다. 당신은 정신적 시간 여행에 푹 빠져서 현재의 주변 상황을 전혀 인식하지 못한 채, 생각들 속에서 길을 잃은 것이다.

정신적 모험 끝에 엉뚱한 곳에 내렸더라도 상관없다. 그 때문에 자신을 나무라지는 말라. 길을 잃는 것은 사실상 불가피한 일이다. 당연한 일이라고 생각하라. 무익한 부정정서로 자신을 꾸짖는 대신, 자신의 주의가 흐트러졌다는 것을 깨달았으면 다시 호흡으로 되돌아오면 된다. 그리고 현재 — 당신만의 시간인 지금 — 에 얼마나 오래 머물 수 있는지 살펴보라. 관찰자가 되는 실험을 하면서, 활동하는 당신의 정신을 지각하라. 생각은 늘 피어나게 마련이며, 그것은 너무나 당연한 일이다.

조용히 생각이 피어나는 것을 관찰하라. 가만히 그것들을 하나하나 살펴라. 최대한 가볍게 접근하여 피어나는 생각이나 느낌마다 중립적인 설명을 곁들여라. 예컨대, '생각이 피어나는군'이라든가 '이건 분노의 느낌 같은데'와 같이 하면 된다. 자신의 생각과 느낌의 유혹을 관찰할 수 있는가? 자신이 거기에 끌려가고 있음을 알아차릴 수 있는가? 아니면 현재에 머물기로 선택할 수 있는가? 만약 그럴 수 있다면, 그런 생각과 느낌들이 사라져가는 것도 알아볼 수 있을 것이다.

생각을 억압할 필요는 없다. 실제로 그런 시도가 오히려 역효과를 일으킨다는 수많은 학문적 증거들이 있다. 적극적으로 생각을 멈추려고 하다 보면, 더 많은 생각만 일어날 뿐이다. 생각이 흐르는 대로 내버려 두고, 있는 그대로의 사실을 받아들여라. 생각이 떠도는 것을 알았을 때 자신에게 관대하게 대하라. 그것이 당신의 위치임을 자각하고 다시 시작하면 된다.

당신은 수없이 다시 시작하게 될 것이다. 다시 시작하기를 주저하지 말라. 매 순간 새로운 시작의 기회가 있다. 현재의 순간에서 다시 시작하는 것이 바로 마음챙김 명상의 기본이다. 마음챙김 명상은 사고 활동을 관찰하며 현재 당신이 있는 곳에 존재하는 연습을 하는 것이다. 호흡에 주의를 기울이는 것은 단지 현재의 순간에 머무는 능력을 강화하기 위한 수단임을 알아두라. 거기에서 얻어지는 성과는 앉아 있는 동안 몇 번의 호흡을 하는지 셀 수 있는지가 아니라, 남은 인생 동안 현재에 얼마나 잘 머물며 현재를 얼마나 인식할 수 있느냐이다.

자비 명상

매일의 명상 시간을 자비심을 배양하는 데 활용할 수도 있다. 이 부분을 두 번 정도 읽은 뒤 책을 내려놓고 10분 뒤 울리도록 알람을 맞춰두자. 명상 시간이 점점 편안해지면, 가급적 25분까지 시간을 늘려 나가자.

자비 명상은 비록 수행의 목적을 시각적 이미지 자체보다는 정서에 두긴 하지만, 어느 정도는 유도심상법과 유사하다. 먼저 호흡과 심장 부위에 집중하라. 고요함 속에서 심장의 느낌을 감지했으면, 당신이 온정과 연민의 정을 느끼고 있는 사람에 대해 생각하라. 자녀나 배우자, 또는 애완동물이 그 대상이 될 수 있다. 목표는 그 사랑하는 이들과 함께 할 때 어떤 느낌이 드는지를 시각화함으로써, 자연스럽게 온정의 느낌을 불러일으키는 것이다. 이 온화한 자비의 느낌이 확고히 자리를 잡고 나면, 내면에서 진심 어린 긍정정서를 창출하면서 그 사랑하는 특별한 사람의 이미지는 가만히 내보내고 단지 그 느낌만 유지하라.

이제 그 따뜻한 느낌을 자기 자신에게 확대하라. 갓 태어난 아기를 소중히 다루듯 당신 자신을 순수하고 귀하게 여겨라. 많은 사람들에게 이 지점은 커다란 난관이다. 평소에 사랑이 안으로 향하는 데 익숙하지 않기 때문이다. 진정으로 이를 행하기 위해서는 인내심과 연습이 필요하다. 처음에는 명상 시간을 온통 이 부분에 할애하게 될 수도 있다.

이 단계를 넘겼으면 다음에는 그 자비심을 다른 사람들에게 방사하

라. 처음에는 아주 가까운 사람들에게, 나중에는 서서히 가족과 친구들 전체로, 그 다음에는 관련 있는 모든 사람들 — 심지어 지난번에 통화한 서비스센터 직원처럼 상관없는 사람까지도 — 에게, 궁극적으로는 지구상의 모든 인류와 생물로 자비심을 확대해 나가라. 그러기 위해서 당신이 사는 도시, 나라, 대륙, 더 나아가 지구 전체를 시각화하면 도움이 된다.

전통적인 자비 명상에는 속으로 조용히 되뇌는 특정한 경구가 따른다. 그 형식 자체가 그것이 불러일으키는 정서만큼 중요한 것은 아니다. 나는 당신이 자신의 마음을 가장 잘 움직일 수 있는 경구들을 나름대로 개발하기를 권한다. 참고로, 전통적인 어구는 다음과 같다. '이 사람(또는 나, 우리, 그, 그녀, 그들)이 안녕하고, 평화롭고, 건강하며, 편히 살기를 기원합니다.' 이런 식의 특정 경구들을 천천히, 그리고 조용히 속으로 되뇌자. 자기 자신으로부터 시작해 타인들을 아우르는 점점 더 큰 원으로 관심을 확장해 가면서, 그 말들이 진정으로 자비심을 배양하도록 하자. 명상을 마치면서는, 원할 때는 언제든지 이런 좋은 정서를 일으킬 수 있음을 스스로에게 주지시키자.

도구 9. 용서로 분노를 제거하라

누군가에게 배신, 사기, 모욕, 무시를 당하거나 피해를 입으면 마음속에서 분노, 화, 적대감과 같은 부정정서가 솟구칠 것이다. 다른 사람의 잘못으로 피해를 입고 고통을 겪는다면 분노가 치밀고 화가 나는 것은 당연하다. 하지만 이런 부정 정서는 일차적으로는 나를 더욱 힘들게 만들고, 더 나아가 주변 사람과 내가 포함되어 있는 조직에 해를 끼치기 때문에 가능한 한 빨리 제거하는 것이 좋다. 분노는 플로리시를 향하는 가장 큰 장애물 중 하나이기 때문이다.

듀크대 행동의학연구센터 레드포드 윌리엄스 교수는 분노와 질병을 연결해주는 생물학적인 경로가 무척 다양하다고 말한다. 최근 연구에 의하면 분노 수준이 높은 사람들은 대사증후군을 보일 가능성이 높으며, 혈당이 높아지고 인슐린 저항이 생긴다고 한다. 또한 혈액 내에 지방이 많아지고 체중이 증가돼 당뇨병이 발생할 수 있다고 한다.

또한 분노는 심혈관 질환의 주요 요인이 된다고 한다. 분노를 하면 교감신경계가 활성화되고 심혈관 반응이 격렬해진다. 그래서 자주 분노하면 혈압이 상승하고 동맥벽이 손상을 입는다. 혈관벽이 손상되면 사람 몸의 7번 염색체 중 하나인 인트로킨 6가 분배되고 이는 간으로 가서 C반응세포를 분비시킨다. C반응세포는 심장질환의 주요 위험 요인이다. 따라서 오랫동안 자주 화를 내면 심장질환에 걸릴 가능성이 매우 커진다.

분노를 표출하지 않고 속으로 참아도 몸이 망가진다. 만성적으로 화를 참으면 암세포를 죽이는 NK세포의 활동이 억제된다. 화를 낼 때와 마찬가지로 동맥벽도 손상된다. 또한 지방을 많이 분비해 콜레스테롤 수치도 높아지고, 혈액 안에 혈소판을 더 많이 응고시켜서 동맥혈관이 막힐 위험이 크다. 결국 부정적 감정을 내부에 꼭꼭 가둬두면 그 감정이 자기 자신을 서서히 병들어 죽게 만든다고 해도 과언이 아니다.

분노가 건강에 악영향을 미친다는 연구 결과는 수도 없이 많다. 의

과대학생 255명을 대상으로 노골적인 적대감을 측정하는 성격 검사를 실시한 결과 가장 화를 잘 내는 사람으로 꼽힌 사람은 가장 적게 화를 내는 사람보다 의사 생활을 한 지 25년 뒤에 심장 질환에 걸릴 확률이 거의 다섯 배나 높은 것으로 나타났다.

이처럼 분노는 건강을 해치고 행복한 삶을 방해한다. 그렇다면 어떻게 해야 분노를 해결할 수 있을까? 최선의 방법은 일반적으로 분노가 유발될 수 있는 사건에서도 분노를 일으키지 않는 정서 조절 능력을 키우는 것이지만 처음부터 쉽지가 않다. 연습과 노력이 필요하기 때문이다. 동양 문화와는 달리 미국은 감정을 드러내는 사회이다. 미국인은 솔직하고 합리적인 태도를 존중하며, 심지어 분노를 표출하는 것이 건강에 좋다고 믿는다. 그래서 소리치고, 항의하며, 소송하는 것을 자연스레 받아들인다. 분노를 표출하지 않으면 그 분노가 훨씬 더 파괴적인 방법으로 다른 어딘가로 분출되어 심할 경우 심장마비를 일으킬 수 있다는 것이다. 유명 성인 교육 프로그램에서도 큰 소리로 외치고 고함을 치면 분노와 스트레스가 해소 된다고 한다. 나도 데일 카네기 교육을 배우고 시키면서 그렇게 해왔다. 셀리그만에 의하면 이 이론은 잘못되었음이 판명되고 있다. 오히려 그 반대이다. 화를 내거나 분노를 표출하는 것은 더 심각한 심장마비나 더 큰 분노를 유발한다는 것이다. 최근 연구에서도 나이 들어 심장마비에 걸릴 위험이 가장 높은 사람들은 고함을 잘 치는 사람, 성질이 급한 사람, 쉽게 분노를 터트리는 사람인 것으로 밝혀졌다. 우리 주변을 봐도 5, 60대에 갑자기 사망 소식을 전하는 사람들이 대부분 이런 부정정서의 특성을 갖고 있는 사람들이다.

분노는 부정정서 중에서도 가장 강력한 정서이다. 그래서 시간이 가고 세월이 흐른다고 분노가 가라앉지는 않는다. 이 분노를 해결하는 유일한 방법은 '용서'뿐이다. 용서를 통해 긍정정서를 함양시키는 것이다.

하지만 나에게 깊은 상처를 준 사람을 용서하기는 쉽지 않다. 그럼에도 불구하고 용서는 꼭 필요하다. 용서는 개인의 내적 변화뿐만 아니라 동시에 관계 변화를 불러오기 때문이다. 그래서 용서는 가까운 사람들과의 관계를 회복시키고, 억울함과 화 같은 부정정서의 소용돌이에 휘말리는 것을 피할 수 있게 한다. 또한 용서는 부정정서를 긍정정서로 바꾸어 주기 때문에 조직 내에서 긍정정서를 확장하고 구축하는 효과를 얻을 수 있기 때문이다.

일터에서 직원들이 회사나 팀, 상사, 동료에게 갖고 있는 분노, 화, 적대감, 보복, 불만 같은 부정정서를 털어내지 못하면 개인의 행복은 물론 행복한 조직문화를 만들고 조직성과를 내기가 힘들다는 것이다. 이러한 부정정서는 사람을 죽음으로 몰고 가지만 일터도 죽음의 일터로 몰고 갈 수 있다. 직원들의 행복한 직장 생활을 위한 조직문화 활성화를 위해선 일터에서도 용서라는 미덕이 필요하다.

워딩턴 박사는 용서에 이르는 길을 5단계로 나누어 설명하는데, 그는 이것을 '리치(REACH)'라고 부른다.

R은 자신이 받은 상처를 돌이켜 생각하는 것(Recall)을 뜻한다. 이때는 최대한 객관적인 자세를 취해야 한다. 가해자를 나쁜 사람으로 생각해서도, 자기연민에 휩싸여서도 안 된다. 천천히 심호흡을 하면서 마음을 가라앉히고 그때의 사건을 되짚어보아야 한다.

E는 감정이입(Empathize)을 의미한다. 나에게 피해를 준 이유가 무엇인지 가해자의 입장을 헤아려보려고 노력하는 것이다. 이것은 그다지 쉬운 일이 아니다. 그래도 가해자에게 해명할 기회를 주었을 때 그가 했을 법한 이야기를 꾸며본다.

A는 용서가 곧 '이타적인 선물(Altruistic gift)'임을 상징하는 머리글자인데, 이것 또한 몹시 어려운 단계이다. 먼저 자신이 다른 누군가를 해코지하고 죄의식에 시달리다가 용서를 받았던 때를 돌이켜보라. 그 용서는 자신이 다른 사람에게 받은 선물인 셈이다. 용서를 필요로 하는 사람은 자신이고, 그 용서라는 선물을 고마워하는 것 또한 자신이기 때문이다. 용서는 대개 주는 사람의 기분도 한결 좋아지게 하는 선물이다.

C는 공개적으로 용서를 행하는 것(Commit)을 의미한다. 워딩턴 박사는 자신의 환자들에게 가해자에게 보내는 용서의 편지를 쓰게 하거나, 일기, 시, 노래로 용서를 표현하게 하거나, 절친한 친구에게 자신이 한 용서에 대해 털어놓게 한다. 이런 것들이 모두 '용서 계약서'가 되는 셈인데, 이것이 마지막 단계로 나아가게 해주는 밑거름이 된다.

H는 용서하는 마음을 굳게 지킨다(Hold)는 의미다. 이 마지막 단계 또한 어려운 것이, 그 사건에 대한 기억이 어느 순간 불쑥 되살아나곤 하기 때문이다. 용서란 원한을 말끔히 지워 없애는 게 아니라 기억 끝에 달려 있는 꼬리말을 긍정적으로 바꾸는 것이다. 거듭 말하지만 용서하지 않는다는 사실만으로 가해자에게 보복하는 것은 아니다. 원한을 곱씹으며 기억에 얽매이기보다 기억에서 헤어나기 위해 노력해야 한다. 직접 작성한 '용서 계약서'를 읽으며 "나는 용서했다"는 말을 되

뇌면 이 단계를 극복하기가 한결 쉬울 것이다(-옮긴이 주).

도구 10. 감사를 의례화하라

감사하기 위해서는 주변의 감사한 일들을 알아보는 안목이 요구된다. 글쓰기를 좋아하는 사람이라면, 이를 위한 한 가지 방법으로 예쁜 공책을 사거나 컴퓨터 화면에 감사 일기를 써볼 수 있다. 거기에 매일 감사하게 생각하는 일들을 기입하자. 단순히 감사한 점들만 짤막하게 쓰지 말고 각각의 감사한 일들이 어떤 이유로 잘 되었는지를 기술하는 것이 더욱 효과적이다. 그렇게 하다 보면 감사할 일들이 눈에 보이게 된다.

만약 일기 쓰기가 자기 취향이 아니라면, 일상생활 안에서 효능을 발휘하는 감사의식을 치를 수도 있다. 예를 들어, 식사 전에 하는 감사 기도 의식을 되살리는 것이 그 한 가지 방편이다. 속으로 또는 소리 내어 잠시 앞에 놓인 음식에 대해 진심 어린 감사를 드리자. 감사의 대상을 신이나 땅으로 할지, 농부나 상인이나 요리사로 할지, 혹은 앞에 열거한 모두로 할지를 선택해 감사하는 마음을 표현하자. 그러고 나면 식사할 때의 느낌이 예전과 달라질 것이다. 아니면 내가 하는 의식을 한번 시도해보라. 수십 년 동안 나는 뭔가를 마치는 마지막 순간에 감사를 표현해왔다. 당신도 마찬가지로, 좋은 마무리에 덧붙여 짧은 감사의 표현을 해보라. 큰일이든 작은 일이든 나는 어떤 일을 마칠 때면, 거기에서 어떤 좋은 일이 있었는지 돌아본다. 사람들과 헤어지게 될 때는, 종종 이 의식이 그들에게 직접 감사 표현을 하는 것으로 바뀐다. 단순히 어떤 장소를 떠나게 될 때는 그것이 출장지의 호텔방이라 해도, 나를 편안히 쉬게 해주고 그곳에서 통찰력과 경험을 얻도록 해준 데 대해 조용히 감사인사를 남긴다. 하루에 그럴 순간들이 얼마나 많은지 알면 아마 놀랄 것이다. 이처럼 의례적으로 마지막 순간을 감사를 표현할 기준점으로 삼는다면, 당신의 하루하루는 늘 감사로 충만하게 될 것이다.

도구 11. 긍정정서를 음미하라

음미하는 연습을 하기 위해서는 두 가지가 필요하다. 첫째는 진정한 사랑과 기쁨, 자부심 등의 긍정정서를 일으키는 원천이며, 둘째는 그 정서들에 대해 달리 생각하려는 마음가짐이다. 진정한 긍정정서의 원천이 어느 시점에 일어난 일인가는 상관이 없다. 과거, 현재, 미래의 일 모두로 각기 연습해보기를 추천한다. 그리고 그중에서 어떤 것이 자신에게 가장 잘 맞는지 알아보자. 중요한 것은 그 사건을 생각하면서 바로 지금 당신에게 긍정정서의 불꽃이 일어나도록 하는 것이다. 소중히 여기는 일일수록, 거기에서 얻어지는 혜택도 더 클 것이다.

어제의 일이든, 지난주나 작년의 일이든, 과거에 있었던 긍정적인 순간을 돌이켜보자. 머릿속으로 그때의 이미지들을 회전시키며 모든 각도에서 바라보자. 그때의 기억을 끌어올려 달콤함을 맛보고 다시금 소중히 여기자. 그 다음에는 그 기억들을 더 크게 키울 수 있는지 생각해보자. 혹시 사진을 찍어둔 것이 있는가? 그렇다면 그중에서 몇 장을 골라 액자를 만들거나 따로 간직해두자. 혹시 글쓰기를 좋아한다면 과거의 가장 찬란했던 순간에 대해 시나 소설을 써도 좋다. 아니면 그 소중했던 순간들을 알고 있는 누군가와 대화를 나누는 것도 한 방법이다.

좋은 정서가 사고방식과 미래에 얼마나 큰 영향을 미치는지 알고 나면, 음미하기가 더 쉬워진다. 단순히 긍정적인 순간들에 주의를 기울임으로써 그 순간들을 확장하고 증폭시킬 수 있다. 좋은 순간이 펼쳐질 때, 가장 감동적인 것을 특정해 마음의 사진 — 아니면 진짜 사진 — 을 찍어두자. 부드러운 내면의 목소리로 그 감사한 경험을 이야기하자. 세세한 부분들에 주목하자. 과거와 현재를 음미하는 기술이 연마되고 나면, 더 나아가 그 기술을 미래에 펼쳐질 좋은 일을 예상하는 데 사용하도록 하자. 미리 그 시간들을 소중히 여겨라. 언제나처럼 너무 심각하지 않게 접근하라. 좋은 일이 어떤 식으로 다가오든 맞이할 수 있도록 준비하고 있어라. 그 일이 반드시 일어나리라 믿으면서, 한편으론 또한 그 세세한 부분들에 놀라게 되리라는 것을 받아들여라. 그럼으로써 당신은 좋은 일들을 미리 누릴 뿐 아니라, 실제로 그 일들이 일어났을 때에는 제대로 음미할 준비가 되어 있을 것이다.

도구 12. 미래를 시각화하라

미래를 시각화하기 위해, 내가 과학자 로라 킹(Laura King)과 스포츠 심리학자 짐 로어(Jim Loehr)의 연구에서 채택한 일지쓰기 연습을 해보

자. 모든 일이 최대한 순조롭게 이루어지고 난 10년 후 당신의 모습을 상상해보라. 당신은 열심히 일했으며, 스스로에게 설정한 모든 인생의 목표를 달성했다. 지금의 모든 꿈이 이루어졌을 때 당신은 어디에 어떤 모습으로 있을까? 당신이 도달 가능한 최고의 자리에 올랐다고 상상해보자. 이 일지쓰기 과제를 이를 테면 일주일 동안 하루에 한 번씩 쓰는 식으로, 여러 번으로 나누어서 수행하라. 상상할 수 있는 모든 상세 내역을 기록하고, 미래의 주변 환경과 당신의 느낌이 어떨지 묘사하자.

일주일 뒤 앞서 썼던 내용을 검토해보자. 당신의 꿈들 중에서 인생의 사명을 끌어내라. 매일 어떤 목적에 경도되기를 바라는가? 왜 당신은 아침에 잠자리에서 일어나고, 식사를 하며, 건강을 유지하려고 애쓰는가? 한 마디로, 당신의 존재 이유는 무엇인가?

이런 까다로운 질문들을 하면서 몇 가지를 추가로 기입하라. 그리고 당신의 가장 큰 소망과 꿈이 표면으로 떠오를 시간을 주어라. 그 비전들을 말로 표현하라. 당신의 아이디어를 종이에 기록한 다음 요점만 추려서, 암기하여 지침으로 삼을 수 있을 만큼 짤막한 사명 선언문을 만들어라. 그 사명이 실현된다면, 당신의 시간은 잘 쓰였다고 할 수 있는가? 다른 사람들이 거기에 감사와 칭송을 보낼까? 그것이 확실하다면, 그 사명의 달성을 위한 10년 계획을 세우자. 그것을 다시 몇 가지 항목으로 정리하여, 당신의 꿈이 당신을 지금 한 결심으로 인도할 수 있게 하자.

자기학습을 개인화하라

보다 개인적이고 자신에게 맞도록 자기학습을 심화해보자. 8장에서 나는 일상재구성법을 이용해 어떻게 긍정정서의 샘을 찾을 수 있는지 설명했다. 당신의 어제가 평범한 하루였다면, 하루 중 어느 부분이 가장 당신에게 힘을 주었는지 찾아보라. 그 상황을 연구하라. 어떤 면이 당신의 긍정정서를 피어나도록 했는가? 그때 다른 사람들과 함께 있었는가, 아무 방해도 없이 혼자 있었는가? 어떤 목적이나 열정을 갖고 있었는가? 무엇에 관심을 쏟고 있었는가? 당신의 긍정정서를 북돋운 조건들을 파악하라. 그 조건들을 당신의 하루에 더 많이 도입할 수 있을지 생각해보라. 긍정정서를 더 많이 이용할 수 있는 방향으로 하루 일과를 재구성할 수 있는가?

하지만 어제 하루의 발굴만으로는 긍정정서를 이용할 완전한 잠재력에 대한 실마리를 그다지 많이 찾지 못할 것이다. 그것을 밝히기 위해서는, 어제를 넘어서 시선을 보다 멀리 던질 필요가 있다. 인생 전체를 생각해보라. 그러면서 이 책에 소개된 10가지 긍정정서 — 기쁨, 감사, 평온, 흥미, 희망, 자부심, 재미, 영감, 경이, 그리고 마지막으로 가장 중요한 사랑 — 에 대해 생각해보라. 혹시 이중에서 당신의 인생에 절대적인 정서가 빠진 것이 있다면, 그것도 꼭 포함시킨다. 각각의 정서를 또렷하고 강렬하게 느꼈던 시간들을 생각해보라. 그러한 정서 상태를 유발한 것은 무엇이었는가? 그 정서들 각각을 느꼈던 마지막 순간은 언제인가? 그때 당신은 어디에 있었고, 무엇을 하고 있었는가? 그때는 무슨 일이 일어나고 있었는가?

수렵과 채집

이 심화된 자기학습에서 진정한 혜택을 보기 위해서는 보다 구체적으로 접근할 필요가 있다. 10가지 긍정정서 각각을 떠올리게 해주는 물건이나 기념품들을 모아 보라. 그리고 그 물건들로 각 정서에 대한 물리적 집합이라 할 수 있는 개별적인 포트폴리오를 제작해보자. 각 포트폴리오 제작을 하나의 프로젝트로 삼아, 한 가지를 일주일 동안 즐기면서 완수하도록 하자. 이를 테면 한 주는 기쁨의 포트폴리오를, 한 주는 감사의 포트폴리오를 제작하는 식으로 하여 사랑의 포트폴리오까지 모두 완성하자.

이 일이 당신의 귀중한 시간을 잡아먹는 유치하고 번거로운 일이라고 생각될지도 모른다. 만약 그렇다면 이번 장 서두의 인용문으로 다시 돌아가, 당신이 잊고 있을지 모를 사실을 상기시켜 보기 바란다.

비록 당장은 편안하고 아무 걱정이 없을지 몰라도, 어려운 시련은 언제 닥칠지 모르며, 어쩌면 생각보다 더 빨리 들이닥칠 수도 있다. 그리고 그런 어려운 시련은 그것이 손실이나 모욕, 무시무시한 협박 등 어떤 형태로 다가오든, 부정정서의 온상이 된다. 또한 부정정서는 앞서 보았듯이 긍정정서보다 위력이 강하다. 부정정서는 순식간에 당신을 나락으로 끌어내려 당신의 앞날에 어두운 그림자를 드리울 수 있다. 긍정정서를 향해 방향을 틀기 위해서는, 과거 당신에게 긍정정서를 유발했던 것들에 대한 희미한 회상만으론 부족하다. 그때가 바로 자기만의 긍정정서 포트폴리오에 물리적으로 의지할 때이다. 그 내용물들을 다시 살피며, 과거의 좋았던 순간들을 상기시켜라. 이 간단한 휴식은 당신에게 다시금 생명력을 불어넣어 주고, 긍정정서의 나선형 상승으로 되돌아가게 할 힘을 북돋워줄 것이다.

각 포트폴리오에는 개인적으로 의미가 있는 사진이나 편지, 인용구, 소품들을 모으면 된다. 이 추억거리들을 모으는 목적은 기쁨이나 감사 등의 개별적인 정서를 면밀히 조사하는 데 있지 않다. 시야를 크게 가져라. 추가할 새 기념물을 판단할 때에는, 철저한 지적 학습의 손길이 아닌 가벼운 인식의 손길만을 더한다. 포트폴리오를 만드는 진짜 목적은, 들춰볼 때마다 가슴에 긍정정서를 되살려줄 유인책으로 작용할 개인적 물품들을 한데 통합하는 것이다.

포트폴리오의 형식은 간단한 파일이나 상자로 하면 된다. 미술에 소질이 있다면 작은 스크랩북이나 예쁜 상자를 직접 만들어도 좋다. 컴퓨터를 잘 다룬다면 웹페이지를 만들거나, 사진 폴더를 만들어 휴대용 기기에 내려 받아서 가지고 다닐 수도 있다. 진정으로 막강한 휴대성과 활용성을 기대한다면, 먼저 물리적인 포트폴리오를 만든 다음 전체 내용물을 외워버리는 것도 한 가지 방법이다.

형식이야 어찌 됐건 당신의 포트폴리오에는 당신 마음의 내면적 작용, 당신만의 긍정정서들이 반영될 것이다. 영양사들은 고객들에게 특정 음식을 먹을 때 어떤 기분이 드는지 주의를 기울이라고 말한다. 나는 당신에게 특정 활동과 상황, 생각들을 맞이할 때 어떤 기분이 드는지 주의를 기울이라고 말하고 싶다. 당신을 들뜨게 하고 유쾌하게 하는 것에 친숙해져라. 그럼으로써 당신은 일상의 경험들에 대한 통찰력과 통제력을 모두 얻게 될 것이다.

포트폴리오를 제작할 때는 너무 성급하게 덤비지 말라. 그 과정을 음미하고 즐겨라. 각 정서마다 한 주를 온전히 투자하여, 진정으로 자신에게 감동적인 포트폴리오를 작성하라. 사람들은 포트폴리오를 만드는 과정 자체가 참으로 보람되고 신나는 경험이 되었다고 말한다. 그러므로 당신도 그 기회를 놓치지 말기 바란다.

이와 같은 포트폴리오 제작의 아이디어는 펜실베니아 대학교 긍정심리학 센터의 교육소장이자 선임학자인 제임스 파웰스키(James Pawelski)로부터 나온 것이다. 긍정심리학자로서 아직 햇병아리 시절에, 제임스는 밴더빌트 대학교의 조교수 임용을 위한 면접에 초청을 받았다. 그는 흥분이 되는 동시에 긴장도 많이 됐다. 그래서 그는 면접에 앞서 자신감을 북돋우기 위해, 위에서 내가 설명한 '자부심 포트폴리오'를 만들었다. 거기에 그는 긍정심리학의 창시자들이자 그가 매우 존경하고 우러러보는 학자들과의 친분을 나타내는 것들을 담았다. 이를테면, 미하이 칙센트미하이에게서 받은 격려의 이메일이나 마틴 셀리그만과 함께 찍은 사진 등이었다. 또 마음을 안정시켜 주고 자신의 사회적 가치를 느끼게 해주는 다른 기념물들도 추가했다. 면접 준비를 완벽하게 마치고 나서, 그는 마지막 30분을 이 포트폴리오를 다시 들춰 보며 정서적으로 그 안의 내용물들과 교감하는 데 할애했다. 그 일은 그가 비록 나이는 어리지만 충분히 학식이 깊고 유능하다는 사실을 상기시켜 주었다. 그로 인해 그는 차분하고 자신감 넘치는 기분으로 면접실에 들어갈 수 있었다. 그 포트폴리오의 효과가 너무나 좋았기 때문에 몇 년 후 제임스는 마틴 셀리그만과 어깨를 나란히 하며 일하는 교육소장이 된 다음, 이 아이디어를 정기 연구 프로젝트로 구체화하여 긍정심리학 분야 최초의 학위 프로그램인 펜실베니아 대학의 긍정심리학 응용 석사과정 학생들에게 부과했다. 나는 그 프로그램에 방문교수로 참여하며, 제임스의 학생들과 긍정정서 포트폴리오를 작성하고 사용하는 경험에 대해 공유한 바 있다. 현재 나는 제임스를 비롯한 여러 학자들과 협력하여 이런 포트폴리오의 유효성을 보다 넓은 범위에서 검증하는 작업을 하고 있다.

나 역시 나만의 포트폴리오를 만들었다. 첫 번째는 사랑에 대한 것이었다. 거기에 맨 먼저 넣은 것은 내 두 아들과 헌신적인 남편의 사진들이었다. 더불어 20세기 초반의 프랑스 작가 마르셀 프루스트(Marcel Proust)의 '우리를 행복하게 하는 이들에게 감사할지어다. 그들은 우리 영혼을 꽃피게 하는 마력을 지닌 정원사이니'라는 인용구를 첨부했다. 또 우리 가족이 '사랑의 의자'라고 부르는 의자 사진도 챙겨 넣었다. 그것은 거실에 놓여 있는 속이 두툼한 1.5인용 의자로, 우리는 거기에서 말없이 껴안고 함께 시간을 보내곤 한다. 물론 중요한 것은 의자 자체가 아니다. 그러나 의자 사진을 보면, 좀 더 자주 의자로 가서 가족들과 함께 더 아늑한 순간들을 만들고 음미해야겠다는 생각이 든다. 마지막으로 추가한 것은 어쩌면 내 학자적 기질이 반영되었는지 모르는, 서로 털을 골라주고 있는 한 쌍의 침팬지 사진이다. 이 사진은 사랑의 욕구가 태고부터 전해져 내려온 보편적이고 억제할 수 없는 것임을 상기하도록 도와준다. 이 같은 내 사랑의 포트폴리오를 자꾸 보다 보면, 하던 일을 멈추고 집에 더 자주 전화하게 되고, 집에 있을 때면 더 자주 아이들과 남편을 꽉 껴안고 깊은 정을 나누게 된다. 가족들과 나누는 사랑은 매번 내 마음을 열어주고, 새로운 활력을 주며, 인생을 보다 충만하게 살 수 있는 법을 가르쳐준다.

자기만의 포트폴리오를 만들어라

포트폴리오의 체계적인 제작을 돕기 위해, 10가지 긍정정서들 각각에 대한 방법을 안내하도록 하겠다. 각 정서에 대해 당신이 해볼 수 있는 몇 가지 질문이 제시될 것이다. 여기에 대한 자신의 응답을 따로 기록해두라. 각 질문에 대해 어떤 기억과 심상이 떠오르는지 생각한다. 어떤 아이디어가 떠올랐다면 보물찾기에 나서라. 각각의 포트폴리오를 제작하는 데 적합한 사진이나 인용구, 물건들을 찾아라. 아니면 노래나 동영상 클립으로 적절한 느낌이나 냄새, 맛과 촉감을 불러일으킬 수도 있다. 세심하고 창의적인 방식으로 자신의 포트폴리오를 조합하라. 그 각각은 스스로에게 주는 선물이다.

기쁨의 포트폴리오를 구상하고 만들기 위해 다음을 고려해보라.

1. 진행 중인 일에 대해 안전함과 편안함, 지극한 즐거움을 느꼈던 때는 언제인가?

2. 기대했던 것보다 일이 훨씬 더 순조롭게 풀렸던 때는 언제인가?

3. 계단을 올라가는 발걸음이 가볍고, 미소를 억누를 수 없으며, 얼굴이 상기되는 느낌을 받았던 때는 언제인가?

4. 어떤 일에 뛰어들어 함께 놀고 싶은 느낌이 들었던 때는 언제인가?

감사의 포트폴리오를 제작하기 위해 다음을 생각해보라.

1. 누군가에게, 혹은 무언가에 가슴 깊이 고맙고 감사한 마음이 들었던 때는 언제인가?

2. 당신이 가장 소중히·여기는 선물은 무엇인가? 누군가가 고생을 마다 않고 당신을 위해 친절을 베풀어준 적이 있는가?

3. 스스로가 참 복이 많은 사람이라는 생각을 해본 적이 있는가?

4. 언제 은혜에 보답하고픈 생각이 드는가? 무엇이 창의적인 방식으로 보답해야겠다는 생각이 들게 하는가?

평온의 포트폴리오를 구성하기 위해 다음을 고려해보라.

1. 당신이 있는 곳에 완전한 평화와 평온을 느끼며 진정으로 만족스러웠던 때는 언제인가?

2. 인생이 너무나 편안하고 질서정연하게 느껴졌던 때는 언제인가?

3. 온몸의 긴장이 눈 녹듯 사라지며 완전히 이완된 느낌이 들었던 때는 언제인가?

4. 그냥 소파에 폭 몸을 묻고 앉아 좋은 기분을 음미하며, 그런 기분을 인생에서 더 자주 느낄 방법을 궁리하고픈 느낌이 드는 때는 언제인가?

흥미의 포트폴리오를 구상하고 만들기 위해 다음을 고려해보라.

1. 당신 앞에 펼쳐지는 신비나 가능성들에 대해 정신이 말똥말똥해지고, 호기심으로 가득 차며, 깊은 흥미를 느꼈던 때는 언제인가?

2. 뭔가 새로운 미지의 것에 대해 위험하지 않은 매혹을 느꼈던 때는 언제인가?

3. 내면의 지평선이 눈앞에서 펼쳐지는 듯, 가슴이 확 트이고 생기 넘치는 느낌을 받았던 때는 언제인가?

4. 탐구하고, 더 배우고, 새로운 발견에 푹 빠져서 새로운 아이디어를

향유하고픈 강렬한 이끌림을 느꼈던 때는 언제인가?

희망의 포트폴리오를 만들기 위해 다음을 생각해보라.

1. 좋은 결과가 있으리라는 기대로 희망에 들뜨고, 낙관적인 생각이 들며, 고무되었던 때는 언제인가?

2. 불확실한 일에 맞닥뜨리고서 최악의 상황이 빚어질까 두려운 한편, 여전히 상황이 개선될 수 있다는 믿음을 가졌던 때는 언제인가?

3. 뭔가 좋은 일이 일어날 것 같은 예감을 느꼈던 때는 언제인가?

4. 더 나은 미래를 위해 독창성을 발휘했던 때는 언제인가?

자부심의 포트폴리오를 제작하기 위해 다음을 고려해보라.

1. 자신이 너무나 자랑스럽고, 자신의 능력에 확고한 자신감이 들며, 스스로에게 믿음이 갔던 때는 언제인가?

2. 뭔가 칭찬받을 만한 일을 한 적은 언제인가? 혼신의 노력을 기울여 어떤 일을 달성해본 적이 있는가?

3. 당신을 우쭐하게 하고 어깨에 힘이 들어가게 만드는 것은 무엇인가? 다른 사람에게 자랑하고픈 소식은 무엇인가?

4. 큰 꿈과 미래에 대한 비전으로 당신을 이끄는 것은 무엇인가?

재미의 포트폴리오를 구상하고 만들 준비가 되었다면, 다음을 돌아보라.

1. 천진난만하게 장난치고 싶은 생각이 들 때는 언제인가? 무엇을 할 때 재미가 있는가?

2. '심각하지 않은 사회적 부조화'를 기억하는가? 다른 사람들과 함께

뜻하지 않은 우스꽝스러운 상황에 부딪혔던 적은 언제인가?

3. 무엇이 당신을 웃게 만드는가? 다른 사람들과 서로 주체할 수 없는 웃음을 나누었던 때는 언제인가?

4. 유쾌한 기분을 다른 사람과 함께 나누거나 한가로이 시간을 보내며 우정을 쌓고 싶은 욕구가 들었던 때는 언제인가?

영감의 포트폴리오를 작성할 준비가 되었다면, 다음을 고려해보라.

1. 우수성에 진실로 고무되고 고양되고 기분이 들떴던 때는 언제인가?

2. 진정한 인간의 탁월함이나 미덕과 마주쳤던 때는 언제인가?

3. 눈앞에서 펼쳐지는 탁월함을 그저 멍하니 바라보고 있었던 때는 언제인가? 인간 최고의 능력을 목도하고 저도 모르게 입이 떡 벌어졌던 때는 언제인가?

4. 당신 또한 더 높은 경지에 도달할 수 있도록 최선을 다하고픈 욕구를 느꼈던 때는 언제인가?

경이의 포트폴리오를 구상할 준비가 되었다면, 다음을 돌아보라.

1. 주변에서 강렬한 경이와 놀라움을 느꼈던 때는 언제인가?

2. 장대한 규모로 위대함이나 아름다움에 압도되는 느낌을 받았던 때는 언제인가?

3. 웅대함에 압도되어 얼어붙은 듯 발걸음을 멈추었던 때는 언제인가?

4. 자기 자신이 무언가 훨씬 더 큰 것의 일부라는 느낌을 받았던 때는 언제인가?

사랑의 포트폴리오를 제작할 준비가 되었다면, 다음을 고려해보라.

1. 당신과 타인 사이에 사랑의 온기가 피어오르는 느낌을 가장 쉽사리 받는 때는 언제인가? 당신의 인간관계 속에서 친밀하고, 안전하며, 안정적인 느낌을 받는 때는 언제인가?

2. 당신의 인간관계가 다른 형태의 긍정정서 — 기쁨, 감사, 평온, 흥미, 희망, 자부심, 재미, 영감, 경이 — 를 촉발하는 때는 언제인가?

3. 사랑하는 사람밖에 없다는 생각이 들며 그 사람에게 기대게 될 때는 언제인가?

4. 그저 사랑하는 사람과 함께 하며 함께 있는 시간을 즐기고, 그 사람을 소중히 돌보거나, 그가 이룬 성공의 후광을 누리고픈 욕망을 느꼈던 때는 언제인가?

포트폴리오 이용법

나는 당신이 자신의 긍정정서 포트폴리오를 생명체처럼 바라보기를 바란다. 포트폴리오가 진화할 수 있도록 계속 업데이트를 하라. 긍정정서를 높여주는 역할을 수행하기 위해서는 포트폴리오들이 신선하게 유지될 필요가 있음을 명심하자. '쾌락의 트레드밀'을 기억하는가? 이 용어는 인간의 정서가 쉽게 무뎌짐을 묘사하기 위해 학자들이 지어낸 말이다. 포트폴리오를 달랑 하나만 만들어서는 그것을 책상 위에 잘 보이게 놓아둔 채로 전혀 새로운 내용을 추가하지 않거나 어떤 식으로든 내용을 변경하지 않는다면, 장담컨대 그것은 곧 그 효력을 잃고 말

것이다. 포트폴리오를 보는 일이 너무나 평범한 일이 되어버려, 마치 벽지를 볼 때처럼 아무런 느낌이 없어지는 것이다.

지속적으로 변화 · 발전하는 10개의 포트폴리오를 만드는 이점은, 이런 우려 없이 긍정정서를 계속해서 생기 있고 팔팔하게 유지할 수 있다는 데 있다. 그러므로 아마도 직관과는 반대되는 일이겠지만, 10개의 포트폴리오 중 하나만 남겨두고 나머지는 일단 다 안 보이는 곳으로 치워두자. 먼저 한 가지 포트폴리오만 이용하다가, 거기에서 얻어지는 효과가 떨어지고 있다는 것이 감지되면 새로 추가할 항목을 생각한 다음 그것 역시 다른 데로 치워두자. 그동안 대신 다른 포트폴리오를 꺼내어 새로운 긍정정서의 혜택을 누리자. 이런 식으로 포트폴리오들을 순환시키면 어느 것도 과용되거나 시들해질 일이 없다.

긍정정서 포트폴리오의 빛을 퇴색하지 않게 하는 또 다른 비결은, 추구하는 긍정정서에 마음을 열겠다는 단 하나의 목적으로 포트폴리오에 마음을 다해 임하는 것이다. 단지 포트폴리오의 내용을 슬쩍 훑어보는 데 그치지 말고, 시간을 갖고 각 품목을 깊이 음미하자. 맨 처음 각 품목을 마주쳤던 순간의 느낌을 되살리고, 그 기억 속에서 숨을 쉬자. 그 느낌을 최대한 흠뻑 빨아들여, 그것이 몸속에서 공명하도록 하자. 그런 다음 주위를 돌아보며 또 무엇이 당신 안에 이러한 진심 어린 긍정정서를 이끌어내 줄지 찾아보자. 소중한 물건들을 마음 깊이 생각하는 것으로 긍정정서를 이끌어낼 수 있다는 것은 과학적으로도 입증된 사실이다.

다만 이때 강압적인 태도를 취해서는 안 된다는 점 역시 유념하자. 긍정정서는 강력한 효과가 있는 반면 깨어지기도 쉽다. 긍정정서들은 의지력으로 억지로 쥐어짜거나 지속시킬 수 없다. 그러므로 무리하게 강요하지 말자. 긍정정서의 최고 유인책들은 예기치 못한 미소나 아름다움, 혹은 관대함처럼 미미하며 예측 불가능한 경우가 많다. 그러므로 긍정정서를 대하는 최고의 전략은, 열린 마음가짐을 유지하면서 그 미미한 순간들이 지나갈 때 그것들을 얼른 붙잡을 준비를 하고 있는 것이다. 보겠다고 마음먹으면, 곧 주위에 있는 긍정적인 상황들이 눈에 들어올 것이다. 그런 긍정적인 상황과 마주치면 그냥 흘려보내지 말고 음미하자. 학문적 연구 결과에 따르면, 긍정정서들은 반드시 강렬하거나 오래 지속되어야만 효력이 있는 것이 아니다.

항상 한 가지 포트폴리오를 서류가방이나 배낭, 또는 휴대용 기기에 담아서 지니고 다니자. 그러면 가장 필요한 순간에 그것에 의지할 수 있다. 사랑하는 사람이 갑자기 수술을 받게 되었을 때 대기실에서 그것을 활용하게 될 수도 있고, 아니면 낯선 청중 앞에서 중요한 발표를 하기 전에 힘을 얻을 수도 있다. 또는 직장에서 격무와 스트레스에 시달린 뒤, 집으로 돌아가며 기분전환을 위해 포트폴리오를 활용할 수도 있다. 포트폴리오에 주의를 기울임으로써 얼마나 숨 쉬기가 편해지는지, 얼마나 마음이 열리고 사고가 확장되는지 보라. 단언컨대, 분명히 금세 보다 폭넓고 넉넉한 마음으로 생각하게 될 것이다.

긍정정서 포트폴리오를 만들고 활용하는 10가지 요령

1. 진실하라. 강요가 아닌 진심에서 긍정정서가 우러나도록 하라.
2. 긍정정서 포트폴리오를 깊이 있게 만들라. 다양한 품목들이 포함되도록 하라.

3. 여러 가지 포트폴리오를 만들라. 한 가지 긍정정서에만 의존하지 말라.

4. 시간이 흐르면서 포트폴리오들도 진화하도록 하라. 계속해서 새로운 내용을 추가하라.

5. 항상 포트폴리오 중 하나를 가까이 두라.

6. 침체의 이끌림을 느낄 때 포트폴리오를 꺼내 보라.

7. 열린 마음으로 포트폴리오에 마음을 다해 임하라.

8. 가벼운 태도로 접근하라. 분석하지 말라.

9. 한 가지 포트폴리오가 효력을 잃으면 다른 것으로 바꿔라.

10. "이 정서를 함양하기 위해 지금 내가 할 수 있는 일은 무엇인가?"를 질문하라.

▶정리와 전망

자기학습과 정서추적에는 시간을 투자할 만한 충분한 가치가 있다. 긍정정서를 증진시키는 도구들로 부정정서의 손길을 물리칠 때마다, 당신은 플로리시를 향해 한 걸음씩 더 나아가게 된다. 그리고 주변에서 일어나는 갖가지 좋은 일들을 더욱 또렷한 시각으로 새로이 인식할 수 있게 된다. 이는 긍정정서의 나선형 상승을 유발하며, 결국 당신은 습관처럼 긍정정서 특유의 자원을 구축함으로써 어려운 시기를 헤쳐 나갈 수 있는 힘을 얻게 될 것이다. 일단 플로리시의 문턱을 넘어서고 나면, 더 이상 이 도구들과 포트폴리오를 의식적으로 사용할 필요가 없어진다. 그 단계에 도달하면 매일매일이 숨겨진 긍정정서의 원천을 찾는 보물찾기 게임과 같아지며, 그 보물은 언제나 당신의 차지가 된다.

긍정정서를 실험하는 동안 될 수 있으면 당신의 도전기와 성공담을 www.positivityratio.com(www.kppi.com)에 소개해주기 바란다. 꼭 사이트에 가입하지 않더라도 글을 올릴 수 있다. 고무적인 개인적 경험담은 별도의 페이지에 게재되어, 각자 자신의 긍정정서 샘을 파고 있는 다른 사람들과 공감대를 형성하도록 해줄 것이다.

긍정정서 수준이 높으면 플로리시할 수밖에 없다. 긍정정서 비율을 3:1 이상 — 인생에서 불가피한 부정정서의 원천들을 충분히 수용하는 솔직하고 참되며 진심 어린 긍정정서 — 으로 유지할 수 있다면, 당신은 조만간 자신이 도달할 수 있는 최고의 자리에 오르게 될 것이다. 그리고 그 위치에서 머지않아 주변 세상에 긍정적인 영향을 미치게 될 것이다.

12장
미래 예측: 플로리시

생의 끝자락에 도달해 나는 단지
그 길이만큼만 살았던 것이고 싶지는 않다.
그 너비만큼도 살았던 것이고 싶다.
— 다이앤 애커맨

이 책을 보기 전부터 당신은 누구나 긍정정서가 기분을 좋아지게 한다는 것을 알고 있었을 것이다. 또한 본능적으로 자신이 슬픔보다는 기쁨을, 절망보다는 희망을 더 자주 느낀다는 것을 감지했을 것이다. 이미 당신은 피상적으로나마 긍정정서의 가치를 인식하고 있다.

이 책에서 내 목표는 긍정정서에 관한 그런 당신의 감식력을 심화시키고, 학문적 근거를 제공하며, 긍정정서의 속성과 긍정정서가 제시하는 미래를 알리고, 긍정정서가 인생에서 차지하는 중대한 역할에 당신이 눈 뜨게 하는 데 있었다. 어둠 속에서도 사물을 인식할 수 있도록 해주는 암시(暗示) 고글처럼, 이 책에 제시된 긍정정서에 관한 학문적 통찰력이 당신에게 앞날을 내다볼 수 있는 한 쌍의 렌즈 — 인생의 좋은 점들을 확대하고 증가시켜 플로리시할 수 있도록 해주는 렌즈 — 구실을 하기 바라는 마음이다.

당신은 이제 긍정정서가 주는 좋은 기분이 훨씬 더 심오한 무언가의 시작일 뿐이라는 것을 알았을 것이다. 이 새로운 인식은 당신의 인생을 바꿀 수 있다. 책을 마무리하는 이번 장에서 나는 긍정정서에 관한 6가지 핵심적인 학문적 진실을 다시금 요약하여 제시할 것이다. 이 진실들은 20년에 걸친 내 연구에 근거한 것이다. 진실 2, 3, 4, 5는 나의 독자적인 발견이며, 진실 1과 6에는 부분적으로만 기여했다. 각각의 진실은 저마다 중대한 역할을 한다. 나는 이 진실들이 인생이라는 복잡한 교향곡에 맞춰 어떤 식으로 한데 어울려 활기찬 춤을 추는지 보여주고자 한다.

진실 1. 긍정정서는 기분을 좋아지게 한다

이 첫 번째 진실은 너무나도 명약관화하기에 별달리 설명할 것이 없어 보이지만, 실은 그렇지가 않다. 긍정정서는 유쾌한 내면적 경험과 즐거운 생기로 반짝인다. 과거에 경험한 긍정적 순간들의 반짝임을 기억하면서, 우리는 새로운 긍정적 순간을 기쁘게 맞이한다. 타고난 본능으로 우리는 긍정정서를 갈구한다. 그러나 반짝이는 것이라고 다 금은 아니듯, 긍정정서에도 유사품과 먼 친척들이 넘쳐난다. 유사품은 긍정정서에 대한 고대 지혜의 현대적 남용으로서, 마약과 도박, 갖가지 중독들이 그에 해당한다. 먼 친척들에는 폭식이나 성적 흥분 같은 육체적 쾌락이 속한다. 이런 가짜 긍정정서는 기분을 좋게 하는 효과가 일시적이며 결과적으로는 악영향을 미치기 때문에, 진정한 긍정정서와 혼동하지 않도록 주의를 기울여야 한다.

진실 2. 긍정정서는 사고를 확장시킨다

두 번째 진실은 긍정정서가 우리의 사고를 열어주고 시야를 넓혀 준다는 것이다. 비록 일시적인 사고의 확장일지라도, 그것은 우리 정신에 필요한 공간을 만들어준다. 그를 통해 우리는 꽉 막힌 부정정서에서 탈출해, 보다 융통성을 가지고 큰 그림을 보게 된다. 또한 더 많은 사람들과 일체감을 느낄 수 있게 된다. 긍정정서에 관한 이 근본적이면서도 잘 알려지지 않은 사실은 내 〈긍정정서의 확장 및 구축 이론〉의 첫 번째 핵심 진리다.

진실 3. 긍정정서는 자원을 구축해준다

세 번째 진실은 긍정정서가 우리를 보다 나은 모습으로 변화시켜 준다는 것이다. 아무리 가볍게 스쳐 지나간다 할지라도, 긍정적인 순간들은 장기간에 걸쳐 차곡차곡 쌓이고 합쳐져서 우리 인생을 위한 지속적 자원들을 구축해준다. 그로써 우리는 더욱 강인해지고, 현명해지며, 회복력이 강해지고, 사회적인 통합성도 더 커지게 된다. 긍정정서는 성장을 유발하며 우리를 발전의 길로 나아가게 한다. 내 〈긍정정서의 확장 및 구축 이론〉에서 이 두 번째이자 마지막 핵심 진리는 내 가장 독보적인 학문적 공헌이라 할 수 있다.

진실 4. 긍정정서는 회복력을 높인다

네 번째 진실은 긍정정서가 우리의 회복력을 높여주는 신비한 유효 성분으로 작용한다는 것이다. 역경이 우리를 부정정서의 나락으로 떨어뜨리려고 위협할 때, 긍정정서는 그 추락에 제동을 걸고 우리가 원래의 자리로 되돌아올 수 있게 해준다. 말하자면 긍정정서는 리셋 버튼 같은 역할을 한다. 그러므로 아무리 긍정정서가 부정정서에 비해 미약하게 보인다 할지라도, 긍정정서에는 스스로를 지탱하는 힘이 있다. 역경 속에서도 긍정정서는 지속적으로 우리의 사고를 확장시키고 자원을 구축해준다.

진실 5. 긍정정서 비율 3:1 이상은 플로리시를 예고한다

긍정정서에 관한 다섯 번째 진실은 인생에서 긍정정서가 발현되는 상대적인 빈도가 티핑 포인트에 좌우된다는 것이다. 대체로 사람들은 긍정정서를 부정정서에 비해 약 2배 정도 더 많이 경험한다. 그러나 이런 긍정정서 비율로는 그럭저럭 살아가기는 하지만 거의 성장하지 못한다. 그것은 쇠퇴나 다름없다. 긍정정서 비율이 3:1은 넘어야 비로소 발전을 기대할 수 있다. 이 범주에 속하는 사람들은 생기와 창의력, 회복력을 느끼며, 개인적인 성장과 긍정적인 변화를 확실히 감지하게 된다. 이것이 바로 플로리시며, 그로써 당신은 전혀 새로운 인생의 경지에 올라서게 된다.

진실 6. 긍정정서 비율은 높일 수 있다

긍정정서 비율을 높일 수 있다는 여섯 번째 진실은 우리에게 찬란한 희망을 선사한다. 내가 이 책을 쓰게 된 이유도 바로 그 때문이다. 우리는 노력을 통해서 긍정정서 비율을 높일 수 있으며, 쇠퇴에서 플로리시의 길로 경로를 수정할 수 있다. 생각보다 우리는 자신의 긍정정서 비율을 더 잘 통제할 수 있다.

6가지 진실들이 한데 어울려 춤추게 하라

단순히 긍정정서에 관한 진실들을 차례로 나열하는 것만으로는 긍정정서란 그림을 제대로 완성할 수 없다. 그 그림을 제대로 구성하고 감상하기 위해서는 뒤로 물러서서 긍정정서에 관한 모든 진실들이 한데 어우러지도록 할 필요가 있다. 위의 6가지 긍정정서의 진실들이 서로서로 대화하고 연결되도록 해보자. 서로 손을 맞잡고 빙그르르 돌게 해보자. 그렇게 할 때 그 진실들은 서로서로 영향을 주고받는 춤을 통해 활력을 불러일으키고 확산시킬 것이다.

가령 '긍정정서는 기분을 좋아지게 한다'는 진실 1과 나머지 진실들이 각기 차례로 손을 맞잡고 춤을 출 때 무슨 일이 일어날까. 아마도 나머지 진실들이 발현되는 속도가 빨라지고 역동성이 넘칠 것이다. 이는 진실 1이 진화론의 자연선택에 의해 긍정정서 체계에 확립된 중대한 특징이기 때문일 것이다. 그 이유는 또 어디에 있을까? 그것은 바로 '좋은 기분'이 플로리시의 동기와 보상을 모두 제공해주기 때문이다. 좋은 기분은 긍정정서의 체계를 작동시킬 뿐 아니라 연료도 공급한다.

이점을 생각해보자. 아이들에게 노는 법을 꼭 가르쳐 주어야만 할까? 그럴 필요는 없다. 왜냐하면 노는 법이 이미 아이들의 유전자 속에 각인되어 있기 때문이다. 아이들은 그냥 노는 게 좋아서 논다. 그리고 놀이를 통해 새로운 아이디어를 시도하고 배우며, 친구를 사귀고, 신체를 단련한다. 놀이가 배움과 성장을 유발하는 이유는 긍정정서에 확장하고 구축하는 특성이 있기 때문이다. 물론 아이들이 놀이에 깔린 과학적 원리까지 알 필요는 없다. 그저 좋은 기분을 유발하는 경험들을 계속 만들기만 하면 된다. 또한 나는 우리 인간이 자연선택에 의해 플로리시하도록 만들어져 있다고 자신 있게 말할 수 있다. 단지 우리 안에 진정한 긍정정서를 불러일으키는 일들을 하기만 하면 우리는 플로리시의 길로 나아갈 수 있다.

그러나 많은 성인들이 그렇듯, 어쩌면 당신도 어릴 적 느꼈던 강렬한 놀이 욕구를 이미 오래 전에 상실했을지 모른다. 우리 문화는 좋은 기분보다는 근면함이나 돈벌이 같은 일들이 더 중요하다고 믿도록 유도해온 경향이 있다. 혹시 당신도 그런 문화의 희생양 중 하나라면, 좋은 기분이 플로리시한 삶을 위해 반드시 필요하다는 점을 기억하고 긍정정서의 불빛이 당신에게 길을 안내하도록 하라.

다음으로, '긍정정서는 사고를 확장한다'는 진실 2를 살펴보자. 긍정정서는 언제나 시야를 넓히고 새로운 아이디어를 탄생시킨다. 물론 그 아이디어 중 일부는 쓸모가 없는 것으로 밝혀져 폐기되기도 하지만,

다른 일부는 살아남아 결실을 맺는다.

　진실 2는 무작위적인 행위를 발생시키는 발전기와 같다. 확장된 사고는 우리로 하여금 구습과 쳇바퀴에서 벗어나 뭔가 색다른 일을 하도록 허용한다. 이와 같은 무작위적인 자원을 구축하고(진실 3), 역경을 딛고 다시 일어서며(진실 4), 플로리시하는(진실 5) 데 필수적이다. 한편 진화론의 자연선택설로 알 수 있듯이, 생명체 내에서도 무작위 변이는 중대하고 필수적인 역할을 한다. 유기체는 생식을 할 때 자기 자신을 복제하지 않는다. 생식 과정에서 이루어지는 무작위적인 유전자 변이는 각각의 자손을 부모나 형제자매들과 약간씩 다르게 만든다. 자손의 생존이라는 측면에서, 그런 유전적 차이들은 도움이 되거나 방해가될 수도, 별다른 영향이 없을 수도 있다. 그중에서 도움이 되는 변이들은 다음 세대들에서 보다 일반화되어 후대로 전해진다. 간단히 말해, 무작위적인 유전자 변이가 아니고서는 우리 인간을 포함한 어떠한 생명체도 진화하지 못했을 것이다. 무작위적 변이는 심지어 전혀 새로운 형태의 생명체를 탄생시키기도 한다. 이와 유사하게, 어떤 행동이든 장려하는 긍정정서의 정신에 내재된 무작위성 역시 우리를 새로운 형태의 삶으로 이끌 수 있다. 진실 2는 우리가 단조로운 쇠퇴의 쳇바퀴에서 빠져나와 플로리시의 계단으로 올라서는 데 도움을 준다.

　다음으로 '긍정정서는 자원을 구축한다'는 진실 3은 각각의 춤에 자기만의 특색을 가미한다. 자원 구축의 속도는 처음에는 느리다가 시간이 지날수록 탄력이 붙는다. 그것은 우리의 주의를 미래로 이끌며, 내년 이맘때쯤 — 혹은 다음 계절 — 엔 우리가 더 나은 모습이 되어 있으리라 약속한다. 진실 3이 진실 2(긍정정서는 사고를 확장시킨다)를 붙잡고 함께 돌면, 무작위성과 유용성이 합쳐지면서 긍정정서의 나선형 상승이 유발된다.

진실 2와 진실 3의 우아한 춤은 역동적인 활력을 일으켜 '긍정정서는 회복력을 높인다'는 진실 4를 불러온다. 자세히 살펴보면, 긍정정서의 소용돌이가 부정정서의 소용돌이를 거꾸로 뒤집어 놓은 모양이 아님을 알 수 있다. 본래 긍정정서는 부정정서에 비해 사교적이고 개방적이며 침투성이 강하다. 긍정정서 덕분에 우리는 고난에서 다시 일어서고, 공동체 내에서 치유받으며, 더욱 강해질 수 있다.

그러고 나면 '긍정정서 비율 3:1 이상은 플로리시를 예고한다'는 진실 5가 등장한다. 그것이 커다란 춤사위로 장내를 정리하면, 티핑 포인트의 경계가 솟아올라 춤추는 무리를 두 그룹으로 나눈다. 한쪽에는 긍정정서의 요소가 전혀 없어 춤이 서서히 느려지다가 마침내는 완전히 멈추고 만다. 그러나 반대편에서는 그야말로 활기가 넘친다. 긍정정서의 모든 진실들이 반짝반짝 빛나며 저마다의 능력을 한껏 발휘한다. 그것들은 눈부신 아름다움과 우아함으로 몸을 펼치고 회전하고 튕기며 온갖 동작을 선보인다. 정말 볼만한 광경이다. 사람들이 두 그룹 중 어디에 속하고 싶어 할지는 너무나도 뻔하다.

마지막으로 '긍정정서 비율은 높일 수 있다'는 진실 6을 만나게 되면 행운에 감사할 일이다. 진실 6은 두 팔을 활짝 펴고 따뜻한 미소를 지으며 우리를 파티에 초대한다. 진실할 것과 가벼운 접촉을 유지할 것 등의 몇 가지 기본적인 규칙을 배우고 나면, 우리는 파트너와 손을 잡고 댄스장으로 나설 수 있다. 앞에서도 말했듯이, 그것은 상생의 게임이다. 내 기분이 좋아지면 조직에도 세상에도 유익한 일을 하게 된다.

뿌린 대로 거둔다

────────

플로리시의 삶을 위해 지금껏 누누이 이야기해온 처방약을 지을 만큼 당신은 충분한 긍정정서를 확보하고 있는가? 좀 부족하다 싶더라도, 틀림없이 더 얻을 수 있다. 인간은 누구나 내면에 플로리시의 씨앗을 보유하고 있다. 따라서 언제 어디서나 긍정정서를 키울 수 있다. 성경 말씀에는 뿌린 대로 거둔다는 말이 있으며, 동양 철학에서는 원인과 결과에 대한 이러한 생각을 '업보'라 일컫는다.

학자로서 나는 종교적 교리를 개진할 수 있는 입장이 아니지만, 그럼에도 불구하고 복잡하게 진화된 긍정정서와 부정정서 체계의 핵심은 업보라 할 만하다. 이런 식으로 보면 누가 못되고 착한지의 명부를 작성하는 하늘나라의 옥황상제 따위는 필요가 없어진다. 일의 자연스런 전개에 따라, 긍정적인 결과는 긍정정서에서 비롯될 것이기 때문이다. 다시 말해, 긍정정서의 씨앗을 뿌리면 플로리시할 것이요, 그렇지 않으면 쇠퇴하고 말 것이다. 혹시 종교적인 비유보다는 학문적인 설명을 원한다면, 다음과 같이 생각해도 좋다. 당신이 플로리시할지 — 더 행복해지고 세상에 공헌을 할지 — 의 여부를 알아보고 싶다면, 현재 당신의 긍정정서 비율을 확인해보면 된다.

▶정리와 전망 : 나선형 상승을 택하라

몇 년 전 나는 한 축하카드에서 이런 문구를 보았다. "인생에는 본래 부정정서밖에 없다. 긍정정서를 창출하는 것은 우리의 몫이다." 긍정정서가 우리의 선택 — 누구나 반복적으로 날마다 해야 하는 선택 — 임을 상기시켜 준다는 점에서 나는 이 문구가 참 마음에 든다. 책을 마무리하기 전에 마지막으로, 우리의 정서가 유전자에 의해 완전히 고정되어 있지 않은 만큼이나 썩 무작위적이지도 않다는 것을 당신에게 상기시키고 싶다. 정서는 일상의 활동과 고정적인 사고 습관에서 상당 부분 기인한다. 어쩌면 우리가 생각하는 것보다 선택의 여지가 더 많을 수도 있다. 필요한 부정정서는 피할 수가 없지만, 무익한 부정정서는 가급적 피해가도록 선택할 수 있다. 당신이 긍정정서를 소중히 여기면 여길수록, 긍정정서의 나선형 상승은 더 자주 당신을 보다 높은 곳으로 올려보낼 것이다.

영양사는 우리에게 음식의 일일 섭취량과 활동량을 파악할 것을 요구하며, 재정 컨설턴트는 지갑과 은행 예금의 현금 흐름을 파악할 것을 충고한다. 나는 당신에게 순간순간의 부정정서와 긍정정서를 모두 감독할 것을 당부하고 싶다. 이를 알면 긍정정서 비율을 높일 수 있는 숨겨진 가능성을 발견할 수 있다. 칼로리나 현금의 관리가 훗날 건강한 신체나 건전한 재정적 목표를 달성하는 데 도움이 될 수 있는 것처럼, 오늘의 긍정정서 비율에 대한 관리는 플로리시를 앞당기는 데 도움이 될 수 있다.

그러므로 자신과 타인에게 자비를 베풀자. 모든 형태의 선량함과 아름다움과 탁월함을 추구하고 음미하자. 현재의 순간들을 소중히 여기자. 그리하면 감사와 경이, 영감의 물결이 끊임없이 밀려들 것이다. 화초처럼 모든 영적 · 세속적 · 인간적인 형태의 빛을 향해 몸을 돌리자. 눈과 사고와 마음이 긍정정서를 향하도록 훈련시키면 시킬수록, 더 많은 긍정정서를 발견하게 될 것이다. 긍정정서의 강도보다는 빈도가 훨씬 더 중요하다는 것을 명심하자. 이는 아무리 미미한 긍정정서라도 자주 경험하다 보면 더 높은 경지로 올라갈 수 있는 토대가 됨을 뜻한다. 긍정적인 행동과 사고를 배양함으로써, 우리는 인생에 더 많은 긍정정서의 씨앗을 뿌릴 수 있다. 더 많은 긍정정서를 뿌리고 거둘수록, 우리가 플로리시할 가능성은 더욱 높아진다.

그리고 플로리시라는 이 숭고한 목표에 도달할 때, 우리는 아이들에게 보다 살만한 세상을 물려주는 데 일조하게 된다. 나는 우리가 행복을 너무 먼 곳에서 찾는다는 생각이 든다. 우리는 사랑하거나 매료되려 하기보다는 부유해지거나 유명해지려고 애쓰는 경향이 있다. 더 많은 순간을 긍정정서로 반짝이게 함으로써, 우리는 우리를 최상의 미래로, 최고의 세상으로 인도할 나선형 상승의 길을 선택할 수 있다.

긍정정서의 진화와
최근 동향

긍정심리학의 확산은 세계문화의 발전이다.
– 리차드 레이어드

2013년, 브라운(Brown), 소칼(Sokal), 프리드먼(Friedman)이 "희망적 사고의 복합적 역학 : 핵심 긍정정서 비율(The Complex Dynamics of Wishful Thinking : The Critical Positivity Ratio)"이란 논문에서 미셜 로사다(Losada, M)의 기초적인 논문 두 편(로사다, 1999와 Losada & Heaphy, 2004)의 비연속적 역학과 차별화된 등식을 적용하는 것에 대해 비평을 내놓았다. 이들은 이 논문에서 긍정정서 비율에 대한 중요한 티핑 포인트(tipping point)를 주장할 만한 수학적 근거가 발견되지 않았다는 결론을 내렸다. 이 별장은 이들의 주장에 대한 2014년, 프레드릭슨의 반박 논문(Updated Thinking on Positivity Ratios)과 최근의 긍정정서의 진화에 대해 다루고 있다(–옮긴이 주).

로사다의 개념적, 수학적 연구는 1999년에는 로사다의 논문, 2004년에는 로사다와 히피(Heaphy), 2005년에는 프레드릭슨과 로사다에 의해 제시되었다. 그리고 2013년, 이 연구를 냉정하게 검토한 브라운(Brown), 소칼(Sokal), 프리드먼(Friedman)은 긍정정서 비율에 대한 중요한 티핑 포인트(tipping point)를 주장할 만한 수학적 근거가 발견되지 않았다는 결론을 내린 논문을 발표했다. 이에 이 논문을 통해 그들의 주장을 반박하고자 한다.

이 논문에서 나는 긍정정서 비율을 계산하고 찾는 작업이 변함없는 가치를 지닌 일이라는 주장을 지지하기 위해 최신의 실증적 증거들을 끌어 모았다. 또한 긍정정서 비율의 비연속적 효과, 그리고 일반적인 차원에서는 정서 과학과 긍정심리학 분야에서 체계를 갖춘 과학적 접근의 가치를 표본화해야 한다는 점을 강조하고자 한다. 현 시점에서 논쟁의 중심에 있는 로사다의 수학적 표본화를 제외하더라도 일정 범위 안에서 긍정정서 비율이 높을수록 정신적 건강 및 기타 이로운 결과를 이끌어낼 수 있다는 결론을 뒷받침할 만한 증거가 계속 발견되고 있다.

2013년, 의욕적인 논문 "희망적 사고의 복합적 역학 : 핵심 긍정정서 비율(The Complex Dynamics of Wishful Thinking : The Critical Positivity Ratio)"에서 브라운과 소칼, 프리드먼은 미셸 로사다의 기초적인 논문 두 편(로사다, 1999와 Losada & Heaphy, 2004)의 비연속적 역학과 차별화된 등식을 적용하는 것에 대해 비평을 내놓았다. 또한 내가 로사다와 공동 저술하여 2005년에 미국 심리학회지(the American Psychologist)에 게재된 논문에 스며든 논리적 오류를 추가로 규명했다. 내가 저술한 바로 그 논문(프레드릭슨 & 로사다, 2005)이 발표된 이후 널리 언급되었으므로 브라운과 동료들이 이에 대해 비평했다는 사실은 상당히 흥미로운 일이다. 당연히 나는 그들의 논문에 호기심이 생겨 직접 읽고 싶었으며, 몰두하여 읽은 결과 몇 가지 사실을 깨달았다. 또한 로사다와 내게 대응 논문을 준비하도록 요청한 미국 심리학회지의 편집자에게도 감사의 뜻을 전하고 싶다. 하지만 로사다는 대응하지 않기로 했다.

나는 로사다와 내가 정신적 건강을 인간의 플로리시와 고통, 두 갈래로 나누는 것이라는 긍정정서 비율의 핵심적 티핑 포인트의 개념을 제시하고 시험하기 위해 바로 그 수학적 프레임워크에 대해 의문을 제기할 만한 이유를 발견하게 되었다(프레드릭슨 & 로사다, 2005). 하지만 우리가 적용한 비연속적 역학 모델인 로렌츠 등식, 그리고 로사다가 이용한 표본 평가 테크닉은 새롭게 조명되고 있는 특정한 긍정정서 비율의 장점의 영향 및 엄격한 연구를 이해하는 데에 풍부하게 응용될 수 있다. 그렇듯 중요한 문제를 제기하고 로렌츠 등식과 같이 혼돈적인 비연속적 차별화 등식을 사용하는 것이 적절한 조건을 조명한 공로는 브라운과 동료들에게 있다. 하지만 내 목적은 비연속적 긍정정서 비율과 그 가치에 대한 실증적 증거를 업데이트하는 것이다. 내 의도는 브라운 및 동료들이 논문에서 제기한 반대 의견을 진정시키는 것이다. 로사다의 논문에 대해 그들이 제기한 수많은 비평을 받아들인다면 불필요한 오류를 범할 수도 있다. 브라운과 동료들이 2005년 로사다와 내가 제시한 주장 일부분에 대해 의문을 제기한 것이 사실이라 해도 그 뒤로 몇 해가 지나는 동안에도 그 외의 주장은 신뢰를 받아왔을 뿐 아니라 이제 더욱 확고한 실증적 근거를 갖추게 되었다.

이는 2005년, 로사다와 내가 미국 심리학회지에서 발표한 논문의 주장이 서로 뒤섞인 세 가지 요소에 의해 뒷받침되고 있다는 중요한 사실을 말해준다. 바로 심리학적 이론, 수학적 표본화, 그리고 양적 데이터이다. 이 논문에서 나는 이 세 가지 요소에서 수학적 표본화 요소 중 현재 논란의 소지가 있는 것들을 이론과 데이터의 접점에서 풀어나갈 것이다. 수학적 표본화에 기반을 둔 이론과 데이터 트리오만큼의 설득력은 없을지언정 그 결과로 도출되는 듀오는 확고하고 역동적인 것이 될 것이다.

긍정정서 비율의 논리와 중요성을 조명하기 전에 나는 필수적인 이론적, 실증적 기반을 세울 것이다. 이러한 기반에는 긍정정서가 마음 건강을 증진하는 역할과 지나친 긍정정서의 영향에 대한 새로운 증거는 물론 긍정정서에 대한 확장 및 구축 이론의 최신 동향을 간단하게 업데이트하는 일도 포함된다.

긍정정서의 확장 및 구축 이론의 지속적 발전

나와 로사다가 과거 주장한 바의 기초를 이루는 심리학적 이론은 긍정정서의 확장 및 구축 이론이며, 이는 1998년 처음 소개된 뒤 15년 동안 널리 실험되고 지지되었다(프레드릭슨, 1998, 2001, 2013). 이 이론은 자연적 선택의 과정을 통해 수천 년에 걸쳐 형성된 긍정정서의 기능이 생존을 위한 개체의 자원으로 설립되었다는 것을 사실로 받아들인다. 이렇듯 설립된 기능이 획득된 방법은 정서를 유발하는 광범위한 인지라는 특징을 지닌 수많은 순간이 축적되어 평소보다 폭넓은 사고, 행동, 인지 등 개체 내면에 일시적인 인지의 형태를 만들어내는 것이다. 확장 및 구축 이론을 암시하는 한 가지 예는 원시에서 현대까지,

시대를 막론하고 생존과 관련한 선택적 압박을 통해 부정정서와 긍정정서 모두 인간의 보편적인 특징의 일부가 된다는 것이다. 부정정서는 투쟁, 도피, 위협 등 행동적 충동과 연관되어 인류의 선조가 그러한 정서를 경험하는 짧은 순간 적응이라는 의미로 수행되는데, 이러한 정서는 극한의 상황에서 생명과 신체를 지키는 원동력이 된다. 반면, 긍정정서는 인류가 오랜 시간 동안 수행한 정서이다. 하지만 순간적으로 사고방식이 확장되는 현상이 생존을 위한 즉각적인 행동을 이루는 핵심 요소는 아니다. 오히려 새로운 지식과 협력, 그리고 기술을 발견하기 위한 요소이다. 즉, 확장된 인지 덕분에 훗날 다양한 위협에 대항하여 생존과 굴복을 판가름낼 새로운 자원이 증가되는 것이다. 또한 확장 및 구축이라는 유용한 기능을 갖춘 상태에서 긍정정서를 통해 구축된 자원은 인간의 조상이 파생된 긍정정서를 경험할 확률을 높였고, 그 결과 생존과 행복, 만족을 향상시킬 확률이 급격하게 높아졌다. 요약하자면, 예상치 못한 것이지만 확장된 인지의 순간이 반복되는 현상이 생존을 위한 자원을 발전시키는 데 유용하므로 확장 및 구축 이론은 인류가 진화하는 동안 보존되어왔다. 도피라 할지라도 긍정정서를 경험하는 아주 작은 순간을 통해 인간은 조금씩 생존을 위해 성장 궤도에 오르고 지속되는 자원을 설립하는 모습으로 개조되었다. 확장 및 구축 이론은 긍정정서의 형태는 자원을 설립하기 위한 인지 및 인지 기능이라고 설명한다.

2005년, 내가 로사다와 미국 심리학회지에 논문을 게재한 뒤 8년 동안 확장 및 구축 이론에 대한 실증적 증거는 괄목할 만한 성장을 이루었다. 특히 긍정정서의 인지를 확장하여 개체가 일시적으로 일명 확장

효과(broaden effect), 즉 중립, 또는 부정적 상황에서보다 주변 상황에 대한 정보를 더욱 많이 수집할 수 있다는 증거가 수많은 실험실에서 매우 엄격하게 통제된 광범위한 실험을 통해 축적되었다. 예를 들어 반응 시간 행동 실험(로위(Rowe), 허시(Hirsh), & 앤더슨(Anderson), 2007) 과 시표추적검사(와들링어(Wadlinger) & 이사코비츠(Isaacowitz), 2006)에 서 실험적으로 유도된 긍정정서를 통해 시각적 주의의 범위가 넓어 진다는 결과를 얻었다. 더 나아가 fMRI와 같은 뇌영상을 사용한 실험 결과, 긍정정서가 지각 암호화 시작 단계에서 인간의 시각 영역을 확 장한다는 사실이 드러났다(슈미츠(Schmitz), 데 로사(De Rosa), & 앤더슨 (Anderson), 2009). 그러므로 긍정정서는 말 그대로 자신을 둘러싼 세상 에 대한 인간의 관점을 넓히는 것이다. (접근 자극(approach-motivated)에 의한 긍정정서에 대한 그 반대 견해는 2008년 발표된 게이블(Gable) & 하몬-존 스(Harmon-Jones)의 논문을 참고하라.) 과거 긍정정서가 지속적이고 중대 한 개인적 자원, 즉 구축 효과(build effect)를 만들어낸다는 증거는 관 점 상관 설계에 근거했지만(예를 들어 콘(Cohn), 프레드릭슨(Fredrickson), 브라운(Brown), 미켈스(Mikels), & 콘웨이(Conway), 2009), 이제는 무작위로 선택된 하위 그룹 사람에게 일상생활에서 긍정정서를 자가발생(self-generated)되는 특정한 기술을 가르치는 종적 실험 설계를 기반으로 한 다(프레드릭슨, 콘, 코피(Coffey), 페크(Pk), & 핀켈(Finkel), 2008; 코크(Kok) 외, 2013). 자가 발생에 의해 향상된 긍정정서는 개인이 지적 자원(순간 인 지적 특성 등), 심리적 자원(환경에 대한 숙지 등), 사회적 자원(타인과의 긍 정적 관계 등), 그리고 신체적 자원(병증의 감소 등)과 같은 개인적 자원 을 증가시킨다. 자기보고(self-reported) 자원의 개선 차원을 넘어, 최근

무작위 종적 실험 결과 일상 생활에서 긍정정서를 경험하는 일이 증가했을 때 심장 미주신경 톤(코크 외, 2013), 신체 건강 지표, 사회적 조율, 그리고 행동 유연성(포지스(Porges), 2003; 타이어(Thayer) & 스턴버그(Sternberg), 2006)에 영향을 미친다는 사실이 드러났다.

정리하자면, 〈긍정정서의 확장 및 구축 이론〉을 뒷받침하는 실증적 증거는 최근 눈에 띌 정도로 확고해졌고, 조직 기능(organizational functioning)은 물론(시커카(Sekerka), 바카컬크셈수크(Vacharkulksemsuk), 프레드릭슨, 2012) 정신적, 신체적 건강을 증진하기(프레드릭슨, 2013; 갈랜드(Garland) 외, 2010; 존슨 외, 2009) 위한 응용을 촉진했다. 긍정정서의 확장 및 구축 이론에 대해 지난 15년간의 축적된 증거에 대한 최신 상세 보고서에 흥미가 있다면 프레드릭슨(2013)의 보고서를 참고하라.

특정한 긍정정서 비율이 마음 건강을 증진하는 일과 연관되는 데 대해 로사다와 내가 주장한 바가 확장 및 구축 이론의 분파 정도라는 사실을 강조할 필요가 있을 것이다. 특히 긍정정서 비율에 대한 우리의 예측은 긍정정서의 확장 및 구축 이론의 두 가지 핵심 교리인 확장 효과와 구축 효과, 어느 경우에서도 핵심이 되지 않는다. 논의를 위해 엄밀히 말하자면, 확장 및 구축 이론에서 파생된 이 특정한 분파가 말라죽는다 해도 확장 및 구축 이론 자체는 유효성을 그대로 유지한 채 살아남을 것이다.

인간의 플로리시에 있어서 긍정정서의 역할

내가 긍정정서 비율에 대해 새로운 사고를 더하게 된 또 다른 배경은 마음 건강(mental health) 증진에 대한 긍정정서의 독특한 역할과 관련이 있다. 긍정심리학의 결실을 적용하는 데 관심이 있는 학자들 사이에서 마음 건강 증진은 매우 인기 있는 목표가 되었다. 대략적으로 말하자면, 나는 인간의 플로리시를 좋은 감정(feeling good)과 좋은 행동(doing good) 모두를 포함하는 행복 이상의 것이라고 묘사해왔다(프레드릭슨, 2009). 이러한 정의는 키이스(Keyes)와 동료들의 기초가 되는 실증적 연구를 바탕으로 하며, 이들의 연구는 인간의 플로리시를 쾌락적 행복(hedonic well-being)과 자아실현적 행복(eudaimonic well-being)의 다차원적 결합이라고 개념화, 평가한 것이다(키이스, 2002). 아리스토텔레스 등에 의해 연결된 고대 철학을 따르는 만큼 쾌락적 행복에는 쾌락 자체가 주는 즐거운 감정은 물론 삶에 대한 개인의 전반적인 만족을 포착해내는 반면, 자아실현적 행복은 회복력과 사회적 통합은 물론 목적의식과 삶의 의미를 포함한다. 공동 저술한 논문에서 로사다와 나는 '플로리시란 인간 기능의 최상의 범위 안에 속하는 삶이며, 그러한 삶은 선함, 후진 양성, 욕구, 성장, 회복력을 함축한다'라는 말로 시작한다. 이로써 '좋은 감정 더하기 좋은 행동'이라는 정의를 더욱 명확하게 했다(프레드릭슨 & 로사다, 2005). 근래 들어 인간 플로리시에 대한 관심이 커지는 가운데, 주요 이론가들(셀리그만(Seligman), 2011; 허퍼트(Huppert) & 소(So), 2013; 키이스, 2002)은 그러한 생각에 좋은 감정(쾌락 등)과 효율적 기능(행복, 웰빙 등)이 모두 포함되며, 그렇게 해야만 우울증, 불안증과 같은 흔한 정신적 장애, 즉 부정적, 또는 평탄한 감정과 저하된 기능을 포함하는 상태의 정반대가 된다는 데 동의한다.

마틴 셀리그만은 2011년 그의 저서 《플로리시》에서 플로리시는 긍정심리학의 목표이며, 플로리시를 위한 웰빙이론 5가지(긍정정서, 몰입,

의미, 관계, 성취)를 발표했다. 이 5가지와 이를 기반으로 하는 성격강점을 일상에서 발견하고 발휘하면 플로리시할 수 있다고 한다.(-옮긴이 주)

하지만 좋은 감정은 단순히 인간의 플로리시가 존재한다는 사실만을 반영하는 것이 아니다. 확장 및 구축 이론의 관점에 따르면, 긍정정서는 인간의 플로리시라는 점에서 훨씬 필수적인 역할을 한다. 긍정정서는 플로리시의 한 가지 요소에 머물지 않고 플로리시의 발전과 유지를 증진한다는 사실도 밝혀졌다. 그리고 그 까닭은 최고의 기능, 또는 자아실현적 행복을 나타내는 많은 지표가 사람들이 끊임없이 변화하는 일상의 상황에 적응하는 데 도움이 되는 지속적인 개인 자원으로서 언제든 사용될 수 있다는 사실을 인지한다면 확실히 알 수 있다. 몇 가지 유망한 상관 연구 실험(콘 외, 2009), 그리고 이제는 종적인 무작위 실험(프레드릭슨 외, 2008; 코크 외, 2013)은 긍정정서를 일상생활에서 경험하면 신체적 건강은 물론 능숙도(환경적 숙지 등), 의미(삶의 목적 등), 낙관성(경로 사고 등), 회복력, 자기수용, 긍정 관계와 같은 개인 자원이 발전할 것이라고 기대하고 실제로 그렇게 된다는 사실을 보여준다. 즉, 좋은 감정은 단순히 플로리시의 지표로서 최상의 기능과 나란히 위치하기만 하는 것이 아니라, 지속적인 개인 자원을 구축함으로써 최상의 기능을 유도해내며, 사람들은 인생의 여정에서 길을 찾아갈 때 그러한 자원을 사용한다.

긍정정서가 마음 건강(mental health)의 플로리시에 핵심적인 유효 성분이라는 데 대한 추가적인 증거는 플로리시하는 개인의 일상적인 '화요일'과 플로리시하지 않은 개인의 삶과 우울증이라고 진단받은 개인의 일상적인 '화요일'을 상세하게 비교한 데서 비롯된다(카탈리노 (Catalino) & 프레드릭슨, 2011). 일상의 재구성 방법을 사용하여 우리는 확장 및 구축 이론으로부터 누군가 플로리시하는 것은 그가 일상적인 즐거운 활동에 대해 훨씬 큰 긍정정서 반응성을 경험하고, 그 결과 2, 3개월 동안 더욱 많은 자원을 구축한다는 가설을 이끌어내 실험했다. 그 결과 플로리시하지 못한 사람이나 우울증을 앓고 있는 사람에 비해 플로리시하는 사람에게서 타인을 돕거나 타인과 교류하고 놀이를 하며 학습하고 정신적인 활동에 참여하는 등 일상적인 사건에 대해 긍정정서가 훨씬 많이 증가한다는 사실이 드러났다. 더 나아가 플로리시하는 사람들은 오랜 시간 훨씬 큰 긍정정서 반응성을 보이며, 이러한 반응 덕분에 자원이 증가하게 된다. 따라서 플로리시하는 사람에게서 자원이 훨씬 많이 증가하는 현상을 미루어 보면 자신의 초기 플로리시 수준을 대조군으로 보았을 때 마지막 단계에서 더 높은 플로리시의 증상을 나타낼 것이라고 예상되었다. 우리는 표적이 된 화요일에 결과적으로 플로리시하는 사람과 그 밖의 사람 사이에 부정정서를 경험하는 정도에 궁극적으로 차이가 없다는 사실도 밝혀냈다. 또한 플로리시하지 못하는 사람들의 경우 플로리시는 물론 우울, 불안, 그리고 물질 사용의 징후를 보이지 않는지에 대해 사전검증과 선정 과정을 거쳤는데, 실제로 이들과 우울증을 앓는 사람 사이에 차이가 거의 없다는 놀라운 사실도 밝혔다. 위와 같은 결과를 종합해볼 때, 인간의 플로리시는 기쁨을 주는 일상의 사건에 대해 보이는, 작지만 중대한 개인적 차이에 의해 증진된다고 추측할 수 있다. 플로리시하는 사람들은 단순히 '좋은 감정과 좋은 행동'만 있는 것이 아니다. 오히려 좋은 감정을 느끼기 때문에 행동도 바람직해지는 것이다. 그러므로 부정정서에 대한 감응이 클수록 부정정서 상승작용이라 불리는 현상인 우울증이 시작, 지속된다고 드러난다. 마찬가지로, 그와 평행하는 긍정적 상승작용 과정은 이롭지만 너무나도 드문 인간의 플로리시 상태를 시작, 지속하는 것으로 보인다(카탈리노 & 프레드릭슨, 2011).

지나친 긍정정서가 미치는 영향

이제 긍정정서가 마음 건강 플로리시를 유지하고 촉진하는 데 독특한 역할을 한다는 증거는 2005년보다 확실해졌다. 그렇지만 많을수록 좋다는 의미는 아니다. 실제로 '과하면 독이다'라는 선조의 지혜를 뒷받침하는 증거가 축적되었다. 긍정정서의 수준이 균형을 깰 정도로 높을 때 바람직한 결과가 감소한 것이다. 그러므로 브라운과 동료들(2013)이 비연속적 역학을 주의해서 사용해야 한다고 촉구했지만 나는 정서적 현상을 조사하는 연구가들이 그들의 데이터에서 비연속에 대한 증거가 증가한다는 사실을 인지하고 수학적으로 언급해야 한다는 점을 명백히 해줄 유효한 증거를 제시할 것이다.

그러한 차원에서 양극성 장애를 만났을 때 긍정정서가 어떻게 어긋나는지에 대한 연구는 시사하는 바가 크다. 조울증이라고도 알려져 있는 양극성 장애는 전 세계적으로 10대 장애 원인 중 하나이며 오랜 시간 조증 발현 기간 동안 비정상적으로 긍정정서가 상승한다고 특징지어져왔다. 그루버(Gruber)와 동료들의 최근 연구는 양극성 장애가 발병할 위험이 있고, 그렇게 진단 받은 사람들이 광범위한 차원에서 긍정정서를 지나치게 크게 느끼는 특정한 방식을 다수 분리해냈다. 그 첫 번째 방식은, 조울증 발현 기간이 아니더라도 양극성 장애가 발생할 위험이 있는 사람과 마찬가지로, 양극성 장애는 가졌지만 호전되는 과정에 있는 사람들도 현재는 물론 미래의 쾌락적 자극에 대해 대조군에 비해 훨씬 큰 긍정정서를 경험한다(존슨, 그루버, & 아이스너(Eisner), 2007). 이때 대조군은 자기보고 및 생리학적 측정 방법에 의해 선정되었다. 두 번째 방식은, 양극성 장애는 긍정적인 자극뿐 아니라 부정적 자극과 중립적 자극에 대해서와 같이 상황에 부적절한 긍정정서를 보인다(그루버, 존슨, 오비스(Oveis), & 켈트너(Keltner), 2008). 세 번째, 방금 언급한 감정은 기쁨, 조바심과 같이 보상 및 성취와 관련한 자기중심적 긍정정서에 제한되는 것으로 보인다(그루버 & 존슨, 2009). 그루버(2011)는 이 다양한 발견을 결합하여 긍정정서의 지속 모델이라는 것을 만들어냈다. 이 모델은 양극성 장애에서 상승되고 지속적이며 때로 상황에 부적절한 자기중심적 긍정정서를 야기하고 유지하는 몇 가지 메커니즘의 윤곽을 그린 것이다. 규범적 정서 경험에 속하는 범위 안에서 과도한 긍정정서가 해가 될 수 있다는 개념은 긍정정서의 강도보다 빈도가 높을 때 삶의 만족도가 더 높고 지금까지 가장 빈번하게 경험하는 긍정정서는 너무 강하지 않은 중간 정도의 것이라는 오래된 증거에 부합한다(디너(Diener), 샌드비치(Sandvik), & 파보트(Pavot), 1991). 어느 정도 긍정정서 수준이 높아질수록 이로운 것은 사실이지만 긍정정서 수준이 극도로 높을 경우 이러한 이로움보다 해로움이 더 커진다. 이러한 전통적인 비단일성 역 U자형 관계(nonmonotonic inverted U-shaped relationship)는 긍정정서들, 그리고 안정성(디너, 콜빈(Colvin), 파보트, & 올먼(Allman), 1991), 창의성(데이비스, 2008; 조지(George) & 자우(Zhou), 2007),

소득과 교육, 그리고 정치 참여(오이시(Oishi), 디너, & 루카스(Lucas), 2007), 위험적 행동(마틴(Martin) 외, 2002), 그리고 장수(디너 & 챈(Chan), 2011; H.S. 프리드먼 외, 1993)와 같이 다양한 결과에서 발견되었다. 하지만 행복감이 매우 높지만 기능장애의 징후를 전혀 찾을 수 없었다는 연구 결과도 있다는 사실도 유념해야 한다(E.T. 프리드먼, 슈워츠(Schwartz), & 하가(Haaga), 2002).

이러한 발견은 물론 다른 발견을 종합하여 그랜트(Grant)와 슈워츠는 '기초적이고 일반적인 심리학적 원칙: 무조건 좋은 것은 없다'라는 사례를 발표했다(2011). 이들은 이제 연구 프로그램이 바탕이 되는 메커니즘, 그리고 이러한 침해적인 역 U자형 패턴의 연관된 맥락 효과 및 경계를 시험하는 것뿐 아니라 변곡점의 존재와 특정한 위치를 규명하는 데 초점을 맞춰야 한다고 주장했다(그랜트 & 슈워츠, 2011). 긍정정서에 대한 역 U자형 정서를 뒷받침하는 일관된 증거는 전통적인 연속 방식에서 심리학적 현상을 표본화하는 것과 분명 일치하지 않는다. 그렇다 하더라도 로사다가 제안한(프레드릭슨 & 로사다, 2005) 특정한 차별화 등식들은 인간의 정서 체계에서 비연속적 증거를 표본화하는 데 최선의 방법이 아닐 수도 있다. 그렇지만 나는 여전히 비연속적이고 반복적이며 역동적인 정서에 대해 민감한 수학적, 통계적 표본을 규명하고 시험해야 한다고 확신한다.

긍정정서 비율의 가치

로사다의 수학적 등식에 대해 새롭게 의문이 제기되는 상황에서 긍정정서 비율의 가치에 대해 무슨 말을 할 수 있을까? 사실 셀 수 없이 많다. 그러므로 오류라 할 수 있는 것을 제거하는 와중에도 핵심이 되는 개념은 결코 놓쳐서는 안 될 것이다.

앞서 언급한 '화요일' 연구(카탈리노 & 프레드릭슨, 2011)에서 카탈리노와 나는 매일 긍정정서를 경험하는 면에 있어서 플로리시하는 사람들이 그렇지 않은 사람과 확실히 차별화된다는 사실을 발견했다. 실제로 이 연구의 전망 분석 결과, 그들이 플로리시라는 형태로 미래에 뭔가를 얻을 수 있는 것은 연관된 자원의 증가와 더불어 상대적으로 긍정정서가 크기 때문이라는 사실이 드러났다. 긍정정서 비율 자체에 대한 가설들을 검증한 것은 아니지만 플로리시하는 사람과 플로리시하지 않은 사람 사이에 부정정서의 반응에는 궁극적으로 차이가 없다는 점을 발견했다는 것은 플로리시하는 일이 플로리시하지 않는 일에 비해 긍정정서 비율이 높다는 특징을 지닌다는 개념에 부합한다.

분명히 하자면, 브라운과 동료들의 연구(2013)는 프레드릭슨과 로사다의 논문(2005)에 제공된, 플로리시하지 않은 경우보다 긍정정서 비율이 높다는 실증적 증거의 유효성에 의문을 제기한 것이 아니다. 실제로 과감한 아이디어를 시험하고 있다는 사실을 알고 있었으므로 우리는 대학생으로 구성된, 완전히 독립된 두 개의 실험군으로부터 증거를 모았는데, 참가자들은 28일 동안 매일 자신의 감정에 대해 보고했다. 엄밀히 말해 로사다와 나는 우리의 가설을 시험했고 같은 보고서에서 이 가설을 재현하려 했다. 실험 결과 두 그룹 사이에는 주목할 만한 일관성이 있었다. 실험군 1(대상자 수 87명, n 87)에서는 플로리시하는 사람의 순수 긍정정서 비율이 3.2:1인 반면 플로리시하지 않은 사람의 경우 2.3:1이었다. 실험군 2(n 101)에서는 각각 3.4:1과 2.1:1이었다. 전통적인 연속 통계 테스트에 따르면 두 실험군에서 플로리시하는 사람과 플로리시하지 않은 사람의 긍정정서 비율은 현격하게 달랐다. 실제로 브라운과 동료들은 단순히 "부정정서에 비해 긍정정서의 비율이 높은 사람이 낮은 사람보다 더 나은 결과를 경험한다는 개념 자체에는 타당성이 떨어지는 것이 없다"라고만 언급했다.

브라운과 동료들이 2013년 연구에서 제기한 의문은 그러한 중요한 차이에 대한 해석의 문제였다. 두 실험군에서 얻은 비율이 로사다의 수학적 연구에서 확고하게 밝힌 핵심적 긍정정서 비율과 매우 유사하지만, 로사다의 수학적 연구에 오류가 있거나 부적절하게 응용되거나 두 가지 일이 모두 일어났을 경우 이 데이터를 토대로 제공된 로사다의 핵심적인 '티핑 포인트' 비율에 대한 명확한 실증적 지지를 반영한 것일 수도 있고, 오히려 두 배로 증명한 것일 수도 있다.

일정 범위 안에서 긍정정서 비율이 높을수록 좋다는 주장은 실제로 상당히 많은 증거를 바탕으로 한다. 로사다와 나는 2005년 미국 심리학회지에서 발표한 논문의 증거를 검토했다. 현재 이의가 제기되고 있는 로사다의 이전 논문(로사다, 1999; 로사다 & 히피, 2004) 외에도 여기에는 고트먼의 논문(1994)과 슈워츠의 논문(1997)도 포함되었다. 성공적인 결혼생활과 그렇지 않은 결혼생활에 대한 정서적 패턴의 예측에 대한 실증적 연구는 몇 십 년 동안 진행되었고, 이를 바탕으로 고트먼의 연구는 잘 알려진 대로 성공적인 결혼의 경우 긍정정서 비율이 약 5:1인 반면 파경으로 치닫는 결혼의 경우 약 1:1이라는 사실을 보여준다. 그보다 덜 알려지긴 했지만, 슈워츠의 연구는 그가 재구성한 균형 잡힌 정신 상태 모델 공식과 더불어 불 대수(Boolean algebra)를 근거로 우울증 환자의 경우 긍정정서 비율이 1:1 미만이고, 약물이든 인지행동이든 치료를 받은 뒤 차도를 보이는 것은 주로 비율이 약 2:1에 달했을 때이며 최상으로 호전될 경우 비율이 약 4:1까지 상승한다는 사실을 보여준다(슈워츠 외, 2002). 그보다 최신 연구도 광범위한 연령과 생활환경에서 긍정정서 비율이 높은 사람이 낮은 사람에 비해 훨씬 건강한 정신과 높은 적응력을 지닌다는 개념을 뒷받침한다(딜(Diehl), 헤이(Hay), & 버그(Berg), 2011, 앞으로 더욱 상세한 내용을 다룰 것이다; 트러트(Trute), 벤지스(Benzies), 워팅턴(Worthington), 레든(Reddon), & 무어(Moore), 2010).

브라운과 동료들이 비평에서 새롭게 제기한 의문은 긍정정서 비율이 한 가지, 또는 두 가지 이상의 핵심 티핑 포인트에 전적으로 좌우되는지, 만일 그렇다면 그러한 핵심 티핑 포인트는 모든 개인과 사례, 하위 그룹에 대해 로사다의 연구를 통해 규명된 것과 일치하는지의 여부이다. 분명 이러한 질문들은 추가 실험을 할 만한 가치가 있다. 하지만 그렇다 하더라도 긍정정서 비율이 단순히 일직선 현상이며 무조건 높을수록 좋다는 견해는 두 가지 이유에서 신빙성이 떨어진다.

앞에서 살펴본 바와 같이, 첫 번째 이유는 수많은 증거를 바탕으로 긍정정서가 지나칠 경우 최상의 기능을 발휘할 수 없다는 사실을 추측할 수 있다. 역 U자형 패턴에 대한 증거 대부분은 긍정정서의 영향을 검사하는 동시에 그와 공존하는 부정정서를 고려하지 않은 것이며, 로사다와 나는 2005년 논문 중 토론란을 통해 그러한 긍정정서 비율의 정작용에 대한 최고 한계치가 있을 수 있다는 의문을 제기했다. 현재 이의가 제기된 로사다의 수학적 방식을 바탕으로 우리는 긍정정서 비율이 약 11:1일 때 나타나는 두 번째 티핑 포인트가 플로리시의 하락과 연관될 수 있다는 추측을 했다. 이 두 번째 티핑 포인트를 검증하기에 적합한 데이터는 없었지만 우리는 그러한 현상이 당시 생겨나던 '긍정이 지나칠 때 문제가 발생할 수 있다'는 개념과 '적절한 부정은 인간의 플로리시에 중요한 역할을 한다'는 개념과 일치했다.

높은 긍정정서 비율의 장점에 대한 상한선과 관련한 실증적 실험은 여전히 부족하지만 포르투갈에서 단면 연구법을 사용하여 595명의 소매점 직원을 대상으로 창의성에 미치는 긍정정서 비율의 영향에 대해 유효한 실험을 한 바 있다(헤고(Rego), 소우사(Sousa), 마르케스(Marques), & 쿠냐(Cunha), 2012). 이 연구가들은 직원의 자기보고를 바탕으로 한 긍정정서 비율과 상급자 평가를 바탕으로 한 직원의 창의성 사이에서 전통적인 역 U자형 관계를 발견했다. 긍정정서 비율이 높으면 일정 수준까지 창의성이 높아지지만 그 이상일 경우 창의성이 떨어졌다. 이 사례에서 창의성에 대한 최고의 긍정정서 비율은 3.6:1로 드러났다(헤고 외, 2012). '극도로 행복한' 직원은 문제와 기회에 맞닥뜨려도 안주하려는 경향이 있다고 주장한 오이시와 동료들의 논문(2007)에서 이론화한 내용을 바탕으로 헤고와 동료(2012, 265쪽)들은 '중간 수준의 부정정서가 높은 수준의 긍정정서와 결합하면 창의성을 만들어내는 데 도움이 될 수 있다'는 결론을 내렸고, 이는 직원의 창의성에 긍정정서와 부정정서가 함께 영향을 미친다는 조지와 차우의 연구와 일치하는 논리다(2007). 또한 최근 학회지에 이와 일치하는 내용의 보고서가 게재되었다. 이는 상당한 스트레스에 노출된 개인을 대상으로 두 가지 단면 연구를 통해 긍정정서 비율의 영향을 조사했다. 그 한 가지는 위암환자(n

123, 대부분 3기)를 타깃으로 한 연구였고, 다른 한 가지는 미사일 공격에 노출된 병원 관계자(n 84)를 대상으로 한 연구였다. 여기에서 연구가들은 긍정정서 비율과 기능 사이에서 연속곡선형 관계에 대한 증거를 반복적으로 발견했다(쉬리라(Shrira) 외, 2011). 흥미로운 사실은 관찰된 연속 효과의 굴절 지점이 긍정정서 비율 3:1과 일치했다는 것이다. 적절한 부정정서에 적응할 수 있다는 개념을 반영하여 이들은 '부정정서가 너무 적거나 없는 사람은 상황의 중대성을 인지하지 못하고 자원을 최대한 동원할 수 없다'고 추측했다(쉬리라 외, 2011).

이를 증거로 연속곡선형 효과의 굴절 지점이 로사다와 내가 2005년 논문에서 주장한 11:1보다 훨씬 낮다는 결론을 내리는 것이 바람직한 것처럼 보일 수도 있다. 하지만 안타깝게도 데이터 정리 전략을 사용한 연구들 사이에 변화량 때문에 그러한 결론을 내릴 수 있으리라고 보장받을 수는 없다. 예를 들어 로사다와 내가 채택한 접근방식과 달리 헤고와 동료, 그리고 쉬리라와 동료들은 공교롭게도 각각 실험 참가자들이 자신의 정서적 경험을 평가하기 위해 사용한 7단계, 4단계 범위 안에서 산출된 긍정정서 비율의 범위를 제한했다. 내가 로사다와 공동 저술한 논문의 토론란(프레드릭슨 & 로사다, 2005)에서 경고했듯이 산출된 긍정정서 비율은 예외 없이 바탕에 깔린 정서 측정 도구의 개념 해상도와 주기 해상도를 반영한다. 각기 다른 산출 방식을 사용했으므로 이들의 새로운 데이터로부터 도출할 가장 안전한 결론은 역 U 자형 굴절 지점이 존재한다는 것이다. 그리고 명확한 굴절 지점이 어딘지를 찾는 것이 측정 매개변수에 상관없이 긍정정서 비율을 산출하는 일이 앞으로의 연구에서 중요한 목표로 남는다.

긍정정서 비율의 비연속 효과를 예측하고 표준화하는 두 번째 이유는 지금까지 수차례 언급한 하락과 역 U자형 효과와는 전혀 다르다. 더욱 제한된 증거들에 따르면 긍정정서 비율은 단순히 낮은 수준에서 효력을 발휘할 수 없는 것일 수도 있다는 추측이 가능하다. 분명히 말하자면, 대학 신입생들이 새로 배정 받은 룸메이트와 맺는 관계에 대한 연구에서 워(Waugh)와 프레드릭슨(2006)은 28일 동안 밤마다 학생들이 기록한 보고서를 바탕으로 긍정관계 자원을 축적하는 데 대한 가장 확실한 예측 요소는 학생의 긍정정서 비율이 2005년, 프레드릭슨과 로사다의 논문에서 주장한 핵심적 비율을 초과하는지의 여부라고 보고했다. 놀랍게도 긍정정서 비율이 2.9:1 미만인 학생들에게서는 긍정관계 자원이 증가할 것이라고 기대할 수 있는 증거가 전혀 드러나지 않았다. 4주라는 기간 동안 자아—타인 교점(self-other oveerlap)이나 복잡한 이해 등은 전혀 일어나지 않았다. 반면 긍정정서 비율이 2.9:1 이상인 학생들에게서는 분명하고 통계학적으로 중요한 유대관계 자원의 성장이 이루어졌다는 점에서 극명한 대조를 이루었다. 나는 이를 긍정성의 '신기루(now-you-see-it-now-you-don't)' 현상이라고 부르고(프레드릭슨, 2009), 긍정정서의 이점에 대한 과학적 증거가 부정정서의 대가에 관한 증거와 비교했을 때 느리게 드러난 이유가 바로 긍정정서 비율의 효과에서 나타나는 그러한 비연속성에 있다고 추측했다. 즉, 효과가 들쑥날쑥하여 무작위처럼 보이므로 핵심적인 변화점을 고려하지 않는다면 긍정정서가 연구가들에게 정교한 '사기도박' 같이 보일 수도 있다. 이러한 종류의 비연속성은 다중단계 혼합 효과 모델(multiphase mixed-effects model)을 사용해서 포착될 수 있는데(쿠데크(Cudeck) & 클레

베(Klebe), 2002 등), 이 모델은 성장 현상의 단계가 변화하는 핵심적인 변화점을 규명, 시험하는 것이다.

긍정정서 비율의 진단적 가치에 대한 별도의 증거가 축적된 덕에 긍정정서와 부정정서 사이의 두 가지 중요하고 자주 반복되는 불균형, 즉 부정편향성과 긍정상쇄가 개선되고 그에 대한 표본이 만들어졌다. 부정편향성을 경험하는 순간, 20달러를 잃는 것 같은 나쁜 결과가 20달러를 얻는 것 같은 상대적으로 좋은 결과로 좋게 느껴지는 것보다 훨씬 더 나쁜 것처럼 느껴지고 주의력을 더 강하게 고정시키는 현상을 말한다(바우마이스터(Baumeister), 브라트슬라브스키(Bratslavsky), 핀케노이어(Finkenauer), & 보스(Vohs), 2001; 카네먼(Kahneman) & 트베르스키(Tversky), 1979; 로진(Rozin) & 로이즈먼(Royzman), 2001). 긍정보상이라는 용어에는 잘 알려지지 않았지만 매우 중요한 불균형이 함축되어 있는데, 이는 여기에서 말하는 긍정이 대부분 중간 수준이라는 확률적 사실을 의미한다(카시오포(Cacioppo), 가드너(Gardner), & 번트슨(Berntson), 1999; 디너(Diener) & 디너, 1996). 실제로 전 세계 대표들을 대상으로 한 설문조사 결과, 매우 어려운 상황에서 사는 사람들에게도 긍정보상은 궁극적으로 보편적이라는 사실이 드러났다(디너, 오이시, & 수(Suh), 2013). 그러므로 강도에서는 부정정서가 긍정정서보다 우세하고 빈도에서는 긍정정서가 부정정서보다 우세하다. 이러한 불균형만으로 우리는 거의 1:1에 가까운 비율의 정서적 동등함이 마음 건강의 특징일 가능성이 낮다는 추측을 할 수 있다.

최근 부정편향성, 그리고 일상에서 경험하는 부정정서에 적절히 대응하기 위해 필요한 긍정정서의 '복용량'을 조명하려는 노력의 일환으로 라르센(Larsen)과 프리즈믹(Prizmic, 2008)의 정서에 대한 경험 표본화 데이터에 따르면 평범한 사람은 '나쁜' 날 하루에 '좋은' 날, 즉 긍정정서가 부정정서를 추월하는 날이 3일 정도 필요하다는 추측을 했다. 다시 말해서, 부정정서가 승리한 날이 하루라면 이를 무효로 만들기 위해서는 좋은 날이 3일 필요하다는 것이다. 라르센과 프리즈믹은 한 발 더 나아가 전 세계 사람들이 평범한 하루 동안 경험한 부정정서 대 긍정정서로부터 상대적 행복을 예측하기 위한 표준화 베타 중요성(standardized beta weight) 역시 3이라는 지수에 의해 달라지며, 이를 통해 매일 경험하는 부정정서가 긍정정서에 비해 전체 행복에 3배 큰 영향을 미친다는 추측이 가능하다. 이 논문에서 검토된 긍정정서 비율에 대한 증거(프레드릭슨 & 로사다, 2005; 고트먼, 1994; 슈워츠 외, 2002 등)와 자신만의 실증적 관찰을 결합한 결과 라르센과 프리즈믹(2008)은 최소한의 정서적 행복에 필요한 정서의 균형을 이루기 위해 '좋은 감정을 우선 추정하는 일이 파이(π, 또는 3.14)의 가치를 지닐 수도 있다고 추측했다.

긍정정서 비율의 가치에 대한 추가적인 증거는 프레드릭슨과 로사다의 기본적인 실증적 방식을 복제하는 동시에 성인 전체에서 플로리시하는 마음 건강을 조사하기 위해 그러한 방식을 확장한 최근의 한 연구를 바탕으로 한다(elf 외, 2011). 청년(만 18~19세, n 81), 중년(만 40~49세, n 81), 노년(만 60~69세, n 77)으로 구성된 표본 성인 239명이 30일 동안 매일 경험한 감정에 대해 보고서를 작성했다. 자체 평가 방식을 사용하여 참가자들을 쇠약(n 65), 좋은 마음 건강(n 113), 플로리시(n 61)로 분류했고, 이런 식으로 분류할 경우 연령과 상관이 없다는 사실이 드러났다. 카이 제곱 검정(Chi-square test)을 통해 연령을 막론하고 긍정정서 비율이 2.9:1 미만인 참가자들은 유달리 쇠약에 해당하는 사람이 많은 반면, 긍정정서 비율이 2.9:1 이상인 참가자들은 유달리 플로리시에 해당하는 사람이 많았다. 판별 함수 분석에서도 충분히 확립된 다른 마음 건강 예측 요인들(교육, 삶에 대한 만족, 신체적 증상, 자가 건강 진단 등) 외에 긍정정서 비율이 자신의 마음 건강 상태를 바탕으로 사람들을 분류하는 데 중요한 역할을 한다는 사실이 드러났다. 하지만 이 연구 결과는 로사다의 수학적 계산에 의해 규명된 핵심 긍정정서 비율이 보편적인지에 대한 의구심을 일으킨다. 특히 청년층에서 딜과 동료들이 얻은 데이터 샘플이 플로리시하는 사람이 다른 사람과 구분되는 핵심 긍정정서 비율이 약 3:1일 것이라는 예측에 잘 맞아 떨어지는데, 이 예측은 각기 다른 실증적, 수학적 접근 방식을 바탕으로 다양한 연구팀이 내놓은 것이다. 반면 중년과 노년에 있어서 긍정정서 비율은 청년에 비해 훨씬 높고 변동이 심해서 연령이 더 높은 그룹에 속한 경우 쇠약한 사람들조차 약 3:1 이상의 긍정정서 비율을 보였다. 딜과 동료들은 이러한 차이가 연령, 집단, 어쩌면 연령과 관련한 매일의 사회적, 직업적 상황의 차이를 반영한 것일 수도 있다고 생각했다.

그러므로 종합해서 말하자면, 긍정정서 비율이 높을수록 마음 건강이 플로리시하는 반면 쇠약에는 그보다 연관성이 떨어진다는 주장은 여전히 도전받지 않고 있다. 실제로 긍정적 상승작용, 즉 일반적인 일상의 사건에서 더 많은 긍정정서를 이끌어내는 특정한 사람들의 능력은 플로리시하는 사람들에게서 일어나는 눈에 띄게 독특한 과정이며(카탈리노 & 프레드릭슨, 2011), 플로리시하는 사람과 플로리시하지 않은 사람이 다른 긍정정서 비율을 갖는 충분한 원인이 될 수 있다. 기술적으로 이는 마음 건강의 플로리시를 이루고자 긍정정서 비율을 낮은 수준에서 중상 수준으로 끌어 올리려는 노력은 여전히 합리적이고 건강한 목표라는 의미다. 실제로 이제 충분히 제시된 긍정정서의 광범위한 이점에 대한 증거를 통해(카탈리노 & 프레드릭슨, 2011; 콘 외, 2009; 프레드릭슨 외, 2008; 코크 외, 2013; 류보머스키(Lyubomirsky), 킹(King), & 디너, 2005 등) 그러한 조언이 핵심적이고 증거를 바탕으로 한 것이라고 확신할 수 있다. 긍정정서 비율과 연관된 결과들이 단절되고 한 가지 이상의 특정한 변화점에 전적으로 좌우되지만, 앞으로 시험할 가치는 존재한다. 로사다의 수학은 더 이상 그러한 주장을 뒷받침할 안정적인 플랫폼이 아닌 것 같다.

분명 긍정정서 비율의 진정한 가치에 대한 연구는 아직 걸음마 단계에 있다. 브라운과 동료들의 연구가 경종을 울리기는 했지만, 그러한 연구는 다소 가치가 훼손된 것처럼 보일 수도 있으며, 나는 잘 닦는다면 키울 가치가 충분한 훌륭한 연구로 거듭날 것이라고 믿는다. 현재까지 본인이 아무런 변호를 하고 있지 않지만 로사다의 수학은 제거되어야 할 얼룩일 수도 있다. 브라운과 동료들의 논문에서 이러한 얼룩이 드러나기는 했지만, 나는 이 논문이 그러한 얼룩을 효과적으로 씻어내기를 바란다. 어쩌면 우리는 이제 지저분한 논쟁을 던져버리고 점점 큰 관심을 받고 있는 연구 영역인 지속적인 건강 개발과 플로리시를 위해 필요한 실증적, 수학적 연구의 실행으로 한 발짝 나아갈 수 있을 것이다.

이 분야의 연구가 성숙하는 데 가장 중요한 것은 아직 개척 단계인 역학적 수학 모델과 통계 모델, 더불어 정서, 그리고 연관된 결과를 무수히 반복 측정하는 횡적 분야 연구와 실험일 것이다(알도(Algoe), 프레드릭슨, & 초우(Chow), 2011). 그리고 여러 학문을 넘나드는 영역인 시스템 과학이 이러한 점에서 가치를 지닐 가능성이 높다(루케(Luke) & 스타마타키스(Stamatakis), 2012). 심리학에 비해 물리학, 화학, 공학 분야에서 복합적인 시스템의 표본화가 많이 이루어지기는 했지만 인간의 정서는 변화하는 상황에 따라 스스로 상승, 하강하는 나선형을 그리는, 역동적이고 다양한 요소로 구성된 시스템이 분명하다(프레드릭슨 & 조이너(Joiner), 2002; 갈랜드 외, 2010; 코크 외, 2013; 코크 & 프레드릭슨, 2010). 마찬가지로 시스템 역학, 네트워크 분석, 행위자 기반 모델링(agent-based modeling), 그리고 다른 시스템 과학 방식들은 생물학, 경제학, 그리고 공중보건에 그러한 것처럼(루케 & 스타마타키스, 2013; 메이브리(Mᅢ뮤교), 마커스(Marcus), 클라크(Clark), 리쇼우(Leischow), & 멘데즈(Mendez), 2010) 그 어느 때보다 정서과학과 긍정심리학의 연관성이 깊어질 것이다. 실제로 미국 국립 보건원(the National Institutes of Health)의 사회적 행동의 모델링(Modeling Social Behavior, RFA-GM-13-06), 그리고 미국 국립 과학재단(the National Science Foundation)의 인간과 사회 역학(Human and Social Dynamics, NSF 04-37), 두 가지 이니셔티브에 대한 기금 덕분에 이미 심리학 분야에서 시스템 과학적 방식이 더욱 널리 배양되고 있다. 정서과학과 긍정심리학에 이러한 방식을 적용하기 위해서는 경계를 가로지르는 협력이 필요하다. 각자 고유의 전문 영역을 보유한 학자들이 생산적인 협업을 구축해야만 우리는 한 가지 시점에서는 이해할 수 없는 보다 큰 그림을 밝혀낼 수 있다. 건강과 행복, 플로리시를 증진할 수 있는 새로운 활동과 마음가짐을 수행할 때 사람들의 삶과 긍정정서 비율이 어떻게 변하는지 명확히 하기 위해서는 그러한 팀워크가 필요할 것이다.

결론

브라운과 동료들이 강조했듯이(2013), 내가 광범위한 독자층을 대상으로 출간한 『내 안의 긍정을 춤추게 하라(positivity 프레드릭슨, 2009)』는 로사다와 공동 저술한 미국 심리학회지 논문에서 제시한 아이디어를 십분 활용했다. 하지만 이 책의 독자들에게도 나는 책에서 제시한 비율을 의심할 여지없는 진실로 받아들이지 말라고 경고했었다. '과학은 언제나 불완전하다'고 적은 것이다. 또한 다음과 같은 말도 했다. "내게 인간의 플로리시란 기발한 이론이나 복잡한 수학만으로도 해답을 제공할 수 있다는 생각에 안주할 수 없을 정도로 가치가 있는 영역이다." 그리고 여기에 나는 이론, 수학, 그리고 데이터로 이루어진 삼위일체 안에서 데이터야말로 우리가 가장 주목하고 존중해야 할 것이라는 말을 덧붙이고 싶다. 또한 긍정정서 비율에 대한 사고를 업데이트하도록 나를 자극한 데 대해 브라운과 그 동료들에게 감사한다. 나 자신의 사고를 업데이트하는 동안 나는 긍정정서 비율의 가치에 대한 최신 실증적 증거가 우리에게 많은 것을 이야기해준다는 사실을 깨달았다. 여기에서 수집된 데이터에 따르면 긍정정서의 경우 일정 지점까지는 많을수록 바람직한 것은 사실이지만, 그 일정 지점이라는 단서는 자기초점적인 긍정정서에 국한된 것일 수도 있다. 또한 데이터에 따르면 부정정서의 경우 어느 정도까지는 적을수록 바람직하다. 부정정서는 건강한 기능을 촉진할 수도, 죽일 수도 있는데, 경험하는 부정정서가 상황에 대한 적합성과 긍정정서에 상대적으로 얼마나 많이 느끼는지에 좌우된다. 그러므로 점점 더 많은 실증적 증거가 긍정정서 비율을 계산하는 일이 지닌 가치를 뒷받침하고 있다. 그렇다 하더라도 긍정정서 비율을 계산하기에 가장 적절한 알고리듬은 물론 긍정정서 비율이 지닌 역동적이고 비연속적인 특징들을 더욱 잘 이해하기 위해 상당한 양의 실증적 연구가 미완인 채 머물러 있다.

가장 무르익었을 때 과학은 스스로 수정한다. 긍정정서 비율에 있어 수학적으로 정밀한 진술이 '높을수록 바람직하다. 일정 범위 안에서'와 같은 경험에서 우러난 말에 밀려나고 있으므로 이제 우리는 그러한 자기수정이 실제로 일어나는 모습을 목격하고 있는 것일 수도 있다. 극적인 맛은 떨어지지만 경험에서 우러난, 새로운 진술은 여전히 유용하다. 시간과 데이터가 말해줄 것이다.

이 책을 완성하기까지 물심양면으로 나를 도와준 사람들에게 감사 인사를 할 기회가 왔다. 비록 이 책에 담긴 아이디어는 온전히 내 것이나, 학문이란 인생과 마찬가지로 언제나 공동의 노력으로 이루어지는 법이다.

먼저, 내가 심리학 분야에서 진로를 개척하고 구체화하는 데 아낌없는 도움과 나아갈 길을 제시해준 멘토분들인 닐 럿스키, 로다 카스텐슨, 밥 레븐슨 씨께 감사드리고 싶다.

다음으로,《긍정심리학과 정신생리학 연구소》전·현직 연구원분들에게 고맙다는 인사를 전하고 싶다. 그들은 하나같이 지칠 줄 모르고 내 곁에서 이 책에 소개된 아이디어들을 시험하고, 내 사고를 날카롭게 다듬어주었으며, 종종 그들의 기발한 아이디어로 새로운 영감을 주기도 했다. 나는 그들과의 지적 교제가 즐거웠고 그들의 여러 주요한 기여에 감사한다. 그 친구들은 새러 앨고, 크리스틴 브래니건, 스테파니 브라운, 트레이시 캘리슨, 라나 카탈리노, 리사 캐버노, 킴벌리 커피, 마이클 콘, 앤 콘웨이, 스테파니 코테, 조즈 듀어트, 캐림 존슨, 맷 켈러, 베서니 콕, 그렉 라킨, 이첸 리, 앨리슨 라이트, 로베르타 만쿠소, 엘리자베스 마이어, 조 마이켈스, 케이코 오타케, 졸린 펙, 재니스 템플턴, 데이 통, 미셸 터게이드, 타냐 바샤르쿨크셈석, 토어 웨이저,

크리스찬 와우 등이다.

또 이 책에 기술된 연구들을 보다 파급력 있고 매력적으로 만들어준 다른 학계 동료들에게도 심심한 사의를 표한다. 특히 메리 브랜틀리, 마이클 D. 코헨, 샌드라 핀켈, 멜리사 그로스, 아할랴 헤지마디, 토머스 조이너, 대니얼 카너먼, 올리버 슐사이스, 스티브 테일러, 존카 주베이타에게 고맙다고 말하고 싶다.

그리고 내 연구에 자원해 귀중한 시간을 내어 솔직한 자기학습에 임해준 수백 명의 연구 참가자들에게도 진심으로 고맙다는 인사를 전하는 바이다. 그들은 이 책에 쓰인 수치를 객관적으로 뒷받침해 주었다. 자신의 경험담을 상세히 들려준 니나에게는 특별히 고마움을 전한다. 마찬가지로, 자신들의 경험을 공유해준 긍정심리학 과정의 많은 학생들에게도 감사하며, 특히 자신들의 긍정정서 포트폴리오를 만들고 긍정정서 비율을 높이려는 노력을 해준 것을 참으로 고맙게 여긴다.

한편 이 분야에 대한 기여뿐만이 아니라 지난 10년간에 걸쳐 아낌없는 격려와 지원을 보내준 데 대해 인문과학 분야에서 보다 긍정적인 접근법의 창안을 주도했던 이들에게 깊이 감사드린다. 특별히 웨인 베이커, 킴 캐머론, 미하이 칙센트미하이, 에드 디너, 제인 더튼, 크리스토퍼 피터슨, 로버트 퀸, 마틴 셀리그만, 그레첸 스프라이처, 조지 베일런트에게 고맙다는 말을 전하고 싶다. 11장에 언급한 것처럼 긍정정서 포트폴리오에 대한 내 논의를 가다듬는 데 힘을 보태준 제임스 파웰스키에게는 특별히 고마운 마음을 전한다.

이 책에서 참고한 대부분의 연구 간행물들은 미국 국립정신건강연구소의 후원금 없이는 입수가 불가능했을 것이다. 지난 10년간 투자받을 가치를 인정받은 데 대해 감사한 마음이다. 또한 나는 템플턴 재단과 노스캐롤라이나 대학 채플힐 캠퍼스의 특훈 교수들을 위한 케넌 재단의 재정적 후원도 받는 행운을 누렸다. 보다 넓은 의미에서, 미시건 대학과 노스캐롤라이나 대학도 몇 년간 다각적인 방법으로 내 연구 프로그램에 투자하고 후원했다. 우수한 두 대학에 재직 중인 내 동료들과 석학들에게 진심으로 감사드린다.

잉크웰 매니지먼트의 내 대리인 리처드 파인은 처음 만난 자리에서부터 범상치 않아 보였다. 그는 뛰어난 능력으로 학술적 아이디어들이 보다 많은 이들에게 전달될 수 있도록 틀을 잡고 제자리를 찾도록 도왔다. 그의 숨은 노력이 없었다면 이 책은 당신의 손에 놓이지 못했을 것이다. 그리고 이 책의 해외 배급을 도와준, 역시나 잉크웰 소속의 수잔 홉슨에게 감사한다.

이 책을 기획하고 홍보해준 크라운 출판사의 헌신적인 직원 분들께도 감사 인사를 빼놓을 수 없다. 그들은 크리스틴 아론슨, 패티 버그, 신디 버먼, 티나 칸스터블, 로라 더피, 숀 니콜스, 헤더 프룰스, 페니 심슨이다. 편집자 헤더 잭슨은 특별히 내 진심 어린 칭찬을 받을 자격이 있다. 그녀의 온건한 지혜와 정직한 평가는 이 책 속에 내 생각을 정리해 넣을 보다 나은 방법을 찾도록 도움을 주었다. 그녀는 힘겨울 수 있는 책의 교정 작업을 즐거운 일로 만들어 주었다.

또한 학계에서나 인생에서나 내가 이 책 속의 아이디어를 시운전하고 정제할 시간과 공간 및 에너지를 할애해준 소중한 친구들에게 무한한 감사를 표하고 싶다. 그들이 누구인지 본인들은 이미 잘 알고 있겠지만, 몇 명의 이름은 특별히 거론하고 싶다. 그들은 리사 펠드먼 배

릿, 리타 벤, 제인 더튼, 비비안 푸시, 해리 골리허, 줄리 해리스, 코리케이예스, 로라 킹, 짐 로어, 윤 루, 소냐 류보머스키, 존 메이더, 배차메스키타, 주디 모스코위츠, 수잔 놀린-헉세마, 에리카 로젠버그, 웬디 트레이너, 테리 밴스 등이며, 물론 초콜릿을 좋아하는 수요모임 친구들도 빼놓을 수 없다. 그들의 온정과 통찰력, 도전정신, 그리고 무엇보다 빛나는 모범적인 태도는 나를 새로운 경지에 올라서도록 자극했다.

그리고 이 책의 여러 초고를 읽고 하나하나 일일이 지적해준 내 여동생 잔느 골리허에게는 뭐라 감사를 전해야 할지 모르겠다. 그것은 너무나도 귀중한 선물이었다. 또 책을 쓰는 동안 잔느는 누구보다 나를 많이 웃게 해주었다.

남편 제프 샤펠과 착한 두 아들 개릿과 크로스비에게는 영원히 감사한 마음을 간직할 것이다. 그들은 너무나 자주 내가 집안의 서재로 자취를 감추어야 했음에도, 각자의 방식대로 처음부터 끝까지 이 책의 저술 작업을 열렬히 지지해주었다. 몇 년 동안 사랑과 지원을 베풀어준 것 외에도, 제프는 이 책의 여러 초고에 현실적인 충고를 해주었으며 길고 유쾌한 저녁식사 대화를 통해 내 아이디어를 펼칠 수 있도록 기꺼이 허락해주었다. 그를 만나게 된 것을 나는 매일 하늘에 감사드린다.

마지막으로, 내 학문적 증거는 내가 생활하고 일하는 환경을 폭넓게 인식하도록 일깨워 주었다. 그런 의미에서 나는 매일같이 새로 떠올라 기운을 북돋아주는 태양에, 또 우리 모두에게 양식을 주고 각자가 플로리시할 수 있는 소중한 기회를 주는 땅에 감사의 뜻을 표하고 싶다.

지난 24시간 동안 어떤 기분이었는가? 전날을 돌이켜보며 각 문항의 느낌들 중 가장 강하게 경험한 것을 다음의 0~4등급을 이용해 표시해보라.

0 = 전혀 그렇지 않았다

1 = 약간 그랬다

2 = 보통이었다

3 = 꽤 그랬다

4 = 매우 그랬다

1. 웃기거나, 재미나거나, 우스꽝스러운 느낌을 어느 정도나 받았는가? _____

2. 화나거나, 신경질 나거나, 약 오른 느낌을 어느 정도나 받았는가? _____

3. 수치스럽거나, 모욕적이거나, 망신스러운 느낌을 어느 정도나 받았는가?

   _____

4. 경이롭거나, 놀랍거나, 경탄스러운 느낌을 어느 정도나 받았는가? _____

5. 경멸적이거나, 조소당하거나, 무시당한 느낌을 어느 정도나 받았는가? _____

6. 역겹거나, 불쾌하거나, 혐오스러운 느낌을 어느 정도나 받았는가? _____

7. 무안하거나, 겸연쩍거나, 부끄러운 느낌을 어느 정도나 받았는가? _____

8. 은혜롭거나, 감사하거나, 고마운 느낌을 어느 정도나 받았는가? _____

9. 죄책감이 들거나, 후회스럽거나, 비난받아 마땅하다는 느낌을 어느 정도나 받았는가?_____

10. 밉거나, 증오스럽거나, 수상쩍은 느낌을 어느 정도나 받았는가? _____

11. 희망적이거나, 낙관적이거나, 기운 나는 느낌을 어느 정도나 받았는가?_____

12. 고무되거나, 사기충천하거나, 의기양양한 느낌을 어느 정도나 받았는가? _____

13. 흥미롭거나, 관심이 가거나, 호기심이 생기는 느낌을 어느 정도나 받았는가? _____

14. 즐겁거나, 기쁘거나, 행복한 느낌을 어느 정도나 받았는가? _____

15. 사랑스럽거나, 친밀하거나, 신뢰감이 드는 느낌을 어느 정도나 받았는가?_____

16. 자랑스럽거나, 자신감이 들거나, 자부심에 찬 느낌을 어느 정도나 받았는가? _____

17. 슬프거나, 우울하거나, 불행한 느낌을 어느 정도나 받았는가? _____

18. 두렵거나, 무섭거나, 겁나는 느낌을 어느 정도나 받았는가? _____

19. 평온하거나, 만족스럽거나, 평화로운 느낌을 어느 정도나 받았는가? _____

20. 스트레스 받거나, 긴장되거나, 부담스러운 느낌을 어느 정도나 받았는가? _____

CHAPTER 2. POSITIVITY: MEANS, NOT ENDS

1. Frijda, N. H. (1986), The Emotions (Cambridge, England: Cambridge University Press); Lazarus, R. S. (1991), Emotion and Adaptation (New York: Oxford University Press).

2. Levenson, R. W. (1994), "Human emotions: A functional view," in P. Ekman and R. Davidson, eds., The Nature of Emotion: Fundamental Questions (New York: Oxford University Press, 123–26).

3. Sapolsky, R. (1994), Why Zebras Don't Get Ulcers: A Guide to Stress, Stress–related Diseases, and Coping, 2nd edition (New York: Freeman).

4. Frijda, 1986.

5. Lazarus, 1991.

6. Levenson, R. W., P. Ekman, and W. V. Friesen (1990), "Voluntary facialaction generates emotion–specific autonomic nervous system activity,"Psychophysiology 27: 363–84.

7. Fredrickson, B. L. (1998), "What good are positive emotions," Review of General Psychology 2: 300–19; see also Fredrickson, B. L. (2001), "The role of positive emotions in positive psychology: The broaden–and–build theory," American Psychologist 56: 218–26.

8. Dolhinow, P. J. (1987), "At play in the fields," inT. Topoff, ed., The Natu–ral History Reader in Animal Behavior (New York: Columbia University Press), 229–37.

9. Mateo, J. M., and W. G. Holmes (1999), "Plasticity of alarm–call response development in Belding's ground squirrels (Spermophilus beldingi, Sciuridae)," Ethology 105:193–206. Also from personal communication with Warren Holmes.

10. Fazio, R. H., J. R. Eiser, and N. J. Shook (2004), "Attitude formation through exploration: Valence asymmetries," Journal of Personality and Social Psychology 87: 293–311.

11. Adam's story is a fictionalized composite based on scientific facts dis–covered by Judith Moskowitz, Susan Folkman, and their colleagues. The scientific details are presented in Moskowitz, J. T. (2003), "Positive affect predicts lower risk of AIDS mortality," Psychosomatic Medicine 65: 620–26, and in Folkman, S., J. T. Moskowitz, et al. (1997), "Positive meaningful events and coping in the context of HIV/AIDS," in B. H. Gottlieb,ed., Coping with Chronic Stress (New York: Plenum Press), 293–314.

12. Danner, D. D., D. A. Snowdon, and W. V. Friesen (2001), "Positive emotions in early

life and longevity: Findings from the nun study,"Journal of Personality and Social Psychology 80: 804–13; see also Levy,B.R., M. D. Slade, et al. (2002), "Longevity increased by positive self–perceptions of aging," Journal of Personality and Social Psychology 83:261–70; and Ostir, G. V., K. S. Markides, et al. (2000), "Emotional wellbeing predicts subsequent functional independence and survival,"Journal of the American Geriatrics Society 48:473–78.

13. Lyubomirsky, S., L. King, and E. Diener (2005), "The benefits of frequent positive affect: Does happiness lead to success?" Psychological Bulletin 131:803–55.

14. Biernat, M., T. K. Vescio, et al. (1996), "Values and prejudice: Towardunderstanding the impact of American values on outgroup attitudes," in C. Seligman, J. M. Olson, and M. P Zanna, eds., The Psychology of Values: The Ontario Symposium, vol. 8 (Hillsdale, NJ: Lawrence Erlbaum), 153–89.

15. I found this to be the case in one of my latest field experiments, conducted in collaboration with Michael Cohn, Kimberly Coffey, Jolynn Pek, and Sandra Finkel (see chapter 5); see also Easterlin, B. L., and E. Cardena (1998), "Cognitive and emotional differences between short and long term Vipassana meditation," Imagination, Cognition & Personality 18: 69–81.

16. Carstensen, L. L., and J. A. Mikels (2005), "At the intersection of emotion and cognition: Aging and the positivity effect," Current Directions in Psychological Science 14, no. 3:117–21.

17. Jen's story is a fictionalized composite based on scientific facts de–scribed in Moskowitz, J. T., and E. S. Epel (2006), "Benefit finding and diurnal cortisol slope in maternal caregivers: A moderating role for positive emotions," Journal of Positive Psychology 1: 83–91.

18. Williams, R. (1998), Anger Kills: Seventeen Strategies for Controlling the Hostility That Can Harm Your Health (New York: Harper Torch).

19. Victor's story is a fictionalized composite based on scientific facts presented in Rosenberg, E. L., P. Ekman, et al. (2001), "Linkages between facial expressions of anger and transient myocardial ischemia in men with coronary artery disease," Emotion 1:107–15.

20. To read what other scientists working in positive psychology think of the yellow smiley face, see "Some Dark Thoughts on Happiness," New York Magazine, July 2006.

CHAPTER 3. WHAT IS POSITIVITY?

1. Cabanac, M. (1971), "Physiological role of pleasure," Science 173 (September 17): 1103–7.

2. For example, there is fascinating new work on the little-studied emotion of elevation. See Haidt, J. (2003), "Elevation and the positive psy-chology of morality," in C. L. M. Keyes and J. Haidt, eds., Flourishing:Positive Psychology and the Life Well-Lived (Washington, DC: American Psychological Association).

3. Tugade, M. M., B. L. Fredrickson, and L. Feldman Barrett (2004), "Psychological resilience and positive emotional granularity: Examining the benefits of positive emotions on coping and health," Journal of Personality/2: 1161–90.

4. Lyubomirsky, S., L. Sousa, and R. Dickerhoof (2006), "The costs and benefits of writing, talking, and thinking about life's triumphs and defeats," Journal of Personality and Social Psychology 90: 692–708; Wilson, T. D., D. B. Centerbar, et al. (2005), "The pleasures of uncer-tainty: Prolonging positive moods in ways people do not anticipate," Journal of Personality and Social Psychology 88:5–21.

5. These depictions of joy draw on Lazarus, R. S. (1991), Emotion and Adaptation (New York: Oxford University Press); Ellsworth, P. C., and C.A. Smith (1988), "Shades of joy: Patterns of appraisal differentiating pleasant emotions," Cognition and Emotion 2: 301–31; Izard, C. E.(1977), Human Emotions (New York: Plenum Press); and Gross, M. M., E. A. Crane, and B. L. Fredrickson (in press), "Methodology for assessing bodily expression of emotion," Journal of Nonverbal Behavior.

6. These depictions of gratitude draw from Fredrickson, B. L. (2004), "Gratitude, like other positive emotions, broadens and builds," in R. A. Emmons and M. E. McCullough, eds., The Psychology of Gratitude(New York: Oxford University Press) 145–66; Algoe, S. B., J. Haidt, and S. L. Gable (2008), "Beyond reciprocity: Gratitude and relation-ships in everyday life," Emotion 8: 425–29.

7. This portrayal of interest builds on the following works: Csikszentmi-halyi, M. (1990), Flow: The Psychology of Optimal Experience (New York: HarperPerennial); Izard (1977); Tompkins, S. S. (1962), Affect, Imagery, Consciousness, vol. 1, The Positive Effects (New York: Springer); Kaplan, S. (1992), "Environmental preference in a knowledge-seeking, knowledge-using organism," in J. H. Barkow, L. Cosmides, and J. Tooby, eds., The Adapted Mind: Evolutionary Psychology and the Generation of Culture (New York: Oxford University Press), 581–98.

8. Lazarus, 1991.

9. My depiction of hope also draws on Tong, E. M. W., B. L. Fredrickson, W. Chang, and Z. X. Lim (in press), "Reexamining the nature of hope: The roles of agency and pathways thinking," Cognition and Emotion; Snyder, C. R. (2002), "Hope theory: Rainbows in the mind," Psychological Review 13: 249–75; Pettit, P. (2004), "Hope and its place in mind," Annals of the American Academy of Political & Social Science 592:152–65.

10. Tiger, L. (1995, original edition 1979), Optimism: The Biology of Hope(Kodansha Globe).

11. This depiction of pride draws on the following works: Tracy, J. L., and R. W. Robins (2004), "Show your pride: Evidence for a discrete emotion expression," Psychological Science 15: 194–97; Tracy, J. L., and R. W. Robins (2007), "The psychological structure of pride: A tale of two facets," Journal of Personality and Social Psychology 92: 506–25; Williams, L. A., and D. DeSteno (2008), "Pride and perseverance: The motivational role of pride," Journal of Personality and Social Psychology 94: 1007–1017. Lewis, M. (2000), "Self–conscious emotions: Embarrassment, pride, shame, and guilt," in M. Lewis and J. M. Haviland–Jones, eds., Handbook of Emotions, 2nd edition (New York: Guilford Press), 623–36; Fredrickson, B. L., and C. Branigan (2001), "Positive emotions," in T.}. Mayne and G. A. Bonnano, eds., Emotion: Current Is–sues and Future Developments (New York: Guilford Press), 123–51.

12. Answer: Someone who lies awake at night wondering if dog exists.

13. My portrayal of amusement draws heavily on Gervais, M., and D. Sloan Wilson (2005), "The evolution and functions of laughter and humor: A synthetic approach," Quarterly Review of Biology 80:395–430.

14. David Foster Wallace, "Federer as Religious Experience," New York Times, August 20,2006.

15. My portrayal of inspiration draws from Thrash, T. M., and A.}. Elliot(2004), "Inspiration: Core characteristics, component processes, antecedents, and function," Journal of Personality and Social Psychology 87: 957–73; Haidt (2003); Cohn, M. A. (2004), "Rescuing our heroes: Positive perspectives on upward comparisons in relationships, education, and work," in A. P. Linley and S. Joseph, eds., Positive Psychology in Practice (Hoboken: John Wiley & Sons).

16. This imagery comes from the opening paragraphs of Jane GoodalFsawe–filled memoir Reason for Hope: A Spiritual Journey (London: Warner Books, 1999).

17. Keltner, D., and J. Haidt (2003), "Approaching awe, a moral, spiritual, and aesthetic emotion," Cognition and Emotion 17:297–314.

18. My multifaceted view of love draws heavily on Izard (1977); see also Shaver, P. R., H. J. Morgan, and S. Wu (1996), "Is love a 'basic' emotion?" Personal Relationships 3: 81–96; Gonzaga, G. C., D. Keltner, et al. (2001), "Love and the commitment problem in romantic relations and friendshipJournal of Personality and Social Psychology 81: 247–62; Gonzaga, G. C., R. A. Turner, et al. (2006), "Romantic love and sexual desire in close relationships," Emotion 6: 163–79; Schultheiss, O. C., M. M. Wirth, and S. J. Stanton, "Effects of affiliation and power motivation on salivary progesterone and testosterone," Hormones and Behavior 46: 592–99.

19. Scherer, K. R., A. Schorr, andT. Johnstone, eds. (2001), Appraisal Processes in Emotion: Theory, Methods, Research (Oxford, England: Oxford University Press).

20. Wilson, T. D., D. B. Centerbar, et al. (2005), "The pleasures of uncertainty: Prolonging positive moods in ways people do not anticipate," Journal of Personality and Social Psychology 88:5–21.

21. Available from Star Thrower Distributions, www.starthrower.com.

22. Cooperrider, D. L., and D. Whitney (2005), Appreciative Inquiry: A Positive Revolution in Change (San Francisco: Berrett–Koehler). See also, Kelm, J. B. (2005), Appreciative Living: The Principles of Appreciative Inquiry in Personal Life (Wake Forest, NC: Venet Publishers).

CHAPTER 4. BROADEN YOUR MIND

1. Cooperrider, D. L., and D. Whitney (2005), Appreciative Inquiry: A Positive Revolution in Change (San Francisco: Berrett–Koehler).

2. Fredrickson, B. L., and C. Branigan (2005), "Positive emotions broaden the scope of attention and thought–action repertoires," Cognition and Emotion 19:313–32.

3. We evoked these specific feeling states by showing participants short film clips, known from past testing to produce the intended feelings. We amused one group of people with footage of penguins at play, while we made others feel serene with soothing nature scenes. To make others angry, we showed them innocent people being treated unfairly. To make another group fearful, we showed a jarring mountain–climbing accident. When we didn't want to evoke any feeling at all, we occupied people with an abstract display of colored lines piling up on a black background—the screen saver from one of my old computers.

4. Fredrickson and Branigan (2005).

5. The technique is called facial electromyography. We also measure the electrical activity within the corrugator supercilii, the muscle responsible for furrowing your brow. Researchers have linked this muscle to negativity. Tassinary, L. G., and J. T. Cacioppo (1992), "Unobservable facial actions and emotion," Psychological Science 3: 28–33.

6. Johnson, K. J., C. E. Waugh, and B. L. Fredrickson (in press), "Smile to see the forest: Expressed positive emotions broaden attentional scopes and increase attentional flexibility," Cognition and Emotion. Marketers tap into this to some degree, although I think they have the logictwisted. As they try to persuade us to buy their products, they bombard us continually with smiling faces. Although it may well be true that smiles forecast greater openness, it's not "their" smile that matters— it's your smile. Only to the extent that their smile evokes your smile will you become more open to their message. By now, at least in American culture, we're so overly inundated with smiling faces—often hideously over–the–top smiling

faces—that many of us are completely numbed to them. This may well be an adaptive response to media messengers that don't necessarily have your best interests in mind.

7. Waldinger, H. A., and D. M. Isaacowitz (2006), "Positive mood broad-ens visual attention to positive stimuli," Movitation and Emotion 30: 89–101. For more information about eye-tracking research, visit Dr. Isaacowitz's laboratory website at Brandeis University, http://people.brandeis.edu/~dmi/.

8. Here, positive emotions were injected by giving a randomly selected subset of volunteers a small gift just before they viewed the pictures. The gift was a small bag of chocolates offered as a token of appreciation for their participation. This classic method of bestowing positivity was first used by Alice Isen, whose work I describe later in this chapter. In case you're wondering whether we should be attributing any effects of the candy to a sugar high instead of to positivity, the researchers wrap the candy tightly in an attractive cellophane bag and ask participants not to eat the candy until the end of the study. They all comply. At the end of the study, volunteers in the other experimental groups get a bag of candy too. We can be certain, then, that any sugar highs occur after the data are safely collected.

9. Rowe, G., J. B. Hirsh, and A. K. Anderson (2007), "Positive affect increases the breadth of attentional selection," Proceedings of the National Academy of Sciences of the United States of America 104:383–88.

10. This study used music to induce emotions. Happy, upbeat music was known to induce positivity. Sad music was played to induce negativity. And to keep people neutral, no music was played.

11. The correct answer here is power. This classic test of verbal creativity is called the Remote Associates Test, developed by Mednick, M. T., S. A. Mednick, and E. V. Mednick (1964), Journal of Abnormal Psychology 69:84–88.

12. For more on the brain correlates of positivity, see Ashby, F. G., A. M. Isen, and A. U. Turken (1999), "A neuropsychological theory of positive affect and its influence on cognition," Psychological Review 106, no. 3: 529–50–

13. Bryan, T., and J. Bryan (1991), "Positive mood and math performance," Journal of Learning Disabilities 24: 490–94.

14. Isen, A. M., A. S. Rosenzweig, and M. J. Young (1991), "The influence of positive affect on clinical problem solving," Medical Decision Making 11: 221–27.

15. Staw, B. M., and S. G. Barsade (1993), "Affect and managerial performance: A test of the sadder-but-wiser vs. happier-and-smarter hypothesis," Administrative Science Quarterly 38:304–31.

16. Sy, T., S. Cote, and R. Saavedra (2005), "The contagious leader: Impact of the

leader's mood on the mood of group members, group affective tone, and group process," Journal of Applied Psychology 90: 295–305.

17. Kopelman, S., A. S. Rosette, and L. Thompson (2006), "The three faces of Eve: Strategic displays of positive, negative, and neutral emotions in negotiations," Organizational Behavior and Human Decision Processes 99: 81–101.

18. Fredrickson, B. L., and T. Joiner (2002), "Positive emotions trigger upward spirals toward emotional well–being," Psychological Science 13:172–75–

19. Burns, A. B., J. S. Brown, et al. (2008), "Upward spirals of positive emotion and coping: Replication, extension, and initial exploration of neurochemical substrates," Personality and Individual Differences 44: 360–70.

20. Aron, A., E. N. Aron, and D. Smollan (1992), "Inclusion of other in the self scale and the structure of interpersonal closeness," Journal of Personality and Social Psychology 63: 596–612.

21. How did we keep people from simply remembering which pair of circles they chose the first time (e.g., "the second set on the second row") and selecting that same pair the second time, just to be consistent? We didn't let them. To mix things up a bit, the second time we presented our participants with overlapping circles, we showed them twice as many pairs: the original seven pairs, plus additional pairs midway between each of the original choices. Because the scale looked different, people couldn't simply rely on memory to complete it; they'd have to consider their reactions anew. Even so, because the two scales were related, we could still directly compare the choice a participant made before we injected emotion to the choice he or she made after.

22. To do this, Ahalya and Keiko located film clips that would reliably produce positivity, negativity, and neutrality in their respective cultures.

23. One group saw a comedian, another group saw a suspenseful scene from a horror movie, and a third group saw an instructional video on how to make a box in a woodshop. These clips elicited joy, fear, and neutrality, respectively.

24. Meissner, C., and J. Brigham (2001), "Thirty years of investigating the own–race bias in memory for faces," Psychology, Public Policy, and Law 7:3–35–

25. You might be wondering how scientists know this. The method is clever. By turning an image upside down, you disturb the spatial configuration of the features, although the features are still discernible. To the extent that people rely on the overall configuration of people's faces to recognize them, inverting the faces should disrupt face recognition. It does so, but only for own–race faces. Just like common objects, faces of another race are recognized just as well whether they are presented right side up or upside down. Rhodes, G., S. Brake, et al.(1989), "Expertise and configural coding in face recognition," British Journal of

Psychology 80:313–31.

26. Ito, T., and G. R. Urland (2003), "Race and gender on the brain: Electrocortical measures of attention to the race and gender of multiply categorizable individuals," Journal of Personality and Social Psychology 85:616–26.

27. Johnson, K. J., and B. L. Fredrickson (2005), "Positive emotions eliminate the ownrace bias in face perception," Psychological Science 16:875–81.

28. Dovidio, J. F., S. L. Gaertner, et al. (1995), "Group representations and intergroup bias: Positive affect, similarity, and group size," Personality and Social Psychology Bulletin 21: 856–65.

29. Yes, in the 1970s, pay phones were everywhere and dimes were still valuable.

30. Isen, A. M., and P. F. Levin (1972), "Effect of feeling good on helping:Cookies and kindness," Journal of Personality and Social Psychology 21:384–88; Isen, A. M., M. Clark, and M. F. Schwartz (1976), "Duration of the effect of good mood on helping: 'Footprints on the sands of time' " Journal of Personality and Social Psychology 34: 385–93. For a more extensive review, see Isen, A. M. (1987), "Positive affect, cognitive processes, and social behavior," Advances in Experimental Social Psychology 20:203–53.

31. Cialdini, R. B., S. L. Brown, et al. (1997), "Reinterpreting the empathy–altruism relationship: When one into one equals oneness," Journal of Personality and Social Psychology 73:481–94.

32. Hatfield, E., J. T. Cacioppo, and R. L. Rapson (1994), Emotional Contagion (New York: Cambridge University Press).

33. This grew out of an unprecedented collaboration between Asian Buddhist scholars and Western scientists. To learn more, visit www.InvestigatingTheMind. org.

CHAPTER 5. BUILD YOUR BEST FUTURE

1. Crowley, C., and H. S. Lodge (2004), Younger Next Year: A Guide to Living Like 50 Until You're 80 and Beyond(New York: Workman).

2. Loehr, J., and T. Schwartz (2003), The Power of Full Engagement: Managing Energy, Not Time, Is the Key to High Performance and Personal Renewal (New York: Free Press).

3. Kempermann, G., H. G. Kuhn, and F. H. Gage (1997), "More hippocampal neurons in adult mice living in an enriched environment," Nature 86:493–95.

4. Cotman, C. W., N. C. Berchtold, and L. Christie (2007), "Exercise builds brain health: Key roles of growth factor cascades and inflammation," Trends in Neurosciences 30:464–72.

5. Crowley and Lodge (2004); see also Davidson, R. J., D. Jackson, and N. H. Kalin (2000), "Emotion, plasticity, context, and regulation:Perspectives from affective neuroscience," Psychological Bulletin 126:890–909.

6. As part of their compensation for completing the surveys, this comparison group was offered the same meditation workshop free of charge about six months later. Technically, this is called a "waitlist control group." One of the benefits of this type of comparison group is that all study participants wanted to join the meditation workshop, which means we can assume that the two groups had comparable curiosity about meditation and comparable desires for change in their lives.

7. Kahneman, D., A. B. Krueger, et al. (2004), "A survey method for characterizing daily life experience: The Day Reconstruction Method," Science 306:1776–80.

8. An outstanding team of graduate students worked with me on this project. Their quantitative expertise and insights added many dimensions, far beyond what I'd envisioned when I dreamed up this experiment years ago. I'd like to offer special thanks here to Michael Cohn, Kimberly Coffey, and Jolynn Pek for joining me on this journey to test the build hypothesis. Fredrickson, B. L., M. A. Cohn, et al. (2008),"Open hearts build lives: Positive emotions, induced through loving kindness meditation, build consequential personal resources," Journal of Personality and Social Psychology 95:1045–1062.

9. In this study, we had not yet measured inspiration.

10. Brickman, P., and D. T. Cambell (1971), "Hedonic relativism and planning the good society," in M. H. Appley, ed., Adaptation Level Theory:A Symposium (New York: Academic Press), 287–302; see also Brickman, P., D. Coates, and R. Janoff–Bulman (1978), "Lottery winners and accident victims: Is happiness relative?" Journal of Personality and Social Psychology 36: 917–27; Diener, E., R. E. Lucas, and C. N. Scollon(2006), "Beyond the hedonic treadmill: Revising the adaptation theory of well–being," American Psychologist 61:305–14.

11. Keep in mind that we didn't tell our participants in advance that we were planning to ask them detailed questions about their day. We wanted an ordinary day, not the kind of day you might have if you knew your actions and feelings would later be combed through like an archaeological dig site. For the sake of time, we asked people to describe the first ten episodes of their day, or to take us through the episode that involved "having lunch," whichever came first. We also thought it would be most interesting to see how people balanced work and home life, so we tapped them on a workday. The day we chose was about two weeks after the last workshop session.

12. Fredrickson, B. L., M. M. Tugade, et al. (2003), "What good are positive emotions in crises?: A prospective study of resilience and emotions following the terrorist

attacks on the United States on September 11, 2001Journal of Personality and Social Psychology 84:365–76; Fredrickson et al. (2008); Fredrickson and Joiner (2002).

13. Gervais, M., D. S. Wilson (2005). "The evolution and functions of laughter and humor: A synthetic approach." Quarterly Review of Biology, Bo, 395–430–

14. Gable, S., H. Reis, et al. (2004), "What do you do when things go right? The intrapersonal and interpersonal benefits of sharing positive events," Journal of Personality and Social Psychology 87,2: 228–45.

15. These last two findings come from soon–to–be published research by Sara Algoe, a postdoctoral fellow working in my research laboratory.

16. Aron, A, C. C. Norman, et al. (2000), "Couples' shared participation in novel and arousing activities and experienced relationship quality," Journal of Personality and Social Psychology 78: 273–84.

17. Gottman, J. M. (1994), What Predicts Divorce: The Relationship Between Marital Processes and Marital Outcomes (Hillsdale, NJ: Lawrence Erlbaum).

18. Pressman, S. D., and S. Cohen (2005), "Does positive affect influence health?" Psychological Bulletin 131: 925–71.

19. Steptoe, A, J. Wardle, and M. Marmot (2005), "Positive affect and health–related neuroendocrine, cardiovascular, and inflammatory responses," Proceedings of the National Academy of Sciences 102: 6508–12.

20. Berk, L. S., S. A. Tan, et al. (1989), "Neuroendocrine and stress hormone changes during mirthful laughter," American Journal of the Medical Sciences 298: 390–96; Brown, W. A, A. D. Sirota, et al. (1993), "Endocrine correlates of sadness and elation," Psychosomatic Medicine 55:458–67.

21. Brown, S. L., B. L. Fredrickson, M. M. Wirth, M.}. Poulin, E. A. Meier, E. D. Heaphy, M. D. Cohen, and O. C. Shultheiss (2009), "Social closeness increases salivary progesterone in humans," Hormones and Behavior 56: 108–m; see also Light, K. C., K. M. Grewen, and J. A. Amico (2005), "More frequent partner hugs and higher oxytocin levels are linked to lower blood pressure and heart rate in premenopausal women," Biological Psychology 69:5–21.

22. Ashby, F. G., A. M. Isen, and A. U. Turken (1999), "A neuropsychological theory of positive affect and its influence on cognition," Psychological Review 106, no. 3, 529–50; Burns, A. B., J. S. Brown, et al.(2008), "Upward spirals of positive emotion and coping: Replication, extension, and initial exploration of neurochemical substrates," Personality and Individual Differences 44:360–70.

23. Wager, T. D., D. J. Scott, and J. Zubieta (2007), "Placebo effects on human |x–opioid activity during pain," Proceeding of the National Academy of Sciences of the United States of America 104:11056–61.

24. Davidson, R. J., J. Kabat-Zinn, et al. (2003), "Alterations in brain and immune function produced by mindfulness meditation," Psychosomatic Medicine 65: 564–70.

25. Steptoe et al. (2005).

26. Fredrickson, B. L., R. A. Mancuso, et al. (2000), "The undoing effect of positive emotions," Motivation and Emotion 24:237–58; Light et al. (2005).

27. Gil, K. M.,}. W. Carson, et al. (2004), "Daily mood and stress predict pain, health care use, and work activity in African American adults with sickle cell disease," Health Psychology 23: 267–74.

28. Cohen, S., W. J. Doyle, et al. (2003), "Emotional style and susceptibility to the common cold," Psychosomatic Medicine 65: 652–57.

29. Bardwell, W. A., C. C. Berry, et al. (1999), "Psychological correlates of sleep apnea," Journal of Psychosomatic Research 47:583–96.

30. Richman, L. S., L. Kubzansky, et al. (2005), "Positive emotion and health: Going beyond the negative," Health Psychology 24:422–29.

31. Ibid.

32. Ostir, G. V., K. S. Markides, et al. (2001), "The associations between emotional well-being and the incidence of stroke in older adults," Psychosomatic Medicine 63:210–15.

33. Light etal. (2005).

34. Lund, I., L. C. Yu, et al. (2002), "Repeated massage-like stimulation induces longterm effects on nociception: Contribution on oxytocinergic mechanisms," European Journal of Neuroscience 16:330–38.

35. Holt-Lunstad, J., W. A. Birmingham, and K. C. Light (2008). "The influence of a 'warm touch' support enhancement intervention among married couples on ambulatory blood pressure, oxytocin, alpha amylase and cortisol," Psychosomatic Medicine 70: 976–985.

CHAPTER 6. BOUNCE BACK FROM LIFE'S CHALLENGES

1. This Victor Frankl quotation is also the motto of one of my favorite literary magazines, The Sun, edited since 1974 by Sy Safransky. Each month, The Sun prints a page of "Sunbeams," an eclectic selection of thought-provoking quotations. I first discovered many of my own favorites among Sy's "Sunbeams."

2. Before conducting any research that directly involves human participants, the research protocol must be evaluated and approved by an independent committee (an institutional review board, or IRB). This ensures that the welfare and rights of

participants are appropriately guarded in an ethical way. When researchers wish to collect data following an unforeseen disaster or tragedy, committee approval is still a necessary first step. With the normal review procedure taking weeks or months, I was immensely grateful to secure approval within days.

3. Block, J., and A. M. Kremen (1996), "IQ and ego-resiliency: Conceptual and empirical connections and separateness," Journal of Personality and Social Psychology 70:349-61.

4. Fredrickson, B. L., M. M. Tugade, et al. (2003), "What good are positive emotions in crises?: A prospective study of resilience and emotions following the terrorist attacks on the United States on September 11, 2001," Journal of Personality and Social Psychology 84:365-76.

5. Ong, A. D., C. S. Bergeman, et al. (2006), "Psychological resilience, positive emotions, and successful adaptation to stress in later life," Journal of Personality and Social Psychology 91:730-49.

6. Fredrickson, B. L., R. A. Mancuso, et al. (2000), "The undoing effect of positive emotions," Motivation and Emotion 24: 237-58; see also Fredrickson, B. L., and R. W. Levenson (1998), "Positive emotions speed recovery from the cardiovascular sequelae of negative emotions," Cognition and Emotion 12:191-220.

7. You may have noticed that none of the participants gave their speeches after all. This is an aspect of the study that was deceptive. This minor deception was deemed reasonable by my university's ethics committee when balanced against the value of information likely to be gained from the study overall.

8. McEwen, B. S. (1998), "Protective and damaging effects of stress mediators," New England Journal of Medicine 338:171-79.

9. Tugade, M. M., and B. L. Fredrickson (2004), "Resilient individuals use positive emotions to bounce back from negative emotional experiences,^"Journal of Personality and Social Psychology 86:320-33.

10. A little background on how fMRI works might be helpful here. It turns out that brain neurons do not store energy. To fire, they need to draw energy quickly— in the form of oxygen—from the bloodstream. Cirr culating blood carrying more or less oxygen carries correspondingly more or less magnetic signal. Moment-by- moment changes in this magnetic signal are detected by fMRI. So, if a person's head is in the fMRI scanner, neuroscientists can track changes in blood oxygen levels in the brain and infer which neurons are most active during particular phases of experimental tasks. Using this and a variety of sensitive statistical techniques, Christian and his team of collaborators were poised to discover how the brains of people scoring high and low on Block and Kremen's fourteen-item resilience survey might differ.

11. For half of the participants, the "threat" cue was the circle, and the "safety" cue was the triangle. For the other participants, the cues were reversed. This counterbalancing procedure ensures that the experimental results don't reflect reactions to circles and triangles, but rather the psychological events they signal.

12. Waugh, C. E., T. D. Wager, et al. (2008), "The neural correlates of trait resilience when anticipating and recovering from threat," Social Cognitive and Affective Neuroscience 3:322–332.

13. Tugade and Fredrickson (2004); Waugh, et al. (2008); Waugh, C. E., B. L. Fredrickson, and S. F. Taylor (2008), "Adapting to life's slings and arrows: Individual differences in resilience when recovering from an anticipated threat," Journal of Research in Personality 42:1031–46.

14. To some degree, resilience does appear to be controlled by our genes. Caspi, A., K. Sugden, et al. (2003), "Influence of life stress on depression: Moderation by a polymorphism in the 5–HTT gene," Science 301, no. 5631:386–89.

15. Cohn, M. A., B. L. Fredrickson, et al. (2009), Happiness unpacked:Positive emotions increase life satisfaction by building resilience, Emotion 9:361–368.

16. Tugade and Fredrickson (2004).

17. If you want to learn more, you can visit www.HealingConsulting.com.

18. Ulrich, R. S. (1984), "View through a window may influence recovery from surgery," Science 224: 420–21; see also Franklin, H. (2001), "Beyond toxicity: Human health and the natural environment," American Journal of Preventive Medicine 20: 234–39; Kaplan, S. (1995), "The restorative effects of nature: Toward an integrative framework," Journal of Environmental Psychology 15:169^82.

19. I borrow this phrase from Anne Maston, who in 2001 described resilience as "ordinary magic" that arises from the unencumbered operations of basic human systems, such as positivity. Work by George Bonanno is relevant in that he also challenges the view that resilience is rare. Maston, A. S. (2001), "Ordinary magic: Resilience processes in development," American Psychologist 56: 227–38; Bonanno, G. (2004), "Loss, trauma, and human resilience: Have we underestimated the human capacity to thrive after extremely aversive events?" American Psychologist 59: 20–28.

CHAPTER 7. THE POSITIVITY RATIO

1. Dutton, J. E. (2003), Energize Your Workplace: How to Create and Sustain High–Quality Connections at Work (San Francisco: Jossey–Bass);I feature her work in chapter 11.

2. This paper has since been published: Losada, M., and E. Heaphy(2004), "The role of positivity and connectivity in the performance of business teams: A nonlinear

dynamics model," American Behavioral Scientist 47:740–65.

3. Fredrickson, B. L., and M. F. Losada (2005), "Positive affect and the complex dynamics of human flourishing," American Psychologist 60:678–86.

4. As is typical among scientists, I refer to Marcial by his last name when describing his scientific contributions.

5. Losada's coders identified statements as "positive" if speakers showed support, encouragement, or appreciation; and as "negative" if they showed disapproval, sarcasm, or cynicism. They identified statements as "self-focused" if they referred to the person speaking, the group present, or the company, and as "other-focused" if they referred to a person or group neither present nor part of the company. And they identified statements as "inquiry" if speakers offered questions aimed at exploring an idea, and as "advocacy" if speakers simply offered arguments in favor of their own points of view.

6. Losada noted, for example, that the change over time in a team's likelihood of asking questions (inquiry–advocacy) turned out to reflect their degree of outward focus (self–other). And the change over time in a team's positivity (positivity–negativity) reflected both their degree of outward focus (self–other) and their rate of asking questions(inquiry–advocacy). Finally, he saw that the change over time in a team' soutward focus (self–other) reflected all three variables (positivity–negativity, self–other, and inquiry–advocacy) together with the team's prototypical degree of attunement with one another (connectivity). In combination, these three mathematical relationships described the team behavior that Losada saw unfolding in his data. Using statistics,he confirmed that his new mathematical model provided a good fit for his actual data. For the mathematical details, see Losada, M. (1999), "The complex dynamics of high performance business teams," Mathematical and Computer Modelling 30:179–92.

7. First, the team itself was clearly a system. That is, the statements each team member made played a role in shaping the behavior of other team members as well as the ultimate team outcome. In other words, people's statements were not made in a vacuum. Rather, to some degree, each statement altered the likelihood of subsequent statements being made. Second, the team system was without question dynamic; that is, the team's behavior changed over time as the various components in the system—here the statements made—mutually influenced each other. For example, just as a team's positivity could trigger outward focus, so too could its outward focus trigger positivity. Stated another way, positivity and outward focus feed on each other, each reinforcing and catalyzing the other. Scientists say that dynamic systems like this have reciprocal causality. This phrase indicates that the causal arrow between two concepts runs in both directions at

the same time. By now you might recognize this sort of dynamic as echoing the upward spiralstriggered by positivity that I described earlier (e.g., chapter 4). If so, perhaps you're getting a taste of the excitement I felt about the possible fit between Losada's lifelong work and my own. Third, Losada knew that the best way to model reciprocal causality mathematically was to use nonlinear equations, such as the ones he'd formulated. It's fair to describe most of psychological science to date—including my own—as resting on the assumption of linearity. That is, when we castour hypotheses, we expect changes in one entity—say positivity—to be linked with proportional changes in another entity—say breadth of mind. Departing from this age-old assumption, nonlinearity both honors bidirectional effects and describes systems in which outputs are not always proportional to inputs. To read more about nonlinear dynamic systems, I recommend Nowak, A., and R. R. Vallacher (1998), Dynamical Social Psychology (New York: Guilford Press).

8. Lorenz, E. N. (1993), The Essence of Chaos (Seattle: University of Washington Press).

9. As it happens, this butterfly shape is the signature of what's known as the Lorenz system. First introduced by Edward Lorenz in 1963 to represent the complex dynamics underlying weather forecasting, the Lorenz system is seen by many as the opening shot of the complexity revolution. It has since been found to apply more generally across many areas of science. For a scholarly introduction to this area of science, see the 2004 textbook by M. W. Hirsch, S. Smale, and R. L. Devaney, Differential Equations, Dynamical Systems, and an Introduction to Chaos (Amsterdam: Elsevier/Academic Press). For a more informal introduction, see the 1987 best-seller by James Gleick, Chaos:Making a New Science (New York: Penguin). For Lorenz's own view, see Lorenz (1993).

10. Losada in fact prefers to call chaotic attractors "complexors" (for COMPLEX ORder) to avoid the common misunderstanding that chaotic systems are unpredictable and random.

11. It has been established that when r, the control parameter in the Lorenz system, reaches 24.7368, the butterfly first emerges: Sparrow, C.(1982), The Lorenz Equations: Bifurcations, Chaos and Strange Attractors(New York: Springer-Verlag).

12. For the equation linking connectivity to the positivity ratio, see Fred-rickson and Losada (2005), p. 682.

13. In fairness to Marcial Losada, I should say that if he had written this sentence himself, he'd have referred to positivity ratios at or above 2.9013 to 1.

14. This measurement tool was developed by Corey Keyes of Emory University. See Keyes, C. L. M. (2002), "The mental health continuum:From languishing to flourishing in life," Journal of Health and Social Behavior 43: 207-22. To learn more, visit www.sociology.emory.edu/ckeyes /.

15. This is true in my own studies (Fredrickson and Losada, 2005), as well as in nationally representative samples. See Keyes (2002).

16. Baumeister, R. F., E. Bratslavsky, et al. (2001), "Bad is stronger than good," Review of General Psychology 5: 323–70. Cacioppo, J. T., W. L. Gardner, and G. G. Berntson (1999), "The affect system has parallel and integrative processing components: Form follows function," Journal of Personality and Social Psychology 76: 839–55.

17. Cacioppo et al., 1999; Diener, E., and C. Diener (1996), "Most people are happy," Psychological Science 7:181–85.

18. Using the traditional statistics of my field, I can also compare the positivity ratios of people who flourish against those of people who languish. Bear in mind that these statistics assume a linear, proportional relationship between flourishing and positivity ratios. Even so, it can be reassuring to know that—across the two different data sets—the differences between the positivity ratios of those who flourish and those who languish are beyond what you'd expect by chance alone. See Fredrickson and Losada (2005).

19. For a scholarly overview, see Gottman, J. M. (1994), What Predicts Divorce? The Relationship Between Marital Processes and Marital Out-comes (Hillsdale, NJ: Erlbaum). For a more accessible introduction, see Gottman, J. M., and N. Silver (1999), The Seven Principles for Making Marriage Work (New York: Three Rivers Press).

20. Gottman, J. M., R. W. Levenson, et al. (2003), "Correlates of gay and lesbian couples' relationship satisfaction and relationship dissolution," Journal of Homosexuality 45: 23–43.

21. In their own work, Schwartz and colleagues represent that balance of positivity to negativity in proportional terms, by the ratio of positivity over the sum of positivity plus negativity. 1 used simple algebra to convert their figures to the P/N positivity ratio that I favor.

22. This quote comes from DSM–IV, the fourth edition of the Diagnostic and Statistical Manual of Mental Disorders, the universally consulted bible of mental illness, published in 1994 by the American Psychiatric Association in Washington, D.C.

23. Schwartz, R. M., C. F. Reynolds, et al. (2002), "Optimal and normal affect balance in psychotherapy of major depression: Evaluation of the balanced states of mind model," Behavioural and Cognitive Psychother–apy 30:439–50–

24. Waugh, C. E., and B. L. Fredrickson (2006), "Nice to know you: Positive emotions, self–other overlap, and complex understanding in the formation of a new relationship," Journal of Positive Psychology 1: 93–106.

25. Here again is where correspondence between Losada's model and the famous Lorenz model—each with its signature butterfly–shaped attractor—makes a

difference. Past physicists and mathematicians have in fact discovered an upper limit to r, the control parameter within the Lorenz equations, in predicting chaotic attractors. Beyond this upper limit, the butterfly starts to falter, its complex dynamics beginning to disintegrate. Using the established link between P/N and the Lorenzian r, Losada pinpointed P/N = 11.6346 as the upper bound of flourishing. To illustrate this upper limit, Losoda and I featured a plot of a ioo—to—i positivity ratio in our American Psychologist article. At this ratio, the rich and complex dynamics of the butterfly are gone altogether. In their place a twisted and rigid limit cycle appears. Eerily, the plot resembles the exaggerated smile painted onto a clown's face. I call this the "Pollyanna plot." Fredrickson and Losada (2005).

26. Gottman, 1994.

27. Wilson, E. O. (1998), Consilience: The Unity of Knowledge (New York:Knopf).

CHAPTER 8. WHERE ARE YOU Now?

1. I developed these items based on earlier work by Carroll Izard, esp. Human Emotions (New York: Plenum Press, 1977).

2. Ekman, P. (1992), "An argument for basic emotions," Cognition and Emotion 6:169–200.

3. I've helped prepare guidelines for my fellow scientists to use when attempting to measure emotions. These are described in Larsen, R. J., and B. L. Fredrickson (1999), "Measurement issues in emotion research," in D. Kahneman, E. Diener, and N. Schwarz, eds., Well-being:Foundations of Hedonic Psychology (New York: Russell Sage), 40–60.

4. Contributing to the database is not a precondition for using the website, but the requested background information helps researchers interpret the data. For example, if a particular experience is common only among women, we would be cautious in generalizing to men. You will be given the opportunity to indicate your sex, ethnic background, age, marital status, etc. Supply this information only if you are comfortable doing so. Keep in mind that we will never ask for (or obtain) your name or address, and that we safeguard your information using industry-standard measures of security.

5. Fredrickson, B. L., and D. Kahneman (1993), "Duration neglect in retrospective evaluations of affective episodes," Journal of Personality and Social Psychology 65:45–55.

6. Ibid.; see also Kahneman, D., B. L. Fredrickson, et al. (1993), "When more pain is preferred to less: Adding a better end," Psychological Science4:401–5.

7. See Kahneman, D., A. B. Krueger, et al. (2004), "A survey method for characterizing

daily life experience: The Day Reconstruction Method," Science 306:1776–80.

8. Here again you'll likely avoid the "can't–divide–by–zero" problem that may well plague any given episode.

9. These percentages are based on several hundred participants. See Fredrickson, B. L., and M. F. Losada (2005), "Positive affect and the complex dynamics of human flourishing," American Psychologist 60:678–86.

10. Schwartz, R. M., C. F. Reynolds, et al. (2002), "Optimal and normal affect balance in psychotherapy of major depression: Evaluation of the balanced states of mind model," Behavioural and Cognitive Psychotherapy 30: 439–50; Gottman, J. M. (1994), What Predicts Divorce: The Relationship Between Marital Processes and Marital Outcomes (Hillsdale, NJ: Lawrence Erlbaum); Losada, M. (1999), "The complex dynamics of high performance business teams," Mathematical and Computer Modelling[30:179–92.

11. Kessler, R. C., P. Berglund, et al. (2005), "Lifetime prevalence and age–of–onset distributions of DSM–IV disorders in the National Comorbidity Survey Replication," Archives of General Psychiatry 62:593–602.

12. Lyubomirsky, S., K. M. Sheldon, and D. Schkade (2005), "Pursuing happiness: The architecture of sustainable change," Review of General Psychology 9: m–31.

13. This core truth first emerged in appraisal theories of emotion, e.g., Scherer, K. R., A. Schorr, and T. Johnstone, eds. (2001), Appraisal Processes in Emotion: Theory, Methods, Research (Oxford, England: Oxford University Press) and has been honed and refined in cognitive–behavioral therapies that are very effective treatments for affective disorders and more (see Burns, 1999, under Recommended Resources).

14. This comparison has become famous in psychology and was first introduced by Lykken, D. J., and A. Tellegen (1996), "Happiness is a stochastic phenomenon," Psychological Science 7:186–89.

15. Lyubomirsky, Sheldon, and Schkade (2005); see also Lyubomirsky's book under Recommended Resources.

16. Begley, S. (2007), Train Your Mind, Change Your Brain: How a New Science Reveals Our Extraordinary Potential to Transform Ourselves (New York: Ballantine Books). Doidge, N. (2007), The Brain That Changes Itself: Stories of Personal Triumph from the Frontiers of Brain Science(New York: Penguin Books).

CHAPTER 9. DECREASE NEGATIVITY

1. A pioneer in this area of clinical science is Aaron T. Beck, who is often credited with launching cognitive behavioral therapy, or CBT, beginning in the 1960s. You can learn more at his website, www.beckinstitute.org.

2. Specific emotions create tendencies to interpret the world in certain ways and, in doing so, perpetuate the initial emotion. This is well described in Lerner, J. S., and D. Keltner (2001), "Fear, anger, and risk," Journal of Personality and Social Psychology 81:146–59.

3. Jamison, C., and F. Scogin (1995), "The outcome of cognitive bibliotherapy with depressed adults," Journal of Consulting and Clinical Psychology, 63,644–50.

4. This comes from Seligman's book, Learned Optimism; see Recommended Resources.

5. Lewinsohn, P. M., and J. Libet (1972), "Pleasant events, activity schedules, and depressions," Journal of Abnormal Psychology 79: 291–95;Nolen–Hoeksema, S., and J. Morrow (1993), "Effects of rumination and distraction on naturally occurring depressed mood," Cognition and Emotion 7:561–70.

6. Nolen–Hoeksema, S., and Z. A. Harrell (2002), "Rumination, depression, and alcohol use: Tests of gender differences," Journal of Cognitive Psychotherapy 16:391–403.

7. Heatherton, T. F., and R. F. Baumeister (1991), "Binge eating as escape from self–awareness," Psychological Bulletin 110: 86–108.

8. Gross, J. J. (2007), Handbook of Emotion Regulation (New York: Guil–ford Press).

9. Kabat–Zinn, J. (2005), Coming to Our Senses: Healing Ourselves and the World Through Mindfulness (New York: Hyperion); see also Wallace, A. B., and S. L. Shapiro (2006), "Mental balance and well–being: Building bridges between Buddhism and western psychology," American Psychologist 61:690–701.

10. Kabat–Zinn, J. (1994), Wherever You Go, There You Are: Mindfulness Meditation in Everyday Life (New York: Hyperion), 4.

11. For a review, see Kabat–Zinn, J. (2003), "Mindfulness–based interventions in context: Past, present, and future," Clinical Psychology: Science and Practice 10:144–56.

12. Segal, Z. V., J. M. G. Williams, and J. D. Teasdale (2002), Mindfulness–Based Cognitive Therapy for Depression: A New Approach to Preventing Relapse (New York: Guilford Press).

13. Miller, A. C., J. H. Rathus, and M. M. Linehan (2006), Dialectical Behavior Therapy with Suicidal Adolescents (New York: Guilford Press).

14. Schwartz,}. M., E. Z. Gulliford, et al. (2005), "Mindful awareness and self–directed neuroplasticity: Integrating psychospiritual and biological approaches to mental health with a focus on obsessive–compulsive disorder," in S. G. Mijares and G. S. Khalsa, eds., The Psychospiritual Clinician's Handbook: Alternative Methods for Understanding and Treating Mental Disorders (New York: Haworth Press).

15. Dahl, J., K. G. Wilson, and A. Nilsson (2004), "Acceptance and Commitment Therapy and the treatment of persons at risk for long–term disability resulting

from stress and pain symptoms: A preliminary randomized trial," Behavior Therapy 35:785–802; see also Blackledge, J. T., and S. C. Hayes (2006), "Using acceptance and commitment training in the support of parents of children diagnosed with autism," Child & Family Behavior Therapy 28:1–18.

16. Schwartz etal. (2005).

17. Davidson, R. J., Kabat–Zinn, et al. (2003), "Alterations in brain and immune function produced by mindfulness meditation," Psychosomatic Medicine 65:564–70.

18. For a compelling introduction to the new science of neuroplasticity, I recommend Sharon Begley's 2007 book, Train Your Mind, Change Your Brain: How a New Science Reveals Our Extraordinary Potential to Transform Ourselves (New York: Ballantine Books).

19. I also highly recommend the book Natural Childbirth: The Bradley Way, by Susan McCutcheon–Rosegg, which is highly compatible with Buddhist psychology and mindfulness awareness.

20. Aspinwall, L. G. (1998), "Rethinking the role of positive affect in self–regulation," Motivation and Emotion 22:1–32.

21. I draw here from James Gross's framework for describing "antecedent–focused emotion regulation techniques." See Gross, J. J. (2001), "Emotion regulation in adulthood: Timing is everything," Current Directions in Psychological Science 10:214–19.

22. This finding emerged in the classic work by George Gerbner and colleagues. See Gerbner, G., L. Gross, et al. (1980), "The 'mainstreaming' of America: Violence Profile No. 11," Journal of Communication 30:10–29.

23. Huesmann, R. L., and L. D. Taylor (2006), "The role of media violence in violent behavior," Annual Review of Public Health 27:393–415.

24. American Psychological Association, Task Force on the Sexualization of Girls (2007), Report of the APA Task Force on the Sexualization of Girls (Washington, DC: American Psychological Association), accessed at www.apa.org/pi/wpo/sexualization. html. See also Fredrickson, B. L., and T. Roberts (1997), "Objectification theory: Toward understanding women's lived experience and mental health risks," Psychology of Women Quarterly 21:173–206.

25. Ueshiba, Morihei (1992), The Art of Peace, translated by J. Stevens(Boston: Shambhala Publications).

26. Gottman, J. M. (1994), What Predicts Divorce: The Relationship Between Marital Processes and Marital Outcomes (Hillsdale, NJ: Lawrence Erlbaum).

27. Drigotas, S. M., C. E. Rusbult, et al. (1999), "Close partner as sculptor of the ideal self: Behavioral affirmation and the Michelangelo phenomenon," Journal of Personality and Social Psychology 77: 293–323.

CHAPTER 10. INCREASE POSITIVITY

1. Rosenberg, E. L., R Ekman, et al. (2001), "Linkages between facial expressions of anger and transient myocardial ischemia in men with coronary artery disease," Emotion 1:107–15.

2. Moskowitz, J. T., and E. S. Epel (2006), "Benefit finding and diurnal cortisol slope in maternal caregivers: A moderating role for positive emotions," Journal of Positive Psychology 1:83–91.

3. Seligman, M. E. P., and M. Csikszentmihalyi (2000), "Positive psychology: An introduction," American Psychologist 55:5–14.

4. To read the Positive Psychology Manifesto crafted in Akumal, Mexico, in January 1999, visit the Positive Psychology Center website at www.ppc.sas.upenn.edu/akumalmanifesto.htm.

5. Bonanno, G. A., and D. Keltner (1997), "Facial expressions of emotion and the course of conjugal bereavement," Journal of Abnormal Psychology 106:126–37.

6. Stein, N., S. Folkman, et al. (1997), "Appraisal and goal processes as predictor of psychological well–being in bereaved caregivers," Journal of Personality and Social Psychology 72: 872–84.

7. These questions about big meaning are inspired by the work of Jim Loehr. See his book under Recommended Resources.

8. Bryant, F., and J. Veroff (2007), Savoring: A New Model of Positive Experience (Mahwah, NJ: Lawrence Erlbaum Associates).

9. Wood, J. V., S. A. Heimpel, and J. L. Michela (2003), "Savoring versus dampening: Self–esteem differences in regulating positive affect," Journal of Personality and Social Psychology 85: 566–80.

10. Lyubomirsky, S., L. Sousa, and R. Dickerhoof (2006), "The costs and benefits of writing, talking, and thinking about life's triumphs and defeats," Journal of Personality and Social Psychology 90: 692–708.

11. John and I know how powerful his efforts to savor were because he conducted a formal experiment on them as part of a class assignment. Just as I suggest you do, he recorded his emotions each day for several weeks. After a baseline period during which he lived life as usual, he began his efforts to savor. He reported his results in his final term paper and then later gave me permission to share them here.

12. Gable, S., H. Reis, et al. (2004), "What do you do when things go right? The interpersonal and interpersonal benefits of sharing positive events," Journal of Personality and Social Psychology 87, no. 2:228–45.

13. Folkman, S., and J. T. Moskowitz (2000), "Positive affect and the other side of coping," American Psychologist 55: 647–54.

14. McCullough, M. E., S. D. Kilpatrick, et al. (2001), "Is gratitude a moral affect?" Psychological Bulletin 127:249–66.

15. Emmons, R. A., and M. E. McCullough (2003), "Counting blessings versus burdens: An experimental investigation of gratitude and subjective well–being in daily life," Journal of Personality and Social Psychology 84^0,2:377–89.

16. Lyubomirsky, S., K. M. Sheldon, and D. Schkade (2005), "Pursuing happiness: The architecture of sustainable change," Review of General Psychology 9:111–131.

17. Otake, K., S. Shimai, et al. (2006), "Happy people become happier through kindness: A counting kindnesses intervention," Journal of Happiness Studies 7:361–75.

18. Lyubomirsky, et al. (2005).

19. Boezeman and Ellemers (2007), "Volunteering for charity: Pride, respect, and the commitment of volunteers," Journal of Applied Psychology 92:77i–85–

20. Brown, S. L., R. L. Nesse, et al. (2003), "Providing social support may be more beneficial than receiving it: Results from a prospective study of mortality," Psychological Science 14:320–27.

21. Csikszentmihalyi, M. (1990), Flow: The Psychology of Optimal Experience (New York: Harper Perennial).

22. Csikszentmihalyi, M., and J. LeFevre (1989), "Optimal experience in work and leisure," Journal of Personality and Social Psychology 56:815–22.

23. Sheldon, K. M., and S. Lyubomirsky (2006), "How to increase and sustain positive emotion: The effects of expressing gratitude and visualizing best possible selves "Journal of Positive Psychology 1:73–82.

24. Ganis, G., W. L. Thompson, et al. (2004), "Brain areas underlying visual mental imagery and visual perception: An fMRI study," Cognitive Brain Research 20: 226–41. For a compelling review, see Begley's 2007 book, Train Your Mind, Change Your Brain: How a New Science Reveals Our Extraordinary Potential to Transform Ourselves (New York: Ballantine Books).

25. Cooperrider, D. L. (1990), "Positive image, positive action: The affirmative basis of organizing," in S. Suresh and D. L. Cooperrider, eds., Appreciative Management and Leadership: The Power of Positive Thought and Action in Organizations (San Francisco: Jossey–Bass), 91–125.

26. Fredrickson, B. L. (2000), "Why positive emotions matter in organizations: Lessons from the broaden–and–build model," Psychologist–Manager Journal 4:131–42; see also Buckingham, M., and D. O. Clifton, (2001), Now, Discover Your Strengths (New York: Free Press); Peterson, C., and M. E. P. Seligman (2004), Character Strengths and Virtues: A Handbook and Classification (New York: Oxford University Press).

27. Roberts, L. M., J. E. Dutton, et al. (2005), "Composing the reflected best-self portrait: Building pathways for becoming extraordinary in work organizations," Academy of Management Review 30: 712–36.

28. Roberts, L. M., G. Spreitzer, et al. (January 2005), "How to play to your strengths," Harvard Business Review 83:75–80.

29. Seligman, M. E. P., T. Steen, et al. (2005), "Positive psychology progress: Empirical validations of interventions," American Psychologist 60:410–21.

30. It is not, however, a sufficient condition for flourishing. That is, some people who are doing less well are also comparably social. See Diener, E., and M. E. P. Seligman (2002), "Very happy people," Psychological Science 13: 81–84.

31. Fleeson, W., A. B. Malanos, and N. M. Achille (2002), "An intraindividual process approach to the relationship between extraversion and positive affect: Is acting extraverted as "good" as being extraverted?" Journal of Personality and Social Psychology 83: 1409–22; see also McNiel, J. M., and W. Fleeson (2006), "The causal effects of extraversion on positive affect and neuroticism on negative affect: Manipulating state extraversion and state neuroticism in an experimental approach," Journal of Research in Personality 40:529–50.

32. Watson, D. (2000). Mood and Temperament (New York: Guilford Press).

33. Woodcock, A., and A. Custovic (1998), "ABC of allergies: Avoiding exposure to indoor allergens," British Medical Journal 316:1075–78.

34. When the weather gets too hot, say above 67 degrees Fahrenheit, the posirivity-boosting effect of going outside begins to diminish. Keller, M. C., Fredrickson, B. L., et al. (2005), "A warm heart and a clear head: The contingent effects of weather on mood and cognition," Psychological Science 16:724–31.

35. Franklin, H. (2001), "Beyond toxicity: Human health and the natural environment," American Journal of Preventive Medicine 20:234–39.

36. Openness unlocks positivity for a host of reasons. Beyond the fact that openness and positivity go hand in hand, each sparking the other, another key is to consider the natural landscape of good and bad experiences. How frequent is each? Recall that people's pleasant experiences outnumber their unpleasant ones by at least 2 to 1. Scientists call this the positivity offset. Knowing this, you can be fairly certain that when you open yourself more fully to your current stream of experiences, that stream will be offset to the positive side to some degree. Also, being open expands your awareness so much that you notice things you'd totally miss otherwise, like that bright green patch of moss almost completely obscured beneath the freshly fallen snow. As your recognition of beauty and oneness grows, self-transcendent positive emotions like awe, gratitude, and love naturally follow.

37. Davidson, R. }., J. Kabat–Zinn, et al. (2003), "Alterations in brain and immune function produced by mindfulness meditation," Psychosomatic Medicine 65:564–70.

38. Easterlin, B. L., and E. Cardena (1998), "Cognitive and emotional differences between short– and long–term Vipassana meditators," Imagination, Cognition and Personality 18: 69–81.

39. Wilson, T. D., D. B. Centerbar, et al. (2005), "The pleasures of uncertainty: Prolonging positive moods in ways people do not anticipate,"Journal of Personality and Social Psychology 88:5–21.

40. Also called "metta" practice, introduced to westerners by Sharon Salz–berg. See her book under Recommended Resources.

CHAPTER II. A NEW TOOLKIT

1. Dutton, J. E. (2003), Energize Your Workplace: How to Create and Sustain High–Quality Connections at Work (San Francisco: Jossey–Bass); see also the offerings of the Center for Positive Organizational Scholarship at the University of Michigan's Ross School of Business: www.bus.umich.edu/positive/.

2. Reivich, J. J., and A. Shatte (2003), The Resilience Factor: Seven Essential Skills for Overcoming Life's Inevitable Obstacles (New York: Random House); see also C. Peterson (2006), A Primer in Positive Psychology(New York: Oxford University Press).

3. Seligman, M. E. P. (2002), Authentic Happiness (New York: Free Press); Peterson, C. (2006), A Primer in Positive Psychology (New York: Oxford University Press).

4. Visit www.bus.umich.edu/Positive/ and look for POS Teaching and Learning Tools.

5. At first it may seem awkward to turn your palms up, but I suggest you give it a try. Laboratory experiments demonstrate that having your hands palm–side up can spark positivity, whereas having them palms down can spark negativity. See Cacioppo, J. T., J. R. Priester, and G. G. Berntson, (1993), "Rudimentary determinants of attitudes. II: Arm flexion and extension have differential effects on attitudes," Journal of Personality and Social Psychology 65:5–17.

6. Wegner, D. M. (1989), White Bears and Other Unwanted Thoughts: Suppression, Obsession, and the Psychology of Mental Control (New York: Viking Penguin).

7. Seligman, M. E. P., T. Steen, et al. (2005), "Positive psychology progress: Empirical validations of interventions," American Psychologist 60:410–21.

8. I trace my fascination with endings back to a seminar I took from my undergraduate mentor, Neil Lutsky, called "The Psychology of Endings." That course shaped my research over the next decade, including my dissertation "Anticipated endings: An explanation for selective social interaction" and several of my early publications:

Fredrickson, B. L., and L. L. Carstensen (1990), "Choosing social partners: How old age and anticipated endings make people more selective," Psychology and Aging 5: 335–47; and Fredrickson, B. L., and D. Kahneman (1993), "Duration neglect in retrospective evaluations of affective episodes," Journal of Personality and Social Psychology 65:45–55.

9. King, L. A. (2001), "The health benefits of writing about life goals," Personality and Social Psychology Bulletin 27: 798–807; see also Lyubo-mirsky, S., L. Sousa, and R. Dickerhoof (2006), "The costs and benefits of writing, talking, and thinking about life's triumphs and defeats," Journal of Personality and Social Psychology 90: 692–708; for Jim Loehr's work, see Recommended Resources.

10. See www.PositivePsychology.org.

11. Marty Seligman, director of the Positive Psychology Center at the University of Pennsylvania, was in this trying situation when he and his colleagues, James Pawelski and Debbie Swick, christened James's earlier use of reassuring words and objects as a Positive Portfolio.

별장: 긍정정서의 진화와 최근 동향

1. Algoe, S. B., Fredrickson, B. L., & Chow, S. M. (2011). The future of emotions research within positive psychology. In K. M. Sheldon, T. B. Kashdan, & M. F. Steger (Eds.), Designing positive psychology: Taking stock and moving forward (pp. 115–32). New York, NY: Oxford University Press.

2. Baumeister, R. F., Bratslavsky, E., Finkenauer, C., & Vohs, K. D. (2001). Bad is stronger than good. Review of General Psychology, 5(4), 323–370.

3. Brown, N. J. L., Sokal, A. D., & Friedman, H. L. (2013). The complex dynamics of wishful thinking: The critical positivity ratio. American Psychologist, 68, xxx–xx.

4. Cacioppo, J. T., Gardner, W. L., & Berntson, G. G. (1999). The affect system has parallel and integrative processing components: Form follows function. Journal of Personality and Social Psychology, 76(5), 839–55.

5. Catalino, L. I., & Fredrickson, B. L. (2011). A Tuesday in the life of a flourisher: The role of positive emotional reactivity in optimal mental health. Emotion, 11(4), 938–50.

6. Cohn, M. A., Fredrickson, B. L., Brown, S. L., Mikels, J. A., & Conway, A. M. (2009). Happiness unpacked: Positive emotions increase life satisfaction by building resilience. Emotion, 9(3), 361–68.

7. Cudeck, R., & Klebe, K. J. (2002). Multiphase mixed-effects models for repeated measures data. Psychological Methods, 7(1), 41–3.

8. Davis, M. A. (2009). Understanding the relationship between mood and creativity: A meta-analysis. Organizational Behavior and Human Decision Processes, 108,

25-8.

9. Diehl, M., Hay, E. L., & Berg, K. M. (2011). The ratio between positive and negative affect and flourishing mental health across adulthood. Aging and Mental Health, 15(7), 882-93.

10. Diener, E., & Chan, M. Y. (2011). Happy people live longer: Subjective well-being contributes to health and longevity. Applied Psychology:Health and Well-Being, 3(1), 1-3.

11. Diener, E., Colvin, C. R., Pavot, W. G., & Allman, A. (1991). The psychic costs of intense positive affect. Journal of Personality and Social Psychology, 61, 492-03.

12. Diener, E., & Diener, C. (1996). Most people are happy. Psychological Science, 7, 181-85.

13. Diener, E., Oishi, S., & Suh, E. (2013). Positive mood offset was essential to human evolutionary success. Manuscript submitted for publication.

14. Diener, E., Sandvik, E., & Pavot, W. (1991). Happiness is the frequency, not the intensity, of positive versus negative affect. In F. Strack, M. Argyle, & N. Schwarz (Eds.), Subjective well-being: An interdisciplinary perspective (pp. 119-39). New York, NY: Pergamon.

15. Fredrickson, B. L. (1998). What good are positive emotions? Review of General Psychology, 2, 300-19.

16. Fredrickson, B. L. (2001). The role of positive emotions in positive psychology: The broaden-and-build theory of positive emotions. American Psychologist, 56, 218-26.

17. Fredrickson, B. L. (2009). Positivity. New York, NY: Crown. Fredrickson, B. L. (2013). Positive emotions broaden and build. In P. Devine & A. Plant (Eds.), Advances in experimental social psychology(Vol. 47, pp. 1-4). San Diego, CA: Academic Press.

18. Fredrickson, B. L., Cohn, M. A., Coffey, K. A., Pek, J., & Finkel, S. M. (2008). Open hearts build lives: Positive emotions, induced through loving-kindness meditation, build consequential personal resources. Journal of Personality and Social Psychology, 95, 1045-062.

19. Fredrickson, B. L., & Joiner, T. (2002). Positive emotions. In C. R. Snyder & S. J. Lopez (Eds.), Handbook of positive psychology (pp. 120-34). New York, NY: Oxford University Press.

20. Fredrickson, B. L., & Losada, M. F. (2005). Positive affect and the complex dynamics of human flourishing. American Psychologist, 60(7), 678-86.

21. Friedman, E. T., Schwartz, R. M., & Haaga, D. A. F. (2002). Are the very happy too happy? Journal of Happiness Studies, 3, 355-72.

22. Friedman, H. S., Tucker, J. S., Tomlinson-Keasey, C., Schwartz, J. E., Wingard, D. L., & Criqui, M. H. (1993). Does childhood personality predict longevity? Journal of

Personality and Social Psychology, 65(1), 176 – 85.

23. Gable, P. A., & Harmon-Jones, E. (2008). Approach-motivated positive affect reduces breadth of attention. Psychological Science, 19(5), 476 – 6 482.

24. Garland, E. L., Fredrickson, B. L., Kring, A. M., Johnson, D. P., Meyer, P. S., & Penn, D. L. (2010). Upward spirals of positive emotions counter downward spirals of negativity: Insights from the broaden-andbuild theory and affective neuroscience on the treatment of emotion dysfunctions and deficits in psychopathology. Clinical Psychology Review,30(7), 849 – 64.

25. George, J. M., & Zhou, J. (2007). Dual tuning in a supportive context: Joint contributions of positive mood, negative mood, and supervisory behaviors to employee creativity. Academy of Management Journal, 50(3), 605 – 22.

26. Gottman, J. M. (1994). What predicts divorce? The relationship between marital processes and marital outcomes. New York, NY: Erlbaum.

27. Grant, A. M., & Schwartz, B. (2011). Too much of a good thing: The challenge and opportunity of the inverted U. Perspectives on Psychological Science, 6(1), 61 – 6.

28. Gruber, J. (2011). A review and synthesis of positive emotion and reward disturbance in bipolar disorder. Clinical Psychology & Psychotherapy, 18(5), 356 – 65.

29. Gruber, J., & Johnson, S. L. (2009). Positive emotional traits and ambitious goals among people at risk for mania: The need for specificity. International Journal of Cognitive Therapy, 2(2), 176 – 87.

30. Gruber, J., Johnson, S. L., Oveis, C., & Keltner, D. (2008). Risk for mania and positive emotional responding: Too much of a good thing? Emotion, 8(1), 23 – 3.

31. Huppert, F. A., & So, T. T. C. (2013). Flourishing across Europe: Application of a new conceptual framework for defining well-being. Social Indicators Research, 110, 837 – 61.

32. Johnson, D. P., Penn, D. L., Fredrickson, B. L., Meyer, P. S., Kring, A. M., & Brantley, M. (2009). Loving-kindness meditation to enhance recovery from negative symptoms of schizophrenia. Journal of Clinical Psychology, 65(5), 499 – 09.

33. Johnson, S. L., Gruber, J., & Eisner, L. R. (2007). Emotion in bipolar disorder. In J. Rottenberg & S. L. Johnson (Eds.), Emotion and psychopathology:Bridging affective and clinical science (pp. 123 – 50). Washington, DC: American Psychological Association Books.

34. Kahneman, D., & Tversky, A. (1979). Prospect theory: An analysis of decision under risk. Econometrica, 47(2), 263 – 91.

35. Keyes, C. L. M. (2002). The mental health continuum: From languishing to flourishing in life. Journal of Health and Social Behavior, 43(2), 207 – 22.

36. Kok, B. E., Coffey, K. A., Cohn, M. A., Catalino, L. I., Vacharkulksemsek, T., Algoe, S. B., Brantley, M., & Fredrickson, B. L. (2013). How positive emotions build physical health: Perceived positive social connections account for the upward spiral between positive emotions and vagal tone. Psychological Science. Advance online publication.

37. Kok, B. E., & Fredrickson, B. L. (2010). Upward spirals of the heart: Autonomic flexibility, as indexed by vagal tone, reciprocally and prospectively predicts positive emotions and social connectedness. Biological Psychology, 85, 432 – 36.

38. Larsen, R. J., & Prizmic, Z. (2008). Regulation of emotional well–being: Overcoming the hedonic treadmill. In M. Eid & R. J. Larsen (Eds.), The science of subjective well–being (pp. 258 – 89). New York, NY: Guilford Press.

39. Losada, M. (1999). The complex dynamics of high performance teams. Mathematical and Computer Modeling, 30(9 – 0), 179 – 92.

40. Losada, M., & Heaphy, E. (2004). The role of positivity and connectivity in the performance of business teams. American Behavioral Scientist, 47(6), 740 – 65.

41. Luke, D. A., & Stamatakis, K. A. (2012). Systems science methods in public health: Dynamics, networks, and agents. Annual Review of Public Health, 33, 357 – 76.

42. Lyubomirsky, S., King, L., & Diener, E. (2005). The benefits of frequent positive affect: Does happiness lead to success? Psychological Bulletin, 131(6), 803 – 55.

43. Mabry, P. L., Marcus, S. E., Clark, P. I., Leischow, S. J., & Mendez, D. (2010). Systems science: A revolution in public health policy research. American Journal of Public Health, 100(7), 1161 – 163.

44. Martin, L. R., Friedman, H. S., Tucker, J. S., Tomlinson–Keasey, C., Criqui, M. H., & Schwartz, J. E. (2002). A life course perspective on childhood cheerfulness and its relation to mortality risk. Personality and Social Psychology Bulletin, 28(9), 1155 – 165.

45. Oishi, S., Diener, E., & Lucas, R. E. (2007). The optimal level of well–being. Perspectives on Psychological Science, 2(4), 346 – 60.

46. Porges, S. W. (2003). Social engagement and attachment: A phylogenic perspective. Annals of the New York Academy of Sciences, 1008, 31 – 7.

47. Rego, A., Sousa, F., Marques, C., & Cunha, M. P. (2012). Optimism predicting employees'creativity: The mediating role of positive affect and the positivity ratio. European Journal of Work and Organizational Psychology, 21(2), 244 – 70.

48. Rowe, G., Hirsh, J. B., & Anderson, A. K. (2007). Positive affect increases the breadth of attentional selection. PNAS: Proceedings of the National Academy of Sciences of the United States of America, 104(1), 383 – 88.

49. Rozin, P., & Royzman, E. B. (2001). Negativity bias, negativity dominance, and contagion. Personality and Social Psychology Review, 5(4), 296 – 20.

50. Schmitz, T. W., De Rosa, E., & Anderson, A. K. (2009). Opposing influences of affective state valence on visual cortical encoding. Journal of Neuroscience, 29(22), 7199-207. 2013 American Psychologist

51. Schwartz, R. M. (1997). Consider the simple screw: Cognitive science, quality improvement, and psychotherapy. Journal of Consulting and linical Psychology, 65, 970-83.

52. Schwartz, R. M., Reynolds, C. F., Thase, M. E., Frank, E., Fasicska, A. L., & Haaga, D. A. F. (2002). Optimal and normal affect balance in psychotherapy of major depression: Evaluation of the balanced states ofmind model. Behavioural and Cognitive Psychotherapy, 30(4), 439-0

53. Sekerka, L. E., Vacharkulksemsuk, T., & Fredrickson, B. L. (2012). Positive emotions: Broadening and building upward spirals of sustainable development. In K. Cameron & G. Spreitzer (Eds.), The Oxford handbook of positive organizational scholarship (pp. 168-77). New York, NY: Oxford University Press.

54. Seligman, M. E. P. (2011). Flourish: A visionary new understanding of happiness and well-being. New York, NY: Free Press. Shrira, A., Palgi, Y., Wolf, J. J., Haber, Y., Goldray, O., Shacham-

55. Shmueli, E., & Ben-Ezra, M. (2011). The positivity ratio and functioning under stress. Stress and Health, 27, 265-71.

56. Thayer, J. F., & Sternberg, E. (2006). Beyond heart rate variability: Vagal regulation of allostatic systems. Annals of the New York Academy ofSciences, 1088(1), 361-72.

57. Trute, B., Benzies, K. M., Worthington, C., Reddon, J. R., & Moore, M. (2010). Accentuate the positive to mitigate the negative: Mother psychological coping resources and family adjustment in childhood disability. Journal of Intellectual and Developmental Disability, 35(1), 36-3.

58. Wadlinger, H. A., & Isaacowitz, D. M. (2006). Positive mood broadens visual attention to positive stimuli. Motivation and Emotion, 30(1),89-01.

59. Waugh, C. E., & Fredrickson, B. L. (2006). Nice to know you: Positive emotions, self-other overlap, and complex understanding in the formation of new relationships. Journal of Posit

옮긴이 우문식

우문식 박사는 2003년에 긍정심리학을 우리나라에 처음 도입했다. 국회의원이 되고자 준비하던 2006년, 긍정심리학 창시자인 마틴 셀리그만을 만난 후 정치를 포기하고 긍정심리학을 본격적으로 연구하기 시작해 지금까지 긍정심리학 연구와 확산에 몰두하고 있다. 안양대학교 일반대학원에서 경영학 박사학위(긍정심리)를 받았다. 저서로 베스트셀러 《행복 4.0》, 《만3세부터 행복을 가르쳐라》와 《긍정심리학의 행복》이 있으며, 옮긴 책으로는 마틴 셀리그만의 《긍정심리학》《플로리시》, 《낙관성 학습》, 《긍정심리학 코칭 기술》, 《나는 이제 행복하게 살고 싶다》, 《아이의 행복 플로리시》 등이 있다. 그의 베스트셀러 《행복 4.0》은 현재, 삼성경제연구소 SERIPro에서 〈행복한 직장인 되기〉 프로그램으로 동영상 강의가 진행되고 있다. 그는 현재, 안양대학교 겸임교수, 한국긍정심리연구소 소장, 한국긍정심리협회 회장, 도서출판 물푸레 대표로 재직 중이다. 그가 소장으로 있는 한국긍정심리연구소는 2011년 개소하여 긍정심리학 교육 프로그램과 척도 개발, 논문, 저술 활동, 교육·강의, 컨설팅을 하고 있으며, 긍정심리학을 통해 개인과 조직, 사회의 행복과 플로리시를 지원하고 있다. 그는 긍정심리학 전문가 과정과 긍정심리사, 긍정심리학 강사, 긍정심리학 코칭 과정을 진행하고 있으며, 긍정심리학의 행복과 리더십, 회복력 기술에 대한 주제로 학교, 공공기관, 기업, 단체 등에서 활발한 교육과 강의를 통해 우리나라에 긍정심리학을 확산시키고 있다.

옮긴이 최소영

성균관대학교에서 영문학과 불문학을 전공한 후, 코리아헤럴드 번역센터, 잉글리시고 등에서 번역가로 일했다. 현재는 프리랜서 번역가로 활동 중이다. 옮긴 책으로는 《ACTION!》, 《코칭바이블》, 《긍정의 발견》, 《마르코 폴로의 동방견문록》, 《A리스트 프로젝트》, 《월드 카페》, 《왜 사람은 바람을 피우고 싶어할까》, 《국가의 부와 빈곤》, 《가족 쇼크》 외 다수가 있다.

내 안의 긍정을 춤추게 하라

초판 1쇄 인쇄 · 2015년 4월 27일
초판 3쇄 발행 · 2022년 5월 10일

지은이 바버라 프레드릭슨
옮긴이 우문식 · 최소영
펴낸이 우문식
펴낸곳 물푸레
등록번호 제1072호
등록일자 1994년 11월 11일

주소 경기도 안양시 동안구 호계동 950-51 정현빌딩 201호
전화 (031)453-3211
팩스 (031)458-0097
홈페이지 www.mulpure.com

ISBN 978-89-8110-325-5(13180)
값 22,500원